全国旅游专业规划教材

旅游景区管理

（第6版）

LÜYOU
JINGQU GUANLI

张凌云 著

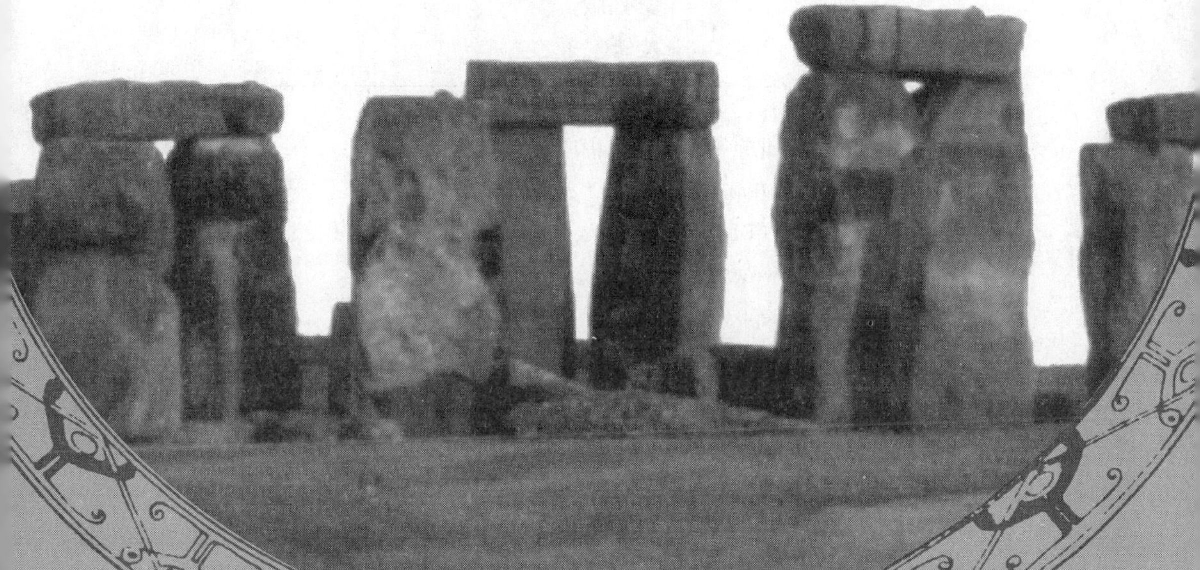

北京·旅游教育出版社

责任编辑：郭珍宏

图书在版编目（CIP）数据

旅游景区管理 / 张凌云著 . — 北京：旅游教育出版社，2009.9（2023.4）
全国旅游专业规划教材
ISBN 978-7-5637-1859-7

Ⅰ. 旅⋯　Ⅱ. 张⋯　Ⅲ. 旅游点 – 经济管理 – 高等学校 – 教材　Ⅳ. F590.6

中国版本图书馆 CIP 数据核字（2009）第 152589 号

全国旅游专业规划教材

旅游景区管理

（第 6 版）

张凌云　著

出版单位	旅游教育出版社
地　　址	北京市朝阳区定福庄南里 1 号
邮　　编	100024
发行电话	（010）65778403　65728372　65767462（传真）
本社网址	www.tepcb.com
E - mail	tepfx@163.com
排版单位	北京旅教文化传播有限公司
印刷单位	北京泰锐印刷有限责任公司
经销单位	新华书店
开　　本	710 毫米 × 1000 毫米　1/16
印　　张	23.375
字　　数	371 千字
版　　次	2019 年 6 月第 6 版
印　　次	2023 年 4 月第 4 次印刷
定　　价	46.00 元

（图书如有装订差错请与发行部联系）

第 6 版出版说明

旅游景区是旅游业的重要组成部分，是吸引旅游者的核心。但将旅游景区的内容单列作为一门基础课程只是近年来的事。随着我国旅游业的迅猛发展，对于旅游景区的教学和科研提出了新的要求，为此，我们组织有关专家根据旅游景区管理的课程要求和国内外最新研究成果，编写了这本旅游景区管理教材，供广大旅游专业师生教学和旅游从业人员学习使用。

本书作为一本旅游专业课教材，从框架结构到内容选材都具有一定的探索性、创新性和开拓性，体现了专业教材应有的研究含量。在教材具体编写过程中，在确保教材内容的科学性、规范性和完整性的基础上，根据景区管理课程的要求和景区管理中的实际问题，我们充分注意了对国内外景区管理实例的介绍剖析，目的是使教材具有更强的针对性和实用性，符合旅游教学和旅游从业人员的实际需要。全书共分四大部分：第一部分（一至六章）是旅游景区的概念、分类、发展简史以及各类景区概述，新增"节事旅游和旅游演艺概述"的内容；第二部分（七至八章）论述旅游景区产品特性、结构与开发规划；第三部分（九至十一章）讲解景区的经营管理（包括经营战略与营销管理、游客管理与运营管理、人力资源管理和财务管理）；第四部分（十二至十三章）概述旅游景区发展的现状与趋势及智慧景区的发展建设。上述四个部分，各有侧重，教学中教师可以根据各自学校和学生的实际情况，灵活处理。

此次修订，作者根据最新资料，对原书中的有关内容进行了必要的更新和必要的删减与补充，以反映旅游景区管理的最新发展动态，保持专业教材的科学性和权威性。

教材的出版是一个不断完善的过程，作为国内唯一的一家旅游教育专业出版社，我们希望得到广大师生和读者一如既往的关心和支持。对教材使用中的问题，更希望得到广大师生和读者的积极反馈，我们一定会以专业的精神提升我社教材的品质，回报广大师生和读者对我们的厚爱。

旅游教育出版社
2019 年 3 月

目 录

第一章 旅游景区概念、分类和发展简史 ················· 1
   本章导读 ··· 1
   第一节 旅游景区定义和概念 ··························· 1
   第二节 与旅游景区相关的几个概念 ····················· 6
   第三节 旅游景区分类 ································· 7
   第四节 旅游景区发展简史 ····························· 10
   本章小结 ··· 14
   思考与练习 ··· 15

第二章 自然旅游景区概述 ···························· 16
   本章导读 ··· 16
   第一节 国家公园 ····································· 16
   第二节 国家公园类型 ································· 29
   第三节 生态旅游景区 ································· 40
   本章小结 ··· 47
   思考与练习 ··· 47

第三章 人文景观景区概述 ···························· 48
   本章导读 ··· 48
   第一节 博物馆 ······································· 48
   第二节 文化遗址 ····································· 63
   第三节 红色旅游景区 ································· 68
   第四节 人类聚落和城乡景观 ··························· 75
   本章小结 ··· 97

  思考与练习 ·· 97

第四章　人造景区概述 ·· 98
  本章导读 ·· 98
  第一节　主题乐园 ·· 98
  第二节　动物园 ·· 129
  第三节　水族馆 ·· 134
  本章小结 ·· 139
  思考与练习 ·· 139

第五章　休闲度假区概述 ······································ 140
  本章导读 ·· 140
  第一节　海洋旅游度假区概述 ······························ 142
  第二节　山地湖泊及滑雪度假区概述 ························ 157
  第三节　温泉旅游度假区概述 ······························ 177
  第四节　高尔夫旅游度假区概述 ···························· 184
  本章小结 ·· 190
  思考与练习 ·· 190

第六章　节事旅游和旅游演艺概述 ······························ 192
  本章导读 ·· 192
  第一节　节事的基本概念 ·································· 192
  第二节　节事活动管理的特点 ······························ 195
  第三节　世界各国主要旅游节事简述 ························ 198
  第四节　旅游演艺的理论概述 ······························ 203
  第五节　旅游演艺的近代发展 ······························ 205
  本章小结 ·· 218
  思考与练习 ·· 219

第七章　旅游景区产品的特性与结构 ···························· 220
  本章导读 ·· 220
  第一节　景区产品概念 ···································· 220
  第二节　景区产品特点：经历与体验 ························ 222
  第三节　景区产品结构：整体产品概念 ······················ 222

第四节　景区产品的开发目标 ……………………………………… 224
　　第五节　景区产品的生命周期 ……………………………………… 225
　　本章小结 ……………………………………………………………… 228
　　思考与练习 …………………………………………………………… 228

第八章　景区的开发与规划 …………………………………………… 229
　　本章导读 ……………………………………………………………… 229
　　第一节　景区规划的主要因素 ……………………………………… 229
　　第二节　可行性分析 ………………………………………………… 232
　　第三节　景区的设计原则 …………………………………………… 243
　　第四节　项目开发的管理 …………………………………………… 247
　　本章小结 ……………………………………………………………… 251
　　思考与练习 …………………………………………………………… 251

第九章　经营战略与营销管理 ………………………………………… 253
　　本章导读 ……………………………………………………………… 253
　　第一节　战略管理 …………………………………………………… 253
　　第二节　市场营销管理 ……………………………………………… 258
　　本章小结 ……………………………………………………………… 266
　　思考与练习 …………………………………………………………… 266

第十章　游客管理与运营管理 ………………………………………… 267
　　本章导读 ……………………………………………………………… 267
　　第一节　游客管理 …………………………………………………… 267
　　第二节　景区营运管理 ……………………………………………… 273
　　本章小结 ……………………………………………………………… 279
　　思考与练习 …………………………………………………………… 279

第十一章　人力资源管理和财务管理 ………………………………… 280
　　本章导读 ……………………………………………………………… 280
　　第一节　人力资源管理 ……………………………………………… 280
　　第二节　财务管理 …………………………………………………… 289
　　本章小结 ……………………………………………………………… 296
　　思考与练习 …………………………………………………………… 296

第十二章 我国旅游景区发展的现状与趋势 …… 298
本章导读 …… 298
第一节 我国旅游景区发展现状 …… 298
第二节 景区的经营开发模式 …… 303
第三节 行业管理的制度创新 …… 305
第四节 《旅游景区服务质量指南》解读 …… 309
第五节 我国旅游景区的发展趋势与前景展望 …… 313
本章小结 …… 320
思考与练习 …… 320

第十三章 智慧景区的发展建设 …… 321
本章导读 …… 321
第一节 智慧旅游基本概念和意义作用 …… 321
第二节 智慧景区建设基础和条件 …… 327
第三节 智慧景区发展建设规划 …… 330
第四节 智慧景区发展建设现状 …… 335
第五节 大数据在智慧景区的应用 …… 343
本章小结 …… 353
思考与练习 …… 354

参考文献 …… 355

后　记 …… 365

第一章 旅游景区概念、分类和发展简史

本章导读

旅游景区作为旅游者的主要出游目的，长期以来并未得到旅游学术界的足够重视，连旅游景区的概念界定至今都尚未形成一致的意见。本章作为本书的基础概念性讨论章节，对旅游景区及相关概念进行了较为充分的介绍和论述，使学生在进一步了解景区管理之前，先对景区的基本概念和发展过程有一个较为全面的背景性了解。

旅游景区是旅游活动的核心和空间载体，是旅游系统中最重要的组成部分，也是激励旅游者出游的最主要目的。旅游业和旅游服务都是依附于旅游景区的存在而存在的。然而，国内外旅游学界对于旅游景区的基础研究仍很薄弱，近年来，虽然我国旅游学术界开始重视对旅游景区方面的研究，教材和著作逐渐增多，但与旅行社、饭店专业相比，数量仍然很少。在国内大多数的旅游概论类教科书中，大多只有"旅游资源"章节，没有旅游景区或旅游吸引物的专门内容章节。以至于在旅游景区的定义、分类等基础概念方面还没有一个被普遍接受的意见，甚至很少有学者做景区的基础性研究。这在旅游业大发展、旅游景区规划热持续升温的今天，认识和研究旅游景区就更显得重要和迫切了。

第一节 旅游景区定义和概念

旅游景区有时也称旅游景点，两者的差异习惯上理解为空间区域尺度的不同，但在很多场合下，经常被互相混用不做区别。因此，本书一般采用旅游景区这一概念。在英语中，旅游景区通常是用 Visitor Attractions、Tourist Attractions 或

Attractions 等词，有时也用 Places of Interests、Site、Scenic Spot、Scenic Sights、Scenic Areas 等词。而度假胜地则通常用 Resort。一般国内学者大多将 Tourist Attractions 译为旅游吸引物。但也有的西方学者指出 Tourist Attractions 一词并不确切，因为景区的访客除了旅游者外，还有本地居民（T.C.密德尔敦，1999；J.斯沃布鲁克，1995）。这就是说，将景区简单地称为旅游景区并不科学，但考虑到我国旅游学界的用词习惯，本书仍将景区称为旅游景区。此外，崔风军（2002）认为，旅游吸引物（旅游景区）和旅游资源在概念上并无根本区别，在大多数情况下旅游吸引物（旅游景区）是旅游资源的代名词，因此通常情况下两者可以通用。旅游吸引物与旅游景区之间也有细微的差异，如气候、特殊的民俗民风等是旅游吸引物，但不能说是旅游景区。但从总体上看，两者大部分内容是重合的，因此，本书除特别说明外，一般不再做进一步的细分。

目前，关于旅游景区的定义和概念国外旅游学术界比较流行的、有代表性的看法大约有下列 10 种。

（1）英国旅游局（BTA）和英格兰旅游委员会（ETC）认为："旅游景区（点）必须是一个长期存在的出游目的地，其存在的首要目的是向公众开放并满足进入者的娱乐、兴趣和教育的需求，而不是仅仅用于购物、体育运动、观看电影和表演。旅游景区（点）的进入无须提前预订，可以吸引一日游游客和旅游者。"

（2）英国著名的旅游市场学家密德尔敦教授（Victor T.C. Middleton）在其《旅行及旅游业市场营销》专著中将景区分为有管理的和无管理的景区，有管理的景区是："一个指定的、长久性的、由专人管理经营的，为出游者提供享受、消遣、娱乐、受教育机会的地方。"

（3）英国学者 J.斯沃布鲁克（John Swarbrooke）在《景区开发与管理》（第 2 版）中提出："景区应该是一个独立的单位、一个专门的场所，或者是一个有明确界线的、范围不可太大的区域，交通便利，可以吸引大批的游人短期休闲和游览……景区应该是能够界定、能够经营的实体。"

（4）英国学者克利斯·库珀（Chris Cooper）等在《旅游业：原理与实践》（第 2 版）中指出，"旅游景区可以由自然馈赠和人工建造两部分组成。前者包括景观、气候、植被、森林和野生动物，后者包括历史和文化，但还包括诸如主题乐园之类的人造娱乐设施"。

（5）英国学者 C.J.霍洛韦（C. J. Holloway）在《旅游业》（第 6 版）中指出，旅游景区的概念是十分广泛的，常常被作为"旅游目的地"的同义词……但许多旅游目的地之所以有吸引力是由于它们在较近的范围内有多个景区。

（6）布莱恩·博尼费斯（Brian Boniface）和克里斯·库珀（Chris Cooper）在《世界目的地：旅游地理学》一书中认为，景区是旅游业存在的理由。

（7）美国学者查尔斯·R.格尔德纳（Charles R. Goeldner）等在其畅销教材《旅游业：要素、实践、哲学》（第11版，前8版格尔德纳是第二作者，第一作者为罗伯特·麦金托什）中写道："旅游景区是旅游者出游的主要理由，也是旅游系统中最重要的组成部分……与景区对旅游激励的重要性相比，旅游者在景区的花费则是微乎其微。"

（8）美国著名学者朱卓仁（Chuck Y. Gee）教授等在《国际旅游业：一个全球化的展望》（世界旅游组织出版物）中提出："景区是因天气、风景、文化或活动而满足一个特定顾客群和市场的欲望和喜爱的一个区域。"此外，他在另一本专著《旅游业》中认为，旅游景区有时很容易与旅游目的地、旅游度假胜地相混，如许多游客去迪士尼世界，而不是奥兰多这一城市，甚至不是佛罗里达州。

（9）以研究旅游规划著称的美国学者冈恩（C.A.Gunn）给出一个内涵非常宽泛的定义，他认为："旅游景区可以是地球上任何一个独具特色的地方，这些地方的形成既可能是自然力量使然，也可能是人类活动的结果。"

（10）美国学者沃尔什·赫伦（Walsh-Heron）和特里·史蒂文斯（Terry Stevens）在《旅游景区与节事管理》中认为，旅游景区是具备以下特征的地点或举办活动的场所：

①吸引当地居民中的游客、一日游游客和旅游者，并对其进行相应的管理；
②提供一种娱乐或愉悦的体验或打发休闲时间的方式；
③满足这种潜在需要的开发；
④其管理侧重为游客提供满意的服务；
⑤提供相关设施和服务以满足游客各方面的需求、需要和兴趣；
⑥可以是收费或免费的。

以上所引用的大多数内容是摘自于目前英美大学旅游专业中最为流行的旅游概论类和景区管理专业类教科书，这些教材大多已被再版多次，基本上能反映当下国外学者和旅游业界的观点和意见。从上述这些表述中，我们也可以看出，即使在旅游研究较先进的英美国家，对于旅游景区的定义都不是非常严格的，外延也都不周延，基本上可分为广义和狭义两大类：广义的旅游景区几乎等同于旅游目的地，而狭义的旅游景区则是一个吸引游客休闲和游览的经营实体。

英国旅游学者帕特·耶尔（Pat Yale）对于旅游景区在概念中存在一些界限不明确的地方，在他的《从景区到遗产旅游》（第2版）一书中提出了自己的看法：

第一，景区未必是一个地域上有明确边界的地方，博物馆、公园和一些历史古迹遗址是有明确地域边界的，但一些风景宜人的海滨或海滩，滑雪坡地的地域边界就很难确定。

第二，景区不一定是长久性的、长期存在的。一些著名的节事、赛事，景区内的各种活动、表演都是有时间性的，如巴西里约热内卢的狂欢节，伦敦白金汉宫前的换岗仪式或一些应季的花卉展览等，错过了一定的时间这个吸引物就不存在了。

第三，虽然有越来越多的景区由专门机构或企业进行商业运作，但不是所有景区都是被有效地控制和管理起来的，如一些避暑胜地，其主要吸引游客的地方是当地的气候条件。

第四，根据多数学者的定义，我们无法确定体育运动场所、购物场所、剧场戏院及其他娱乐设施是否属于旅游景区范畴。

此外，也有西方学者将旅游景区视为一个系统。对景区系统的构成主要有以下几种观点。

（1）旅游者、景观、开发管理者和景观信息的统一体（麦克钱纳，1976）。

（2）旅游景区是一个具备三种要素的系统，这三种要素分别是旅游者（人的要素）、核心吸引物和景区整合者，只有三个要素的有机结合才形成旅游景区（利珀，1990）。

（3）景区构成层次可分为意识层（描述性）、组织层（标准性）和认知层（游客的认同感），由此推论景区系统应包括：一个具有旅游需求的人，一个核心吸引物（真正吸引旅游者游览的某地的特征或意义）和一个整合者（佩奇，1995）。

我国国家质量监督检验检疫总局2004年发布的国家标准《旅游景区质量等级的划分与评定（修订）》（GB/T 17775—2003）中对旅游景区的定义为："旅游景区是指具有参观游览、休闲度假、康乐健身等功能，具有相应旅游服务设施并提供相应服务的独立管理区。该管理区应有统一的经营管理机构和明确的地域范围。包括风景区、文博馆、寺庙观堂、旅游度假区、自然保护区、主题公园、森林公园、地质公园、游乐园、动物园、植物园及工业、农业、经贸、科教、军事、体育、文化艺术等各类旅游区（点）。"在这套标准中使用了旅游区（点）的概念（但文件中使用的英文译名也是 tourist attractions）与多数英美学者认同的旅游景区概念相似，且英语也为同一词。但从定义规范上看，这一表述属于循环定义。在国家标准《旅游业基础术语》（GB/T 16766—2017）中将旅游景区定义为"以满足旅游者出游目的为主要功能，并具备相应旅游服务设施，提供相应旅游服务的管理区"（定义4.3.1）。在这个定义中突出景区是一个具备一定功能的管理区。国内学者和行业机构对于旅游景区也有下列10种观点。

（1）彭德成（2003）认为，一个经营性的旅游景区应当具有以下条件：

①具有统一的管理机构，即每个旅游景区，有且仅有一个管理主体，对景区内的资源开发、经营服务，进行统一的管理。它是旅游景区经营的主体，服务的供方。它可能是政府机构，或是具有部分政府职能的事业单位，也可能是独立的

法人企业。

②空间或地域范围确定,即有固定的经营服务场所。旅游景区空间范围,常表现为它的门票范围。

③旅游景区具有多种旅游功能,可以是观光性的参观、游览,也可以是度假性的休闲、康乐,还可以是专项性的教育、求知等。旅游功能是旅游景区吸引力的主要体现,是旅游景区作为一种旅游产品的价值基础,不同的景区类型具有差异性的旅游功能,多样化的旅游功能使得景区活动丰富多彩。旅游景区的主体功能取决于景区的旅游资源类别。

④旅游景区必须具有必要的旅游设施,提供相应的旅游服务。资源、设施与服务构成旅游景区产品,也是景区旅游功能的载体。没有设施与服务,再好的旅游资源也还是旅游资源,不会成为可供旅游者消费的景区产品。

⑤旅游景区是一个独立的单位。所谓独立,既包括空间场所的独立,也包括职能的独立。也就是说,旅游景区要有专门的人、财、物、场所为景区经营服务。

这五方面的综合,决定着景区是否具有旅游经营条件,能否承担经营风险和责任。

他还认为,中国旅游产品的主体是指以自然景观和文物景观等公共资源为依托的自然景观类旅游景区和文物景观类旅游景区,不包含主题公园、人造景区等主题景区。这些旅游景区具有经营垄断性、目标多重性、资源不可再生性的共同特性,也是旅游景区发展的重点。

(2)李天元(2000)认为,任何一个可供旅游者或者来访游客参观游览或开展其他休闲活动的场所都可以成为旅游景点。

(3)王德刚(2000)认为,旅游(景)区是以旅游资源或一定的景观、娱乐设施为主体,开展参观游览、娱乐休闲、康体健身、科学考察、文化教育等活动和服务的一切场所和设施。

(4)赵黎明等(2002)认为,旅游景区是一个可供人们前来休闲、娱乐、游览、观光、度假的专业场所。该场所具有明确的范围界线和专业化的组织管理。

(5)王昆欣(2003)认为,旅游景区是具有美学、科学和历史价值的各类自然景观和人文景观的地域空间载体。

(6)禹贡等(2005)认为,旅游景区是由具有某种或多种价值、能够吸引游客前来观光、游览、休闲、度假的自然景物、人文景观以及能够满足游客需要的旅游设施构成的,具有明确具体的空间界限的多元环境空间和经营实体,这一实体可以通过对游客进出的管理和提供相应服务,达到营利或保护该环境空间的目的。

(7)国家旅游局规划发展与财务司(2005)认为,旅游景区是指以景观为主要吸引物的旅游活动场所。

（8）邹统钎（2006）认为，旅游景区是依托旅游吸引物从事旅游休闲经营活动的有明确地域范围的区域。

（9）马勇等（2006）认为，旅游景区是由一系列相对独立的景点组成，从事商业性经营，满足旅游者观光、休闲、娱乐、科考、探险等多层次精神需求，具有明确的地域边界，相对独立的小尺度空间旅游地。

（10）王衍用等（2007）认为，旅游景区一般指具有一定自然或人文景观，可供人们进行旅游活动的相对完整的空间环境……划分旅游景区的主要依据有4条：固定的地域范围；特定的游览内容；综合的旅游服务；统一的管理机构。

这10种对旅游景区的认识，有的属于定义，有的属于概念解释和说明，这些观点虽然侧重点不同，但基本含义大同小异。结合我国旅游业发展的实际情况，本书中采用的"旅游景区"范围近似于上述我国国家标准中的"旅游区"。具体地说，凡是符合以下要求的具有较为明确范围边界和一定空间尺度的场所、设施或活动项目者，称之为旅游景区：

（1）以吸引游客为目的，包括本地的一日游客和旅游者，根据游客接待情况进行管理的。

（2）为游客提供一种消磨闲暇时间或度假的方式，为他们提供一种快乐、愉悦和审美的体验。

（3）开发游客对这种体验的追求并满足这种潜在的市场需求。

（4）以满足游客的需求为管理宗旨，并提供相应的设施和服务。

第二节　与旅游景区相关的几个概念

与景区有关的概念还有旅游目的地、旅游度假区、风景名胜区和风景旅游区等。虽然，旅游目的地与旅游景区有许多相似之处，但从总体上看，两者之间的差异还是有迹可循的。一般认为：旅游目的地往往是一个具有下列四大功能（4个A）的旅游地域综合体：

（1）吸引性（Attractions）——有旅游景区或旅游吸引物；

（2）舒适性（Amenities）——提供与旅游活动直接相关的住宿、餐饮、娱乐和商业零售等其他配套设施；

（3）可达性（Access）——提供方便、快捷的区际、区内交通；

（4）辅助服务（Ancillary services）——提供当地社区服务，如信息查询、银行、邮政、医疗、治安、法律援助。

显然，旅游目的地要比旅游景区的功能完善得多，空间尺度也要大得多，旅游目的地一般是一个较大的地理区域，如一个国家、一个海岛和一座城市等，而旅游景区只是旅游目的地的核心部分。当然，有时两者之间也并非总是泾渭分明，非此即彼的，如一些小型的旅游目的地和超大型的旅游景区也可能出现亦此亦彼的情形。

魏小安（2002）认为，"没有足够的空间也就不能称其为旅游目的地，而只能称之为旅游吸引物"。

至于旅游度假区、风景名胜区等，其实都是从属于旅游景区的一个亚区。

世界旅游组织的旅游规划专家爱德华·因斯克普（Edward Inskeep）认为：旅游度假区是一个相对自给自足的目的地，为满足游客娱乐、放松需求而提供的可以广泛选择的旅游设施与服务。

邹统钎（1996）认为，旅游度假区是以闲暇为导向、自给自足的设施与服务的有机组合体，用以为游客创造一种特殊的环境与经历。

而我国国务院 1985 年颁布的《风景名胜区管理暂行条例》规定："风景名胜区系指具有欣赏、文化或科学价值，自然景物、人文景观比较集中，环境优美，具有一定规模和范围，可供人们游览、休息或进行科学、文化活动的地域。"

崔凤军（2001）认为：介于旅游目的地与风景名胜区之间，还可划分出风景旅游区这一概念。风景旅游区是指以原生的、自然赋存的或历史遗存的景观为载体，向大众旅游者提供的旅游观光对象物。它应当包括向大众游客开放的风景名胜区、森林公园、历史文化名城（镇）、自然保护区、主题乐园等，原则上不包括游乐园、室内博物馆、美术馆等旅游区。

旅游业的综合性和社会性使得旅游景区中有一部分是兼跨娱乐休闲、体育运动等其他产业的，与旅游景区的概念边界比较模糊，但为了讨论方便和限于篇幅，本书主要介绍可以进行管理的吸引游客出游的吸引物，包括各类有界定地域的、永久存在的各类景区以及暂时性的各类节事庆典，但不包括大多数体育运动项目（包括登山、攀岩、蹦极、滑翔、跳伞、漂流等探险项目）和购物场所。

第三节　旅游景区分类

景区分类之所以如此难统一还在于景区的概念很容易跟一些相邻概念混淆或根本很难确定界限。

（1）景区和目的地的区别：如前所述，后者一般地域面积和服务设施范围较前者大。

（2）景区和相关服务/辅助设施：住宿、餐饮等服务设施一般是景区的配套设施，但由于一些大型景区企业的扩张（如迪士尼），两者的界限也显得越来越模糊了。

（3）景区和特殊活动：前者往往为后者提供场地和相关设施。

与定义一样，旅游景区的类别也是很难界定的，不同的分类角度会得出完全不同的分类结果，表1-1仅列举部分著名学者给出的几种有代表性的分类。

表1-1 部分学者对旅游景区的分类

学者	景区分类
米勒，1999	人类活动遗址、自然遗址、建筑遗址
斯沃布鲁克，1995	特殊活动、自然景观、人造景观（不以吸引游客为建造目的）、人造景观（以吸引游客为建造目的）
密德尔敦，1998	野生动植物，工业景观、公园及花园、历史建筑、古建筑遗迹，博物馆、美术馆/画廊、游乐园/游艺场、主题乐园、主题零售店
汉纳，1997	活动及展览，野生动植物，郊野公园，农场、蒸汽铁路、教堂、公园/花园、历史遗址、其他，游客中心、博物馆和画廊、游乐园和码头、工作场所
耶尔，1997	活动、表演，野生动植物乡村，工业景观、交通工具、宗教景观、国家机构所在地、其他（历史遗迹/保护区），博物馆、其他（游乐园、购物中心）
普伦蒂斯，1993	节庆游行、户外运动、艺术表演，自然遗迹、乡村/特色地貌、滨海度假区及海洋景观，农业生产基地、社会文化景区（少数民族）、军事景区、历史人物景区、工业生产基地、交通景区、宗教景观、国家机构/墓地、城镇景观、乡村及茅舍，画廊、科技景区、休闲公园、主题乐园、工艺制作中心

资料来源：Jane Malcolm.

旅游景区根据各自的特点还可以分为以下几种。

（1）室内和室外景区：博物馆、画廊、剧院、宫殿城堡属于室内景区；室外景区包括动物园、野生动物园、自然风景区、花园、游乐场、主题乐园等。

（2）人造和自然景区：人造景区包括博物馆、主题乐园等；自然景区包括山、河、湖、海等自然风景名胜区。当然，目前完全纯自然的景区越来越少了，大部分自然景区中都有供游客住宿用餐的各种人造旅游服务设施。

（3）景区和节事活动：无论是室内还是室外，人造或自然的景区都是固定在一定地点的，而节事活动是为了吸引游人定期在一定地点举办的临时性的活动，这种活动场地是可以移动的。

（4）收费和免费景区：由于部分旅游景区具有公共性和外部性的特点，有的景区出于公益的目的在特定节假日或所有开放日免费向游客开放，如大英博物馆（游客自愿捐募）、我国的杭州西湖景区以及一些公共海滩等。此外，还有诸如城市景观和特色建筑也无法实行收费。

（5）点景区和线景区：点景区指人们出游主要呈点状分布的景区，如故宫、颐和园、自然博物馆等景区；线景区指人们出游途中沿途观光的呈链状分布的景区，如长江三峡、丝绸之路风景区。也有人据此把景区分为一级景区（出游的主要游览目的地）和次级景区（旅途中顺访的景区）。

其他景区的分类还包括：按景区所有制分为政府的和民营的，按景区地域面积大小和资源等级分为世界级、国家级和地区级景区，按景区所依据的资源类型分为人文建筑、自然遗存、文化设施、工业或农业观光景区，按景区建筑的目标分为教育类、娱乐类、休闲类、保护类和公共类景区；此外，还可根据接待量、景区位置、目标市场、景区面积等标准对景区进行分类。

按旅游景区的成因分类：

（1）自然环境和特殊的生态群落。

（2）最初不是为吸引游客而建造的建筑和人工构筑物（如教堂、名人故居和古代工程等）。

（3）人类活动和非物质文化遗存。

（4）专门为吸引游客而建造的人造景观（如主题乐园、度假村等）。

（5）特殊活动、节事。

C.R.格尔德纳等将景区分为文化、自然、节庆、游憩和娱乐等五个大类（见图1-1），其中有些因素是指旅游吸引物，而非景区，如风味菜系、宗教仪式等。

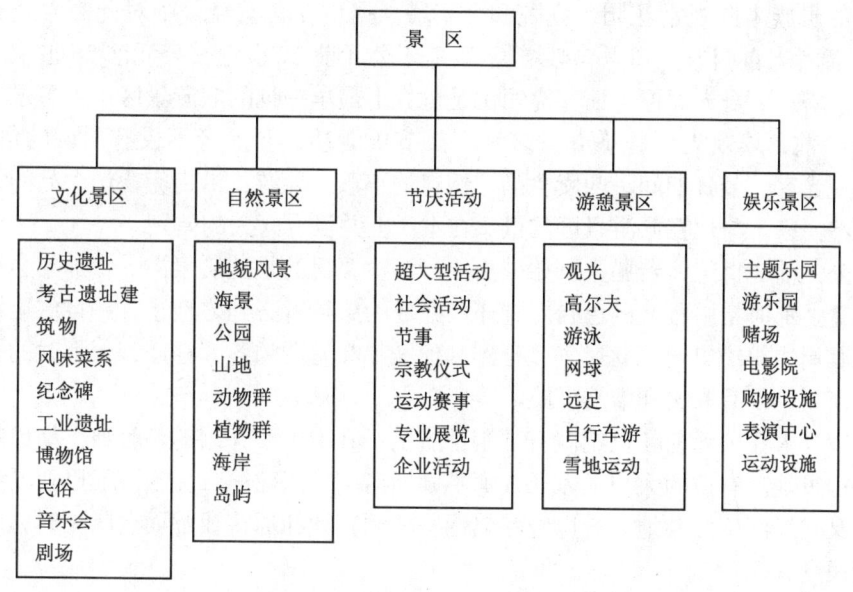

图 1-1　格尔德纳等人的五分法

资料来源：C.R.格尔德纳，等.旅游业：要素、实践、哲学.2009：218.

我们在此基础上略做修改提出本书新的旅游景区分类方案。

（1）自然景观：国家公园（森林公园、地质公园、自然保护区、野生动植物园等）以及一些吸引游客的自然现象和特征。

（2）人文景观：文化遗址（古建筑、名人故居、博物馆、古代工程等）、城乡景观、现代建设成就（工农业旅游点、科教旅游点等）。

（3）人造景区（主题乐园、游乐园、微缩景区、海洋馆、动物园等）。

（4）休闲度假区（滨海、滨湖、温泉、滑雪、高尔夫）。

（5）节事庆典（大型活动、博览会、狂欢节、艺术节等）。

当然不论以什么标准对景区进行分类，这些分类都不是绝对的，有些是互相交叉重叠的。同时，景区的类型也不是一成不变的。对某一些景区的主题改造可以改变景区的性质和类别归属。

第四节　旅游景区发展简史

旅游景区的早期发展历史可以在古希腊历史学家希罗多德（约公元前 484 年—约公元前 425 年）的作品中读到，早期的休闲旅游可追溯到 4000 年前的巴比伦和埃及，公元前 6 世纪，巴比伦曾建过一座"文物博物馆"向公众开放过。各地的贵族来此观赏花园、庭院和金字塔。据传在《圣经》中对此都曾经有记载："智者来自四方，知识势必增长。"建于公元前 27 世纪—公元前 26 世纪的埃及金字塔和狮身人面像（斯芬克司）是世界上最早一批的旅游景区（点）了。在 3000 年前，埃及人就曾举办过多种宗教节庆活动，参加者不仅有虔诚的信徒，也有观光客。节日期间，叫卖食品、饮料的小贩，导游，沿街兜售纪念品的货郎等接踵而来。与现在旅游景区的景象在本质上并没有太大的差别。

公元前 3 世纪，希腊人开始外出旅行，主要目的是洗矿泉浴、参加集会和竞技体育。那时希腊雅典的巴台农神庙已经成为旅行者必到之地了，一批旅店设施也在其周边纷纷出现，此风气蔓延到其他城邦和海港的各大神庙，但那时的旅店没有窗户，没有取暖和盥洗设施。

罗马人在公元前 4 世纪就有导游手册了，其中主要介绍的是雅典、斯巴达和特洛伊等地。有钱的大户人家还在那不勒斯湾一带兴建第二住宅。而巴亚既有温泉，又是海滨度假胜地，曾以喧嚣热闹、醉酒狂饮和通宵夜唱而名噪一时，所以很受民众青睐。

埃及、希腊和罗马时代是人造景观最早发展的一个时期，当时活跃的文化活动给西亚、北非和地中海沿岸遗留下了一大批珍贵的物质和非物质的文化遗产，有的直接成为了旅游景区。公元前，腓尼基旅行家昂蒂帕克总结这一地区的人造景观时，把他认为最伟大的七处称为"世界七大奇迹"，这个提法一直流传至今。这七处文化奇迹为：

（1）埃及金字塔，包括狮身人面像。

（2）巴比伦空中花园，也有将位于现在伊拉克境内的巴比伦城墙和宫殿包括在内的。

（3）古希腊哈利卡纳苏的摩索拉斯陵墓，位于现在的土耳其境内。

（4）古希腊奥林匹亚的宙斯神像。

（5）罗得港的太阳神像，位于现在希腊的罗得岛。

（6）埃及亚历山大港的法罗斯岛灯塔。

（7）以弗所的阿耳特弥斯神庙（也称黛安娜神庙），当时属希腊，现在土耳其境内。

今天除了金字塔还存世外，其余六处都已毁没，个别文物的残部被收藏在大英博物馆内。当时的人们去这些人造奇迹参观，就像今天的美国游客去看大峡谷、约瑟米蒂国家公园、黄石、尼亚加拉大瀑布等自然奇迹一样（C.R.格尔德纳，2003）。

罗马帝国衰亡后，世界进入了史称黑暗的中世纪。当时的男人不是出国打仗，就是忙着四处朝圣。14世纪的旅游指南为朝圣者提供了各地区的详细方位。同时，教会还为朝圣信徒开具证明信，以免在东道国遭受流浪罪指控而被捕。据称，现代各国使用的护照就是由这种证明信演变而来的。中世纪的欧洲是宗教旅游兴起的时期，被认为是早期的大众旅游，朝觐圣地成为主要的旅游目的地和景区。

早在罗马帝国时期，温泉疗养地就已经出现，人们喜欢温泉是因为认为它能治疗疾病。罗马皇帝曾到德国南部的巴登·巴登温泉治疗过风湿病。去温泉洗浴是罗马社会几乎所有阶层人士都喜爱的一种娱乐。罗马的公共浴室一般都建在温泉带上，浴室内设有游泳池、健身房、社区活动中心，成为各界人士休憩、保健、娱乐和社交的场所。据考证，世界上最早的度假饭店就是罗马人建在这些温泉浴室四周的饭店（朱卓仁，2002）。以后，随着罗马军团的征战，这种温泉度假地在北非海岸、希腊、土耳其、德国的巴登·巴登和瑞士的圣莫里茨先后建成，甚至北上到英国。公元54年，罗马人在伦敦西南部的布拉杜德小镇上发现了温泉，并在此建了一系列的大型温泉浴池 Roman Baths，于是这个小镇改名为巴斯（Bath），即洗浴的意思。并在巴克斯顿修建了温泉度假地。罗马人离开英国后，巴斯曾一度沉寂，但温泉洗浴的传统从未中断。1562年，威廉·特纳医生写了一本著作，介绍英格兰、德国和意大利的天然温泉对各种体痛症都有疗效,这掀起了又一轮泡洗温泉治病的时尚。巴斯和巴克斯顿又重新成为游人蜂拥之地,尤其是巴斯,18世纪初,安妮女王下令重修温泉浴池,许多著名建筑也应运而生,并完整地保存到今天。由此,这些温泉度假胜地由保健中心变为游乐和游览中心,由于当时各国君王经常造访,巴斯成为上流社会的社交中心。

在欧洲大陆比利时的斯帕(Spa)度假地是在14世纪时建成的,斯帕是一座位于列日(Liege)附近的小镇,因有一处富含铁质的能治疗疾病的矿泉而闻名。小镇也因此得名斯帕,意为矿泉。在后来的两三百年里,又有许多矿泉被开发出来。欧洲的温泉度假热持续了几个世纪,直到海滨度假的兴起才有所式微。

与温泉度假类似的是,海滨度假旅游的倡导者R.拉塞尔也是一名医生,他在1752年发表了一篇著名的论文《论海水在治疗腺状组织疾病的作用》。不久,洗浴者开始涌向本地的海滩。英国的布莱克浦、索森德和布莱顿成为最受欢迎的海滩。布莱克浦也因此成为大众旅游的胜地。一些海边的小渔村发展成海滨度假城市。

总之,17、18世纪,人们对健康的关注刺激了以两种特殊类型景区为基础的旅游发展。一种是矿物质温泉疗养地,另一种是海滨浴场。同时代还有一种以景区为目标的旅游活动——大旅游(Grand Tour)。大旅游是文艺复兴运动所崇尚的追求自由、渴望知识号召下的产物。在英国女王伊丽莎白一世的统治下,想在宫廷谋职的年轻人纷纷到欧洲大陆旅行以完成学业。这一做法很快在上流社会中流传开来,成为贵族家庭对年青一代进行教育的重要部分。早在1670年"大旅游"一词就在英国使用开来,参加这种活动的人往往要在一位导师的陪同下,花3年多的时间,游遍欧洲各大文化中心。托马斯·纽金特博士于1749年出版了《大旅游》一书,进一步将这种类似于今天的教育和修学旅游发扬光大。就像温泉疗养地很快成为社交中心一样,这种教育旅游不久也演变成了上层社会年轻人寻欢作乐的时尚。于是,不工作的年轻人纷纷踏上旅途,多数人前往巴黎、威尼斯和佛罗伦萨(J.克里斯托弗·霍洛韦,1998)。

美国早期的度假地发展与欧洲有许多相似之处,也是以温泉和海滨为主。在18世纪,美国东部的宾夕法尼亚、弗吉尼亚等地区发现了一系列温泉,较著名的是纽约州的萨拉托加温泉和西弗吉尼亚州的白硫黄泉。而海滨旅游度假地则是以新泽西州的朗布兰奇、开普梅和罗得岛的纽波特为中心。交通条件是度假地开发的重要因素,许多度假地饭店是随着铁路的延伸而建,有些饭店就是由铁路公司建造并经营的。甚至在朗布兰奇海滨度假地遇到的过度开发问题,也与英国布莱克浦类似。

19世纪工业化进程和铁路系统的发展,刺激了中产阶级的旅游需求,为娱乐而旅游的观念取代了为教育而旅游,从而成为人们前往欧洲大陆访问的主要动机。在这之前，旅游一直为上流社会所独享。直到这个时候，海水浴才被认为是一项休闲娱乐活动。因此，在基础条件好、交通便利的海滨建立起一个个海滨度假地。英国工业化城市中的家族企业也逐渐建起一些博物馆、美术馆和公园。工业城市开始成为旅游目的地，在那些博物馆、美术馆中展出的大多数是18世纪大旅游时从欧陆带回来的艺术品和工艺品。英国的一些古城堡和庄园别墅有时也向游客开放。

在近代旅游景区发展史上具有重要意义的是始于19世纪中叶的万国博览会（世博会）。它不仅大大地推进了节事旅游项目，也给旅游景区的开发带来了工业化的气息。英国于1851年在伦敦海德公园举办了一次大型博览会，一改当时盛行的石头建筑风格。据记载，为举办博览会，当时英国动用了整个工业界的技术和力量，耗用4500吨钢材和30万块玻璃，占地9.6万平方米，建成了一座长563米、宽124米、高30米的钢架玻璃结构的"水晶宫"。这个由约瑟夫·帕克斯顿设计的水晶宫震惊了整个世界建筑界，成为现代工业设计的里程碑。此外，博览会集中展出了1400余件艺术珍品和代表当时最高工业成就的工业产品，如发动机、水力印刷机、纺织机械等新技术产品，向世人展示了现代工业发展的前景和人类无限的创造力。当时，维多利亚女王始创了通过外交途径邀请各国参展的传统，接受邀请参展的国家达到10个。从5月10日到10月15日长达5个多月的展期中，盛况空前，观者如潮，共有来自世界各地的工商巨子、社会名流和旅游观光人士约630万人次到场参观。英国人自豪地把这次博览会称为"伟大的博览会"。这次博览会完成了从低级阶段初级产品的简单交易到工业时代的技术交流和文明成果展示的重大转变。伦敦博览会因这一划时代的创举，被世人确认为首届世界博览会。水晶宫因完成使命，在迁往肯特郡塞登哈姆后，不幸于1936年毁于火灾，但它开创了近代新建筑的先河。1889年为纪念法国大革命100周年，巴黎第四次提出承办世博会的时候，法国建筑师古斯塔夫·埃菲尔提出建立主题铁塔的计划，引来了一片反对声，甚至遭到了一些社会名流的批评和挖苦，称其为"巴黎的耻辱"和"巴黎真正不幸的路灯"。但历史很快就证明他们错了。1889年埃菲尔铁塔建成，连同顶部的旗杆在内，塔高312米，是当时世界上最高的建筑。铁塔轰动了1889年的巴黎世博会，近200万人在世博会期间登塔游览。从此，埃菲尔铁塔就成了巴黎引以为豪的著名标志性景区和地标，成为旅游者必去的景区。1893年在芝加哥召开了纪念哥伦布的世界博览会，在这次交易会上一些经营游乐园设备和从事游乐园设计的商家首次亮相，标志着游乐园业进入了黄金时代。次年，在芝加哥出现了世界上第一家现代游乐园——保罗·波顿水滑道公园（Paul Boyton's Water Chutes）。随着机械制造和工艺技术的进步，发明和制造了乘骑和大转盘（Ferris Wheel）的机械设备并在此基础上生产出各种旋转木马（Carousel）、过山车（Roller Coasters），使游乐园结束了纯粹的表演和游人自娱的形式，转而依赖机械设备来满足游客的刺激体验。1955年7月，美国人沃尔特·迪士尼在洛杉矶的阿纳海姆的一片柑橘园上建造了迪士尼乐园，宣告了人造景观中的新成员——主题乐园时代的来临。一批以雄厚的资金实力做后盾、以声光电等高科技为手段，融娱乐、休闲、旅游和度假等多种功能为一体的主题乐园应运而生。

几乎在所有的旅游教科书中，在论及世界旅游发展史时，必提托马斯·库克其人其事。1841年，英国人托马斯·库克利用包租火车的方式组织了一次从莱斯特到洛赫伯勒的团体旅游。这次活动被普遍认为是近代旅游和旅游业开端的标志。但严格地说，这只是相对于旅行社业务和旅游出游方式而言的。从旅游景区发展史上看，那次参加禁酒大会的旅游并没有什么特别意义。旅游景区与旅行社和旅游交通等不同，几千年来，虽然旅游交通工具从马、轿子、马车发展到高速列车和喷气客机，旅行社也从无到有，但旅游景区并无多少本质上的变化。

在此以前，无论是最早成为旅游吸引物的金字塔、希腊神庙、教堂等人文景区，还是温泉、海滨等自然景区，都与我们今天看到的、听到的并无多大区别。但以迪士尼为代表的体验型主题乐园的出现，标志着以戏剧化、舞台化的理念建造的旅游景区，可以让游客体验新奇、刺激并进入亦幻亦真的梦幻世界。在这之前，旅游景区主要是自然禀赋和文化遗存，这些吸引物并不是，或主要不是专门为旅游者开发的。与旅游者相比，长期以来景区的开发者处于被动、消极的地位。但迪士尼主题乐园的出现，改变了这一切。景区可以主动、积极地为旅游者提供一段短暂的欢乐时光，一种不同平常的经历和体验（不仅仅是有形产品和服务）。而这种体验是预设的，结果也是可以预期和掌控的。现在大多数迪士尼主题乐园每年接待的游客人数都在1000万人以上，甚至有的已经超过了2000万人次。这是其他传统旅游景区所无法企及的。

从这个意义上讲，沃尔特·迪士尼在旅游景区发展史上的作用可与托马斯·库克在旅行社业中的作用相提并论。可以预料，利用制造虚拟现实（Virtual Reality）技术的发展，可以满足旅游者的各种体验（包括模拟太空旅游、星际旅游等），这将是旅游景区未来发展的主要方向之一。

本章小结

　　与旅游本身的定义一样，旅游景区的概念是一个长期以来在国内外学术界中存在争议并尚无定论的话题。本章客观地介绍了中外学者的各种观点，供学生对各种观点进行比较思考，从中提炼出共同的东西。此外，本章还介绍了与旅游景区相关或相近的几个概念及其分类方法。

旅游景区的出现和开发远远早于包价旅游和现代交通工具的发展。其发展历史几乎与人类社会的历史同步。因此可以说，旅游景区是一个历史非常悠久的行业，但人们有意识地为了迎合和满足旅游者需要而专门建造旅游景区，却是近一两百年的事。因此可以说，将旅游景区作为一个产业经营的历史并不长。本章对旅游景区发展简史的介绍可使学生对这个既古老又年轻的行业的发展轨迹有一粗略的了解。

思考与练习

1. 根据本章介绍的旅游景区的概念，说出你认为最贴近中国实际的一个定义，并说出理由。
2. 分组讨论各种旅游景区的概念和分类法，并举例说明。
3. 旅游景区一般由哪几个因素构成？
4. 旅游景区与旅游目的地在概念上有何不同？
5. 旅游景区与旅游度假区、风景名胜区在概念上有何区别？
6. 你认为在旅游景区发展史上哪一个事件是具有重大意义的？为什么？

第二章 自然旅游景区概述

本章导读

自然景区是旅游景区中分布较广、最为普遍的一种类型,也是大众旅游最喜爱的一种景区。本章介绍了自然景区中最为常见的国家公园、森林公园、地质公园和野生动物园等景区类型。这些自然景区的概念和管理模式都产生于国外后引入我国,在引进过程中又因我国的现行宏观管理体制的因素,而与西方不同。在我国并不存在真正的国家公园体系,只有与此相类似的自然保护区和风景名胜区。

自然景区因其景观特点,大多分布在城市的郊区或乡村中,对海内外及周边城市居民都有较大的吸引力。自然景区作为旅游景区中的一个主要类别,其涵盖范围很广,包括国家公园、森林公园、地质公园、自然保护区、野生动物园及其他各类山河湖海自然风景区等。

第一节 国家公园

国家公园(Nation Park)是自然保护的一种重要形式,兴起于美国,随后在世界范围逐渐发展并逐步走向成熟。1969年,国际保护自然及自然资源联盟(IUCN)在印度新德里召开的第10届大会做出的决议中,对国家公园的定义得到了全球学术组织的普遍认同,即"一个国家公园,是这样一片比较广大的区域:①它有一个或多个生态系统,通常没有或很少受到人类占据及开发的影响,这里的物种具有科学的、教育的或游憩的特定作用,或者这里存在着具有高度美学价值的自然景观;②在这里,国家最高管理机构一旦有可能,就会采取措施,在整个范围内阻止或取缔人类占据和开发并切实尊重这里的生态、地貌或美学实体,以此证明国家公园的设立;③到此观光须以游憩、教育及文化陶冶为目的,并得到批准。"

通常我们可以将国家公园定义为："国家公园是一个土地所有或地理区域系统，该系统的主要目的就是保护国家或国际生物地理或生态资源的重要性，使其自然进化并最小地受到人类社会的影响。"

根据上述定义，国际保护自然及自然资源联盟要求各国政府不能再以"国家公园"的名义划分各种自然保护区；同时，根据上述定义，那些由私人设立并管理或由地方机构设立并管理的自然保护实体，除非得到中央一级政府的完全承认和控制，否则也不能算为国家公园。

但实践中各国在执行国家公园的定义和标准上也不尽相同。例如人口众多的国家，其自然环境受到人类活动影响较多，而人口稀少的国家，自然环境基本上保持自然进化状态。另外，各国对国家公园使用的标准也不一样，在有些国家符合上述标准的区域未必被冠以国家公园，而不符合上述标准的区域却被称为国家公园。

尽管有关国家公园的定义和标准各国不一，但国家公园所具有的价值及功能相当一致。国家公园可以提供人类追求的健康环境、美的环境、安全环境以及充满知识源泉的环境，这种环境提供人们健康、美丽、安全及充满智慧源泉的生态系统和景观，这使得国家公园具备健康的、精神的、科学的、教育的、游憩的、环保的以及经济方面的多种价值，并相应地具备以下几个方面的功能：

（1）保护环境；
（2）保护生物多样性；
（3）公众游憩、繁荣地方经济；
（4）促进学术研究及国民环境教育。

一、国家公园的形成与发展

保护性公园的起源可以追溯到古代的和土著狩猎者文化习俗，如"在秋季不能伤害母兽和兽群的头领，否则将不得狩猎"等戒律规范了人们的活动，从而保护了猎物。有记载的人类保护行为只有1000多年的历史。早期的保护都是为宗教服务的，一般是对野生动物的保护。欧洲从15世纪就陆续建立起了各种野生动物保护区，如威尼斯在726年前就设立了保护鹿和公野猪的区域。同样的保护活动也在非洲和墨西哥印第安人居住区展开。

到17世纪中叶，国家公园理念开始在君主制国家兴起，但发展缓慢。到了19世纪，工业革命高速地将大批土地从自然状态转为人类开发的区域，引起人们对迅速消失的自然资源进行保护的关注，在工业化迅速发展的国家首先产生了环境保护意识。英国诗人威廉·华兹华斯最早（1810）提出了对自然资源进行保护的思想，他认为英格兰北部的湖区是国家的财富之一，在那里每一个人都有权利去领略和欣赏大自然的风光。保护大自然的呼声在美国得到了逐步发展，1832年美国风景画家乔治·卡特林发表了《美国野牛和印第安人处于濒危状态》的文章，认为保护野牛和印第安人的有效途径是建立国家公园。通过国家公园的形式，根据政府的保护性政策可以保护野牛和印第安人原始、美丽的自然状态。卡特林的观点涉及了国家公园概念上的重要问题，可以概括为：①拒绝接受在西方世界处于统治地位的观念，即自然资源的价值只表现在经济方面，而经济的发展是绝对的；②认为任何资源边际价值，都会随着资源的减少而上升；③预言政府会像自然资源保护公司那样对资源进行保护；④强调了对野生动物的保护，重点谈到了已成功保护的那些体大貌美的动物，如野牛的保护；⑤强调了保护当地居民和当地文化习俗的重要作用。1858年8月哈瑞·大卫对国家公园保护方面的实证研究结果，则更具说服力，他谈道："我们为什么不建立我们的国家公园呢？在那里有熊、美洲狮，甚至还有打猎比赛，从而避免地球上到处都是建筑物，我们的森林不只是提供食品，而且还是我们开展游憩和产生灵感的地方。"

（一）第一个国家公园的建立

1832年，美国国会批准在阿肯色州建立的第一个自然保护区——热泉保护区，是政府为了阻止私人开发而建立的，但没有人将其宣布为世界上第一个国家公园。1864年6月24日，美国总统林肯签署一项法案，将约塞米蒂流域和加利福尼亚州的马里波萨巨杉森林划为永久公共用地，为公众游览和游憩服务。虽然公园由加利福尼亚州政府管理，但它属于联邦政府，并规定了保护区的范围和特定用途，然而由于联邦政府管理不善，未能使大多数历史学家承认约塞米蒂是世界上第一个国家公园。

1872年3月1日，经美国国会批准，在怀俄明州方圆898平方公里的区域，建立了世界第一个国家公园——黄石国家公园，并公布了《黄石公园法案》，从中我们可以不止一次地看到1864年建立约塞米蒂（现也有将其译为优胜美地）公园时的想法，包括将黄石公园保留为公共园地或是人们游憩休闲的场所。1890年约塞米蒂也转为美国国家公园。

（二）国家公园理念的传播与发展

在黄石国家公园建立后的50年间，国家公园理念在美国得到广泛而迅速的传播，但在世界范围内传播较慢。1890年，美国建立了巨杉和约塞米蒂国家公园，1899年建立了雷尼尔山国家公园。当时在欧洲只有英国仿效美国的这种标新立异的做法，于1895年设立了"国家信托基金"负责规划土地并建立自然保护区，但英国是在海外殖民地这样做的。加拿大于1885年开始在西部划定了3个国家公园（冰川国家公园、班夫国家公园、沃特顿湖国家公园）。同期，澳大利亚设立了6个，新西兰设立了2个。南非于1898年设立了萨比野兽保护区，同期，英国人在印度设立了阿萨姆卡齐兰加保护区。19世纪，几乎全部国家公园都是在美国及英联邦范围内出现的。

从20世纪开始到第一次世界大战，国家公园的发展呈现出三个特点。第一，一些国家仿效英国的国家信托基金，也设立了一些自然保护机构，如德国的自然保护与公园协会、法国的鸟类保护协会等，这些机构发起创立了一批自然保护区或国家公园（如德国的吕内堡海德公园、法国的七岛保护区等）。第二，在欧洲，国家公园有很大发展，瑞典仅1900年就设立了8个，瑞士于1914年设立了1个国家公园。第三，英联邦国家及美国也有更大发展（美国4个，加拿大2个，澳大利亚3个，新西兰1个）。十月革命后，苏联设立了4个自然保护区，其中一个保护区是列宁于1920年亲自批准设立的。很多国家都进一步加强了国家公园的管理工作，美国于1916年设立了国家公园管理处，隶属于内务部。

第二次世界大战期间，自然保护工作波及世界大多数地区，特别是非洲、大洋洲、亚洲的一些殖民地国家。如比利时1925年在刚果设立了阿尔贝国家公园，意大利1926年在索马里也设立了1个，法国人在马达加斯加和印度支那，荷兰人在印度尼西亚都开展了一些工作，特别是英国人在印度、斯里兰卡、苏丹、埃及等国，大力发展了野兽保护区、野生动物禁猎区这类自然保护形式。另外，新西兰、澳大利亚、加拿大、南非、菲律宾、冰岛、瑞典、丹麦、德国、比利时、罗马尼亚、西班牙、日本、墨西哥、阿根廷、委内瑞拉、厄瓜多尔、智利、巴西、圭亚那等国家，也都设立了一些新的国家公园或自然保护区。

第二次世界大战以后，国家公园的发展变得非常困难，主要因为已经设立得较多了。但是，由于生态保护运动的爆炸性开展，工业化国家居民对"绿色空间"的渴求，以及世界旅游业的发展等原因，国家公园的划定却有更大的进展。这一发展从第一次世界大战到20世纪50年代，已具备相当大的规模，特别在北半球更为迅速。在北美，国家公园的数量扩大了7倍（从50个扩大到356个）；在欧洲，扩大了15倍（从25个扩大到379个）；其他大陆上的发展（特别是非洲和亚洲）同样也很显著。目前世界上已有124个国家建立了2600多个国家公园，其总面积约占地球陆地面积的2.6%。

近20年，各国经济快速发展，人民生活水平提高，户外游憩的需求加大，国际旅游事业的兴旺及全球对生态环境的日渐重视与关注，促使国际保护运动蓬勃发展，更促进了国家公园的普遍建立。

自第一个国家公园成立以来，国家公园的概念传播到了全世界各地，而且这个概念得到了不断的丰富和发展。西方学者根据美国和加拿大的国家公园的发展情况把国家公园的发展历史分为三个阶段：

（1）1872—1933年，早期的概念形成阶段。第一个国家公园——黄石国家公园的成立标志着这个阶段的开始。在这个阶段中国家公园的概念及主要原则得到了确立，并在美国、加拿大、澳大利亚、新西兰等初步推广。

（2）1934—1972年，国家公园体系的发展阶段。国家公园的概念和应用范围得到了拓展，人文历史遗迹被包括进国家公园系统，从而逐渐形成了一个新的国家公园体系，这个体系包括三个基本构成部分：具有自然风景价值的公园、具有历史人文价值的公园以及具有娱乐休闲价值和功能的公园。此外，在这个阶段，北美开始对国家公园规划实施公共听证通过方案。

（3）1973—1990年，近期的发展。在这个阶段，更多的人文历史类和娱乐休闲类公园被纳入国家公园系统。这个阶段的主要政策趋势是加强对公园开发规划的管理，更强调对公园环境和生态系统的保护。

我国尚未建立真正的国家公园管理体系，但建有一些与其相似的风景名胜区、自然保护区等管理区域。王兴斌（1999）认为，我国的风景名胜区与国际上国家公园的概念不能简单地相对应，后者的范围要大得多，相当于我国的风景名胜区、自然保护区、森林公园和文物保护单位，任务是保护珍稀的自然、历史遗存和独特的生态环境，提供科学考察基地，并向公众开放，既进行生态教育、科普宣传，又提供游览观光、休闲度假服务。

二、我国国家公园发展简况

我国是一个幅员辽阔的国家，从南到北跨越寒温带、温带、暖温带、亚热带、热带5个主要气候带，由西向东地形垂直高度相差8000多米，自然条件多变，地质状况复杂，形成了丰富多彩的动植物区系和千姿百态的地貌景观。我国是世界上动植物种类最多的国家之一，仅高等植物就占世界总数的12%以上，其中，苔藓植物约有2100种，蕨类植物约有2600种，裸子植物近300种，被子植物25 000多种。由于受第四纪冰川影响较小，我国还保留了诸如大熊猫、金丝猴、白鳍豚、扬子鳄、水杉、银杉、银杏等大量的古老孑遗种类和特有物种。广泛分布于我国境内的绚丽自然景观和丰富生物资源，既是我国与全世界共有的宝贵自然遗产，也为我国自然保护运动的兴起和发展提供了得天独厚的条件。

长期以来，我国一直没有建立起像美国那样的国家公园体系，只有类似的自然保护区、风景名胜区，以及森林公园、草原公园、湿地公园、水利公园、沙漠公园、矿山公园和地质公园等自然资源类的公园。但有关资源管理部门一直在努力探索建立中国的国家公园体系的方案。2015年5月18日，国务院批转《发展改革委关于2015年深化经济体制改革重点工作意见》后，发改委会同中央编办、财政部、国土部、环保部、住建部、水利部、农业部、林业局、旅游局、文物局、海洋局、法制办等13个部门联合印发了《建立国家公园体制试点方案》，提议在9个省份开展"国家公园体制试点"。试点的目标是，试点区域国家级自然保护区、国家级风景名胜区、世界文化自然遗产、国家森林公园、国家地质公园等禁止开发区域，交叉重叠、多头管理的碎片化问题得到基本解决，形成统一、规范、高效的管理体制和资金保障机制，自然资源资产产权归属更加明确，统筹保护和利用取得重要成效，形成可复制、可推广的保护管理模式。需要强调的是，试点的并非国家公园这一实体，而是国家公园管理体制。由于国家公园体制的试点涉及13个部门，部门之间能否实现有效协调将是改革的一大挑战。为此，发改委办公厅还印发了《发改委国家公园体制试点区试点实施方案大纲》和《发改委建立国家公园体制试点2015年工作要点》。在北京、吉林、黑龙江、浙江、福建、湖北、湖南、云南、青海等省市各选取一个区域开展为期3年的建立国家公园体制试点，到2017年底结束。2017年9月中共中央办公厅、国务院办公厅印发了《建立国家公园体制总体方案》，提出了到2020年，中国建立国家公园体制试点基本完成，整合设立一批国家公园，分级统一的管理体制基本建立，国家公园总体布局初步形成。方案明确，我国的国家公园体制以加强自然生态系统原真性、完整性保护为基础，以实现国家所有、全民共享、世代传承为目标。国家公园内全民所有自然资源资产所有权由中央政府和省级政府分级行使，条件成熟时，逐步过渡到由中央政府直接行使。《建立国家公园体制总体方案》中对于2015年的《建立国家公园体制试点方案》有所突破，一是不再局限于以单一的省（市）为试点单位；二是数量由9个增加到10个，分别是三江源（青海省）、大熊猫（四川、甘肃、陕西三省）、东北虎豹（吉林、黑龙江两省）、祁连山（甘肃、青海两省）、湖北神农架、福建武夷山、浙江钱江源、湖南南山、北京长城和云南普达措等。

　　为统一行使全民所有自然资源资产所有者职责，统一行使所有国土空间用途管制和生态保护修复职责，着力解决自然资源所有者不到位、空间规划重叠等问题，实现山水林田湖草整体保护、系统修复、综合治理，根据2018年3月召开的第十三届全国人民代表大会第一次会议上批准的国务院机构改革方案，设立中华人民共和国自然资源部，为国务院组成部门。将国土资源部的职责，国家发展和改革委员会的组织编制主体功能区规划职责，住房和城乡建设部的城乡规划管理职责，水利部的水资源调查和确权登记管理职责，农业部的草原资源调查和确权登记管理职责，国家林业局的森林、湿地等资源调查和确权登记管理职责，国家海洋局的职责，国家测绘地理信息局的职责整合。此外，为加大生态系统保护力度，统筹森林、草原、湿地监督管理，加快建立以国家公园为主体的自然保护地体系，保障国家生态安全，将国家林业局的职责，农业部的草原监督管理职责,以及国土资源部、住房和城乡建设部、水利部、农业部、国家海洋局等部门的自然保护区、风景名胜区、自然遗产、地质公园等管理职责整合,组建国家林业和草原局,由自然资源部管理。国家林业和草原局加挂国家公园管理局牌子。至此,我国国家公园管理体制框架已基本成型,一批自然资源类景区纳入国家公园管理体系中,其整合后的效果仍有待探索和不断改进完善。

(一) 自然保护区

我国自然保护区的发展只有40多年历史。自1956年建立第一处自然保护区始,至1965年的前10年中,全国仅建立自然保护区19处,总面积64.88万公顷,只占国土面积的0.07%。1978年以后,自然保护区事业得到迅速发展,保护区数量明显增多,保护区类型日益齐全。截至2015年5月,我国的国家级自然保护区数量达到446处,总面积94万平方公里,占陆域国土面积的9.7%。但严格意义上说,自然保护区不属于旅游景区,尤其是其核心区是严禁除科研人员和管理人员以外的人员进入的。

自然保护区目前的类型有:①生态系统保护区。就生态系统保护区而言,有陆地生态系统保护区和海洋生态系统保护区两部分。陆地生态系统中,有森林、草原、水域、湿地、荒漠等类型,其中森林是陆地生态系统的主体,森林生态系统类型保护区数量最多。②野生动物保护区。③珍贵植物保护区。④自然历史遗迹保护区。

保护区主要由核心区和实验区两部分组成。核心区除科学观测外,禁止任何人为干预,维持其生态系统的自然演替。实验区是进行植物栽培、动物饲养驯化等科学实验的区域。在核心区和实验区之间,一般还设有缓冲区。

自然保护区分国家级和地方级。经国务院批准的国家级自然保护区是指在保护对象上具有国内典型特征、在科研上有重要的价值、在国际上有一定影响的保护区。地方级自然保护区是由各省、自治区、直辖市政府批准的具有本地自然条件和生物资源特点的保护区。我国保护区的管理大致有5个方面的内容。

(1) 生物资源和自然环境管理。它是自然保护区管理中的首要任务,这方面管理的好坏,直接关系整个保护区的生存和价值。具体内容包括:保护区范围确定和标桩立界、核心区和实验区的划分、生物资源与环境的保护、特殊物种的保护措施、保护工种的实施、自然灾害的控制与防范、保护巡逻制度等。

(2) 行政与后勤管理。行政与后勤管理对保护区来说必不可少。如何调动职工的工作积极性,安排合理的工作量,是每个保护区管理领导者应认真研究的问题。行政和后勤管理是很细致烦琐的事情,主要靠一系列规范化的制度和规章来实施管理,包括:劳动纪委制度、人事制度管理、工作人员的奖惩制度、资金使用制度、基础设施的管护与维修、仪器设备的保养与维修、保卫和治安制度等。

（3）科学研究的管理。保护区的研究，分常规性研究和专题性研究。常规性研究包括：资源的一般性调查、观测、预测预报等，目前保护区科技工作者可独立完成。对某一物种、种群或某处生态系统进行较高水平的研究与观测，现阶段多数还是靠研究所、大学的专家主持，保护区科技人员协助参与的方法来完成。

（4）居民生产生活的管理。如何管理好保护区内和周围居民的生产生活，是保护区需要做好的一项重要工作。每个保护区应根据自己的具体情况，认真研究并找出既能帮助提高当地居民生产生活水平，又可与保护区资源和环境相协调的良好途径。管理的内容应从以下方面考虑：生产生活用地的选定与调整、制止非法伐木狩猎和挖掘开采、安排群众从事自然保护工作和多种经营活动、控制区内和周围人口的增长、帮助引进有成效的致富技术和渠道。

（5）游客管理。保护区除加强资源与环境保护、开展科学研究、从事合理的多种经营以外，可利用其特殊的自然景观开发一些旅游参观活动，实现保护区的多种效益。保护区旅游，以科普旅游或生态旅游为主，向公众提供普及生物学知识、欣赏秀丽风光的服务。目前在我国，保护区旅游还处于初始阶段，许多保护区还没有很好地考虑这个问题。各个保护区应根据自己实际情况制定参观季节、对象和路线。游客的管理内容包括：专业性参观考察、非专业性游览、导游培训、参观路线的划定、路标和讲解牌的设置、旅游者的住宿及活动设施、少年儿童和残疾人的特殊接待、宣传品的制作和提供、废弃物的消除与处理。

目前，我国与自然保护区的管理相关的立法有：《森林法》《野生动物保护法》《环境保护法》《渔业法》《土地管理法》和《水土保持法》等。国务院在1985年颁布《森林和野生动物类型自然保护区管理办法》的基础上，分别于1994年和1997年发布了《自然保护区条例》《野生植物保护条例》，对指导解决自然保护区的管理问题做出了更为具体的规定。各省、市、自治区政府也制定了类似的法规。全国大部分保护区在国家法律和法规的指导下，根据其自然条件和社会环境制定了各自的管理规则，实施保护区的管理。

（二）风景名胜区

20世纪70年代末，随着经济建设的发展，加强对自然景物、人文景物及自然生态系统的保护，已显得日益重要。我国住建部（原建设部，当时称国家建委，现已并入自然资源部）即组织各地对自然和人文景物进行调查、评估和鉴定。在此基础上，各省挑选了一批具有典型特色的地区，经过省政府的确定，并由省政府上报国务院，申请列为国家级风景名胜区。自1982年起，国务院共公布了9批国家级风景名胜区（国家重点风景名胜区），共244处。

国家级风景名胜区应符合以下条件：①具有全国最突出、最优美的自然风景或人文景观，那里的生态系统基本上没有受到破坏，其自然环境、动植物种类、地质地貌具有很高的观赏、教育和科学价值。②国家最高行政机关——国务院已制定颁布了加强对国家重点风景名胜区保护和管理的法规，地方政府也采取了相应措施，严格禁止任何单位、个人对国家重点风景名胜区的侵占，有效地保护了其生态、地貌和美学特色。③为了精神享受、娱乐、文化和教育目的，允许游人进入国家重点风景名胜区，但须采取措施，防止某些区域游人超量。④国家级风景名胜区的面积比较大，一般都在50公顷以上。

自然景观与人文遗迹融为一体是国家重点风景名胜区的一大特色。我国的自然山川大都经受历史文化的影响，伴有不少文物古迹，以及诗词歌赋、神话传说，自然景色与人文景观相互辉映，从不同侧面体现中华民族的悠久历史和灿烂文化。根据其不同的景观特点，风景名胜区又大致可分为：①山岳类型：如山东泰山、陕西华山、安徽黄山等。②湖泊类型：如江苏太湖、杭州西湖等。③河川类型：如长江三峡、桂林漓江等。④瀑布类型：如黄果树瀑布、黄河壶口瀑布等。⑤滨海、岛屿类型：如青岛海滨—崂山、厦门鼓浪屿—万石山等。还有八达岭长城、龙门石窟等以人文景观为主的风景名胜区。

风景名胜区是国家的自然和文化遗产精华，加强保护和管理使其能永续利用是一项极为重要的任务。为了更好地保护中国的风景名胜区，加强其管理，国务院于2006年9月29日颁布了《风景名胜区条例》，对1985年的《风景名胜区管理暂行条例》进行了全面修订。该条例对风景名胜区的保护、管理都做了明确的规定。

（三）水利风景区

水利风景区，是指以水域（水体）或水利工程为依托，具有一定规模和质量的风景资源与环境条件，可以开展观光、娱乐、休闲、度假或科学、文化、教育活动的区域。水利风景区在维护工程安全、涵养水源、保护生态、改善人居环境、拉动区域经济发展诸方面都有着极其重要的功能和作用。

水利风景区分为水库型、湿地型、自然河湖型、城市河湖型、灌区型和水土保持型六类。不同类型的景区有不同的条件和情况，在规划建设中应因地制宜，注意突出特点，形成特色。

（1）水库型。水利工程建筑气势恢宏，泄流磅礴，科技含量高，人文景观丰富，观赏性强。景区建设可以结合工程建设和改造，绿化、美化工程设施，改善交通、通信、供水、供电、供气等基础设施条件。核心景区建设应重点加强景区的水土保持和生态修复，同时，结合水利工程管理，突出对水科技、水文化的宣传展示。

（2）湿地型。湿地型水利风景区建设应以保护水生态环境为主要内容，重点进行水源、水环境的综合治理，增加水流的延长线，并注意以生态技术手段丰富物种，增强生物多样性。

（3）自然河湖型。自然河湖型水利风景区的建设应尽可能维护河湖的自然特点，可以在有效保护的前提下，配置之以必要的交通、通信设施，改善景区的可进入性。

（4）城市河湖型。城市河湖除具防洪、除涝、供水等功能外，水景观、水文化、水生态的功能作用越来越为人们所重视。应将城市河湖景观建设纳入城市建设和发展的统一规划，综合治理，进行河湖清淤，生态护岸，加固美化堤防，增强亲水性，使城市河湖成为水清岸绿、环境优美、风景秀丽、文化特色鲜明、景色宜人的休闲、观光、娱乐区。

（5）灌区型。灌区水渠纵横，阡陌桑图，绿树成荫，鸟啼蛙鸣，环境幽雅，是典型的工程、自然、渠网、田园、水文化等景观的综合体。景区可结合生态农业、观光农业、现代农业和服务农业进行建设，辅建以必要的基础设施和服务设施。

（6）水土保持型。可以在国家水土流失重点防治区内的预防保护、重点监督和重点治理等修复范围内进行，亦可与水保大示范区和科技示范园区结合开展。

我国江河纵横，河流众多，长江、黄河、淮河、海河、珠江、松辽、太湖七大流域汇集千流万河。据统计，流域面积100平方千米以上的河流有5万多条；水面面积1000平方千米以上的湖泊有13个，500~1000平方千米的湖泊有18个，10~500平方千米的湖泊有600余个；还有大量的冰川、瀑布、泉点及遍布大江南北的湿地等。

水利部于2001年7月成立了水利部水利风景区评审委员会，负责对水利风景区的评审工作。水利风景区分国家级和省级，截至2017年9月，全国共有832处国家水利风景区。

（四）世界自然遗产

第二次世界大战结束后，许多有识之士意识到战争、自然灾害、环境灾难、工业发展等威胁着分布在世界各地许多珍贵的文化与自然遗产。鉴于此，联合国教科文组织（UNESCO）第十七届会议与1972年11月16日在巴黎通过了《保护世界文化和自然遗产公约》（以下简称《公约》）。《公约》目标是，为保护具有突出普遍价值的文化和自然遗产，建立一个以现代科学方法制定的永久性制度；为具有突出普遍价值的文物、建筑群、遗址、自然面貌和动植物的生存环境提供紧急和长期的保护。与此同时，成立了隶属于联合国教科文组织的世界遗产委员会，严格审定申请加入世界遗产组织的各国文化与自然遗产；将审定合格具有杰出的普遍价值者列入《世界文化与自然遗产名录》（以下简称《世界遗产名录》）。

《公约》对文化和自然的标准做出了明确规定，确认了世界遗产（world

heritage）的存在，并申明它们属于全人类所有。在《公约》中，国际社会首次将文化遗产与自然遗产的概念结合在一起。而长期以来，自然与文化一直被认为是互相对立的两种因素。人类理应征服对自己不利的自然环境，文化制度象征着各种高尚的价值观念，文化和自然又是相辅相成的，各民族的文化特性是在他们所生活的特定环境中形成的，人类所建造的雄伟壮丽的工程之所以美，部分原因往往在于它们处在优美的自然环境中，某些壮观的自然遗址，一般也带有人类长期活动的印记。

《公约》是在全球范围内制定和实施的一项具有广泛和深远影响的国际准则性文件。它的主要任务是确定世界范围内的自然与文化遗产，将那些被认为具有突出意义和普遍价值的古迹和自然景观让全人类承担起保护的责任。

《公约》对文化和自然遗产的标准做了明确规定，同时还确定了实施《公约》的指导方针。这个《公约》是联合国教科文组织在全球范围内制定和实施的一项具有广泛和深远影响的国际准则和文件。《公约》的主要任务之一是确定世界范围内的文化与自然遗产，以便国际社会将其作为人类共同遗产加以保护。《公约》的宗旨在于促进各国和各民族人民之间的合作与相互支持，为保护人类共同的遗产做出积极的贡献。

为了落实《公约》的各项规定，1976年教科文组织成立了世界遗产委员会，这是一个政府间的国际合作机构。该委员会由缔约国大会选举的21个国家组成，每年举行一次会议。它主要有三大任务：

一是将全世界公认的具有突出意义和普遍价值的文物古迹和自然遗产列入《世界遗产名录》。

二是管理"世界遗产基金"，审定各国提出的技术和财政援助方面的申请。

三是对已列入《世界遗产名录》项目的保护及管理状况进行监测，以促进其保护和管理水平的改善与提高。联合国教科文组织还设立了世界遗产中心，作为世界遗产委员会的秘书处，负责处理《公约》实施中的日常事务。

世界遗产基金专门为实施《公约》而设立，旨在为保护列入《世界遗产名录》的文化和自然遗产提供必要的帮助。

世界遗产基金的资金主要来自两个方面。

一是各缔约国固定缴纳的金额，按规定各国应缴纳其向教科文组织缴纳会费的1%。

二是各缔约国的自愿捐款，其他机构或个人的赠款，以及通过各国或国际专门销售活动所得的款项。

基金主要用于各种方式的援助和技术合作，包括为确定或消除遗产受破坏的原因以及为采取保护措施而进行的研究、专家咨询服务，培训保护或修复技术方面专业人员，提供设备等。尽管基金的规模和数量与需要相比仍显得微不足道，但它对保护遗产的某些重要项目起到了一定的支持和辅助作用。

联合国教科文组织、世界遗产委员会为了提高保护、评审、监测、技术援助等工作的水平，还特别约请了3个国际上有权威的专业机构，作为其专业咨询机构。凡遗产的考察、评审、监测、技术培训、财政与技术援助等均由这3个机构派出专家予以帮助。

1. 国际古迹遗址理事会（ICOMOS）

国内也有将其音译成"伊考莫斯"，主要负责文化遗产方面的工作，该组织成立于1965年，总部设在法国巴黎，是国际上唯一从事文化遗产保护理论、方法、科学技术应用和推广的非政府机构。

2. 世界自然保护联盟（IUCN）

主要负责自然遗产方面的工作。该组织成立于1948年，总部设在瑞士日内瓦，主要任务是促进和鼓励人类对自然资源的保护与永续利用。

3. 国际文物保护与修复研究中心（ICCROM）

主要负责文化遗产方面的技术培训、研究、宣传和为专家服务的工作。该组织成立于1959年，总部设在意大利罗马，是国际上文化遗产领域从事培训、专家服务、文献资料与研究的专门机构。

三、国家公园与其他类型保护区的区别

国家公园是世界自然保护事业中的一项重要建设和基本设置，也是开展自然保护工作的重要基地。随着自然保护事业的发展，保护区的类型和种类在不断增加，在不同国家的不同历史时期对同一种保护区的名称各不相同，各国习惯用的名称也不同。1978年，国家公园和保护区委员会发布了《保护区的种类、对象和标准范畴》，将保护区分为10种类型。

（1）科学保留地/严格的自然保护区：保护区管理的主要任务是为了科学研究和野生地保护。

（2）国家公园：保护区管理的主要目的是生态保护和游憩。

（3）自然遗址/自然名胜：管理的主要目的是保持特殊的自然景观。

（4）自然保护区/有管护的自然保护区/野生动物保护区：通过管理活动保护其自然特色。

（5）风景保护区：对保护区管理的目的主要是对陆地景观和海洋景观的保护及其游憩。

（6）资源保护区（物种保护区）：保护区管理的主要目的是对自然生态系统的可持续利用。

（7）自然生物区/人类保护区。

（8）多用途的管理区/有经营管理的区域。

（9）生物圈保护区。

（10）世界自然遗产地。《公约》给自然遗产的定义是符合下列规定之一者：

①从美学或科学角度看，具有突出普遍价值的由地质和生物结构或这类结构群组成的自然面貌；

②从科学或保护角度看，具有突出、普遍价值的地质和自然地理结构以及明确划定的濒危动植物物种生态区；

③从科学、保护或自然美角度看，具有突出、普遍价值的天然名胜或明确划定的自然地带。

被列入《世界遗产名录》的自然遗产项目必须符合下列一项或几项标准并获得批准：

（1）构成代表地球演化史中重要阶段的突出例证；

（2）构成代表进行中的重要地质过程、生物演化过程以及人类与自然环境相互关系的突出例证；

（3）独特、稀有或绝妙的自然现象、地貌或具有罕见自然美的地带；

（4）尚存的珍稀或濒危动植物种的栖息地。

此外，还有同时符合文化与自然遗产的，可以成为双重遗产。

截至2017年7月，中国世界遗产已达52项，其中世界文化遗产36项、世界文化与自然双重遗产4项、世界自然遗产12项，在世界遗产名录国家里排名第二，仅次于意大利（53项）。

四、国家公园发展趋势

国家公园存在的一百多年的历史中，国家公园与旅游之间的关系一直是一对矛盾统一体，这种关系还会长期存在。英国学者R.W.巴特勒预计国家公园的未来发展可能出现三种截然不同的趋势：

（1）国家公园大量减少游客接待量，甚至完全不接待游客；

（2）逐渐削弱国家公园的保护功能，慢慢转变为纯旅游娱乐类景区；

（3）"牺牲"部分国家公园用于旅游娱乐开发，保护另外一部分国家公园。

国家公园的旅游娱乐功能与保护功能虽然一直存在矛盾，但我们应该清醒地认识到随着国家公园娱乐功能越来越强，在旅游者中知名度越来越大，我们很难限制公园的旅游娱乐功能的开发，更难完全把所有旅游娱乐设施移出公园，在欠发达国家尤其如此，人们很难把保护物种多样性和生态系统等抽象概念放在比赚钱和创造就业更高的位置上去。因此，现实地讲，国家公园的旅游娱乐开发不但很难抑制,而且可能会以比以往更快的速度推进。

要想打破现有的重旅游、轻保护的发展模式,需要政府强有力地推行相关政策。政府要有足够的信心和能力应对来自旅游及旅游部门以外的其他各方面的压力,同时还要考虑公园环境与生态自身的发展规律。美国黄石国家公园曾一度为了保护游人的安全大量捕杀野狼,野狼在黄石国家公园消失后不久公园当局发现另一个问题出现了:没有野狼的制约野兔开始大量繁殖,由于野兔的啃食,草皮大面积减少。为了解决这个问题,公园再度引狼入园,但最近又有资料显示请回的野狼又带来了新的问题,它们的活动范围远远超过了公园地域的局限,侵犯到附近的农庄,造成了不少人畜伤害事件。这个案例说明自然生态系统保持着一种动态的平衡,其演化进程不会因为一个或几个物种的消失而停滞不前,因此人们在对环境进行调整或对以往的过错进行补救的同时要考虑这种动态的变化,生态进展是不可逆的,时间的指针是无法逆转的。

国家公园未来发展的另一种趋势是公园的数量增长率会越来越低,因为符合国家公园标准的自然或人文景区不会不断地大量涌现,但现有公园会不断开拓新的旅游娱乐项目以拓展新的游客市场,这些新项目包括滑雪、高尔夫、钓鱼等。增添新项目对国家公园的发展来说是一把双刃剑,一方面新项目会给公园带来新市场,增加经济收入用于环境保护;另一方面新项目会从更多方面影响公园的环境,加剧环境与游客管理之间的矛盾。

旅游和国家公园之间的关系是非常复杂和敏感的,追根溯源说起来,旅游是国家公园设立的重要缘由之一。首先是旅游意识,其次是历史遗址,正是这两点使某个国家公园成为一个独特的景区,使之具有保护价值。即使在像大堡礁之类的生态脆弱地区,适量地接待旅游者也是非常必要的,旅游带来的收入既可以为生态环境的保护提供资金,也能带来对资源保护的政治支持。

第二节　国家公园类型

国家公园是自然公园和保护区的总称,根据自然形态不同,还可以粗分为森林公园、地质公园、海洋公园(人造景区除外)、草甸公园、湿地公园、荒漠公园以及野生动植物园(人造景区除外)。其中有些类型互有交叉重叠,这里我们主要介绍其中最为常见的三大类型:森林公园、地质公园和野生动物园。

一、森林公园

随着人类社会的不断发展,城市的膨胀和用地紧张,森林覆盖面正在大量减少，森林公园的出现在一定程度上起到了保护森林的作用。森林公园起源于中世纪的欧洲，当时的森林公园指皇室拥有的大面积的原始林地和狩猎园，林地内的各种植物（不仅是树木）都受到保护，不允许狩猎（有些森林公园内单独辟出狩猎区），林地内有少量居民定居，以锯木和造船为生。为了防止林地的减少，20世纪以来很多国家都为森林公园专门立法，以各种政策和经济手段保护森林，遏制林地减少的趋势，鼓励种植树木。

国外的森林公园方面的一些政策和做法有值得我们借鉴的地方。如英国在20世纪初森林覆盖率已减少到5%，1919年英国林业委员会开始实施鼓励在指定地区种植指定树种的计划，到1939年全国新增林地1214平方千米，此后新增林地面积以每年约971平方千米的速度增加。自1947年以来，林业委员会开始实施植树津贴制度，林地居民如在林地区域中种植树木可以在植树后从政府领取津贴，1981年委员会增加了津贴额，同时实施了新的领用计划，即植树后居民可以领取80%的津贴，五年后领取其余20%，1985年津贴额再度上涨，分3期付清。津贴政策鼓励了农民把耕地转为林地，1988年，政策还对领取这种津贴的农民给予优惠的税务政策。政府植树津贴的资金一部分来源于成立于1972年的林地信托基金会，其余来自国家彩票收入，以1997年为例，国家彩票划出140万英镑用于植树造林。经过多种努力，到1991年为止，英国的森林覆盖率已恢复到了10%。

森林公园是很受人欢迎的一种休闲旅游景区，驾车观光、骑马、野营、垂钓等都是人们在森林公园中的主要娱乐休闲活动。森林公园中的旅游设施包括：

（1）森林步行通道；

（2）野炊地；

（3）森林小屋/度假屋；

（4）宿营地；

（5）访客中心和纪念品商店；

（6）森林行车道路；

（7）森林自行车和骑马通道；

（8）观光、垂钓、狩猎和划船的场所及相关设施；

（9）森林野生动物。

（一）我国森林公园建设概况

我国的森林公园建设起步较晚，1982年9月，经原国家计委批准同意，在湖南省原大庸县（现湖南省武陵源区）张家界林区建立了我国第一个森林公园——张家界国家森林公园。但经过近20年的发展，森林公园事业已初具规模。从全国范围看，我国已基本形成了以国家森林公园为骨干，国家、省和县（市）

级森林公园相结合的森林公园体系。

森林公园依据其主要自然景观，可划分为以下类型：①山岳型。如湖南张家界、陕西太白山等。②湖泊型。如浙江千岛湖、河南南湾等。③火山型。如黑龙江火山口、内蒙古阿尔山等。④冰川型。如四川海螺沟。⑤草原型。如河北木兰围场、内蒙古黄岗梁等。⑥沙漠型。如甘肃阳关沙漠、陕西定边沙地等。⑦温泉型。如广西龙胜温泉、海南蓝洋温泉等。⑧海滨型。如河北秦皇岛海滨、山东鲁南海滨等。⑨海岛型。如山东长岛、福建平潭海岛等。⑩城郊型。如上海佘山、安徽琅琊山等。

建立森林公园，应当具备以下条件：①森林景观具有特色，或者在生态、历史、学术方面具有保护和科学文化教育价值；②具有一定的旅游开发价值；③面积不小于200公顷，森林覆盖率不低于60%（具有特别开发价值的除外）；④森林资源权属清楚，界线明确，具有林地林权证。

森林公园分国家、省和县（市）三级。国家森林公园指森林植被具有一定区域代表性，自然景观特别优美，观赏、科学、文化价值较高，享有较高知名度的森林公园。目前除张家界国家森林公园由国务院委托国家计委批复外，国家森林公园均由国务院林业主管部门批准建立。省、县（市）级森林公园分别由相应的地方政府林业主管部门批准建立。

为规范森林风景资源调查、区划及编制经营方案等工作，确保对森林风景资源的合理经营，1986年，原林业部编制印发了《林区风景资源调查、区划与规划工作原则规定》，对林区风景资源的调查、评价、区划及计划任务书和经营方案的编制等提出原则要求。1996年1月，颁发《森林公园总体设计规范》。该规范强调森林公园建设"应以良好的森林生态环境为主体，充分利用森林旅游资源，在已有的基础上进行科学保护、合理布局、适度开发"的指导方针，在有关景区与游览线路、旅游服务设施、基础设施等的设计要求中始终贯彻"生态保护"的中心思想，并对"生态环境容量""植物景观工程"及"保护工程"做出具体规定。

1994年12月，原林业部在全国范围内聘请有关林业、旅游、生态、地质、历史、建筑等方面20余位专家、学者，组织成立中国森林风景资源评价委员会。委员会作为林业部领导下的技术权威机构，专门负责研究评价全国森林风景资源质量及其保护、利用等具体问题，并就森林公园的设立、开发、建设、管理和经营提供技术咨询，实施业务监督。

我国的森林公园管理内容主要包括以下四个方面。

（1）森林风景资源和自然生态环境管理。丰富的森林风景资源和良好的自然生态环境是森林公园赖以生存和发展的基础，并直接影响森林公园综合效益的发挥。森林风景资源和自然生态环境管理是森林公园管理的首要任务，它主要通过对森林公园实施分区管理来实现。

（2）行政与旅游服务管理。行政与旅游服务管理是森林公园能否获得进一步发展的决定性因素，必须依靠健全的制度来实现。

（3）居民生产生活管理。加强对森林公园内和周围居民生产生活的管理，采取积极措施引导居民从事有关的旅游服务活动，有效帮助他们提高生产生活水平，对树立居民的自觉意识、共同维护森林公园良好的资源和环境状况具有重要意义。

（4）旅游者的管理。森林公园的旅游活动以自然环境为依托，通过开发避暑、度假、野营健身、探险、科考等多种生态旅游项目，向游客尤其是青少年传播自然科学知识和环境保护常识。

（二）我国森林公园经营现状

截至2016年底，全国共建立森林公园3392处，规划总面积1886.67万公顷。其中，国家级森林公园827处、国家级森林旅游区1处，面积1320.09万公顷；省级森林公园1457处，县（市）级森林公园1107处。11个省的森林公园总数超100处，分别是广东（672处）、山东（244处）、浙江（241处）、江西（179处）、福建（177处）、河南（171处）、山西（132处）、湖南（128处）、四川（127处）、江苏（107处）和河北（101处）。

2016年对31个省（区、市）及内蒙古、吉林、黑龙江、大兴安岭森工（林业）集团公司共3288处森林公园（含白山市国家级森林旅游区）的统计数据显示，2016年森林公园共投入建设资金537.95亿元，其中用于环境建设方面的投资57.04亿元，营造景观林8.95万公顷，改造林相15.52万公顷。截至2016年底，森林公园共拥有游步道9.07万公里，旅游车船3.4万台（艘），接待床位102.94万张，餐位197.1万个。从事管理与服务的职工达18.02万人，导游人员1.66万人。

2016年，3288处森林公园（含白山市国家森林旅游区）共接待游客9.17亿人次（其中海外游客1497.69万人次），占国内旅游总人数的20.8%，旅游收入781.61亿元，分别比2015年度增长15.3%和10.8%。据测算，2016年全国森林公园创造的社会综合产值超8200亿元。

另据对2335处森林公园（其中国家级森林公园827处，不含白山市国家森林旅游区）的具体统计数据，分析如下。

1. 游客人数

2335处森林公园游客人数共计7.62亿人次，其中247处游客人数为0，243处游客人数不足1万人次，407处游客人数超50万人次，177处游客人数超100

万人次。接待游客的2088处森林公园平均游客人数36万人次。

2. *旅游收入*

2335处森林公园旅游收入共计744.09亿元，其中522处森林公园旅游收入为0，79处不足5万元，503处超1000万元，209处超5000万元，112处超亿元。取得旅游收入的1813处森林公园平均旅游收入4104万元。

3. *国家级森林公园经营*

（1）游客人数。827处国家级森林公园游客人数共计4.94亿人次，其中30处游客人数为0，40处不足1万人次，247处超50万人次，123处超100万人次。接待游客的797处国家级森林公园平均游客人次62万人次。

（2）旅游收入。827处国家级森林公园旅游收入共计570.61亿元，其中60处旅游收入为0，8处不足5万元，344处超1000万元，160处超5000万元，88处超亿元。取得旅游收入的767处国家级森林公园平均旅游收入7440万元。

4. *公益性开放*

根据对2335处森林公园的统计，1083处森林公园（其中国家级211处）目前免收门票，享受免票服务的游客达2.18亿人次（其中国家级6784.02万人次），占本年度游客总人数的23.8%（占国家级游客总人数的13.7%）。

2015年度国家专类公园与国家生态公园建设经营情况。不完全统计，2016年14处国家生态公园试点和8处国家林木（花卉）公园共投入建设资金7.14亿元，接待游客946.59万人次，综合收入达4.22亿元。

此外，国家林业局于2013年10月启动国家沙漠公园建设试点工作。沙漠公园是以沙漠景观为主体，以保护荒漠生态、合理利用沙漠资源为目的，在促进防沙治沙和维护生态服务功能的基础上，开展公众游憩休闲或进行科学、文化和教育活动的特定区域。全国已批复70个国家沙漠（石漠）公园，范围覆盖内蒙古、甘肃、湖南等11个省区及新疆生产建设兵团，总面积达34万公顷。

二、地质公园

地质公园（Geoparks）属自然公园的一种，是由联合国教科文组织（UNESCO）在开展"地质公园计划"进行可行性研究中创立的新名称。它是指具有特殊地质意义、珍奇或秀丽景观特征的自然保护区。这些特征是该地区地质历史、地质事件和形成过程的典型代表。联合国教科文组织为世界地质公园提出了六条标准。

（1）有明确的边界，有足够大的面积使其可为当地经济发展服务，由一系列具有特殊科学意义、稀有性和美学价值的地质遗址组成，还可能具有考古、生态学、历史或文化价值；

（2）这些遗址彼此联系并受公园式的正式管理及保护，制定了官方的保证区域社会经济可持续发展的规划；

（3）支持文化、环境可持续发展的社会经济发展，可以改善当地居民的生活条件和环境，能加强居民对居住区的认同感和促进当地的文化复兴；

（4）可探索和验证对各种地质遗迹的保护方法；

（5）可用来作为教育的工具，进行与地学各学科有关的可持续发展教育、环境教育、培训和研究；

（6）始终处于所在国独立司法权的管辖之下。所在国政府必须依照本国法律、法规对公园进行有效管理。

由此可以看出，地质公园融合了自然景观和人文景观，并具有生态、自然和文化三重内涵，为人们提供具有科学品位的观赏游览、度假休闲、保健疗养、文化娱乐的场所。同时也是科学研究、普及教育的基地，是集科学性、经济文化价值和旅游功能于一体的地质景观综合体。

地质公园实质上就是地质遗迹保护区。地质遗迹是指在地球演化的漫长地质历史时期，由于内外力的地质作用，形成、发展并遗留下来的珍贵的、不可再生的地质自然遗产。其主要类型包括：有重大观赏和重要科学研究价值的地质地貌景观；有重要价值的地质剖面和构造形迹；有重要价值的古人类遗址、古生物化石遗迹；有特殊价值的矿物、岩石及其典型产地；有特殊意义的水体资源；典型的地质灾害遗迹等。地质遗迹不仅是地质研究和科普教育的基地，往往也是一个重要的自然旅游景区。国际上对地质遗迹的保护工作十分重视，联合国教科文组织设立了地质遗产工作组，专门负责全球地质遗产保护工作。世界许多国家和地区对地质遗迹保护工作十分重视，其中以美国、加拿大、英国等经济发达国家的地质遗产保护管理工作较为领先，他们制定了严格的法规体系，采取了一系列行之有效的保护措施。如英国把地质遗迹分为两大项，一项是"具有特殊科学意义的地质遗迹"（SSSI），由英国自然署负责办理，目前已经登记的遗产地有2200处。另一项是"区域性重要地质及地貌"（RIGS），由民间团体办理，自然署提供经费资助。国际上的地质遗迹保护的通行做法大多是建立自然保护区和国家地质公园。

地质遗迹依其形成原因、自然属性等可分为下列5种类型：

（1）有重要观赏和重大科学研究价值的地质地貌景观；

（2）有重要价值的地质剖面和构造形迹；

（3）有重要价值的古生物化石及其遗产地；

（4）有特殊价值的矿物、岩石及其典型产地；

（5）有典型和特殊意义的地质灾害遗迹等。

上述提到的古生物化石是指人类史前地质历史时期形成并赋存于地层中的生物遗体和活动遗迹，包括植物、无脊椎动物、脊椎动物等化石及其遗迹化石。它是地球历史的鉴证，是研究生物起源和进化等的科学依据。古生物化石不同于文物，它是重要的地质遗迹。文物研究的时间跨度是指"有人类历史以来"，而化石研究是"史前"的地质时期，在科学研究范畴上，文物研究属社会科学类，而古生物化石研究属自然科学类，前者属考古学（Archaeology），后者属古生物学（Paleontology）。

我国对于地质遗迹的保护工作始于20世纪70年代末期，多是作为其他类型自然保护区中的一项保护内容。1987年由原地质矿产部颁布了《关于建立地质自然保护区的规定》，我国开始建立一批地质自然保护区。1992年以前，共建立地质自然保护区52处，其中国家级4处，省级31处，县级17处。1995年，地质矿产部颁发了《地质遗迹保护管理规定》，使地质遗迹保护工作得到了比较快的发展。为了响应联合国教科文组织提出的建立世界地质公园计划，履行国务院赋予国土资源部"保护地质遗迹"的职能，2001年8月25日成立了国家地质遗迹保护（地质公园）领导小组和国家地质遗迹（地质公园）评审委员会，并邀请了财政部、国家环保总局、国家旅游局等部委领导作为成员，参照世界地质公园的标准，先后制定了《国家地质公园评选办法》《国家地质公园总体规划工作指南》《国家地质公园评审标准》《国家地质公园综合考察报告提纲》等文件。到2017年12月，我国已建有国家地质公园237处。

（一）我国地质遗迹的主要分布

我国的地质遗迹按形成原因和自然属性，可分为标准地质剖面、著名古生物化石遗址、地质构造形迹、典型地质与地貌景观、特大型矿床和地质灾害遗迹等6种类型。从景区类型看，地质遗迹又可分为地质遗迹保护区、地质内容的自然保护区、国家级风景名胜区中的地质遗迹和国家森林公园中的地质遗迹。

（二）我国古生物化石的主要分布

我国是古生物化石比较丰富的国家之一，几乎遍及全国各地。特别是近年来先后发现的河南南阳、湖北郧阳、内蒙古二连恐龙蛋及骨骼化石，辽西的鸟化石，云南澄江动物群化石，山东山旺动物、植物等珍稀的古生物化石，受到国际上特别是科学界的广泛青睐。

我国有许多重要化石产地，其中有不少是国家乃至世界的宝贵遗产，以下简要介绍我国重要的古生物化石产地以及化石研究中的新成果。

1. 山旺古生物化石

山东临朐山旺古生物化石被列为世界遗产之最，发掘于临朐县城东20公里的山旺村。其间，保存着1800万年前各种动植物化石。这些化石，种类繁多，精美完好，印痕清晰，栩栩如生，被誉为"化石宝库""万卷书"，是一座古生物化石天然博物馆。现已发现的有10多个门类，400余种。植物化石有苔藓、蕨类、裸子植物和被子植物；动物化石有昆虫、鱼、两栖、爬行、鸟和哺乳动物各类。山旺化石如圆基香椿、胡桃、昆虫、玄武蛙、螳螂、蝾螈、龟、鸟、野猪、三角原古鹿、无角犀、东方祖熊等化石标本已成为重要的旅游商品，被广为收藏。

2. 橙江动物化石群

在云南橙江县帽天山，发现了轰动了世界的橙江动物群化石。这是目前世界上发现最古老、保存最完整的软体动物化石群。自1984年发现"纳罗虫"以后的10年间，近10个国家的50多位科学家在这一带采集化石约5万块，它们分别属于海绵、腔肠、蠕形、节肢、腕足等动物门或超门，有的动物因未曾见过而无法分属。科学家在橙江化石中已发现40多个门类的80多种动物。橙江化石群中的云南虫被证实是地球上最古老的半索动物，从而解决了生物进化论上一个最棘手的难题之一，即脊椎动物与无脊椎动物两大类别的演化关系。这一发现在进化生命科学上具有极为重要的意义。橙江动物化石群的发现被国际学术界列为"20世纪重大科学发现之一"。

3. 恐龙化石

恐龙是爬行动物中的一个庞大家族，生活在距今2.25亿年至0.65亿年前的大陆上，曾经统治地球达1.6亿年之久。专家认为，地球生活过的恐龙有900~1200个属。人类发现恐龙化石已有180多年的历史。100多年来，恐龙一直是古生物学界和全人类最有兴趣的话题之一。我国发现的恐龙化石产地很多并很有特色，主要分布在黑龙江嘉阴一带，四川自贡及四川盆地其他地区，山东诸城，内蒙古二连浩特盐池和查干诺尔，广东南雄，山西天镇，河南西峡、内乡，新疆准噶尔盆地，以及广西抚绥，浙江永康，贵州等地。

4. 鸟类化石

我国鸟类化石的发现已有几十年的历史。鸟化石种类很多，仅周口店鸟类群就有鸟化石122种。近年来，辽宁西部北票中华龙鸟化石的发现，一举打破了德国在早期鸟类化石方面的垄断地位。初步认为鸟类是由小型恐龙演化而来，其科学价值无法估量。中华龙鸟是鸟类的真正始祖，其发现有力地支持了鸟类系由小型兽脚类恐龙演化而来的学说，并将原始鸟类演化历史分为四个阶段：中华龙鸟期—始祖鸟期—孔子鸟期—真鸟期。四个阶段的代表在辽宁西部都有发现。这些发现引起世界轰动。

5. 古象化石

在我国有多处发现，除具有科研价值外，还有重要的观赏价值。主要化石产地有：内蒙古扎赉诺尔松花江猛犸象，它是我国最大的古象化石，化石全长9米，身高4.7米。甘肃合水县板桥"黄河剑齿象"，它是世界上个体最大、保存最完整的剑齿象化石。同时出土的还有鸵鸟、三趾马、羚羊。

（三）国家矿山公园

矿山公园也属于地质公园中的一种亚类，是以展示人类矿业遗迹景观为主体，体现矿业发展历史内涵，具备研究价值和教育功能，可供人们游览观赏、进行科学考察与科学知识普及的特定的空间地域。

矿业遗迹也叫矿山遗迹。简单地说就是矿业开发过程中遗留下来的踪迹和与采矿活动相关的实物，具体主要指矿产地质遗迹和矿业生产过程中探、采，以及位于矿山附近的选、冶、加工等活动的遗迹、遗物和史籍。矿业遗迹包括：矿产地质遗迹、矿业生产遗迹、矿业制品遗存、社会生活遗迹和矿业开发文献史籍5大类别。

矿山公园的建设应以科学发展观为指导，融入文景观与自然景观为一体，采用环境更新、生态恢复和文化重现等为手段，达到生态效益、经济效益和社会效应有机统一。矿山公园的建设是矿山环境保护、治理和利用的一条创新途径，有较强的应用推广价值。矿山公园设置国家级矿山公园和省级矿山公园。

国家矿山公园应具备以下条件：

（1）国际、国内著名的矿山或独具特色的矿山；

（2）拥有一处以上珍稀级或多处重要级矿业遗迹；

（3）区位条件优越，自然景观与人文景观优美；

（4）基础资料扎实、丰富，土地使用权属清楚，基础设施完善，吸引大量公众关注的潜在能力。

自2005年起，我国国土资源部（现已并入自然资源部）共分4批次批准建立了88个国家矿山公园。

（四）世界地质公园

1999年4月15日联合国教科文组织常务委员会第156次会议（巴黎）提出了在世界遗产创建世界地质公园计划（UNESCO Geoparks）。目标是每年建立20个，全球共创建500个，并建立全球地质遗迹保护网络体系。联合国教科文组织将我国作为世界地质公园计划试点国家之一。此后，按照2001年6月联合国教科文组织执行局的决定（161 EX/Decisions, 3.3.1），应有关国际组织的要求，联合国教科文组织支持其成员国提出的创建具独特地质特征区域或自然公园（也称地质公园）的特别动议，建立由联合国教科文组织支持的地质公园网络的国家地质公园（世界地质公园）。截止到2017年底，世界地质公园网络共有125个成员，分布在全球36个国家和地区。其中我国共有35处，名列世界第一，占总数的 28%。

三、湿地公园

湿地被称为"地球之肾",与森林、海洋并列为全球三大生态系统类型,它是水陆相互作用形成的独特生态系统,具有季节性或常年积水、生长或栖息喜湿动植物等基本特征,是自然界最富生物多样性的生态景观和人类最重要的生存环境之一。

湿地公园(Wetland Park)是指以湿地良好生态环境和多样化湿地景观资源为基础,以湿地的科普宣教、湿地功能利用、弘扬湿地文化等为主题,并建有一定规模的旅游休闲设施,可供人们旅游观光、休闲娱乐的生态型主题公园。湿地公园是具有湿地保护与利用、科普教育、湿地研究、生态观光、休闲娱乐等多种功能的社会公益性生态公园。

2016年底中国已建立836处湿地公园,其中国际重要湿地49个,405万公顷。为了保护湿地免遭工业化发展的破坏,保护水禽、动植物以及人类赖以生存的生态系统,加强国家政府间合作保护和合理利用湿地,1971年2月2日在伊朗海滨城市拉姆萨尔(Ramsar),由18个国家政府发起签署了《湿地公约》,该公约全称为《关于特别是作为水禽栖息地的国际重要湿地公约》(又称《拉姆萨尔公约》),经1982年3月12日议定书修正。各缔约国承认人类同其环境的相互依存关系;考虑到湿地的调节水分循环和维持湿地特有的动植物特别是水禽栖息地的基本生态功能;相信湿地为具有巨大经济、文化、科学及娱乐价值的资源,其损失将不可弥补;期望现在及将来阻止湿地被逐步侵蚀及丧失;承认季节性迁徙中的水禽可能超越国界,因此应被视为国际性资源;确信远见卓识的国内政策与协调一致国际行动相结合能够确保对湿地及其动植物的保护。目前缔约国已有142个国家,遍及全球各地。中国于1992年3月1日加入《湿地公约》,并于2000年11月8日正式发布了《中国湿地保护行动计划》,于2004年2月2日通过了《全国湿地保护工程规划》(2004—2030年)。

中国是世界上湿地生物多样性最丰富的国家之一,也是亚洲湿地类型最齐全、数量最多、面积最大的国家。中国湿地的类型包括沼泽、泥炭地、湖泊、河流、河口湾、海岸滩涂、盐沼、水库、池塘、稻田等各种自然和人工湿地,几乎拥有《湿地公约》中划分的除苔原湿地外的所有湿地类型,并拥有独特的青藏高寒湿地。

四、野生动物园

我国对于野生动物园中的野生动物的定义是指生存于自然状态下,非人工驯养的各种哺乳动物、鸟类、爬行动物、两栖动物、鱼类、软体动物、昆虫及其他动物。目前，我国规模较大的野生动物园有：北京濒危动物中心、北京野生动物园、北京八达岭野生动物园、秦皇岛野生动物园、青岛森林野生动物世界、常州淹城野生动物世界、上海野生动物园、杭州野生动物世界、合肥野生动物园、厦门海沧野生动物园、广州长隆香江野生动物园、深圳野生动物园、重庆永川野生动物园、碧峰峡野生动物园等。

野生动物园指将野生动物生活区域圈定下来，使区域内的动物数量和品种处于一个相对稳定和封闭的状态（圈外的动物进不来，圈内的动物也出不去），保护区域内的动物不被捕杀，并采取必要的措施养殖区域内的动物或对动物进行适量补充以满足游客观赏的需要。野生动物园的面积一般非常广阔，如肯尼亚和坦桑尼亚交界处的马拉/塞伦盖蒂公园占地面积达10 138平方千米，而且距离城市较远，因为动物聚居区都不会位于城市附近，少量距离城市较近的野生动物园为了满足游客的观赏需要会引进部分动物以增加园中的动物品种和数量。由于地域面积大，而且动物生活于接近天然的环境下，野生动物园的游客都需乘车游览。因此，野生动物园属于自然景区类，是在野生动物生活的自然环境的基础上加上少量的服务设施和景区。野生动物园源起于19世纪非洲的一些大型狩猎娱乐园。狩猎活动的盛行导致了大量非洲野生动物遭到捕杀，特别是19世纪中后期对大象的滥捕滥杀，引起了非洲有关当局的关注，1898年南非总统克鲁格宣布北德兰士瓦的一个狩猎园为保护区（现在的克鲁格国家公园），保护其中的野生动物免遭捕杀。成立于1925年扎伊尔的维龙加火山是第一个真正意义上的野生动物园，此后大批野生动物园涌现在肯尼亚、乌干达、坦桑尼亚、马拉维、赞比亚、津巴布韦、纳米比亚、博茨瓦纳和南非，逐渐成为非洲旅游最重要的项目之一。2002年底南非克鲁格国家公园与邻国的莫桑比克分别拆除了两国相邻的国家公园围篱，成立了世界上最大的跨国界的动物保护区——大林波波越境公园（Great Limpopo Transfrontier Park），面积超过整个瑞士国土。

为了满足游客的需要，野生动物园内一般会建有饭店、宿营地、餐厅等设施。野生动物园的管理者还要通过动物生活资源的分布调整动物的分布，一方面防止动物过度聚集于某一处（如水源附近），另一方面要尽量能让游客看到这些动物（如在游览道路的周边撒一些盐和食物）。旅游对于野生动物园来说是一把双刃剑，一方面对于非洲这些较为贫困的国家来说，如果没有旅游业的收入，这些野生动物和它们的生活环境是不可能得到有效保护的，所以旅游等于保护了这些野生动物及其野生环境；另一方面，这些野生动物生活环境的生态系统一般都比较脆弱，大量游客的进入难免会对环境造成一定程度的影响，或促使公园管理者做出一些反自然的行为，如大部分动物的活动时间都在早晨和夜晚，但为了满足游客的观赏需要，公园管理者想尽办法让动物在白天游客多的时候不断地活动，使这些动物体力消耗加大。

我国"野生动物园"的兴建热潮源于20世纪90年代。从严格意义上讲，目前我国尚不存在真正的野生动物园，大部分城市中所谓的野生动物园只是借用了野生动物园的游览方式建造的规模较大的动物园而已，这与现代动物园一样应属于人造景区。这是因为，首先，这些动物园并不是在"野生动物生活区域"圈定而成的，这些野生动物是从外地甚至外国千里迢迢从四面八方引进的，也就是说，这些动物并非是在原生态环境下栖息，而是在人造的模拟环境下寄居的，有的野生动物园还是采用笼养或笼养与散养相结合的方式，动物的活动空间受到限制。其次，动物园是以为游客展示、娱乐和休憩为建设和经营目的，而不是以尽可能少地骚扰这些动物的活动为目的。因此，在这些野生动物园里，往往气氛热烈，动物表演、人兽同乐、马戏杂耍就如同赶集，甚至还有跑马、赛狗等博彩或变相博彩的项目。离野生动物真实的自然环境相差较远。而真正的野生动物栖息地又因远离人口密集的城市，交通不便，人迹罕至，接待条件艰苦，动物的种群规模较小，观测难度大，观赏性不强等原因，普通旅游者很少喜欢这类专项旅游。而过少的旅游需求规模，使得开发商也不会去经营严格意义上的野生动物园。目前我国的野生动物园绝大多数都是建在人口居住较为密集的大城市附近，并大量引进外来动物，有的动物因离开了原生态环境，捕食技能退化，野性丧失；有的野生动物园因为经费紧张，食物供应不足，使园内一些大型肉食动物食不果腹，严重影响到这些动物的生长发育，动物伤人甚至同种动物之间自相残杀的事件时有发生，有的野生动物园已处于难以为继的尴尬境地。

第三节　生态旅游景区

生态旅游是在20世纪末大众旅游迅速发展的背景下，针对大众旅游活动对资源、环境和文化造成的负面影响而诞生的。第二次世界大战以后，社会经济的复苏并高速增长、人民生活水平的提高、交通运输技术的突飞猛进，极大地刺激了居民提升生活质量的旅游需求。旅游业也一跃成为全球一大经济产业。当时，国际社会对于工业化所带来的环境污染和资源消耗已有反思，但对于旅游给资源和环境带来的不利影响认识不足，大众旅游在早期被誉为"无烟工业"（无污染和低消耗）而受到推崇。随着大众旅游的大规模发展，旅游对于资源和环境的不利影响以及对旅游目的地利益忽视的弊端日益显现，改变传统的大众旅游方式和经营模式已经成为国际旅游业界的共识，生态旅游正是在这一历史背景下发展起来的。

一、生态旅游的定义和概念

目前国际旅游学界对于生态旅游并没有一个被广为接受的权威定义，一般认为墨西哥学者埃克托尔·塞瓦略斯—拉斯库赖因（Hector Ceballos-Lascurain）[①]创造了生态旅游一词。1981年他首次使用了西班牙语Turisimo Ecologico来说明生态旅游形式；1983年缩略为Ecoturisimo，并在其担任非政府保护机构（PRONATURA）主席和墨西哥城市发展和生态部主任期间的发言中使用；1984年3月到4月在《美国鸟类》所做的旅游广告中首次以书面的形式使用了生态旅游一词；而我们现在所知道的定义是1987年他在题为《生态旅游的未来》（the Future of Ecotourism）中所使用的：生态旅游就是前往相对没有被干扰或污染的自然区域，专门为了学习、赞美、欣赏这些地方的景色和野生动植物与存在的文化表现（现在和过去）而进行的旅游。

自埃克托尔·塞瓦略斯-拉斯库赖因提出生态旅游的概念以来，很多研究人员和国际组织纷纷从不同角度对生态旅游进行了界定，其中比较有代表性的有下列10种定义。

（1）芬内尔和伊格尔斯（1989）认为，生态旅游或者自然旅游（Nature-oriented travel）是一种刺激经济而同时建立并维护保护区系统的可靠方式，其特点是以研究敏感环境中特定的自然要素为首要目的。生态旅游业涉及包价自然旅游（Nature-oriented Travel Packages）的系统开发和市场营销。生态旅游的基本功能在于以下三个方面：独特的、可到达的自然区域的吸引力；作为自然保护的一种工具，通过教育、获得利润来改变人们的态度、社会发展状况和政治优先权；为当地人提供就业和商业机会。

（2）伊丽莎白·布（1991）所下的定义为，生态旅游／自然旅游是指前往那些相对没有受到干扰的自然区域，目的是为了专门欣赏、研究并享受景色、植物和动物的旅游。

（3）生态旅游学会（The Ecotourism Society，即目前的世界生态旅游学会，The International Ecotourism Society，1991）认为，生态旅游就是在自然区域里进行的、保护环境同时维持当地人福利的负责任的旅游。（生态学会最初的定义是：为了解当地环境的文化与自然历史知识而有目的地到自然区域所做的旅游，这种旅游活动的开展在尽量不改变生态系统完整的同时，创造经济发展机会，让自然资源的保护在财政上让当地人受益。）

（4）亨特（1992）认为，生态旅游属于"新旅游"（旅游创新、新的考虑、

---

① 此处是按西班牙语姓名汉译，见辛华：西班牙语姓名译名手册.北京：新华出版社，1984.目前国内旅游学界大多是按英语读音规则将其译成谢贝洛斯－拉斯喀瑞或谢贝洛斯－拉斯卡瑞。

新的方法、新的概念和术语）活动之列，很长时间以来人们才认识到如果规划和管理得当的话，旅游能够为保护独特的自然和文化环境做出贡献，而不是破坏，生态旅游/自然旅游的出现就是这种认识的结果。生态旅游提倡者相信存在"更友好、更温和"的旅游，它并不必然需要进行大范围高密度的开发或者造成环境或社会退化的活动。

（5）怀特（1993）指出，生态旅游是为生态系统保护做出贡献的同时尊重当地社会的完整性的、具有启迪意义的自然旅游体验。

（6）巴克利（1994）认为，生态旅游就是将自然产品和市场、最小化影响的可持续管理、有资金支持的保护措施、个人的环境态度和教育集合在一起的旅游。

（7）蒂克尔（1994）的定义是，生态旅游就是欣赏世界上神奇的自然生物多样性和人类文化，而同时不对二者造成损害的旅游。

（8）英国旅游学者迈德里克（1996）提出，生态旅游可以有许多不同的解释，但通常指为欣赏大自然而从事的生态可持续的旅游与访问活动，这些活动促进对自然的保护，降低访客影响，并有当地居民的直接参与。一般地说，生态旅游主要是在界定清楚的区域中的小型活动，往往置于特定的保护措施下，并保护当地的传统经济作为主要的就业部门。

（9）世界自然保护联盟（现在已改称世界保护联合会 The World Conservation Union，1996）的定义是，生态旅游就是前往那些相对没有受到干扰的自然区域的、对环境负责任的旅游，其目的在于享受并了解自然（以及相应的过去和现在的文化特色），其旅游者负面影响较小，给当地人提供有一定收益的社会和经济参与机会。

（10）霍尼（1999）指出，生态旅游是前往脆弱、原始的保护区的低影响、小规模的旅行。生态旅游有助于教育旅游者，为保护提供资金，使当地社会直接获得经济发展和政治赋权，促进对不同文化的尊重，推动人权的发展。

上述10种定义，有的是从概念性角度来定义的，有的是从技术性角度来阐述，目前大多数概念都是从理论内涵上对生态旅游所具有的（或者应该具有的）本质特点进行描述，这种描述是原则性的，无法直接用于生态旅游实际的测度与估算，因此有必要建立一个统一的具有操作意义的定义。不过，由于概念性界定本身就比较复杂和模糊，在向操作性界定转化的过程中就变得更为复杂了。从定义所强调的方面来看，各种定义的侧重点不同，有的是从生态旅游所应该达到的目标和原则来定义，有的则谈的是实现这种目标应具备的手段，有的则将手段与目的相混淆。

可见，生态旅游被不同的人群出于不同的原因在不同意义上按照不同的方式所使用着。人们所指的生态旅游可能是一种旅游活动、一种旅游产品、一种生存智慧、一种人生哲学、一种环境伦理、一种营销手段、一个符号标记，也可能是一系列原则和目标。

除生态旅游概念外，20世纪60年代有西方学者提出了"负责任的旅游"，所谓"负责任的旅游"是指环境影响最小化、最大程度尊重东道国文化、东道国经济利益最大化、旅游者满意程度最大化（Hetzer，1965）。以后又相继提出第三代旅游思维（D'Amore，1985）、替代旅游（Cazes，1986）、新的后工业化旅游（Krippendorf，1987）、新旅游（Poon，1989）、可持续旅游（Bulter，1993）等一系列绿色概念的旅游方式和理论。

二、生态旅游景区的类型和特点

从上述国外学者从各个侧面对于生态旅游所下的各种定义中，我们不难看出作为承载生态旅游活动和方式的景区应该具有的某些特征。

生态旅游景区是指符合下列这些条件的景区：相对没有受到过度的人类活动干扰的自然区域，为游客提供享受并了解自然（包括与其密切相关的社区文化）的场所。在经营和管理中应最大限度地减少对生态环境和社会文化造成负面影响，并为当地社区提供经济参与机会，支持自然保护的旅游。生态旅游景区应具有自然性、可持续、责任感、学习性四个核心特质。

2007年由国家环保总局（现更名为中华人民共和国生态环境部）和国家旅游局（现合并为"中华人民共和国文化和旅游部"）编制的《国家生态旅游示范区标准（征求意见稿）》（以下简称《标准草案》）对于生态旅游区给出的定义是，以独特的生态资源、自然景观和与之共生的人文生态为依托，以促进旅游者对自然、生态的理解与学习为重要内容，提高对生态环境与社区发展的责任感，形成可持续发展的旅游区域。

一般来说，生态旅游景区的物质基础和载体是自然区域，因此，本章前述的所有自然旅游景区和自然资源在遵循可持续发展等原则的条件下，都可以开发成为生态旅游景区。但对于以人造生态景观为主要内容的景区是否属于生态旅游景区，旅游学术界的看法并不一致，有的认为，只要景区具有可持续性和学习性两大特点就可以成为生态旅游景区，如城市动物园、植物园、水族馆等景区是对城市居民进行自然和生态知识教育的第二课堂；但也有的学者认为，目前生态旅游已成为一些景区市场营销的形象包装和概念炒作的幌子，真正的生态旅游景区除了可持续性和学习性外，还必须强调场所的自然性和经营管理者的责任感。而上述的有些景区并不符合这些条件，因而不能归为生态旅游景区。

目前旅游学界对于生态旅游景区也没有一个统一的分类框架，这里我们在

《标准草案》基础上，根据资源本底与实际情况，将其分为七大类型。

（1）山地型：以山地环境为主而建设的生态旅游区，适于开展科考、登山、探险、攀岩、观光、漂流、滑雪等活动。

（2）森林型：以森林植被及其生境为主而建设的生态旅游区，也包括大面积竹林（竹海）等区域。这类区域适于开展科考、野营、度假、温泉、疗养、科普、徒步等活动。

（3）草原型：以草原植被及其生境为主而建设的生态旅游区，也包括草甸类型。这类区域适于开展体育娱乐、民族风情活动等。

（4）湿地型：以水生和陆栖生物及其生境共同形成的湿地为主而建设的生态旅游区，主要指内陆湿地和水域生态系统，也包括江河出海口。这类区域适于开展科考、观鸟、垂钓、水上活动等。

（5）海洋型：以海洋、海岸生物与其生境为主而建设的生态旅游区，包括海滨、海岛。这类区域适于开展海洋度假，海上运动、潜水、观鲸和欣赏海洋生物等。

（6）荒漠型：以沙漠或戈壁生物及其生境为主而建设的生态旅游区，这类区域适于开展观光、探险和科考等活动。

（7）人文生态型：在与自然和谐共生基础上形成的，以突出的历史文化等为特色的人文生态旅游区。这类区域主要适于历史、文化、社会学、人类学等学科的综合研究，以及适当的特种旅游项目及活动。

与一般景区的分类不同的是，能否成为生态旅游景区除与景区的吸引物特征有关外，还取决于景区管理者的经营理念、经营管理方式。因此，生态旅游景区是一个综合系统。杨桂华（2004）认为，生态旅游景区是由两大系统组成的。

（1）生态旅游景区是一个地域系统：在生态旅游目的地分级系统中，生态旅游景区是生态旅游目的地系统中位于第二层次的旅游地域系统。

生态旅游目的地中生态旅游景区是生态旅游景观在空间上相对集中的地域。与一般旅游景区的区别是其吸引物主要是自然生态旅游景观和人与自然和谐的文化生态旅游景观。每一个生态旅游景区，都有自己的特色，一个旅游地往往有多个不同类型的生态旅游景区，有的是纯自然的，有的是文化的。

（2）生态旅游景区是一个管理系统：生态旅游景区的景观、人员及环境均是被人管理的，最初始的管理就是生态旅游开发管理，进而是利用管理。当然，这其中都贯穿了保护管理，这也就是生态旅游景区区别于一般旅游景区的关键。旅游业管理景区的目的是效益，而生态旅游景区的管理突出经济、社会和生态三大效益的协调，以旅游可持续发展为终极目标。

因此，生态旅游景区系统是由生态旅游吸引物、负责任的经营者、受过生态旅游教育和培训的游客和在景区地生活的原始居民等主客体组成。保护生态环境的可持续发展是贯穿生态旅游景区各项管理的一个基本原则。

三、国家生态旅游示范区

国家生态旅游示范区是2001年由国家旅游局、国家计委（现更名为发展改革委员会）、国家环保总局共同提出，共同制定认定标准，经相关程序共同评定的荣誉称号。2010年由国家旅游局提出，联合环保部和两家机构起草了《国家生态旅游示范区建设与运营规范（GB/T 26362—2010）》。2012年9月，由国家旅游局和环境保护部联合制定了《国家生态旅游示范区管理规程》和《国家生态旅游示范区建设与运营规范（GB/T 26362—2010）评分实施细则》，并颁布实施。

生态旅游示范区是以独特的自然生态、自然景观和与之共生的人文生态为依托，以促进旅游者对自然、生态的理解与学习为重要内容，提高对生态环境与社区发展的责任感，形成可持续发展的旅游区域。2013年12月，国家旅游局、国家环保部首批公布了2013年国家生态旅游示范区名单，共39家。

四、世界生态旅游发展概况

国际生态旅游协会（TIES，1990）将生态旅游视为"在自然区域内所进行的保护环境和增进当地人民福祉的负责任的旅游"。尽管缺乏对于生态旅游的精确统计，但可以通过对走进大自然的"体验旅游"和"替代旅游"（alternative tourism，一种与大众旅游不同的旅游产品和旅游方式）等相关的旅游需求、旅游产品和旅游服务等多个方面，来估计生态旅游的规模现状和发展前景。以下是国际生态旅游协会对于全球生态旅游的一个总体评估和预测。

（一）全球生态旅游规模

（1）自1990年起，全球生态旅游平均每年以20%~34%的速度增加。

（2）2004年，生态旅游（或自然旅游）增长超过了整个旅游业增长速度的3倍。

（3）自然旅游的国际市场需求年均增长10%~12%。

（4）阳光—海滩的度假旅游现在已经是一个成熟市场，增长日趋平缓，而包括生态、自然、遗产、文化和软探险之类的乡村和社区旅游则是未来二十年中发展最为迅速的旅游类型。

（5）专家们预计，生态旅游的年增长率已达到20%左右，随着生态度假区和酒店的增长以及自然旅游的热潮兴起，旅游业及早转型为可持续发展将能从市场上获得更大收益。

(二）生态旅游与大众旅游比较

（1）在加勒比地区，多米尼加岛的过夜游客投宿在小规模的、基于自然的住宿设施游客比邮轮游客的逗留时间长18倍。

（2）在印度尼西亚的科莫多国家公园自助游客人在当地的花费每人次100美元，团队度假游客只及这个水平的一半，而邮轮游客在当地的花费每人平均只有三美分。

（3）全包价旅游的花费80%是流向航空公司、饭店和其他一些跨国公司，而利用生态住宿可以将95%的花费留在当地经济系统内。

（4）文化旅游者的日花费（超过70欧元/90美元）高于度假游客（52欧元/67美元）、海滩度假（48欧元/62美元）、城市周末度假（42欧元/54美元）或乡村旅游。

（三）消费者意愿和态度

（1）超过三分之二的美国和澳大利亚旅游者，90%的英国游客，认为主动保护环境和支持当地社区是饭店经营者的责任。

（2）在英国的一项调查中，有87%的旅游者认为，在度假过程中不应该破坏环境；有39%的人愿意为环境保护额外地多支付5%的费用。

（3）53%的美国旅游者希望在他们的游程中尽可能地多学习当地习俗和文化。

（4）95%的瑞士旅游者认为，在选择度假时，地方文化是一个非常重要的因素。

（5）将近三分之一的美国旅游者（4600万人）专门购买那些将部分收益捐赠给慈善机构的公司产品和服务。在欧洲，可持续旅游发展更强劲，增长更快，这些相关数据比例会更高。

（6）在欧洲，20%~30%的游客意识到可持续旅游的价值和需要；10%~15%的游客寻找"绿色"旅游项目；5%~10%的游客需要"绿色"假期。

（7）在德国，65%的旅游者（3900万人）关注环境质量，42%的旅游者（2500万人）寻找环境友好的住宿设施。

（8）在英国将近一半的接受调查的人说，他们更愿意在下述的那些公司工作，即有保障良好工作条件的规章制度，保护环境以及支持旅游目的地的慈善机构……在新千年里，旅游业伦理已经成为头等大事。

（9）一项针对美国、英国和澳大利亚游客的调查表明，70%的接受调查者愿意支付超过150美元，去那些对环境负责任的饭店度一个两周的假期。

（四）欧洲生态旅游者的个人和行为特征

（1）旅游经验丰富；

(2)高学历;
(3)高收入;
(4)主要是中老年人;
(5)意见领袖;
(6)会与朋友和同事谈论旅行;
(7)将信息作为旅游最重要的资源。

本章小结

> 自然风景和自然生态环境能发展为自然景区是在一定的范围内圈定的自然区域加上了人为的管理。虽然这种管理的主旨是尽可能少地干扰和破坏环境、自然生态的原生状态。但完全不干扰和破坏是不可能的。特别是当自然风景或生态成为旅游景区的一部分后,管理就成了自然保护和旅游开发跷跷板之间不断寻求平衡的支点。在自然景区的发展过程中,人们走过一段弯路,并在不断地探索着保护与开发之间的平衡关系。

思考与练习

1. 什么是国家公园?
2. 世界上第一个国家公园产生在哪个国家?叫什么名字?
3. 简述世界各国国家公园的现状和管理特点以及国家公园的发展趋势。
4. 目前我国有没有国家公园?有没有类似国家公园管理体系?如果有请说明。
5. 我国自然保护区有哪几个类型?试各举一例说明。
6. 与我国自然保护管理相关的法律(法规)有哪些?
7. 评定国家风景名胜区的条件有哪些?
8. 我国风景名胜区可分为哪几类?试各举一例说明。
9. 在我国建立森林公园应具备哪些条件?
10. 地质公园有何特点?试举一实例说明。
11. 目前我国大多数城市的野生动物园与国际著名的野生动物园有何区别?
12. 什么是生态旅游景区的核心特质?谈谈你对生态旅游的理解。

第三章 人文景观景区概述

本章导读

历史人文景观是旅游景区中非常重要的组成部分,也是涵盖范围较广,内容较丰富的一类景区。人文遗址类景区包括博物馆和历史城镇,历史文化遗址、人类聚落和城乡景观,本书将通过案例进行说明。

与自然景区不同的是,人文景区多数位于现代城市或古代的经济文化中心,尤其是在大城市和历史古城中,其游客构成多以海外游客和国内外地旅游者为主,本地居民相对较少,是观光旅游的主要吸引物。人文景区类型繁多,包括各类博物馆、历史文化遗址、古建筑、名人故居和城乡人文景观等。

第一节 博物馆

在人文景观中,博物馆是主要的旅游吸引物之一。博物馆不仅是一个场所,而且还是一种展示和表现自然和文化的方式和手段。博物馆在创建之初属于一种纯科普机构,在过去的近两百年中博物馆在人类和自然遗产保护方面起到了不可替代的作用。到 20 世纪末,博物馆越来越成为受人欢迎的旅游景区,但随着旅游景区(点)市场的竞争日益激烈,博物馆要在主题乐园、古迹名胜、野生动物园等各类景区(点)中站稳一席之地,争得一部分客源,就必须借助各种手段对自身的展示和功能进行丰富以适应市场的需求。

英国的博物馆事业非常发达,而且发展迅速。据统计:1962 年英国仅有 900 个博物馆,到 1994 年发展到 2500 多个,现在英国已有 2600 多座各种类型的博物馆,并且仍以每两周成立一个新博物馆的速度在发展。博物馆遍布全国,形成了布局合理、种类齐全的博物馆体系,在世界上无论是按人口比例,还是按地域密度计算，都名列前茅。目前，最吸引海外游客的 10 个英国景区中有 7 个是博物馆。据 1999 年统计，43% 的英国人参观过博物馆，英国全国博物馆的从业人员约 4 万人。另据 2001 年的统计：31% 的伦敦人在过去一年中参观过博物馆，全国人口中有 30% 在过去一年中参观过博物馆。成人中 40% 为博物馆的常客，33% 的博物馆观众为儿童。每年博物馆的观众达 1.1 亿，为全国总人口（2001 年为 5900 万人）的 1.8 倍，其中 20% 为外国游客，而外国游客中有 2/3 的人将参观博物馆作为其访英的主要目的。据估计，博物馆对英国经济产生重大影响，每年收入可达 15 亿英镑。2000 年 NFO 公司受国际游乐园和景区协会（IAAPA）委托对美国的博物馆所做的一项消费者调查统计表明：博物馆在人文景区中是到访频率最高的景区。每位游客在门票上的平均花费是 27.82 美元。

我国最早的博物馆是著名实业家张謇于 1905 年创建的南通博物苑，至今已过百年。但在 1979 年的国家统计公报中，还没有全国博物馆的数字统计。1980 年，统计公报中首次披露全国博物馆数量为 365 个。而 10 年后，这一数字迅猛增加到 1012 个。到 20 世纪末，中国的博物馆数量又增加到 1373 个。2017 年全国博物馆的数量已达 4873 个，年接待观众达 9 亿人次。我国博物馆事业的进步还体现在其类型、藏品、内涵、功能的全面拓展上。除了原来较为发达的历史类、革命史类博物馆、纪念馆以外，艺术、科技、民族、民俗、自然、地矿等专业或行业性博物馆如雨后春笋般出现。一些具有全新理念的生态博物馆、借助高科技的网络博物馆也崭露头角。非国有博物馆发展加快，由 2008 年的 319 家增加到 2016 年的 1297 家，占到全国博物馆总量的 26.6%（表 3–1）。近年来，我国的博物馆业取得了迅速的发展，已经跻身于世界博物馆强国之列。据设在美国的主题娱乐协会 TEA（Themed Entertainment Association）和 AECOM 联合发布的行业年度报告，2017 年世界上接待游客人数最多的博物馆是法国罗浮宫，为 810 万人次，位居世界首位，其次是中国国家博物馆，为 806 万人次，排在第 3 位的分别是美国国家航空航天博物馆和纽约大都会艺术博物馆，为 700 万人次。在世界 20 大博物馆中，有 9 个博物馆对游客收费，有 11 个博物馆对游客免费，在 2016 年接待游客人数前五位的博物馆中，有 3 个对游客免费，有 2 个对游客收费。从世界 20 大博物馆所属国家和地区来看，美国有 6 个，英国有 4 个，中国有 4 个（含台湾），法国有 2 个，梵蒂冈、俄罗斯、西班牙和韩国各有 1 个（表 3–2）。必须说明的是，在 TEA 和 AECOM 的报告中没有将北京故宫博物院统计在内，或许是由于故宫的宫廷建筑群本身就是世界文化遗产，而将其归入文化遗址类了。2017 年北京故宫博物院接待游客达 1699 万人次，比上述排名第一的法国卢浮宫接待人数还高出 1 倍之多，如果将其归入博物馆类的话，我国全球博物馆接待量上，地位更加突出，优势更加明显。

表 3-1　2008—2016 年我国博物馆增长情况

	2008	2009	2010	2011	2012	2013	2014	2015	2016
博物馆总数（家）	2970	3020	3415	3589	3866	4165	4510	4692	4873
非国有博物馆数量（家）	319	328	456	535	647	811	982	1110	1297
非国有博物馆占比（％）	10.7	10.9	13.3	14.9	16.7	19.5	21.8	23.7	26.6
接待游客人数（万人）	28 328	32 716	40 679	47 051	56 401	63 777	71 800	85 000	90 000

表 3-2　全球排名前 20 位博物馆接待人数

单位：万人次；％

排名	博物馆名称	所在国家（地区）城市	增长率	2017	2016	入场方式
1	罗浮宫	法国，巴黎	9.5	810.0	740.0	付费
2	中国国家博物馆	中国，北京	6.8	806.3	755.0	免费
3	美国国家航空航天博物馆	美国，华盛顿特区	-6.7	700.0	750.0	免费
3	大都会艺术博物馆	美国，纽约	4.5	700.0	670.0	付费
5	梵蒂冈博物馆	梵蒂冈	5.9	642.7	606.7	付费
6	上海科技馆	中国，上海	1.7	642.7	631.6	付费
7	国家自然历史博物馆	美国，华盛顿特区	-15.5	600.0	710.0	免费
8	大英博物馆	英国，伦敦	-8.0	590.7	642.0	免费
9	泰特现代美术馆	英国，伦敦	-3.1	565.6	583.9	免费
10	国家艺术博物馆	美国，华盛顿特区	22.8	523.2	426.1	免费
11	国家美术馆	英国，伦敦	-16.5	522.9	626.3	免费
12	美国自然历史博物馆	美国，纽约	0.0	500.0	500.0	付费
13	台北故宫博物院	中国，台北	-4.9	443.6	466.6	付费
14	自然历史博物馆	英国，伦敦	-4.1	443.5	462.4	免费
15	冬宫博物馆	俄罗斯，圣彼得堡	2.5	422.0	411.9	付费
16	中国科技馆	中国，北京	4.0	398.3	383.0	付费
17	索菲亚王后国家艺术中心博物馆	西班牙，马德里	6.9	389.7	364.7	付费
18	美国国家历史博物馆	美国，华盛顿特区	0.0	380.0	380.0	免费
19	维多利亚和阿尔伯特博物馆	英国，伦敦	25.4	379.0	302.2	免费
20	蓬皮杜中心	法国，巴黎	2.2	337.1	330.0	付费
	2017 年前 20 位博物馆接待量总计			10 796.7	10 742.4	
	2016-2017 年前 20 位博物馆接待量增长		0.2	10 796.7	10 779.8	

资料来源：《2017 全球主题公园和博物馆报告》，TEA & AECOM

面对公益性博物馆的增加需要的财政补贴越来越多。因此,对于那些公益性博物馆尤其需要摆脱门票经济模式,增加非门票性营利能力。这方面北京故宫博物院的探索值得借鉴和推广。北京故宫是国家事业单位,实行收支两条线政策。2016年接待了1600万游客,由于故宫实行每日限流8万人次的政策,且又实行低门票价格。仅靠门票一次性收入很难提升故宫的人均消费水平。故宫通过大力开发文创产品和旅游纪念品大大提高了故宫的经济效益。目前故宫已经研发了近8700种文创产品、旅游纪念品、音像图书,以及通过授权的方式与众多企业合作的项目及数字故宫团队研发的产品等,总营业额达到10亿元,已经超出了门票收入,等于再造了一个故宫。故宫的实践为公益性博物馆提供了一条以文养馆的发展模式。

一、博物馆的定义和概念

根据1969年国际博物馆委员会(ICOM)的有关规定,博物馆是"一处保护并展示具有一定文化和社会意义的物件的常设机构,其设立目的是研习、教育和审美"。1973年美国博物馆协会将博物馆的财政问题也放入定义中,这个定义认为"博物馆是一个有组织的、非营利性的常设机构,以教育和审美为建设目标,配备有专业的工作人员管理和维护所有馆藏具体实物并定期向公众展示"。而英国博物馆协会的定义是"博物馆使公众为激励、学习和欣赏而利用收藏,博物馆是收集、保护和利用由其承担社会信托责任的文物和标本的机构"。1989年9月在荷兰海牙举行的国际博物馆协会第16届全体大会通过的《国际博物馆协会章程》第2条再次修改定义为:"博物馆是为社会及其发展服务的非营利性的永久机构,并向大众开放。它为研究、教育、欣赏之目的征集、保护、研究、传播并展示人类及人类环境的见证物。"

世界各地对于博物馆定义稍有不同,但下列五点是被普遍认同的。

(1)博物馆是永续经营的——在精神上是被视为永远持续下去的机构。

(2)博物馆是大众的——不仅开放给大众,也应该为公益而存在。

(3)博物馆是教育的——基于提供全人类集体、个人的发展与其他公立教育机构的合作,充实灵感和美感教育等目的而存在的。

(4)博物馆是专业的——博物馆的专业人员使用全世界通用的标准来体现专业操守,尽职责本分。

(5)博物馆是保护文物的——对持有物的出处、身份认证与所在位置等相关记录进行保管,并以目前专业上可行的方法来确保其安全、降低损坏、延缓老化。

有些国家将博物馆和艺术画廊区分开来,前者以展示历史或自然科学藏品为主，后者以藏画或其他艺术品为主。尽管世界各地对于博物馆的定义会稍有不同，但它们还是有共同之处的。

1997年至1998年，英国博物馆协会重新讨论了在博物馆定义中应当反映出的博物馆的社会参与性，进一步强调博物馆是为公众、为社会服务的。当时英国使用的博物馆定义是："博物馆是为公共利益而搜集、记录、保护、陈列和阐释物质证据及相关信息的机关。"对这个定义，英国博物馆协会认为，"这只考虑了工作过程，是从管理者角度看待博物馆事业"。1998年修改后的新定义是："博物馆是公众为激励、学习和欣赏而利用收藏，博物馆是搜集、保护和利用由其承担社会信托责任的文物和标本的机构。"这种对于公众主体的强调理念还反映在现代新博物馆学思潮中。1990年博物馆学家韦尔在一篇文章中指出"博物馆首先重视的是博物馆与观众之间的联系，而不是博物馆中的藏品"。生态博物馆的两位创始人法国的里维埃和瓦里纳对博物馆工作重点有一种看法，"博物馆的工作重点不应该只是怀旧而表现过去，更重要的应该为社会、社区的现在及未来的发展起催化剂的作用"。博物馆学家哈里森于1993年发表的《90年代博物馆观念》一文中指出："新博物馆学的观念是相对传统博物馆学的观念而言，它是把关怀社群、社区的需求作为博物馆的最高指导原则。"在现代博物馆的理念中"社区主义"的意识不断增强，即反对传统博物馆中以收藏为主的精英主义，强调博物馆关注的重点应是社区中的人而不是藏品，博物馆不是超然至上的宝库，而是社区人民休闲与教育的场所。日本著名博物馆学家鹤田总一郎认为，博物馆是人与物的结合。这句话的关键是"结合"，而不是"物"自身。而现代博物馆学观念的转变恰恰在于此。在围绕着藏品开展的征集、管理、研究等工作为基础的同时，也要想方设法进行和促进"物"与人的交流，寻找两者间文化的契合点，学会以人为本，这样才能达到博物馆的根本目的。在这样的背景下，如何采用多样化的形式实践公众对于博物馆的认知和体验，改变死板单一的社教模式是博物馆界面临的重要课题。在这方面，网上虚拟博物馆的产生和发展带来了变革的契机。

国际博物馆学委员会前主席，荷兰学者冯·门施在1994年已提出"博物馆学属于信息科学"。他认为："博物馆学的最主要之点在于信息。博物馆的物是信息的载体。博物馆学要研究如何对待博物馆的信息，收集哪些信息，应该保护哪些信息，保存哪些信息以及为谁收集这些信息，如何使用这些信息等。这些就是博物馆学最根本之点。"

2001年在西班牙召开的第20届全体会议上将博物馆定义为社会及其发展服务，并向公众开放的非营利性永久机构，它以研究、教育、娱乐为目的，征集、保护、研究、传播和展示人类及其环境的见证物。这一定义自1974年国际博物馆协会第 11 届全体会议首次提出至今，除了个别标点外，文字上一直没有做过修改。不过，令人瞩目的是，在 2001 年国际博协的会议章程给出的博物馆定义补充说明里，又首次把保存生活风俗遗产（Living Heritage）和数字创造行为（Digital Creative Activity）等有形和无形遗产资源的文化中心和实体纳入了博物馆范畴内，这一补充内容正说明了数字化技术已变得日趋重要，并逐渐在博物馆领域得到研究和应用。

我国国家文物事业管理局在 1979 年颁布了《省、市、自治区博物馆工作条例》，对博物馆的性质、任务和博物馆各项业务工作都做了明确的规定，着重指出我国博物馆"是文物和标本的主要收藏机构、宣传教育机构和科学研究机构，是我国社会主义科学文化事业的重要组成部分……博物馆通过收集收藏文物、标本，进行科学研究，举办陈列展览，传播历史和科学文化知识，对人民群众进行爱国主义教育和社会主义教育，为提高全民族的科学文化水平，为我国社会主义现代化建设做出贡献"。

二、博物馆的发展历史

博物馆一词源于古希腊语 Mouseion，其原意一说是"祭祀缪斯的地方"。缪斯是希腊神话中掌管科学与艺术的九位神女的统称，她们分别掌管着历史、天文、史诗、情诗、抒情诗、悲剧、喜剧、圣歌和舞蹈，代表着当时希腊人文活动的全部。另一说是哲学讲堂里的座席，类似于现代意义上的大学。古希腊和古罗马时代的早期博物馆以收藏为主，不对公众开放，罗马帝国解体后，原本收藏于庙宇中的藏品逐渐散落于民间，直到中世纪，一些教堂庙宇才再度开始收藏艺术品。15 世纪末的文艺复兴掀起了一股私人艺术品收藏的热潮，很多王宫贵族和富商都争相收藏各类物件和绘画作品。1471 年，教皇西克斯图斯四世在罗马开设了一个古董收藏馆。此后不久，佛罗伦萨的美第奇家族首次把自己的收藏馆称为博物馆，并于 1582 年在乌菲兹宫顶层向公众展示了自己的藏画。第一家专门的博物馆建筑建造于 1580 年到 1584 年间。1523 年格里马尼兄弟将他们的私人收藏捐献给威尼斯公国，这是历史上第一个捐献藏品的私人收藏家。

到了 16 世纪末，大部分博物馆的藏品中都包含绘画作品，而且有些博物馆免费向公众开放，有些博物馆收取一定的入场费用。17 世纪，很多私人收藏馆开始逐步向现代国家博物馆转型，欧洲大部分著名博物馆都始于此时。1753 年的大英博物馆的建立和 1793 年罗浮宫的开放是具有现代意义的博物馆诞生的代表性事件。1753 年英国议会拨专款购入汉斯·斯隆的收藏，并在此基础上成立大英博物馆。大英博物馆的法案导言中明确规定："博物馆不仅是为学习者和猎奇者调研和娱乐的场所，也是为普通功用和大众福利。"这里所谓的"普通功用"

（general use），正是公共博物馆区别于传统藏宝室和私人收藏的关键。1793年7月，法国政府决定将罗浮宫作为国家艺术博物馆，并向公众开放，这被视为博物馆新时代开始的标志，是博物馆进入公众和社会生活的转折点。从实践和理念上，都可以看出公众性是现代博物馆的根本特征。随着欧洲殖民地的扩展，博物馆概念也在全球范围内得以传播，如1812年位于布宜诺斯艾丽斯的阿根廷自然博物馆，1858年位于开罗的埃及博物馆，1909年开放的肯尼亚国家博物馆等。

19世纪中后期大批博物馆相继开放，1870—1880年间英国共有100家博物馆开业，1876—1880年间德国新增了50家博物馆，此间开放的博物馆的主要功能开始转向教育，并利用了新技术如汽灯和后来的电灯使展示更为生动。

直到第二次世界大战之前，大部分博物馆游客较少，往往是为专业研究人员服务，但战后情况有所改变，博物馆越来越迫切地希望能吸引更多的游客和观赏者。这一时期开放的博物馆大部分是国营的，而且大量地依赖于私人藏品，目前所面临的共同问题是展示区域不足和缺乏维持所需要的经费。20世纪60年代是第二波博物馆兴建高潮，这一时期的博物馆多以娱乐和营利为目的，投资人大部分是某一专业的专家和私人机构。国际博物馆协会自1978年起，将每年5月18日定为国际博物馆日，借此引起世界各国对博物馆的关注。

三、博物馆的功能

早在1880年，英国博物馆学者鲁金斯就发表了《博物馆之功能》的论文，强调博物馆应成为一般公众受教育的场所。美国学者顾迪在《将来的博物馆》和《博物馆行政管理的原则》两篇专论中，进一步强调博物馆必须致力于革新教育，开展积极的活动，使之不仅成为专家学者从事研究的场所，而且要成为教育机构的补充设施、校外教学园地。在国际博物馆协会第十一届哥本哈根会议通过的章程中明确指出："博物馆是一个不追求营利，为社会和社会发展服务的公开的永久性机构。它把收集、保存、研究有关人类及其环境见证物作为自己的基本职责，以便展出，公之于众，提供学习、教育、观赏机会。"在这种观念下，教育性成为博物馆的主要职能之一。我国博物馆界普遍认为博物馆的基本功能是收藏、研究、教育。欧美比较通行的是博物馆的三E功能："教育国民、提供娱乐、充实人生"（Educate，Entertain，Enrich）。

综上所述，博物馆一般具有收藏、教育、研究和娱乐四大基础功能。

1. 收藏

博物馆的首要功能是收藏，这与大部分博物馆起源于私人收藏馆有关，博物馆的规模和知名度在很大程度上取决于其收藏品的珍稀和丰富程度。

2. 教育

这与博物馆一词的源起有关。博物馆的教育功能主要表现在对展品的解说方面，目前很多博物馆都不再满足于仅用一个简单的说明牌介绍展品，而是以各种方法对展品及其相关背景作更详细丰富的说明，甚至单独辟出教室对学生和教师开设专题讲座。

3. 研究

一些大型的博物馆设有专门的研究部门，从事与该博物馆专业有关的研究。有的博物馆还为专业研究开辟一个学术平台，提供相应的研究设施。

4. 娱乐

现代博物馆已日渐成为娱乐休闲业的一个分支，博物馆也越来越重视为来参观的游客提供更多的休闲活动，很多现代博物馆更注重营造一种高档次、高雅的休闲环境和氛围，在一些欧洲国家，在博物馆与朋友聚会喝咖啡或举办商务会议已成为一种时尚。如何平衡博物馆的娱乐和教育两大功能是博物馆当前所面临的主要问题。

现代博物馆将上述四大基础功能扩展到收藏保护、创造、研究、观光、宣传、展示、休闲、娱乐、教育和经济十大功能。

四、博物馆的分类

博物馆根据其规模和等级可以分为国家博物馆和地方博物馆；根据展示内容的主题和范围可分为综合博物馆、专业博物馆和专题博物馆；根据展示方式可以分为传统封闭式博物馆（大部分传统博物馆都属此类）和开放式博物馆（如民俗民居博物馆等）；根据展示内容主题还可分为综合博物馆、考古与历史博物馆、自然博物馆、科技与产业博物馆、艺术博物馆（包括美术馆）、整治博物馆、社会博物馆、文化教育博物馆、民族博物馆、人物博物馆、收藏博物馆等。

五、博物馆的资金来源

开发旅游是一些公立博物馆除政府拨款、社会赞助之外的另一个重要的收入来源。具体来说可分为以下几个方面。

1. 临时性展览

公立博物馆的基本陈列是不收门票的，但可以举办一些临时的商业性展览，一方面可以获得社会赞助，另一方面可以靠出售门票获得收入。

2. 场地出租

博物馆可以通过对外租借本馆的展厅、会议厅举办宴会、舞会、会议和有关社交活动获得租金。

3. 图书出版与销售

许多博物馆有自己的图书编辑出版部门和人员，出版与本馆有关的学术性和普及性读物。博物馆的书店不仅销售本馆编辑出版的书籍，同时也根据本馆的性质和定位，销售相关的图书。如大英博物馆书店就是一个非常专业的历史、考古、文物、文化和艺术类书店，国家肖像画美术馆书店是一个英国历史、肖像画、摄影及艺术类书店。此外，几乎每个规模较大的博物馆书店都有专门为少年儿童设计出版的各类图书出售。近些年电子音像类图书的发展也很快。

4. 纪念品开发与经营

英国博物馆所开发的各类纪念品琳琅满目，从几十便士的铅笔、橡皮擦、明信片到几百几千英镑的工艺品、文物仿制品都有，每一个观众都可以从中找到自己满意的纪念品。纪念品的开发是基于本馆的性质、特点和藏品，其渠道有两条：一条是本馆根据对顾客的调查分析和历史经验自主开发设计；另一条是委托有关公司进行设计和开发，或是出售有关商品的开发权。此外，还为一些临时性的展览开发一系列的纪念品。

5. 咖啡馆和餐厅

咖啡馆是为观众提供休息、饮用咖啡、茶等各种饮料以及快餐和点心的地方。而餐厅则是价格较高，但环境、服务俱佳的用膳场所。

6. 图片经营

图片是除藏品以外，博物馆最重要的关于藏品的信息载体。博物馆也往往成为有关出版机构、研究机构、媒体、广告公司等所需专业图片的重要来源。如英国的博物馆都有其藏品的资料图片库，许多已进行数字化处理，顾客只需将其所要的图片和有关要求告诉博物馆的图片图书室，并支付相关的费用，就可以得到照片、底片或数码图片，也可支付相关费用取得有关图片的使用许可。近年来随着网络的发展，顾客也可直接通过互联网浏览有关博物馆的相关网站，挑选所需要的图片，并在网上订购就可得到数码图片。此外，观众也可以在博物馆利用电脑和多媒体查询挑选所需要图片，支付有关费用后可以得到现场打印的图片。

六、博物馆的设计格局及展示布局

博物馆在各类旅游景区中属于历史较为悠久的一种，大部分建筑都非常古旧，要适应博物馆功能的转变就必须对古建筑进行改造，巴黎的奥赛博物馆就是利用古老建筑改造成现代博物馆的一个典范。奥赛博物馆的建筑前身是巴黎的一个旧的火车站大厅，经过改造，增加了隔层和玻璃通道，使整个建筑完全变成了一个现代的博物馆，其中尤以主要展示法国印象派大师们的作品而闻名。

博物馆内部的主要游客服务设施一般包括：

（1）停车场；
（2）餐饮设施，包括咖啡吧、餐厅和食品自动售货机；
（3）纪念品商店，主要出售博物馆说明册、明信片、张贴画、小纪念品等；
（4）厕所；
（5）馆内地图和指示说明牌；
（6）部分博物馆内设有教室、电影院或剧场。

传统的博物馆展示布局以四壁陈列为主，即展品沿四壁摆放，配以灯光和说明牌，这种陈列方式给人的感觉是比展厅中央展示柜显得更长久，像是固定展示品，但这种陈列布局会让人觉得枯燥无趣，因此现在大部分博物馆展品陈设方式都是中间展柜和四壁陈列相结合。很多博物馆把展品放在玻璃罩内，这样做可以防尘，但会因为反光影响观赏效果，应注意处理好反光问题。另外，博物馆的展品会定期更换，因此展示设计时应考虑方便更换。

很多现代博物馆雇用专业商业展示或橱窗设计师设计展示布局，较空旷的展示布局能突出展示品的高昂价值，但会加重展品储藏的负担。也有些实物展示让游人在拉线横栏外或透过窗口观赏，这种展示虽然比较生动，但占地较大。总之，各种展示布局方法都各有利弊，需要设计人员根据建筑条件和展示内容做出选择。

七、虚拟博物馆的发展趋势

互联网信息技术改变了人类的生活方式和生存状态，也为博物馆的发展提供了新的机会。利用信息技术可以使博物馆变得不一定要有建筑物和展示柜（架），也不一定是一个容纳藏品的容器，而是一个功能强大的数据库集成的在线资源集合体、一种交互系统。这个系统具有强大的信息处理、数据挖掘和搜寻功能，可以使任何一个人在任何一个时间任何一个地点以很低的费用欣赏任何一件藏品。正是由于计算机技术在博物馆中的深入应用，传统形式上的博物馆开始产生了分化，人们可以不再亲临博物馆的展厅、库房，而是借助计算机的处理、传输技术，远程参观、研究文物。在博物馆和信息科学领域的研究文献中出现了一大批含义相近的概念，如电子博物馆（Electronic Museum）、虚拟博物馆（Virtual Museum）、在线博物馆（Online Museum）、网络博物馆（Web Museum）、超媒体博物馆（Hyper-Media Museum）、数字空间博物馆（Cyberspace Museum）等，由此产生了实体博物馆和虚拟博物馆两个概念。

1996年，杰弗里·刘易斯提出了数字博物馆的定义。他认为，数字博物馆是一个可透过电子媒介存取"与历史、科学或文化相关的数字化影像、声音档案、文件及其他数据的集合体"。而他同时给出的虚拟博物馆定义是：一个可通过电子媒体访问有关历史、科学或文化影响的数字化影像、声音、文本及其他信息的集合体；它不拥有藏品实物，因而缺乏传统博物馆所具有的持久性和唯一性。

我国学者对于数字博物馆的研究略晚于西方，但也取得了一些阶段性成绩。

黄嘉琳（1998）把目前在网络上的博物馆分为两类：一类为现有博物馆的网页，提供该馆的活动信息、展示内容简介、开放时间等资讯；另一类为实际上并无具体建筑，仅建构于网络上的虚拟博物馆。

陈刚、祝孔强（2004）认为"数字博物馆"一词来自英语的"Digital Museum"，这里的"digital"意为"数字的、数位的"，对应的动词"digitize"意为"数字化、数位化"，表示将资料等转换为数字信息形式。数字博物馆是以采集、保护、管理和利用人类文化、自然遗产信息资源为目的，建立的信息网络服务体系。

张小朋（2004）对于博物馆信息化建设的相关概念做了总结："数字化"（Digitalization），是指直接利用以计算机为代表的数字处理技术来完成的工作。"数字化"的着眼点在于工具本身，在于利用计算机等数字工具对对象的具体处理手段。"信息"（Information），是指人类社会和自然界所产生的各类有用符号（资源）；"信息化"（Informatization）一词，是指通过技术手段对这些符号所进行的收集、整理、加工、保存、传播、利用，目前而言主要利用的技术为计算机及其相关技术，着眼点在于信息本身。虚拟博物馆建设是博物馆信息化建设的另一个方面，它完全是利用以计算机技术为核心的数字媒介技术，如多媒体光盘、网络技术而存在的博物馆。他认为虚拟博物馆可以分为两种形式。一种是实体博物馆的资源经过数字化手段处理，然后存在于数字媒介之中，如多媒体光盘、数据网络等。另一种虚拟博物馆是和任何一家实体博物馆都无直接对应关系的博物馆。这类博物馆所展示、保存的数字文物不完全来自固定的一家实体博物馆，而是间接地同若干博物馆等文物机构、文物文献相关联，从中取得文物藏品数字化资源，它完全是依赖于数字技术而存在的。

关昕（2006）对博物馆数字化的定义是："基于现有实体博物馆的数字化改造。通常是对实体博物馆的全方位数字化要求，包括藏品信息数据库建立与管理、文物修复工作的色彩辅助分析、碎片辅助拼缀、文物所在环境的自动化监测控制管理、陈列设计多媒体应用、办公自动化管理、防火防盗等技术防范自动化监控管理、楼宇控制系统自动化管理、语音声控微电脑技术管理、局域网络系统建立与管理、信息发布互动技术管理，等等。"在此基础上，概括了数字博物馆的内涵：一是通过数字化改造的方式实现博物馆的收藏、陈列、研究、教育、娱乐等功能；二是基于对现有实体博物馆的数字化改造所建立的网络展示。

王顺玲、萨殊利（2006）对数字博物馆的定义是：利用计算机技术、网络技术、多媒体技术等，将传统博物馆所具备的功能以数字化的形式表示出来，用数字化技术在互联网和博物馆网络之间实现相关信息的采集、管理、开发与应用。这个定义强调了技术因素的作用。

顾恒（2006）认为博物馆的数字化与数字博物馆是不可等同的两个概念。博物馆的数字化主要是指应用于传统博物馆的各类信息化系统工程，包括博物馆信息网络的构建、针对博物馆不同工作领域开发的各类数字应用程序、电子检索系统、导览系统以及陈列展示中使用的各类信息化展示设施等。博物馆网站与数字博物馆也极易混淆。博物馆网站是博物馆利用因特网架设的博物馆自己的网站，设计一个提供咨询服务的网点。尽管使用了数字信息，但博物馆网站是实体博物馆的附属品，是实体博物馆的一个组成部分。

王裕昌（2006）认为对于单个博物馆来说，它是指利用数字化手段，实现藏品保存、陈列、展示科学研究和社会教育等功能，构筑虚拟世界的博物馆（文化信息资源集中地）；对于普遍意义上的数字博物馆来说，是指利用数字技术，对文物（包括可移动文物和不可移动文物）信息进行全方位和多形式采集、标准化存储和加工，并通过网络连接和一系列相关规定、协议，实现文物信息的资源共享有效利用和科学管理，为不同用户提供数字化的辅助决策、科学研究、展览展示、文化交流、教育培训和游戏娱乐等服务的综合信息系统。

王燕妮（2006）认为虚拟展示完全是利用计算机和网络技术而存在的展示。虚拟展示分为实体展示在网络上的代言人，即"离岸展示"，和与任何一家实体展示毫无关系的展示两类。目前在网络上大量存在的是前者。

杨向明（2006）认为数字博物馆系统主要分为虚拟博物馆、实物数字化、虚拟浏览、动态浏览及信息检索等。数字博物馆核心就是一个能共享和处理博物馆基础数据，并结合图形、图像、视频等静态信息和动态信息来表达结果的信息系统。通过计算机及互联网络，浏览者得到有内在联系的、视觉上逼真的、交互式的、动态的"参观"效果。可以认为数字化博物馆是分布式的、以知识为基础的工作环境，以虚拟的教室、博物馆、画廊及演播室等形式出现的在线教育和文化源。

张妮佳（2007）对数字博物馆的定义是那些将自身的文物与标本藏品及陈列展览采用计算机数字化技术进行处理、加工、整理，并广为社会观众浏览观赏的多媒体数字化信息机构。

张妮佳、张剑平（2007）将数字博物馆等同于网上数字博物馆，即以内容管理系统（Contents Management System，CMS）为基础平台，以内容为主导，重点提供信息实时发布、展示和互动服务，适当使用多媒体、动画、虚拟现实技术和视频技术等表现手段，具有应用价值和娱乐功能的科普网站。

综上所述，这些相近的概念可分为两大类：一类强调展示内容及手段，如电子博物馆、超媒体博物馆、虚拟博物馆；另一类则强调网络化的信息平台，如在线博物馆、网络博物馆和数字空间博物馆。

虚拟博物馆发展的初级阶段即传统网站模式阶段，其表现形式主要是静态的图像、文字、小段视频、二维动漫（如Flash）等，浏览者只能被动地接受从服务器端传来的页面，无法与界面进行交互，因此缺少临场感与交互性。具有三维动画效果的文件又太大，受网络带宽、传输速度等的限制，不适于网上传播。可以预计在不远的将来应用虚拟现实技术（Virtual Reality）可以通过计算机创建一种虚拟环境，通过视觉、听觉、触觉等作用，使用户产生和现实一样的逼真感觉。

八、世界著名博物馆简介

关于世界上的博物馆有四大博物馆、五大博物馆和十大博物馆等多种说法，并且每种说法还有不同的版本。但不管哪一种说法和版本，巴黎罗浮宫、伦敦大英博物馆、纽约大都会博物馆和俄罗斯艾尔米塔什博物馆（冬宫）都是其中必选的。世界主要著名博物馆基本情况见表3-3，这些博物馆往往是当地的主要旅游吸引物，成为旅游者必到之处。除表中所列的博物馆外，还有一些如阿姆斯特丹国家博物馆、奥地利盔甲博物馆、德国森根堡自然博物馆、东京国立博物馆、埃及博物馆、皇家马来西亚三军历史博物馆、墨西哥人类学博物馆、巴黎蓬皮杜现代艺术博物馆等也都是很著名的博物馆。

表3-3 世界主要著名博物馆简介

博物馆名称	成立时间	面积	特色	藏品数量	镇馆之宝
法国巴黎罗浮宫	1793年	24公顷	世界上最著名、最大的艺术宝库	40多万件	普拉克西特《米洛的维纳斯》、达·芬奇《蒙娜丽莎的微笑》《萨莫特拉斯的胜利女神》
伦敦大英博物馆	1759年	6万~7万平方米	世界上第一座对民众开放的博物馆，收藏与展示囊括四大文明	400多万件	《亚尼的死者之书》（公元前1300—前1200年）
纽约大都会博物馆	1880年	15万平方米	现代博物馆成功经营的典范	36.5万件	2460年前的埃及古墓、德加《舞蹈教室》
俄罗斯艾尔米塔什博物馆（冬宫）	1836年	9万平方米	世界上最大最古老的博物馆之一	270多万件	《伏尔泰坐像》（1781年）

续表

博物馆名称	成立时间	面积	特色	藏品数量	镇馆之宝
梵蒂冈博物馆	16世纪	5.5公顷	珍藏了一大批欧洲文艺复兴时期的伟大杰作	—	米开朗琪罗《创世纪》《最后的审判》
京都国立博物馆	1897年	10多万平方米	日本国家重要文物	1万多件	普贤菩萨像、松林图屏风、平治物语绘词和白氏诗卷等
北京故宫博物院	1925年	72万平方米	世界现存最大、最完整的古代宫殿建筑群	100多万件	张择端《清明上河图》、顾闳中《韩熙载夜宴图》等
意大利乌菲兹美术馆	1560年	6000平方米	世界上最古老的画廊之一	4000多件	波提切利《春天》、提香《佛罗拉》、达·芬奇《圣母领报》
巴黎奥塞博物馆	1986年	5.7万多平方米	以收藏19世纪、20世纪印象派画为主,被誉为"欧洲最美的博物馆"	4700多件	凡·高《自画像》,莫奈《睡莲》等
伦敦维多利亚和阿尔伯特博物馆	1852年	展廊长达11千米	装置及应用艺术	400多万件	贝尼尼大理石雕《海神河鱼神》、维特史多斯木雕《圣母和圣婴》等
西班牙普拉多博物馆	1818年	2002年在旧馆旁边建造面积达2.2万平方米新展馆,博物馆总面积扩大了50%	以收藏西班牙各个历史时期画家作品最多而闻名	3000多件	戈雅《裸体的马哈》《着衣的马哈》、毕加索《格尔尼卡》等
西班牙毕尔巴鄂古根海姆博物馆（分馆）	1997年	占地面积2.4万平方米,展览面积1.1万平方米	被誉为"世界上最有意义、最美丽的博物馆"	—	展品由纽约古根海姆博物馆提供

参考案例 3-1

一座博物馆振兴了一个城市——毕尔巴鄂古根海姆博物馆

毕尔巴鄂（Bilbao）是西班牙北部大西洋沿岸的港口城市，人口约37万，隶属巴斯克省。毕尔巴鄂始建于1300年，因优良的港口而逐渐兴盛，在西班牙称雄海上的时代成为重要的海港城市，17世纪开始日渐衰落。19世纪时，因出产铁矿而重获振兴，成为西班牙生产铸铁的基地，由于控制污染，20世纪中叶以后铸铁企业被相继关闭，并在此基础上发展起机床制造业。1983年的一场洪水严重摧毁了其旧城区的建筑，整个城市犹如雪上加霜，颓势难挽，虽百般努力却苦无良策，全城失业率高达25%。20世纪90年代初，毕尔巴鄂已沦为欧洲默默无闻的蕞尔小城。为了城市复兴，毕尔巴鄂市政府决议发展旅游业，但毕尔巴鄂缺乏历史名胜和名人故居，如何吸引外来游客成为头号难题。经过多方论证终于决定兴建一家现代艺术博物馆，寄希望于欧洲众多艺术爱好者的文化旅游，而纽约古根海姆博物馆一直是收藏现代艺术的重要博物馆，其基金会早有向欧洲扩张之意，双方一拍即合。1991年，毕尔巴鄂市政府与古根海姆基金会共同做出了一项对城市未来发展影响极为深远的决定：邀请美国建筑大师弗兰克·盖里（Frank O.Gehry）为该市即将兴建的古根海姆博物馆进行建筑设计。盖里1929年出生于加拿大多伦多，毕业于美国南加州大学建筑系，以前卫、大胆的设计风格而闻名。其反叛性的设计风格不仅颠覆了几乎全部经典建筑美学原则，也横扫现代建筑，尤其是"国际式"建筑的清规戒律与陈词滥调。深受洛杉矶城市文化特质及当地激进艺术家的影响，盖里早期的建筑锐意探讨铁丝网、波形板、加工粗糙的金属板等廉价材料在建筑上的运用，并采取拼贴、混杂、并置、错位、模糊边界、去中心化、非等级化、无向度性等各种手段，挑战人们既定的建筑价值观和被捆缚的想象力。其作品在建筑界不断引发轩然大波，爱之者誉之为天才，恨之者毁之为垃圾，盖里则一如既往，创造力汹涌澎湃，势不可当。终于，越来越多的人容忍了盖里，理解了盖里，并日益认识到盖里的创作对于这个世界的价值。

1989年，年届60岁的弗兰克·盖里荣获了国际建筑界的顶级大奖——普利茨克建筑奖，这时，他已从一个叛逆的青年变成一位苍苍长者，尽管已功成名就，声誉倾盖一时，但他从来没有停止过设计创新的追求。1991年开始设计的毕尔巴鄂古根海姆博物馆，成为盖里"晚年变法"跃升到更高创作境界的重要作品。博物馆选址于城市门户之地——旧城区边缘、内比昂河南岸的艺术区域，一条进入毕尔巴鄂的主要高架通道穿越基地一角，是从北部进入城市的必经之路。博物馆的建筑外观极为特别，馆藏的展品许多人也无法读懂，但是，在这里创作的人们都可以充分发挥想象的空间，到这里来的人都能够享受畅想的自由。利用一个已经废弃的码头，结合新建的桥头，建立了一个集码头、河道、大桥、轮船、集市、酒吧等航海题材为一体的博物馆，外形浑然天成，内涵丰富多彩，成为毕尔巴鄂市民和外来游客的一个参观游览地。

建筑师盖里借助一套空气动力学的电脑软件逐步设计而成。博物馆在建材方面使用玻璃、钢和石灰岩，部分表面还包覆钛金属，与该市长久以来的造船业传统遥相呼应。博物馆全部面积占地2.4万平方米，陈列的空间则有1.1万平方米，分成19个展示厅,其中一间还是全世界最大的艺廊之一,主要展出安迪·沃赫尔、里克特恩休塔因等美洲流行艺术家和齐尔德、塔比埃斯等现代艺术家的作品,有时也举办特别的展览活动。

毕尔巴鄂古根海姆博物馆在1997年正式落成启用,这座石破天惊的建筑杰作以波浪纵横和偏离中心的造型、特异的结构和崭新的材料立刻博得举世瞩目,好评如潮。被报界惊呼为"一个奇迹",称它是"世界上最有意义、最美丽的博物馆"。1996年普利茨克建筑奖得主、哈佛大学教授、西班牙著名建筑师拉斐尔·莫尼欧对它由衷叹服道:"没有任何人类建筑的杰作能像这座建筑一般如同火焰在燃烧。"这个外形奇特的博物馆迅速成为欧洲最负盛名的建筑圣地与艺术殿堂,一时间游客如织,成为欧洲文化界人必到之处。毕尔巴鄂一夜间成为欧洲家喻户晓之城、一个新的旅游热点。游客人数从开始的26万人增加到现在的130万人以上,超过了当地居民人口。仅门票收入一项即占到全市生产总值的4%,而带动的相关收入则占到20%以上,古根海姆博物馆搞活了当地的经济,成为巴斯克省新的经济增长点。

1998年美国古根海姆基金会与中国对外艺术展览中心、中国文物交流中心合作,在美国纽约古根海姆博物馆和西班牙毕尔巴鄂古根海姆博物馆举办"中华5000年文明艺术展",纽约古根海姆博物馆接待了45万观众,而毕尔巴鄂古根海姆博物馆接待了54万观众,超过了本市人口1.5倍,其中从欧洲各国和西班牙各地赶来的观众超过了30万。观展人群排成长长的队伍,往往行一两个小时后才能进入展厅。一个艺术展接待近100万观众,仅门票收入就超过了1000万美元。创造了世界展览史上的奇迹,被称为"古根海姆模式"。

第二节 文化遗址

对于一些人类文明较为悠久的旅游目的地而言,具有典型代表意义的文化遗址往往是主要旅游景区(点)中的精华,也是吸引国内和国际旅游者的重点吸引物。不同的游客类型对不同的历史文化遗址有不同的偏好和审美情趣,一般来讲,园林、宗教类遗址和新发现的遗址古建筑较受旅游者欢迎,知名度较大的皇家建筑、历史遗迹和古建筑更受海外游客的欢迎。据报道,仅1996年一年美国游览艺术与历史景区的人数就达8600万人次。而美国宾夕法尼亚州1997年文化遗址旅游业收入高达55亿美元,其中包括文化遗址从业人员的收入13.4亿美元、约7万个工作机会和6.17亿美元的税收。宾州是全美拥有国家级文化遗址最多的州之一,其中最为重要的两处是自由钟和独立大厅。英国每年接待的游客中有 20% 约 7600 万人次是去参观历史景区的，英国学者认为，众多的建筑和历史文物是使英国成为吸引海外游客的旅游目的地的一个重要因素。希尔伯博格（1995）认为，20 世纪 90 年代的经济状况使人们从逃避现实转为提高自身文化素养。他通过一项调研发现，20 世纪 90 年代的人们在计划旅游行程时，更为关注文化、历史和考古景区，而不是夜生活和美食。因此，文化遗址旅游的兴起，代表着现代人对于人类过去创造的文化重新发现、重新认识、重新解读和重新构建。

文化遗址虽然种类繁多，但有些问题是共同的，这些问题包括遗址的保护、利用方式、展示手段和资金来源几个方面。

一、文化遗址的定义和概念

与文化遗址相关的概念有古迹、文物、文化遗产等。《现代汉语词典》对这些名词所做的字面解释如下。

（1）遗址：毁坏的年代较久的建筑物所在的地方。

（2）古迹：古代的遗迹，多指古代流传下来的建筑物。

（3）文物：历代遗留下来的在文化发展史上有价值的东西，如建筑、碑刻、工具、武器、生活器皿和各种艺术品等。

（4）遗产：历史上遗留下来的精神财富或物质财富。

从上述四个名词解释中可以看出，遗址和古迹的词义相近，都是指建筑物，但遗址大多是指已被毁坏的或残缺的建筑物；文物的概念的外延要较遗址和古迹更广些，不仅仅包括建筑，还涉及其他器物；而遗产则除物质财富外，还包括精神财富。但从专业的角度看，上述的字面解释过于简单。事实上，遗址不仅仅是"毁坏的年代较久的建筑物所在的地方"。如一些工农业遗址并不都是建筑物。文物和遗产在专业上的概念也要较上述解释更加复杂、多义和不确定。目前，各个国家对文物的称谓并不一致，其所指含义和范围也不尽相同，因而迄今尚未形成一个对文物共同确认的统一定义。世界各国对不同类别的文物，各有其通常使用的名称，但尚无概括所有类别文物的统称。欧洲在 17 世纪英文和法文中都使用 Antique 一词，此词一说源于拉丁文 Ante，原意是古代的、以前的。另一说则认为英文中这个词是直接来源于法文，开始作为名词使用时，主要是指古希腊、古罗马的文化遗物，后来才逐渐发展成泛指各个时代的艺术品，其词义接近于中国所谓的古物、骨董、古董。日文所说的"有形文化财"，近似于中国所指的文物，但其含义和范围又不尽相同。联合国教科文组织（UNESCO）会议通过的一些有关保护文物的国际公约中，一般把文物称作为"文化财产（Cultural Property）"或者"文化遗产（Cultural Heritage）"，二者所指的内容并不是等同的。从公约所列举的具体内容来看，前者是指可以移动的文物，后者是指不可移动的文物。

一般认为，文物是指具体的物质遗存，它的基本特征是：第一，必须是由人类创造的，或者是与人类活动有关的；第二，必须是已经成为历史的过去，不可能再重新创造的。

关于文物的年代下限，在国际上起初曾定为1830年，起源于1930年美国的关税条例。该条例规定凡1830年以前制作的艺术品进口可以免费。以后在国际上，不少国家把这一年定为文物的年代下限。后来美国在1966年通过了新的关税条例，又规定"自免税进口报单提出之日起，凡一百年以前制作的文物"免进口关税。因而目前按国际上一般惯例，文物是指一百年以前制作的具有历史、艺术、科学价值的实物。但是也有的国家根据自己的具体情况另作规定，如希腊就把1450年作为文物的年代下限。

1982年我国全国人民代表大会常务委员会公布了《中华人民共和国文物保护法》，才把"文物"一词及其所包括的内容用法律形式固定下来，是指人类社会历史发展进程中遗留下来的、由人类创造或者与人类活动有关的一切有价值的物质遗存的总称，其范围实际上包括了可移动的和不可移动的一切历史文化遗存。在年代上已不仅限于古代，而是包括了近代、现代，直到当代。

文化遗产是近年来流传最广的一个热门话题。联合国教科文组织在《保护世界文化和自然遗产公约》中对文化遗产的概念进行了规定，它包括纪念物（Monuments）、建筑物的群组（Groups of Buildings）和历史地段（Historic Sites）三个部分。"纪念物"：从历史的、艺术的或科学的角度看，具有突出的、普遍的价值的建筑作品、纪念性的雕刻和绘画作品，具有考古价值的构造物、碑刻、洞窟和各种遗迹；"建筑物"：分散的或者互相联系的建筑群，这些建筑物，由于它们的建筑艺术、它们的一致性（Homogeneity）或它们在风景环境中的位置而具有突出的、普遍的历史、艺术或科学价值；"历史地段"：从历史、美学、古人类学或文化人类学角度看，具有突出的、普遍价值的人工工程或人力与自然合成的工程以及如考古现场等区域。2001年时任联合国教科文组织秘书长的松浦晃一郎提出了"人类口述和非物质文化遗产"的概念，它是指："具有特殊价值的文化活动和口头文化表述形式，其中包括语言、文学、音乐、舞蹈、游戏、神话、宗教礼仪、风俗、手工艺、建筑、计算以及各种艺术表达手段。"总之，遗产的概念比文物还要广泛，包含了物质和精神两大部分。

此外，与上述这些概念相似的还有人文遗迹一词，它是指由人类活动所创造的具有一定科学、历史、文化、教育或观赏价值的人工客体及其保留或遗迹地。如古建筑、古墓、摩崖石刻、古人类活动遗迹、重大历史事件发生地、革命活动遗址等。

这里我们使用的文化遗迹这一概念基本涵盖遗址、古迹、文物以及文化遗产中的物质文化部分。

二、文化遗址的不同类型

文化遗址有很多不同的类型，这里我们将其分成下列 10 种类型。

（1）皇家建筑遗址：如北京的故宫、英国的温萨城堡、法国爱丽舍宫等。

（2）古代建筑或工程遗址：如中国的长城、四川都江堰、古罗马引水道等。

（3）古代园林遗迹：如北京的颐和园、苏州园林、法国凡尔赛宫等。

（4）宗教教堂、庙宇、洞窟遗址：如大同的云冈石窟、拉萨的布达拉宫、法国的巴黎圣母院、希腊帕提农神庙等。

（5）考古遗址：如北京的周口店北京人遗址、四川广汉三星堆遗址、西安秦陵兵马俑博物馆等。

（6）工业遗产（遗址）：如英国的蒸汽机车、杭州宋代官窑遗址等。

（7）名人故居：如英国埃文河畔斯特拉特福莎士比亚故居、法国巴黎雨果故居、德国波恩贝多芬故居等。

（8）废墟遗址：如意大利庞贝古城、肯尼亚盖地废墟、北京圆明园遗址等。

（9）纪念物：如巴黎凯旋门、华盛顿林肯纪念堂、罗马图拉真记功柱等。

（10）墓葬遗址：如印度泰姬陵、埃及金字塔、北京十三陵等。

以上文化遗址许多已被开发成多种形式的博物馆、纪念馆（园）、主题园区或名人故居等。

三、文化遗址的开发与保护

文化遗址的保护与开发是这类景区面临的带有普遍性的问题，其中最有争议的是关于真实性的话题，一些学者认为，开发就意味着改变文化遗址的真实性。其实，真实性是相对的，许多学者认为，真实性是一个由个人经历、文化影响以及国家历史等因素共同促成的主观现象。

遗址的意义并非直接源于遗址本身。遗址的展示方式以及游客的社会文化背景决定着其意义。因此，遗址及其真实性的意义是文化构建的结果并且会随着环境的不同而发生变化。甚至联合国教科文组织在《关于文化遗址真实性的奈良宣言》（1994）中也承认这一事实：真实性的意义在不同的文化之间各不相同，并且取决于各种不同的信息来源。斯沃布鲁克（1994）认为，有关真实性的困境部分在于是保持古代遗址的残存状态，还是重新建造以再现其鼎盛时期的风貌。一些人认为，应该保持古代遗址的现状，因为重建将会破坏遗址的真实感。这反映出这样一个事实，即人们希望古代文物保持着一种岁月沧桑的状态，并通过其残旧的状态来强化这种沧桑感。文物的年代越久，其价值似乎也就越高。洛文尔特（1975）指出："我们对文物产生的美感在很大程度源于这样一种信念，即这些文物的确出自遥远的过去……由于我们认为文物应该看起来具有年代感，因此我们也许会忘记这些文物最初也是新的。"同样，人们倾向于保护古老的历史，但不是十分关注近代历史。这在美国亚利桑那州显而易见，一条车道穿过了那里的纳瓦霍族印第安人保留地，道路两旁散布着许多被遗弃的印第安人土屋（传统的泥木屋）。大部分土屋都是在20世纪70年代和80年代被遗弃的，因此难以引起旅游者的兴趣。但是500年以前被遗弃的北美印第安人的家园和社区却成了主要的旅游景区，并得到了美国国家公园管理局的保护。因此从旅游者和考古的角度来看，"年代因素"提高了印第安人居住遗址的价值。

真实性在个人层面上也有主观性。旅游者可以通过与旅游目的地居民的交往获得真实的体验，因为真实性随着个人的旅游体验而形成。因此，一个旅游者可能会获得真实的旅游体验，而在同一地点的另外一个旅游者却无法体验这种真实的感受。因此，历史文化遗址的展示需要游客的积极参与，游客要想真正享受遗址类景区给人带来的审美感受就必须充分运用自己的想象，填补遗址或古建筑的残缺部分，想象历史文化场景。游客的这种想象需要一定的帮助和引导，遗址的展示方式就起到了这个作用，这种展示是广义的，包括更完好地展现遗址原貌，复原历史气氛和场景，适当的遗址修复，引导客流方向和路径，景区内的说明、图示和指示，以及其他各种形式的景区解说系统和纪念品销售。

麦金托什和普伦蒂斯（1999）发现了三种截然不同的心理过程，这些过程可以解释人们营造真实体验的能力。第一种过程，强化对比过程，包含反思过去和今天的差别。人们了解了过去的情况并由此更加珍惜现在的生活。第二种过程，认知感受过程，包括人们获得新的知识或信息，即人们以前所不知道的东西。在这一过程中所获得的新知识并不是与个人的经历加以比较，并且文化体验通常都是不熟悉的。第三种过程，怀旧联想过程，包含了人们将体验与其个人记忆相联系的能力。在新体验作用下，这一过程使人回想起过去，种种情景再现眼前。在这一体验过程中，文物及其解说变得高度个性化，并使人回想起童年或早年的岁月。

真实性影响着遗址景区的管理者解说和展示遗址的方式，而遗址的解说与展示方式又决定着旅游者的体验。大多数旅游者只是希望旅游能够给他们带来美好的感受与回忆。麦坎内尔（1973，1976）提出了"舞台化的真实"（Staged Authenticity）的概念，即为了刺激旅游消费而对当地环境加以演绎的一系列活动。麦坎内尔指出，舞台前区（前台），即旅游者接触当地环境和居民的地方，是经过一番粉饰，在表面上和舞台后区的场所、居民及其在日常生活中极为相似，而后区是游客难以接触到的。因此，后台才意味着真正、正宗，而前台则意味着造作、冒牌、表面化，是用来给外人看的。在许多情况下，旅游者似乎都无法区分舞台化真实体验与真正的遗址体验。但对于大多数旅游者来说，观看演出以及与本地人交流就足以体现真实性了。用"舞台化的真实"打造某些旅游体验的结果就是造成了商业化产品。为了更多地取悦于旅游者，可能存在着虚构、歪曲、过滤和美化历史，以及与当地居民隔离的现象。

真实性的问题成为遗址旅游的重要研究领域，我国学者王宁（1999）对于历史遗址真实性的意义进行反思，认为提高景区的历史解释力，也许应该更多关注旅游体验的质量，而不是真实性的问题。在将来向旅游者展示遗址景区和提供旅游体验方面，质量问题要比真实性更为重要。

历史文化遗址的保护与旅游开发一直是旅游界和文物界争执不下的一个问题。历史文化遗址一经开发出来往往就暴露在各种破坏的可能下，而且非常脆弱，没有保护很难长久地存在下去，特别是考古遗址。

开发出来的遗址可能面临的威胁包括：

（1）暴露在空气中可能受到环境和天气变化的风化作用的影响；

（2）大气污染和日照的影响；

（3）农耕和建筑作业的影响；

（4）过量游客的影响；

（5）恶意破坏和寻宝行为。

历史文化遗址的维护需要耗费大量的资金，遗址的资金来源主要依靠游客的门票收入、政府的专项津贴、非政府组织以及来自社会各界的捐赠。如英国史前文化唯一遗址——巨石阵，一度因距离高速公路太近和游客管理不善而遭诟病，1996年政府出资建造了一个地下访客中心和一个地下游客通道，使游客在地面上完全看不到现代建筑物，保持了遗址的完整性，展现了大片空旷荒原中巨石矗立的历史审美感。2008年，政府又斥资1亿多英镑，将邻近的高速公路改成一段1.3英里长的隧道，并投入5700万英镑改进游客中心。

第三节 红色旅游景区

红色旅游景区是具有现代中国特色的历史人文景观，"红色"概念来源于苏联的"红军"，1918年，由列宁和托洛茨基组建的赤卫军就是后来的苏联红军，之后人们将"红色"意指象征革命或政治觉悟高，有红色政权和红色根据地等多种用法。而红色旅游则是我国近年来提出的专有名词。红色旅游正是当今时代对红色精神的文化创新、教育创新、经济创新。

一、红色旅游概念和内涵

国家发改委制定的《2004—2010年全国红色旅游发展规划纲要》中定义"红色旅游"是指以中国共产党领导人民在革命和战争时期建树丰功伟绩所形成的纪念地、标志物为载体,以其所承载的革命历史、革命事迹和革命精神为内涵,组织接待旅游者开展缅怀学习、参观游览的主题性旅游活动。《2011—2015年全国红色旅游发展规划纲要》将1840年以来中国大地上发生的以爱国主义和革命传统精神为主题、有代表性的重大事件和重要人物的历史文化遗存纳入红色旅游发展范围。"红色旅游",是"红色"和"旅游"的有机结合。"红色"是内涵,"旅游"是形式。它是革命传统教育观念和旅游产业观念与时俱进的结果,是革命精神教育与现代旅游经济的结晶,是实现物质文明和精神文明相结合的有效方式。中国红色旅游的发展说明了革命传统教育不仅能够与一般的社会实践活动相结合,还可以与旅游相结合;不仅能够创造巨大的经济效益,而且能够创造更大的社会效益。红色旅游既能服务于物质文明建设,又能服务于精神文明建设。

广义的红色旅游,内涵可分为三个层面:第一个层面是共产党领导的革命斗争时期,从新中国成立前到新中国成立后;第二个层面是爱国主义教育;第三个层面是"中国红"。红色旅游是"红色"与"旅游"的结合,"红色"是内涵,"旅游"是形式,它是革命传统教育观念和旅游产业观念与时俱进的结果,是旅游经济的新生产物,是革命精神教育与现代旅游经济的结合,是实现物质文明与精神文明相结合的有效方式。红色旅游既能服务于物质文明建设,又能服务于精神文明建设,有历史内涵、文化内涵、精神内涵、政治内涵和经济内涵。

红色旅游是思想政治教育的有效载体,通过红色旅游可以加强对青少年的思想道德教育,对党员、干部加强教育,保持党员先进性。发展旅游有利于促进老、少、边、穷地区的经济发展,同时红色旅游是我国居民释放休闲旅游需要的拓宽途径,能拓展旅游业发展空间,增加就业岗位。

与红色旅游概念相类似的是黑色旅游(dark tourism),按照国家标准《旅游业基础术语》(GB/T 16766—2010)给出的解释是,所谓黑色旅游是指"到访一些特殊纪念地的旅游,这些纪念地以前曾经发生过悲剧事件或历史上著名的死亡事件且这些事件至今仍然影响着我们的社会生活"。可见,红色旅游与黑色旅游既有联系,又有区别。黑色旅游主要是着眼于悲剧(或死亡)事件本身,如战争、瘟疫、地震或其他自然灾害造成的惨烈场景,具有强烈的感官刺激,达到满足类似于悲壮、悲悯的"悲剧美"审美体验。而红色旅游则着眼于在这些天灾人祸(包括战争等)面前,人类表现出的积极向上和人道主义精神,以及伟大的爱国主义情怀、为革命理想舍生取义的热情等。此外，红色旅游的外延也较黑色旅游要广，有些红色旅游与灾难无关，如社会主义经济建设时期的红色旅游主要是弘扬艰苦奋斗、自强不息的主人翁精神。

　　红色旅游是我国特有的主题性旅游活动，严格地说，国外并没有"红色旅游"一说。但从广义上讲，一些国际共产主义运动、国家和民族独立运动以及反法西斯运动的纪念地的旅游开发类似于我们的红色旅游。一般来说，其中大多属于爱国主义纪念地，此类产品的开发与红色旅游有不少相同之处，归纳和总结此类产品在发展过程中的经验、理念和运作方法，对于我国发展红色旅游具有重要的参考和借鉴价值。

　　世界上真正意义的红色纪念地可以追溯到巴黎公社。1871年3月18日，法国巴黎的无产阶级和人民群众举行武装起义，推翻了梯也尔政府，建立了人类历史上第一个无产阶级专政的政权——巴黎公社。在国内外反动势力的镇压下，巴黎公社仅存在了短短的72天，但是，它的英雄儿女所表现出的大无畏革命精神和高举的革命旗帜，永远鼓舞着全世界的革命人民，并为全世界无产阶级的革命事业提供了极为宝贵的经验教训。巴黎公社墙是巴黎市区东部拉雪兹神父公墓神甫公墓97区围墙的一部分，人们把当年巴黎公社最后一批社员被枪杀现场的墙体保留了下来。公墓中有《国际歌》作者欧仁·鲍狄埃、革命作家瓦莱斯、工人活动家盖德的墓。可以说，巴黎公社墙和英烈墓是世界上最早的红色纪念地。

　　又如莫斯科红场，因它是俄罗斯举行各种大型庆典及阅兵活动的中心地点，见证了国家和人民的兴衰荣辱，因而成了俄罗斯著名的爱国主义旅游景点，不只是俄罗斯本国人民，国外的游客到莫斯科后也一定会去红场游览。

　　位于英国伦敦北郊海格特公墓中的卡尔·马克思墓地，对于共产党人来讲，也是一处红色纪念地。墓碑前摆放着来自世界各国前来瞻仰祭奠者敬献的鲜花，表达了游客们对他深刻影响世界的思想学说的崇高敬意。

　　诺曼底登陆战役是扭转第二次世界大战战局具有决定性意义的事件，现建有诺曼底纪念馆，诺曼底登陆战役发生在1944年6月6日6时30分，是第二次世界大战中盟军在欧洲西线战场发起的一场大规模攻势。在诺曼底战役中作战的盟军主要由加拿大、英国及美国组成，诺曼底登陆的胜利，宣告了盟军在欧洲大陆第二战场的开辟，意味着纳粹德国陷入两面作战，这减轻了苏军的压力，盟军协同苏军胜利地攻克柏林，迫使法西斯德国提前无条件投降，以便美军把主力投入太平洋对日全力作战，加快了第二次世界大战的结束。诺曼底纪念馆因地处偏远，很多人专程去那里旅游，就为了解诺曼底登陆战役带给我们的强烈震撼力。当地旅游企业还将诺曼底海滩的沙石制作成精美的旅游纪念品。

　　美国费城的自由钟和《独立宣言》是美国立国的基础，是美国自由精神的象征，是美国人的骄傲，是美国爱国主义最好的教材之一，也是每个美国人和世界上其他国家的游客到访费城必去之地，自由钟的模型也被制作成各种各样的旅游纪念品。美国首都华盛顿更是拥有一批此类主题的免费景点或开放性景点，国会图书馆、华盛顿纪念碑、林肯纪念堂、杰弗逊纪念堂、罗斯福纪念园、马丁·路德·金纪念碑、阿灵顿国家公墓、越战纪念墓地、朝鲜战争纪念园，这些都纪念了美国历史上发生的重大事件，都是对美国梦的形象诠释。但即使在"娱乐至死"（amusing ourselves death）和"娱乐至上"的美国，在爱国主义这类题材的处理上也是非常严肃和严谨的，这些景点无论在解说词，还是在环境氛围的营造方面，都很关注细节，形象生动，主题鲜明，从内容到形式都充分体现美国社会的主流价值观和历史观，同时，还给游客留下重新思考和评价历史事件和慎终追远的空间，较好地做到思想性与艺术性的统一。如对于那场在美国都颇具争议的朝鲜战争，在纪念园中，在黑色花岗岩墙上刻满了阵亡者的名字，而关于那场战争的文字描述几乎找不到，只有短短的两句碑文"我们的国家以她的儿女为荣，他们响应召唤，去保卫一个他们从未见过的国家，去保卫他们素不相识的人民"，以及"自由不是无代价的"。尽管具有不同文化背景的外国游客可能不一定完全认同美国社会的主流价值观和对于一些涉外历史事件的评价，但仅从主题旅游景点的建设规划、严谨的解说词和开发模式上看，还是值得我们借鉴的。

二、红色旅游产品的类型

红色旅游产品依据其内容、性质和目的的不同大体分为以下几种类型。

1. 革命传统和爱国主义教育型的产品

此类产品主要体现国家精神和国家历史进程，以激起爱国主义感情功能为主，如我国中共一大会址、延安革命纪念馆、抗日战争纪念馆。

2. 历史事件产品

将反映国家历史上重大事件的遗址地建设成为历史事件旅游产品。比如八一起义纪念馆、古田会议会址、淮海战役纪念馆。

3. 历史人物类产品

即把为国家和民族的解放事业做出过突出贡献，能代表国家精神，具有划时代意义的名人的墓园、旧居建成纪念堂类产品。比如宋庆龄故居、陈云故居、周恩来邓颖超纪念馆，游客除了感到震撼外，更主要的是体会伟人精神。

4. 政治性产品

具有政治意义，以反映国家政治主旋律为主的产品。最典型的是刚刚落成的柏林纪念碑林，这个纪念碑林的设计思想非常独到，极具震撼力。更出色的是把犹太人的纪念碑林放在了柏林，充分体现出了德意志民族对历史的态度。虽然德国历史上有过这样一个不光彩的时期，但他们对历史的客观认识可以通过这样一个形象载体体现出来。类似这样的产品在各个国家都是主流性的产品，而且在历史上具有持续效应。

5. 历史怀旧产品

比如滑铁卢的战役地。现在去看滑铁卢的战役地，大家感慨的是历史的变化，在这里能产生一种历史的怀旧情绪。这和我们的红色旅游不能直接对应，但其经验和做法值得参照。

6. 主题教育类产品

以爱国主义教育为主的产品，以主题博物馆为主。比如陈列当年开国开拓者的用具，展示艰辛创业史的博物馆；再现国家建立和发展历史的主题类历史博物馆——中国国家博物馆，再现国家军事和革命斗争史的博物馆——中国人民革命军事博物馆，展示国家科技领先水平和辉煌成就的科学博物馆——中国科技馆等，展示中国近现代文学和思想的鲁迅博物馆。

目前，全国共可分12个重点红色旅游区：

（1）以上海为中心的"浙沪红色旅游区"，主题形象是"开天辟地，党的创立"；

（2）以韶山、井冈山和瑞金为中心的"湘赣闽红色旅游区"，主题形象是"革命摇篮，领袖故里"；

（3）以百色地区为中心的"左右江红色旅游区"，主题形象是"百色风雷，两江红旅"；

（4）以遵义为中心的"黔北黔西红色旅游区"，主题形象是"历史转折，出奇制胜"；

（5）以滇北、川西为中心的"雪山草地红色旅游区"，主题形象是"艰苦卓绝，革命奇迹"；

（6）以延安为中心的"陕甘宁红色旅游区"，主题形象是"延安精神，革命圣地"；

（7）以松花江、鸭绿江流域和长白山区为重点的"东北红色旅游区"，主题形象是"抗联英雄，林海雪原"；

（8）以皖南、苏北、鲁西南为主的"鲁苏皖红色旅游区"，主题形象是"东进序曲，决战淮海"；

（9）以鄂豫皖交界地域为中心的"大别山红色旅游区"，主题形象是"千里跃进，将军故乡"；

（10）以山西、河北为主的"太行山红色旅游区"，主题形象是"太行硝烟，胜利曙光"；

（11）以渝中、川东北为重点的"川陕渝红色旅游区"，主题形象是"川陕苏区，红岩精神"；

（12）以北京、天津为中心的"京津冀红色旅游区"，主题形象是"人民胜利，国旗飘扬"。

此外，还有30条红色旅游精品线路和国家旅游局评定的249处经典红色旅游景区（其中第一批122处，第二批127处）。

三、红色旅游发展现状

2009年1月20日，全国红色旅游工作协调小组召开了第六次会议，会议讨论了《关于编制红色旅游后续发展规划的工作方案》。《2011—2015年全国红色旅游发展规划纲要》制定了新的发展目标：到2015年，列入全国红色旅游经典景区名录的重点景区基础设施和环境面貌全面改善，重要革命历史文化遗产得到有效保护，红色旅游宣传展示和研究能力明显增强，配套服务更加健全，广大人民群众参与红色旅游的积极性和满意度显著提升，综合效益更加突出。

（一）需求强劲，红色旅游继续保持快速增长

每年的"七一"等重大政治活动和纪念日，以及三个"黄金周"等旅游旺季，多数红色旅游景点都异常火爆。2005年"五一"黄金周，井冈山的游客量超过了庐山，达到11万人次；贵州赤水市游客量达到17万人次，在省内仅低于黄果树瀑布。据全国红色旅游工作协调小组2008年工作总结报告，即便在2008年先后经受了年初雨雪冰冻灾害、汶川特大地震和全球金融危机等重大事件的影响下，在我国入境旅游下降和国内旅游增长速度减缓的情况下，红色旅游仍继续快速发展：全年接待人数达2.72亿人次，同比增长18.26%；其中，境外游客增幅较大，同比增长超过30%；综合收入达1239.35亿元，同比增长35.15%。红色旅游直接就业人数达43.7万，同比增长17.59%；间接就业人数达207万，同比增长40%。天津、辽宁、广东、云南、宁夏等省份接待人数增长超过50%；韶山、长沙、井冈山、瑞金、遵义、延安、广安和临沂8个红色旅游重点城市，仍然保持20%左右的增长，仅2008年"十一"黄金周期间，井冈山、遵义、临沂、广安、长沙等城市，红色旅游综合收入均突破1亿元。

2011年全年红色旅游接待游客4.95亿人次，同比增长16%。其中，江西省红色旅游接待总人数5560万人次，红色旅游总收入440亿元，分别占旅游接待总人次的34.75%和旅游总收入的39.78%[①]。

---

① 曲青山.关于发展红色旅游的战略思考.党史文苑，2012（10）.

2013年全国红色旅游接待游客增至7.67亿人次，综合收入达1986亿元[①]。

除传统革命教育市场，红色旅游对国际旅游市场以及自驾车、徒步探险、会议度假等新兴旅游市场也很有潜力，可望形成新的消费热点。

据《2011—2015年全国红色旅游发展规划纲要》，2010年，全国红色旅游年出行人数突破8亿人次，年均增长15%，占国内旅游总人次的比例提高到1/4；综合收入突破2000亿元，年均增长10%；累计新增直接就业50万人、间接就业200万人。

截至2016年底，共有143个红色旅游经典景区成为国家4A级景区，其中30个经典景区成为国家5A级景区；接待人数超过100万人次的红色旅游景区达到118个。据不完全统计，2016年全国红色旅游接待游客11.47亿人次，同比增长11.7%，综合收入达到3060.9亿元，同比增长17.2%。

（二）红色旅游发展质量有较大提升

第一，红色旅游景区基础设施得到进一步改善。2004年以来，国家安排专项经费5.36亿元，维护修缮了一大批红色遗存，保护了一大批红色文物；国家和地方还筹资近68亿元，建设红色旅游重点区域3300多公里公路，新建、改扩建边远地区21个支线机场，现在延安、井冈山、百色等12个机场已建成通航，123个红色旅游经典景区中有106个设立了铁路停靠站，使红色旅游景区可进入性得到大大提高。

第二，红色旅游精品体系建设逐步形成。2005年以来，国家为加快建设30条"红色旅游精品线路"和100多个"红色旅游经典景区"，安排专项资金20多亿元，新建和改造了200多个红色旅游项目，提高了红色旅游精品线路和景区（点）的质量。

第三，红色旅游区域合作得到进一步加强。通过实施行政区划内或跨区域的联合协作，实现"资源互享、优势互补、游客互送"，增强了红色旅游宣传促销力度和产品的影响力。鄂豫皖"三省六市36县"、川黔渝"三省四市"和湖南伟人故里"红三角"等红色旅游区域合作品牌更加成熟；晋冀豫"太行抗日烽火"，赣南、闽西"红色根据地"，中山、湘潭、广安三市"二十世纪三大伟人故里红色旅游联盟"，闽赣粤"三省八市"等十几个红色旅游区域联合体蓬勃兴起，对促进红色旅游健康持续发展起到积极作用。

第四，红色旅游融合发展得到强化。各地在实践中注重红绿旅游结合，在资源开发、市场监管、产品营销等方面实施融合发展，形成伟人踪迹之旅、红都之旅、圣地之旅、民族风情之旅等复合型旅游产品和线路，进一步满足了多样性的

---

① 邵琪伟. 在2014年全国旅游工作会议上的讲话，2012.01.06.

旅游市场。

（三）瓶颈制约，需要加大政府扶持力度

尽管红色旅游在一些地区得到了比较快的发展，取得了比较明显的成效，但就全国来看，发展红色旅游面临许多困难，需要加大政府扶持。

第一，交通不便、基础设施配套不足是红色旅游进一步发展最突出的制约。红色旅游资源多处于边远地区和山区，西部大开发中，大交通投入增加，这些地区的主干道公路的建设正在加快，但是红色旅游基地内部各景点之间，基地与其他旅游点之间的交通连接还比较困难。比如遵义到赤水交通不畅，到赤水参观的旅游者辗转取道重庆再到四川泸州进入赤水；井冈山到湖南茶陵、炎陵的交通欠通畅。

第二，产品化和产业化水平低，迫切需要统一规划和协调建设。现在的红色旅游属于初级水平。一是游客到达目的地后，游览方式基本只有一种就是参观革命纪念馆，缺乏参与性和体验性，不能形成浓烈的红色旅游氛围；二是由于工作目标和要求侧重保护，绝大部分红色旅游景点的陈列、展示和宣传方式手段比较陈旧，缺乏精心设计和系统建设，未形成有震撼力、影响力和吸引力的项目；三是由于缺乏统一规划，各地的红色旅游开发建设有重复雷同现象，特色不鲜明，有的有庸俗化和过度市场化的倾向；四是资源整合不足，革命纪念地的建设变成了纪念馆的建设，与周边建设不协调，有的甚至存在突出的矛盾，一方面周边区域老百姓没有从中充分受益，另一方面使这些参观点成为分散的孤立的点。这些现象本质上使旅游产品要求的各要素不协调配套，产业化水平低。

第三，观念和机制滞后，不能适应集思想教育和经济发展为一体的红色旅游的需求。发展红色旅游，急需形成两个观念和机制：一是弘扬革命传统可以按照产业化和市场化机制运作；二是"游山玩水"也可以接受革命传统教育。由接待型向市场型、产业化运作的转变，是红色旅游可持续发展的必然要求。

第四节　人类聚落和城乡景观

聚落，是指人类各种形式的居住场所，也常被称为居民点和社区。聚落不仅是房屋的集合体，还包括与居住地直接相关的其他生产和生活设施，如房屋建筑（住宅、机构、商店、工厂、仓库以及文化娱乐设施、教育卫生等建筑），街道或区内的道路、广场、公园、运动场等人们活动的场地，供居民洗涤饮用的池塘、河沟、井泉，以及区内的空闲地、农田、果园、林地等。聚落是人类活动的中心，是生产、居住、游憩和社会交往的空间场所。聚落一般可分为城市和乡村两大类，由散村、集村、集镇到小城镇、城市，是聚落演变和发展的主要方向。由于历史传统、地域文化和社会经济发展阶段不同，聚落的景观结构也不尽相同，从而也成为一种旅游吸引物和旅游目的地。严格地说，聚落景观（尤其是城市景观）不属于一般意义上的景区，它是更多元、更多样的景区和城市活动在空间上的有机组合，也成为吸引旅游者的主要因素和载体。因此，我们将城乡景观看成是旅游景区概念在空间上的推广，是一种广义上的旅游景区概念。

城市是近代工商文明的发祥地，也是区域性文化中心，现代城市和历史城镇成为主要的旅游吸引物，是文化旅游的主要载体和现代旅游的综合载体。在城市中，各类建筑是构成旅游景观的主体，有些本身就是一个独立的景区。欧洲国家普遍重视对于城市文化的挖掘和推广。1985年6月13日。当时的欧共体部长理事会根据希腊女文化部部长梅利娜·迈尔库里（Melina Mercouri）的提议，每年举办"欧洲文化之城"的评选活动，首届"欧洲文化之城"在希腊雅典举行。那时的欧洲还处在被冷战分割的时代，两个阵营里的人们交流还相当困难。这一活动的宗旨是用文化作为桥梁，把欧洲人连接在一起。1999年起更名为"欧洲文化之都"。"欧洲文化之都"的评选为那些当选城市，尤其是知名度尚不大的城市发展旅游业带来了契机。

表3-4　历年欧洲文化之都一览表

年份	城市（国家）
1985	雅典（希腊）
1986	佛罗伦萨（意大利）
1987	阿姆斯特丹（荷兰）
1988	柏林（德国）
1989	巴黎（法国）
1990	格拉斯高（英国）
1991	都柏林（爱尔兰）
1992	马德里（西班牙）
1993	安特卫普（比利时）
1994	里斯本（葡萄牙）
1995	卢森堡（卢森堡）
1996	哥本哈根（丹麦）
1997	塞萨洛尼基（希腊）
1998	斯德哥尔摩（瑞典）

续表

年份	城市（国家）
1999	魏玛（德国）
2000	阿维尼翁（法国）、卑尔根（挪威）、博洛尼亚（意大利）、布鲁塞尔（比利时）、克拉科夫（波兰）、赫尔辛基（芬兰）、布拉格（捷克）、雷克雅未克（冰岛）、圣地亚哥-德-孔波斯特拉（西班牙）
2001	鹿特丹（荷兰）、波尔图（葡萄牙）
2002	布鲁日（比利时）、萨拉曼卡（西班牙）
2003	格拉茨（奥地利）
2004	热那亚（意大利）、里尔（法国）
2005	科克（爱尔兰）
2006	佩特雷（希腊）
2007	卢森堡（卢森堡）、锡比乌（罗马尼亚）
2008	利物浦（英国）、斯塔万格（挪威）
2009	林茨（奥地利）、维尔纽斯（立陶宛）
2010	埃森为代表的鲁尔区（德国）、佩奇（匈牙利）、伊斯坦布尔（土耳其）
2011	图尔库（芬兰）、塔林（爱沙尼亚）
2012	吉马良斯（葡萄牙）、马里博尔（斯洛文尼亚）
2013	马赛（法国）、科希策（斯洛伐克）
2014	里加市（拉脱维亚）、于默奥市（瑞典）
2015	蒙斯市（比利时）、皮尔森市（捷克）
2016	多诺斯蒂亚-圣塞瓦斯蒂安市（西班牙）、弗罗茨瓦夫市（波兰）
2017	帕福斯市（塞浦路斯）、奥胡斯市（丹麦）
2018	吕伐登市（荷兰）、瓦莱塔市（马耳他）

我国自1982年2月起，为了保护那些曾经是古代政治、经济、文化中心或近代革命运动和重大历史事件发生地的重要城市及其文物古迹免受破坏，正式提出"历史文化名城"的概念。根据《中华人民共和国文物保护法》对于"历史文化名城"释义，"是指保存文物特别丰富，具有重大历史文化价值和革命意义的城市"。截至2017年7月，国务院已将133座城市（此处琼山市已并入海口市，两者算一座）列为国家历史文化名城，并对这些城市的文化遗迹进行了重点保护。

由原建设部和国家文物局从2003年起不定期地共同组织评选中国历史文化名镇名村，旨在保存文物特别丰富且具有重大历史价值或纪念意义的、能较完整地反映一些历史时期传统风貌和地方民族特色的镇和村。目前已经过6批次评选，共评选出252个中国历史文化名镇和276个中国历史文化名村。

自1998年起，原国家旅游局开展了创建中国优秀旅游城市活动，先后分8批共306座不同行政级别的城市（直辖市、副省级市、地级市和县级市等）通过了验收。2007年2月，原国家旅游局和联合国世界旅游组织（UNWTO）联合评估验收和命名了成都、杭州、大连三座城市为"2006年中国最佳旅游城市"。

城市旅游英文名词是Urban Tourism，早期的城市旅游可以追溯到17世纪至18世纪欧洲的"大旅行"。英国和欧陆国家的贵族和有钱人家的子弟在踏入社会前，往往要做一次以开阔眼界、增长知识为目的的旅行，目的地一般都是当时的文化中心城市，如法国的巴黎和意大利的热亚那、米兰、佛罗伦萨、罗马、威尼斯等。但对于城市旅游进行系统研究则要晚得多。一般认为，最早是美国学者斯坦斯菲尔德（Stansfield，1964）在其《美国旅游研究中的城乡不平衡》中提出了对于城市旅游研究的命题。20世纪70年代，霍尔（Hall，1970）曾经预言：20世纪的最后30年，对于欧洲主要的首都城市和众多的历史小城镇而言，最大的转变是大旅游时代的来临。据布兰克和彼特科维奇（Blank & Petkovich，1987）的研究，旅游者选择城市作为旅游目的地的重要原因是：

（1）城市人口密集，使到城市探亲访友的人密度也大；

（2）城市往往是旅游交通中转、枢纽或终点站；

（3）商业、金融、工业、生产服务的功能都集中于城市，产生了会议、展览和商务旅游；

（4）城市提供了大量的文化、艺术和娱乐方面的体验。

总之，城市对外交通和工商业发达程度对于城市旅游起着重要作用，一些国际性旅游大都市往往是交通枢纽或区域中心城市（表3-5）。美国国土面积较大，民航交通非常发达，在世界排名前30大国际机场接待量的城市中，美国就占到了12个。相对而言，欧洲各国间铁路和公路运输比航空更为繁忙。

表3-5 2015年全球机场运输乘客数量

单位：人次；%

排名	机场代码	城市/机场	国家/地区	乘客数量	排名变化	增长率
1	ATL	亚特兰大	美国	101 491 106	0	5.1
2	PEK	北京	中国	89 939 049	0	4.4
3	DXB	迪拜	阿联酋	78 014 838	+3	10.7
4	ORD	芝加哥	美国	76 949 336	+3	9.8
5	HND	东京	日本	75 300 000	−1	3.5
6	LHR	伦敦	英国	74 954 289	−3	2.1

续表

排名	机场代码	城市/机场	国家/地区	乘客数量	排名变化	增长率
7	LAX	洛杉矶	美国	74 936 256	−2	6.0
8	HKG	香港	中国香港	68 488 000	+2	8.1
9	CDG	巴黎	法国	65 766 986	−1	3.1
10	DFW	达拉斯	美国	64 174 163	−1	1.0
11	IST	伊斯坦布尔	土耳其	61 322 729	+2	7.7
12	FRA	法兰克福	德国	61 032 022	−1	2.5
13	PVG	上海	中国	60 098 073	+6	16.3
14	AMS	阿姆斯特丹	荷兰	58 284 864	0	6.0
15	CGK	雅加达	印度尼西亚	57 000 000	−3	−0.0
16	JFK	纽约	美国	56 800 000	+1	7.4
17	SIN	新加坡	新加坡	55 448 964	−1	2.5
18	CAN	广州	中国	55 201 915	−3	0.8
19	DEN	丹佛	美国	54 014 502	−1	1.0
20	BKK	曼谷	泰国	52 918 785	+2	14.8
21	SFO	旧金山	美国	50 009 749	0	5.1
22	ICN	仁川	韩国	49 281 220	+1	8.3
23	KUL	吉隆坡	马来西亚	48 915 655	−3	−0.0
24	MAD	马德里	西班牙	46 828 279	+3	11.9
25	DEL	新德里	印度	45 981 773	+7	13.0
26	LAS	拉斯维加斯	美国	45 389 074	−1	5.8
27	CLT	夏洛特	美国	44 876 627	−3	0.1
28	MIA	迈阿密	美国	44 350 247	+1	8.3
29	PHX	菲尼克斯	美国	44 006 205	−3	4.5
30	SEA	西雅图	美国	42 340 537	+9	12.9

注：乘客数量为上飞机和下飞机的乘客总和，过境乘客记为一次；排名变化和增长率均为相对2014年的变化情况。

资料来源：国际机场理事会（ACI）。

斯坦斯菲尔德和里克特（Stansfield & Rickert，1970）借用了城市地理学中的中心商务区（Central Business District，CBD）的概念提出了游憩商务区（Recreational Business District，RBD），而伯滕肖等（Burtenshaw et al. 1991）在对

欧洲城市旅游业的研究中提出了"中心旅游区"（Central Tourism District, CTD）概念，指出"中心旅游区"是城市旅游的集中区域。盖茨（Gatz, 1993）则做了旅游商业区（Tourism Business District, TBD）与中心商务区（CBD）之间的关系研究，认为两者可能是相邻的，甚至是重叠的。詹森－弗比克（Jansen-Verbeke, 1991）对于在游憩商务区（RBD）中，商业与旅游业之间如何协调发展问题做过专门的研究，他认为，零售业与旅游业是难以区分开的，零售业发达，种类、档次齐全，可以成为旅游目的地的一个重要吸引力；而城市环境质量好，旅游者人数多则是零售业成功的关键。

乡村旅游英文是 rural tourism，也有时用农业旅游（agro-tourism）和农庄旅游（farm tourism）。英国学者甘农（Gannon 1994）认为，乡村旅游是指由农民及乡村居民为吸引旅游者而提供的一系列活动、服务和设施，目的在于获得额外收入。他认为，乡村旅游不仅包括大多数人理解的农庄旅游和农业旅游，而且还包括到乡村地区进行的特种旅游、度假旅游及除膳宿以外的其他服务，如节庆、户外活动、手工艺品的生产与销售等。美国学者因斯克普（Inskeep, 1991）认为，乡村旅游是以了解乡村文化，体验乡村生活，参与乡村活动为主要动机。游客往往投宿在当地传统风格的简易住宿设施中，如只供应早餐和床铺的家庭旅馆（B&B），品尝当地的乡土菜肴。发展乡村旅游对于吸收当地年轻人就业，避免他们盲目进城务工有着积极的意义。德国学者马丁·奥珀曼（Martin Oppermann 1996），提出了非都市旅游（Non-Urban Tourism），非都市旅游又分为荒野地旅游（包括荒野地、国家公园、国家森林公园和没有常住人口居住的地区等）和乡村旅游（包括农场旅游和在乡村和社区的非农场旅游）。他还认为，发生在乡村的一些用于旅游和健康保健的度假区不属于乡村旅游。城市居民的在乡村的第二住宅也不属于乡村旅游。但英国学者威廉斯（Williams）则认为，农场主经营旅游业是为了补充农业收入，与此相关的产品主要是农场接待业（Farm Hosting）和农场度假（Farm Holidays）。世界旅游组织（WTO）在《旅游业可持续发展——地方旅游规划指南》中对于农场和乡村旅游（Farm and Rural Tourism）的解释是"流行于欧洲一些国家并正在其他地方迅速发展的一种旅游。一般包括在农场、牧场或种植园（热带地区）的房舍里为旅游者提供住宿或为其提供单独客房和食物，组织旅游者观赏或参与农场、牧场或种植园活动。农场还可以经营野营设施，并允许旅游者在农场内钓鱼或打猎。旅游者还可以农场为基地，在当地作长途徒步旅行。在渔村，渔民也可以为旅游者提供住宿，并允许他们参与传统的捕鱼活动"。该书对村寨旅游（Village Tourism）的解释是"提供地方特色的住宿设施，在旅游者菜单上增加当地生产的食物，并组织旅游者参加村寨的各种活动。村民拥有自己建设并经营的各种旅游设施和服务，从旅游者的花费中直接获取经济利益"。也有学者如格吕佩提斯（Glyptis 1991）认为，任何非城市环境，即"城市边界之外的区域"都是乡村。克洛克（P. Cloke 1997）将乡村分为（离城市）遥远的乡村和（与城市）交通便利的乡村两大类型，并构建了16个指标来衡量乡村旅游。哈尔法克里（K. H. Halfacree 1993）则认为，乡村是一个地域范围，突出乡村的特质，即乡村性（Rurality）。在西方的乡村旅游理论与实践中，加拿大学者墨菲（Peter Murphy 1985）的《旅游：一种社区方法》（Tourism：A Community Approach）中提出的"社区参与"理念，广泛地被引用到乡村旅游中，成为西方乡村旅游的一个核心概念。

总之，西方学者虽然对于乡村旅游定义的外延和内涵并未完全达成一致的意见，但对于其应具有的"乡村性"和"社区参与"的开发模式有比较统一的共识。至于乡村旅游所包含的旅游项目则也以自然和乡村野趣为主。如杰弗里·霍金斯（Jeffrey Hopkins 1999）对加拿大乡村旅游的研究得出：加拿大全国的乡村旅游的主要项目内容如下。

（1）自然环境（约占64%）：森林动物、树木、水体、阳光、花卉植物、山丘、田野、月亮星星、昆虫；

（2）遗产遗址（约占20%）：历史建筑、旧式服饰、古老工艺品、古老机械；

（3）农业活动（约占16%）：农作物、农畜、农机、农村建筑；

（4）娱乐休闲（约占12%）：体育用品、划船、自驾车、篝火晚会。

由此看出，西方的乡村旅游非常看重自然环境和自然资源，美国和加拿大、澳大利亚和新西兰将国家公园、国家森林公园都视为乡村旅游资源，而真正对于农业活动感兴趣的游客人数比例不算太高。但也有的学者将没有常住人口的荒野地、国家公园、国家森林公园等地区排除在乡村旅游之外。

中国学者对于乡村旅游较有代表性的定义是：以乡村社区为其活动场所，以乡村古文化、乡村民俗文化、乡村聚落、乡村田园景观、乡村自然生态环境等为旅游吸引物，以所处地域环境、生活方式与经历、农事劳作等生产方式有别于乡村社区的居民为目标市场，融观赏、考察、学习、娱乐、购物、度假为一体的旅游形式（杨达源等 2005）。此外，旅游业国家标准《GB/T 16766—2010 旅游业基础术语》中的定义为：乡村旅游是指"以乡村自然景观、民俗和农事活动为主要吸引物的旅游"。

由此可以看出，可以从场所和内容两个维度来理解乡村旅游：从场所的视角，就是非城市环境；从内容的角度，则是农业生产和农村生活。乡村旅游就是这两大类要素的空间组合。但随着社会经济的发展，城市化进程的加快，无论是非城市环境，还是传统的农业生产生活都是动态变化的。因此，乡村旅游也是一个相对的、动态的、开放式、包容性的概念。

大众化的乡村旅游则起源于20世纪60年代的西班牙。加泰罗尼西亚村落中荒芜的贵族古城堡被改造成简单的农舍，并且规模较大的农庄和农场也被列入旅游参观和接待的范围，接待乐意到乡村观光的游客，乡村旅游由此开始。到了20世纪70年代后，乡村旅游在美国和加拿大等国家进入快速成长期。

一、城市景观和城市旅游

城市是非农业人口的集聚地，是人类社会工业化发展的必然结果。早在1931年的《雅典宪章》中就提出了关于"功能城市"的概念，首次将城市分为居住、工作、休闲游览和交通四大功能。由于受自然条件、历史文化和居民习俗等因素的影响，每个城市在历史发展过程中，逐渐形成了自己独特的"个性"，也就是自有的文化特征，其最为直观的、可识别的外在表现就是由城市各个历史时期的建筑风格以及建筑作为重大历史事件的见证物所形成的可触摸的"肌理"和"文脉"，尤其是文化旅游城市，建筑成为城市景观的主要元素，也是重要的旅游吸引物。从某种意义上说，一个伟大的城市规划师和建筑师就是一个城市旅游资源的创造者。如路西奥·科斯塔和奥斯卡·尼迈亚之于巴西的巴西利亚，安东尼奥·高迪之于西班牙的巴塞罗那，查尔斯·伦尼尔·麦金托什之于英国的格拉斯哥，奥托·瓦格纳之于奥地利的维也纳，多纳托·布拉曼特和简罗伦佐·贝尼尼之于意大利的罗马等。西方的城市建筑一般包括教堂、博物馆、名人故居、文化遗址、影剧院、体育场馆、广场、喷水池、街心花园、城市园林、桥梁、码头、特色饭店、地标性建筑物、商业街区以及一些纪念性建筑。

教堂是欧洲城市建筑的主要景观内容，从罗马，拜占庭、哥特，文艺复兴、巴洛克到新古典主义、新建筑和后现代等各式教堂密布于欧洲各大城市，其中中世纪的哥特式教堂以其空间的宏伟高大和光怪陆离的玫瑰窗而引人注目。如法国的巴黎圣母院、德国的科隆大教堂、意大利米兰大教堂、英国的索尔兹伯里大教堂等都是著名的旅游景区。

公共广场往往也是一个城市的主要旅游点，这些广场位于城市中心，或庄严雄伟，或亲切温馨，有些广场设有供游人休憩的座椅，栽有鲜花和绿色植物，有纪念碑（柱）、雕塑、喷泉、各色建筑以及购物商店等。如北京的天安门广场、巴黎的协和广场、莫斯科的红场、华盛顿的国会大厦广场、纽约的时报广场（时代广场）、伦敦的特拉法尔加广场、柏林的波茨坦广场、罗马的威尼斯广场、威尼斯的圣马可广场、马德里的西班牙广场、巴塞罗那的加泰隆尼亚广场等。

一般来说，每个城市都有自己的地标性建筑，这些建筑不仅外形具有较强的观赏性，而且具有登高远眺俯瞰城市全貌的功能。传统的哥特式教堂，如科隆大教堂（高157米）、巴黎圣母院（高69米），以及埃菲尔铁塔（高324米）、纽约自由女神像（高93米）、纽约帝国大厦（高443米）等都有登临的功能。为了满足游客登高远眺的需要，一些高层和超高层现代建筑往往也增加了观光功能，比如电视发射塔很多都建成观光塔。19世纪末期，由于建筑材料和工程技术的发展，个别西方国家开始尝试建造超高层（高于300米）建筑，如1889年法国建造的埃菲尔铁塔，但真正大规模建造还是在20世纪五六十年代以后，如美国的KVLY-TV电视发射塔（629米）、加拿大的CN塔（553米）、日本的东京电视塔（333米）、柏林电视塔（368米）、美国的斯城电视塔（318米）等，20世纪90年代后，亚洲国家和地区一些大城市的超高层建筑如雨后春笋般拔地而起，纷纷加入争夺世界最高建筑物桂冠的行列。电视塔也成为城市景观的重要组成部分，作为一个城市的地标，对城市景观起着重要的装饰作用而成为观光塔。它一般是由混凝土或钢铁建造，在较高位置设有观景台，供游客登上俯瞰城市景色，观景台与地面之间有电梯及楼梯连接，中间设有其他楼层，用作展览或购物。观光塔的观景台上，一般设有可360度观赏风景的瞭望楼层，并配有高倍率的望远镜和景观介绍，以及设有巨型玻璃窗可俯瞰景色的餐厅，也有的是旋转餐厅。游人要登上观光塔，通常需要付入场费。此外，还有一些观光塔，例如澳门电视塔，则为游客提供跳伞及空中漫步等极限娱乐活动。

目前，中国是高层建筑最多的国家，全国100米以上的高层建筑有1154幢，其中上海200多幢，北京40余幢。在全世界范围内看，包括在建的，全球共有77座高度在300米以上的摩天大楼。其中中国天津的数量最多，共14座；重庆第二，7座。近年来中国各经济中心城市纷纷投资建设500米以上的超高层建筑。有些项目在开工建设时，不对外公布实际高度，以防被其他在建项目赶超。有的是在建设施工中增加实际高度。全球目前已建和在建的500米以上超高层建筑中，一半以上都在中国。

除教堂建筑外，一些大型高层主题饭店也可以成为城市有魅力的旅游吸引物，如位于阿联酋迪拜有七星级饭店美誉之称的阿拉伯塔饭店、美国拉斯维加斯的一些超豪华的主题饭店等。

除了高层大楼和电视塔外，也有专为游人登高远眺市容而建的摩天轮，如建在伦敦泰晤士河南岸的"伦敦眼"高达135米，是英国航空公司等专门为庆祝公元2000年（千禧年）而兴建的，原计划运行5年后拆除，后经伦敦市长利文斯通和英国政府的批准，作为伦敦新的旅游吸引物保留下来。"伦敦眼"共有32个封闭座舱，每个舱可容纳20多个游客，最多可容纳800名游客，乘坐一圈需30分钟。

在半个小时的旋转过程中，游客可俯瞰到方圆25英里范围内伦敦市中心的壮丽景色，其间还可以听到解说员一一介绍进入视野的主要地标。入夜，"伦敦眼"幻化成了一个巨大的蓝色光环，大大增添了泰晤士河的梦幻氛围。目前"伦敦眼"每年接待约350万名来自世界各地的游客，已成为到伦敦必去的旅游景区。

市内的河流、湖泊、湿地和海湾等水体是许多国际旅游城市的主要观光带之一，这些城市的水体及其沿岸和水上离岛一般都风景优美，建筑较为密集，观光休闲设施较为完善，可以让游客在游船上游览市区建筑和城市景观，如巴黎的塞纳河、伦敦的泰晤士河、罗马的台伯河、威尼斯的人工运河、纽约的哈德逊河、华盛顿的波托马克河、日内瓦的莱芒湖、悉尼的悉尼湾、曼谷的湄南河、中国香港的维多利亚港、上海的外滩等。

商业街区是国际化城市旅游的又一个主要特色。一般来说，商业街区布局可分为开敞式（完全露天的）、遮盖式（采用拱廊等形式连接街道两侧建筑，形成不受自然气候条件影响的步行空间）和半遮式（街道两侧建筑采用柱廊、联拱廊等形式连成一体，形成室内外空间的过渡空间，它兼具开敞式和遮盖式商业街的优点）。

商业街的有效长度与人的心理和生理因素有关，而且受到街道环境条件的影响。有研究表明，在遮蔽雨雪的环境中有魅力的街道长度为750米，步行时间10分钟左右；在建筑物内比较有魅力的长度可达1500米，步行20分钟左右。另外，商业街的宽度要满足步行交通方便、舒适的要求，还要考虑商业街的空间形式、临街建筑的高度以及街道的环境设施情况。根据街道美学的原则，商业街的宽与高之差控制在0.5~2米较为理想。目前世界各国商业街的宽度根据条件的不同而不尽一致，为适应人穿越、停驻、进出建筑设施的交通要求，街道宽度一般不小于6米。但商业街也不宜过宽，一般以20~30米为宜，否则人们往返于街的两侧将耗费很多体力。根据商业街的等级和类型不同，所配备的业态和业种也相应有所不同。不同业态的配置要充分发挥不同类企业集聚产生的乘数效应，避免同行过度竞争，满足顾客多样化、多层次的消费需求，对扩张过度的业态适度控制，从而形成合理的业态结构，吸引更广泛的潜在顾客，扩大商业街区的辐射范围。因此，商业街的业态力戒单一，一般是以1~2个大型商场为核心主力店，众多专业店或专卖店为特色店铺和一般店铺，同时配有餐饮、娱乐、休闲等各类服务业设施。商业街形成购物、餐饮、休闲娱乐"三足鼎立"的市场格局将有助于延长商业街的有效营业时间，提高商业街的吸引力。一般来说，中心商业街业态应以百货店、专卖店、专业店为主，地区商业街应以便利店、超市为主，特色商业街则应以专卖店、专业店为主。各商业街在业种上应有零售业、餐饮业、休闲娱乐业、通信服务业等。根据某项市场调查数据显示，商业街最佳的业种配比为：零售业占65%，餐饮业占20%，大众娱乐业占10%，通信服务业占5%。国际上较为著名的商业街有：美国纽约市第五大道、法国巴黎香榭丽舍大道、英国伦敦牛津大街、澳大利亚悉尼皮特大街、德国柏林库达姆大街、俄罗斯莫斯科阿尔巴特大街、日本东京新宿、韩国首尔明洞大街、新加坡乌节路、印度尼西亚雅加达格劳道克大街、奥地利维也纳克恩顿大街、加拿大蒙特利尔地下商城、阿根廷布宜诺斯艾利斯佛罗里达大街、中国香港铜锣湾和中国北京王府井大街。其中全球租金最贵的前五条商业街分别是纽约第五大道、巴黎香榭丽舍大道、中国香港铜锣湾、伦敦牛津街和澳大利亚悉尼皮特街。

1. 纽约第五大道

第五大道处于曼哈顿的中轴线，它集中了曼哈顿的精华。全美最著名的珠宝、皮件、服装、化妆品商店都集中在第五大道上，吸引着成千上万的游客。在第五大道与47街交界处，是美国最大的钻石和金银首饰一条街。各国的王室贵胄、达官富豪到纽约来购物，首选的就是第五大道。

这个历史悠久、以时尚闻名世界的街道上，几乎拥有全球所有顶级的品牌店。如路易·威登（Louis Vuitton）、迪奥（Christian Dior）、蒂芙尼（Tiffany）、卡地亚（Catier）、古驰（Gucci）、范思哲（Versace）、香奈尔（Chanel）、爱斯卡达（Escada）、布克兄弟（Brooks Brothers）、铁狮东尼（A. Testoni）、哈利·温士顿（Harry Winston）等，都能在第五大道上觅得它们的踪影。这里的货品以齐全、更新速度快著称，即使是同一个品牌，若是在世界其他地方找不到的产品也可以在这里买到。除了品牌店外，超大型的百货商店也是第五大道上的亮点。波道夫·古德曼（Bergdorf Goodman）是这里最高档的商场，集合了200多家女性品牌和100多家男装店，近10万元人民币一件的裘皮大衣，上万元的裙子比比皆是。此外，以名贵珠宝首饰著名的萨克斯（Saks）百货公司、被称为"香水化妆品博物馆"的丝芙兰（Sephora）都是第五大道上的名店。

第五大道上的商店不仅商品高档，而且橱窗也是精心设计的，沿街的橱窗展示千奇百怪，精彩纷呈。有些公司甚至请真人做模特，可谓别出心裁。圣诞节前夕，各大公司都竞相推出圣诞橱窗，纽约每年最大的圣诞树就竖立在第五大道上的洛克菲勒中心，这棵圣诞树比白宫的还要高大、华丽，届时，就连许多"老纽约"也要携家带口前来观赏。第五大道上各家名店的橱窗文化已成为游客观光购物不可或缺的内容。

第五大道除了是购物的天堂，值得一看的还有它沿路众多的博物馆。从42街往北直至110街，在第五大道两边，有一二十个大大小小的博物馆：纽约大都会艺术博物馆、古根海姆艺术博物馆、现代艺术博物馆、美国手工艺品博物馆、电视电台博物馆、纽约市博物馆，一家接着一家，让人叹为观止。在大都会艺术博物馆以北，博物馆更是密集，有博物馆街之称。

第五大道最南端的华盛顿广场独具特色。围绕着那像凯旋门一样的纪念拱门，是著名的纽约大学和格林尼治村，那里是纽约最有文化气息的地方。纽约的作家、画家、演员、艺术家都喜欢住在这里。这里有纽约最古老的剧场，遍布的餐馆更是各种文化圈聚会的首选。与它毗邻的苏荷区有许多展示艺术家们新作的画廊，那里的服装也是设计师们最新的作品。IBM大厦位于纽约第五大街最北端，靠近中央公园南侧。附近有著名的川普大厦（Trump Tower）以及著名的蒂芬尼珠宝店。

2. 巴黎香榭丽舍大道

位于罗浮宫与新凯旋门中轴线上的香榭丽舍田园大道（又称"凯旋大道"）横贯巴黎第8区，是一条集高雅及繁华、浪漫与时尚于一身的世界上最具光彩与盛名的道路。香榭丽舍始于罗浮宫正门前的协和广场，止于矗立在星形广场中心的凯旋门前。道路两旁商贾云集，您既可在其中消遣娱乐，又可采买购物，同时也可以欣赏这个有着百年历史的人间第一美丽大道的万种风情。巴黎城的第一条地铁线的贯通带动了香榭丽舍两旁奥斯曼（Haussmann）式建筑的兴盛，现在这些古典的建筑大都已成为巴黎的高档餐馆、高级饭店或高档写字楼的所在。从那时起香榭丽舍也成了法国现代工业的一个展示橱窗，成功的例子就有著名的法国香水娇兰（Guerlain）生产工厂在这里的安家落户。大街西段是商家云集之地，也是全球世界名牌最密集的地方。不太长的街道两旁布满了法国和世界各地的大公司、大银行、航空公司、电影院、奢侈品商店和高档饭店。从罗浮宫远望香榭丽舍，可以通过协和广场和凯旋门直望到巴黎郊外拉德芳斯区的新凯旋门。街道两边的19世纪建筑，仿古式街灯，充满艺术感的书报亭都为这条大道平添一种巴黎特有的浪漫气息。

自1900年始香榭丽舍就成为了法国向世界展示它在各领域傲人成就的橱窗，现在它更成为一个国际知名品牌的汇集之地。沿街两旁的奢侈品商店如娇兰、路易·威登的专卖店，高级时装店，高级轿车展示中心如梅赛德斯-奔驰、菲亚特、雷诺、雪铁龙等，电影发行公司，影剧院，娱乐品专卖店，高品位餐厅如马克西姆（Maxim's）、富格（Fouquet's），酒吧和夜总会如丽都（Lido）、好莱坞星球（Planet Hollywood）、硬石餐厅（Hard Rock Café）等星罗棋布，装点着这条浪漫又时尚的巴黎城最美的街区。

由于香榭丽舍所处的显赫位置，法国许多重要事件常选在这里举行。如每年7月14日国庆游行、环法自行车赛终点冲刺等。法国人还喜欢在每年年末新旧交替之时按响汽车喇叭集体上演一场声势浩大的汽车喇叭交响乐晚会来迎接新的一年的到来。紧邻香榭丽舍大道旁的圣安娜街上有世界顶级品牌以及设计师的店面，像迪奥、爱马仕（Hermes）、约翰·加利亚诺（John Galliano）、浪梵

（Lanvin）、伊夫·圣·洛朗（YSL）等，其中还有不少是全球最大的旗舰店，如香奈尔总店就设在这个区域。

3. 香港铜锣湾

铜锣湾是香港热门的购物地点，超大型的时代广场中的连卡佛（Lane Crawford）、崇光百货（Sogo）、三越百货（Mitsukoshi）、利园和利园二期以及集合街头时尚流行的小精品店都聚集在这块不大的地域内。与其他地区的商业街不同，香港的铜锣湾不是笔直的一条街道，而是一块面积不大但大小路纵横交错的商业区。此外，铜锣湾亦有多间戏院、卡拉OK及其他娱乐设施，再加上铜锣湾很多店铺都通宵营业，令其成为一个非常繁忙的区域，亦成为最受香港年轻人欢迎的地方之一。

铜锣湾最大的特色是琳琅满目。最贵的东西和最便宜的东西都可以在这块小小的区域里面找到。利园集齐了国际时装名店，在此营业的名店有巴利（Bally）、卡地亚、香奈尔、迪奥、爱马仕、路易·威登、普拉达（Prada）、施华洛世奇（Swarovski）及蒂芬尼等。利园一、二期由行人天桥互相连接，古驰、托德斯（Tod's）、宝缇嘉（Bottega Veneta）、让·保罗·高堤耶（Jean Paul Gaultier）、爱斯卡达、保罗（Polo Ralph Lauren）和罗意威（Loewe）等国际名牌均以利园二期作为他们在铜锣湾设立专门店的首选。

铜锣湾的另一大特色就是供应各地美食的特色餐厅和咖啡馆林立，各式中西餐馆一应俱全，应有尽有。既有高档的意大利餐厅（Cova）、西班牙餐厅（Elcid）、地中海餐厅（The Med），还有泰国菜、越南菜、韩国菜、和食、粤菜、潮州菜、上海菜和海鲜等多种料理店，甚至不乏销售各种小吃点心的路边店，让游客充分感受到"食在香港"的魅力。

4. 伦敦牛津街

牛津街是到英国伦敦首选的购物街道，在这条不到两公里的街道上，竟云集了超过300家的大型商场。这里聚集着英国顶级的三大百货公司：哈罗德（Harrods）、夏菲尼高（Havey Nicholls）和塞尔福里奇（Selfridges）。这些老牌百货店集合了众多的世界顶级名牌商品，每年吸引着来自全球的3000万游客到牛津街观光购物。此外，还有像玛莎（Marks & Spencer）、利伯蒂（Liberty）、费尼克（Fenwick）、约翰·刘易斯（John Lewis）等全英知名的百货商店也在此亮相，其中这里的玛莎百货是全球最大的一家连锁店。

牛津街上名牌店的最大特色并不在于品牌的种类有多少，而在于款式非常齐全，某些意大利顶级品牌的货品在伦敦竟然比来源地的店铺更多。在牛津街，除了在老牌百货店里看名牌、享受尊贵服务之外，店铺的建筑和装潢特色也是一道令人赏心悦目的风景。牛津街的商业业态非常多元化，除了一些经营服饰、床上用品、皮革、化妆品的商铺及一批国际名牌的专卖店外,还有经营珠宝首饰、烟具、玩具、文具用品、家庭用品、音像制品、书店、食品等各式商铺。

5. 悉尼皮特街

澳大利亚悉尼的皮特街是南半球少有的几条名店汇聚的街道之一。来到悉尼的人,要购物一般首选皮特街。这里也有不少世界顶级名牌,但由于南半球的季节与北半球相反,这里的名店作为展示的用途多于售卖。虽然皮特街上的商场与美国、法国、英国等地的时尚新货总是同步上市,但在这里生活的人却要等到几个月后才可以穿上新衣。即便如此,澳大利亚皮特街还是以其名店聚集吸引了不少附近国家和地区的人们前来购物。此外,皮特大街的建筑非常有特色,源自维多利亚时代的拱廊在这里随处可见。这里的标志性建筑物是AMP塔,也是澳大利亚的最高塔。

在许多国际旅游城市中,市容观光(City Tour)往往是游客的必选项目,散客可以搭乘专为观光客准备的观光游览车,这些观光游览车车身颜色艳丽醒目,一般都采用双层敞篷巴士,行车线路和停靠站点主要是市内主要旅游景区,游客凭当日车票,可多次上下车,车上一般设有人员导游(双语种)或电子导游(多语种)。

一个成熟的国际旅游城市,一般都设有旅游咨询中心(Information Center)提供该城市的饮食、住宿、出行、游览、购物、娱乐以及救援、电信、银行等服务行业的相关信息,有些还代理车船机票、景区门票、旅游地图、旅游小册子、旅行用品和旅游纪念品等。旅游咨询中心通常设在游客聚集的地方如机场、火车站、码头、城市入口、商业街区、大型旅游景区等,并且使用统一的标志"i"(英文单词information的第一个字母)。

由于城市是工业、服务业的集聚地,具有很强的综合功能。因此,城市旅游的客源市场结构中,除观光、度假、休闲外,购物、商务和会展占有相当大的比例。据国际会议协会(ICCA)统计,2016年该协会的前15强的成员国举办的国际会议超过了200多次,成员城市举办的国际会议超过了100多次。这些会议绝大多数是在会议接待设施较齐全的国际化城市举办的。从会议数量看,巴黎、维也纳和柏林名列前茅,全年平均不到3天就举办一个国际会议。从一定意义上讲,国际会议业的发展水平标志着一个城市的国际化程度和旅游吸引力强度。

表3-6 2016年国际会议协会成员举办最多的前15名国家和城市

排序	国家	会议数量	排序	城市	会议数量
1	美国	934	1	巴黎	196
2	德国	689	2	维也纳	186

续表

排序	国家	会议数量	排序	城市	会议数量
3	英国	582	3	巴塞罗那	181
4	法国	545	4	柏林	176
5	西班牙	533	5	新加坡	153
6	意大利	468	6	伦敦	151
7	中国	410	7	阿姆斯特丹	144
	日本			新德里	
9	荷兰	368	9	里斯本	138
10	加拿大	287	10	首尔	137
11	奥地利	268	11	布拉格	126
12	韩国	267	12	曼谷	121
13	瑞典	260	13	都柏林	118
14	巴西	244	14	哥本哈根	115
15	澳大利亚	211	15	北京	113

资料来源：国际大会及会议协会（International Congress & Convention Association，ICCA）。

二、乡村景观和乡村旅游

乡村旅游景观可分为自然景观和人文景观，与城市的"水泥森林"迥然不同的是乡村的自然景观的一大特点是地广人稀，极目楚天，可以看到明显的天际线。景观构成以宽阔的田野、河流、湖泊、湿地、山地、林地、果园、草原、牧场和村落为主，清新的空气、夜晚的星空、夏秋的虫鸣等充满野趣的田园风光可以使久居空间狭小局促的工业化城市的居民寻找到"回归自然"的感觉。乡村的人文景观则是与村民们的生产和生活方式有关，从生产活动看，根据自然地理条件和历史传统不同，各地村民从事农、林、牧、副、渔等广义的各种农业生产活动，从而形成了栽种、园艺、采摘、采集、骑马、放牧、剪羊毛、狩猎、垂钓、谷物加工、果品加工、酿造等多样性特点；从生活方式看，乡村淳朴的民风民俗，衣食住行、饮食起居、节事庆典、民间艺术等乡土化特色，为乡村旅游提供了丰富的旅游产品和活动项目。

乡村旅游依据其定义可以分为广义和狭义两种，广义的乡村旅游，是指只要在乡村地区开展的旅游活动和项目，都为乡村旅游，一般是以乡村自然景观为主要吸引物，其中有些属于生态旅游如观鸟旅游、观鲸旅游、森林旅游等，有些属于运动保健旅游如乡间徒步或自行车旅游、乡村温泉旅游等；而狭义的乡村旅游，是指不仅是在乡村地区开展的旅游活动和项目，而且这些旅游活动和项目要与当地的民俗和农事活动有关，如观光农业、观光林业、观光牧业和观光渔业以及参加各种当地民俗节庆活动。

在一些西方工业化国家，乡村旅游的发展水平并不比城市旅游逊色，如法国普罗旺斯的葡萄酒庄园旅游、西班牙安达卢西亚的白色山村旅游、英国湖区徒步旅游、新西兰罗托鲁阿的爱歌顿农场旅游（牧羊犬表演、剪羊毛、挤牛奶等）、日本各地的乡村温泉旅游、芬兰一些城市郊外的林间桑拿等。

我国浙江的乌镇旅游开发也由早期的江南水乡观光（乌镇东栅）、乡间民宿度假（乌镇西栅）到乡村节事（乌镇戏剧节）和国际会展（乌镇全球互联网大会）的多业态化发展。

由于社会制度和发展路径的不同，中西方乡村旅游实践在技术路线、政府作用、帮扶内容、运作方式等诸多方面存在着明显的差异。

几十年来现代工业化的后果，使得欧洲的许多农村经济和社会结构已经发生了深刻变化，传统农业地位越来越式微，农村家庭空巢化现象日趋严重，一些农村地区人口出走流失、大批年轻人失业。然而，乡村旅游给乡村发展带来了新的机遇，满足对当地产品的需求增加、退休人员对生活品质的追求、大众人群对于"绿色生活"的向往。20世纪90年代起，西方开始逐渐关注乡村旅游的发展和其在对欠发达地区的乡村建设所起的作用。

在欧洲大陆，20世纪90年代欧盟（EU）推出了一个以"社区参与"（Community initiative）为主的支持乡村发展计划 LEADER（liasion entre actions de développement de l'économic rural），其中也包括乡村旅游。LEADER 项目的发起者认为，乡村旅游必须需要各个政府管理部门与经营者之间互相协作共同推进。发展乡村旅游可以说是在现代化过程中对于农业结构造成的消极影响和基础设施缺失的一种补偿和反哺，由于经济不景气和需要寻找发展对策，LEADER 是一个"自下而上"（bottom-up）解决农村发展问题的方法，共分两期执行。

这些资金可以与私人和公共部门的资金配套使用。这一项目开始实行时效果并不明显，乡村旅游发展的步伐很缓慢，特别是在欧洲南部地区更是如此。一方面乡村旅游被认为是低附加值的产品类型。以法国为例，乡村旅游占国内旅游的25%的比例，但旅游花费却仅占10%。另一方面，乡村旅游最大的问题是季节性。欧盟已清楚地认识到：正如其他产业一样，乡村旅游的发展使乡村具有在不同尺度上竞争的优势。Leader 的支持项目包括：

（1）帮助村民获得技能，市场需求分析，培训计划和经营策略；

（2）农村创新项目——推广成功经验和项目转让，技术支持农村发展，职业培训，资助当地的乡村中小企业开发和营销农业、林业和渔业产品，保护和改善环境和生活条件；

（3）跨国合作，如支持和组织成员国之间开展项目合作；

（4）构建欧洲乡村旅游区域开发网络。

Leader 下的项目开发项目非常多样，从网络通信技术，到文化旅游包括游步道、众多游客解说中心建设、咨询中心、博物馆等，为小企业发展直接援助。如 Leader 二期的旅游基金曾资助爱尔兰的一个乡村旅游项目。帮助制订区域旅游业的发展计划，内容涉及：培训经营管理人员、住宿设施的升级改造和家庭旅馆（B&B）的旧建筑改造、旅游休闲设施开发和完善、地区传统文化和地方性节日的发掘和推广、乡村旅游产品的组合营销、集中预订系统以及探索发展乡村旅游合作的可能性。

Leader 项目非常注重"自下而上"的工作机制。他们认为，这对于乡村发展至关重要，Leader 项目组既不能变成一个正式的区域开发机构，也不能由当地政府来取代。事实上，涉及当地公共利益的项目开发困难较大，由于涉及规模庞大的公众参与，不同利益群体的利益诉求不同，但只有相对较少的个人能有机会和时间参与到项目的整个过程。因此，项目必须尽可能考虑到最大多数人的利益。此外，如果很多地区都在关注乡村旅游发展机遇的话，在一个有限的市场里，一个区域能在多大程度上能有效地参与竞争？面临着迅速增加的乡村旅游产品可供选择，尤其是其中许多产品非常同质化。Leader 项目可能会造成许多地区将不得不继续投资于旅游基础设施，最后沦为基础设施的竞争。整个过程只不过可能成为一个恶性循环，强者恒强，弱者越弱。

Leader 和当地政府在发展乡村旅游上往往要面临既要发挥市场作用，讲求效益和效率，又要兼顾公平和扶贫。农村地区的多样性意味着有许多潜在的路径去实现经济和社会可持续发展，但更为重要的是农村社区发展需要确定究竟是由哪些人参与？让哪些人受益？也就是说，对于乡村旅游的绩效评价也是一个困扰 Leader 项目决策者的难题。加拿大学者唐纳德·里德（Donald G. Reid 2004）等人曾对社区旅游规划，给出过一个基于 13 项目指标的自我评价方法。

在英国，参加乡村旅游和休闲娱乐的人群的社会阶层是中产阶级以上职业经理和高级管理者。在乡村旅游与社区发展的关系中，人们逐步意识到如果乡村旅游政策是以获得乡村居民生活质量为目标，那么就更应关注在公共政策中协调社会与经济目标。因此，英国政府视旅游为社区发展与变革过程中的一种再分配调整机制，乡村社区旅游规划（Community tourism planning）成为乡村旅游与社区变革发展的重要战略，通过对乡村旅游访问率、游客花费、就业和收入的季节性，基础设施与旅游相关服务的发展，地方居民的旅游发展，对热心社区的经济、自然和社会正反两方面的冲击，自然与文化遗产保存和可持续旅游的发展六大核心问题的研究规划，将乡村旅游与社区高度结合起来，成为社区发展的重要的政策领域。

在美国西部，联邦土地是重要的旅游与游憩资源。1992年美国土地管理局、鱼类与野生动物管理局、国家森林公园中心、森林委员会、国防部、美国旅游局共同签发了"谅解备忘录"（Memo Of Understanding），形成了地方、区域、州政府在推进联邦土地发展旅游业中共同合作的框架。1993年在亚利桑那州共同签署了联邦"谅解备忘录"，包括了所有州联邦机构的代表，亚利桑那州旅游局、竞赛与鱼类管理局、州公园、土地、商业、交通、美国农业部、土壤保护委员会，印第安人事务管理局等多个部门。乡村旅游发展计划宣言称共同的目标是唤醒国内外公众在联邦土地上开发旅游的意识，通过销售乡村旅游机会，重点支撑乡村社区的发展，在环境敏感的地区以独特的方式取得经济、教育和游乐等方面的收益。亚利桑那州旅游促进委员会正在执行州乡村旅游发展计划，通过统一机构支持乡村社区发展旅游。美国农业部运用该计划作为农业部"经济转型中的社区"发展计划的一部分。合作机制的建立被认为是包括了乡村旅游与乡村发展在内的政策领域中非常重要的政策保障。

在澳大利亚，各州政府已明确认识到了葡萄酒旅游的经济潜能：①根据州旅游管理委员会对葡萄酒旅游的宣传，特别是对新南威尔士、南澳和维多利亚葡萄酒旅游的发展和宣传；②通过在新南威尔士和维多利亚成立葡萄酒旅游组织，使葡萄酒业发展与旅游业发展更加协调。1993年维多利亚州政府成立了维多利亚葡萄酒业旅游委员会，1996年南澳也成立了葡萄酒旅游委员会，而新南威尔士则成立了烹饪旅游咨询委员会。

我国的工业化、城镇化以及旅游业的发展都晚于西方，但发展速度很快。我国最早的乡村旅游发轫于四川成都市的近郊——郫县（现为成都市郫都区）。据报道，1988年郫县的几户村民自发地利用发展花卉苗木和其他农业生产形成的优美田园风光和自家庭院园林的优美环境，为游客提供生态农业旅游观光休闲场所和简单的餐饮、娱乐服务。郫县产的豆瓣酱被誉为川菜之魂，是烹饪川菜中必不可少的调味料。当时主要是吸引成都市民在周末和节假日期间前来放松休闲，以一日游为主。1995年5月我国实行周双休日制度后，到访游客人数剧增，当地人和游客把这种赏田园风景，品农家饭的近郊旅游称为"农家乐"或"农家旅游"，郫县因此被称为"中国农家乐旅游发源地"。"农家乐"为城市居民逃离拥挤的水泥森林提供了一个休闲活动空间。因此，这一休闲旅游方式很快在许多大中城市的周边乡村普及开来，休闲活动也日趋多样：鱼塘垂钓、果品蔬菜采摘、有机农家菜，等等。"农家乐"属于乡村旅游的初级产品，类似的还有"渔家乐""牧家乐"等。郫县"农家乐"分两大类型：

（1）以纯粹的农业景观为主。此类产品对农业发展规模、发展水平、农业景观类型等有较高的要求，现有农业基础的优劣是旅游开发的前提，因此这类产品主要选择在现有农业基础雄厚的地区开发，实质上是农业综合化发展的副产品旅游业开发。这也是郫县传统农业旅游资源组合的最主要方式，数量多，分布广并相对集中；

（2）农业景观和旅游景点组合互补。此类传统农业旅游区一般靠近其他旅游景区或景点，借助已有景点的吸引力和客源流开发传统农业旅游项目，把单纯的观光旅游与体验乡村野趣结合起来。这种形式的传统农业旅游对农业基础条件和农业发展规模的要求较低、分布点较少。

郫县"农家乐"的经营有三种主要形式：

（1）农民个体经营。这是最主要、最普遍的一种形式。大多数以一家一户为单位，利用自家的庭院、房舍，添置一些基本的娱乐休闲设施，开展简单的观光休闲项目，一般层次较低，规模不大；

（2）股份制经营方式。这种形式一般是大型企业集团多方筹股，建设大规模、产业化农业园区，并以此为基础发展传统农业旅游；

（3）城乡个人联办。它是农民提供或出租自家的房屋、庭院、果园等场地，由城镇居民、下岗工人投资开发旅游活动项目，或由城镇居民、下岗职工租用荒地发展生态农业并开设传统农业旅游活动。城乡联办的经营方式一般存在于旅游地环境质量状况优良、区位条件较好，客源较充足的地区。

继郫县"农家乐"休闲区自发形成之后，2000年成都市开始主动出击，在位于城乡接合部的锦江区三圣乡开发了以"五朵金花"为品牌的休闲观光农业区，所谓"五朵金花"其实就是三圣乡的五个各有特色的乡村：红砂村的"花香农居"、幸福村的"幸福梅林"、驸马村的"东篱菊园"、万福村的"荷塘月色"、江家堰村的"江家菜地"，共占地12平方公里。

古镇旅游是乡村旅游的另一种类型，有些古镇属于文化遗产，因此有的也被列为遗产旅游。因此，这类景区的文化观光价值较高，可以吸引中远程市场的游客。开发较早的著名古镇有：江苏的周庄（1989）、安徽的西递—宏村（1998）、浙江的乌镇（2001），与农家乐不同的是古镇一般是作为旅游景区来开发的，也收门票。业态也较农家乐更丰富，一些古镇也成为度假目的地，建有客栈、民宿、青年旅馆、酒吧、商铺等，还有小型的博物馆、纪念馆、名人故居和其他具有文化符号和历史信息的建筑，具有较强的"地方性"，但"乡村性"不如农家乐，古镇的类型也是多样的，有些少数民族聚居区，具有浓郁的民族风情，其"民族性"成为主要的吸引物。

据不完全统计，2015年全国休闲农业和乡村旅游接待游客超过22亿人次，营业收入超过4400亿元，从业人员790万，其中农民从业人员630万，带动550万户农民受益。但目前我国乡村旅游没有也不可能有一个统一的发展模式。从城市周边的农家乐，到边远地区的自然村寨（如喀纳斯游牧民族的禾木村、云南农耕民族元阳梯田箐口村等）、特色农庄（葡萄酒庄、生态农业、现代农业）、古镇小巷，以及文化再造后的新乡村度假社区（如号称"洋家乐"的浙江德清裸心谷度假区）等。这些乡村经济社会发展水平差异较大，社会结构迥然有异，发展旅游业的区位条件和物质基础也千差万别，乡村旅游的发展阶段和目的任务也不尽相同。一些东部富裕地区的乡村旅游已经成为构建后工业化社会的新型旅居环境和新农村建设的试验区，而西部一些少数民族村寨的乡村旅游还只是作为脱贫增收的一份季节性的工作机会，旅游产业化机制还未形成，只靠旅游业不足以推进经济社会的转型升级。因此，西方对于乡村旅游的分类研究，以及强调"社区参与"的理念对于我们发展乡村旅游很有启发。

中国乡村旅游发展遇到的理论问题，与西方相比，两者既有共性，也有其特殊性。中西方在乡村旅游发展中的主要差异是，在西方农村的土地是私有。在我国，1949年以后，土地所有权已全部收归国有或集体（在此之前还经过"土改"，废除了土地继承权，之后农村又先后成立了合作社、人民公社），不存在法律意义上的土地私有。但农民拥有少量土地的使用权（宅基地）、收益权（自留地），长期以来，这些土地是不能流转，也就是不能进入市场交易的。此外，基本农田是不能挪作他用的，也就是没有处置权。所以尽管土地的完全产权（所有权）是国家和集体的，但土地的部分产权（使用权、收益权和处置权）仍然是可以私有或让渡的。一些用于发展旅游的古村落资源的产权还不仅仅体现在村民住宅的土地，还有民居、宗祠、商铺、牌坊、古井、石板路、小桥、古树、池塘等景观和建筑，甚至还包括一些地方性的非物质文化遗产。其中有些是村里的公共产品，由乡政府或村民委员会按约定程序代为行使权利。但私人民居民宅部分产权是归房屋主人的。如果不开发旅游的话，这些民居主要供自己家人居住使用，很少能通过出租获取收益的。当然也可以自行处置，如拆掉重建或改变用途。事实上，古村落发展旅游的主要吸引物还不仅仅是这些单体建筑物，而是长期以来逐渐形成的一种乡村古朴氛围和韵味，而这些无形之物是找不到特定的产权拥有者的，或者说是虚置的，也可以认为是全体村民共有的。而这些乡村古朴氛围和韵味，如果不发展旅游的话，在当地人看来，可能就是负资产，没有保护利用的利益诉求和利用价值。这也就是在新一轮的新农村建设中，古村落的历史风貌最容易遭到破坏的经济学解释。而如果发展旅游业的话，也往往正是这些虚置的资产，使得周边的住宅用地升值。由于外来投资商的介入，这部分土地溢价很少被当地居民分享。

前面已经述及欧盟的LEADER项目对于资助的对象、内容和方式是非常慎重和认真的。始终关切的是项目的公益性特点和帮助最需要帮助的人，尤其是强调社区参与，培训当地居民从事旅游业接待的技能，以及市场营销、网络平台建设等。而我们一些古镇古村落在开发旅游过程中，往往是通过招商引资的方法，用较低的土地和资产估值吸引外来投资，使得这些原本不是景区的居民生活的社区"再景区化"（与东部一些旅游目的地的"去景区化"发展趋势相反）。开发商（或运营商）的参与介入，但一般外来投资希望整体规划，成片开发。且往往伴随地产开发，诸如景观地产、养老地产、养生地产、旅游地产、度假地产、休闲地产等主题概念地产。开发商（或运营商）与当地居民之间容易产生矛盾的是前者将古村落"景区化"后，将古村落围起来收门票。在一定程度上，限制了当地居民对外交往的自由。而一些居民也会通过私带谎称亲友的游客，赚取低价门票。这种博弈几乎在收门票的古村落中都有发生。从产权上看，古村落的资源或资产并不属于开发商（或运营商），只是拥有其中部分土地的使用权、收益权和一些建筑的所有权，也不拥有无形资产和非物质文化遗产的产权。但开发商（或运营商）确实起到了使古村落资产增值的作用，但他们的投资可以有多种方式获取回报（即所谓的商业模式），收取门票只是其中的一种方式，但这种方式在游客和当地居民中都会产生一定的负面效应。

虽然古村落的居民一般都淳朴好客，但在服务意识、观念和技能方面都难以符合大众旅游者的要求。有些村民以前是耕作农田、饲养猪羊，转行经营旅游或住宿业，对环境卫生的意识和理念与现代服务业存在着较大的差距。当地居民普遍缺乏经营管理和市场营销等知识技能，也不了解外面的世界。而这些古镇古村落的开发商（或运营商）往往较少顾及当地居民的利益，不注重他们的就业技能的培训和指导，而是采用置换住宅和对外招租的经营方式，对于一些原住民的自营活动，也基本采取放任自流，或以收费代替管理和辅导。以至于国内不少古镇千人一面、千篇一律，缺乏地方特色，基于属于"乌镇+义乌"模式，即古镇规划整体化，开发精致化，社区景区化，古镇景区收门票。而许多商铺是承包给外乡人经营的，所出售的商品大多是从义乌小商品市场批发来的。对于当地居民而言，主要是租金收入，社区参与程度较低。

在乡村旅游规划和开发中，还存在着一个误区，就是"乡村性"的"原真性"问题。由于长期以来，我国广大农村地区经济发展落后，基础设施和生活条件十分简陋，卫生环境也不讲究，城乡居民的生活水平和生活习惯差别很大，我国的这种城乡社会结构与西方，特别是欧洲差异很大。因此，从基础设施和生活条件上，如果强调"乡村性"的"原真性"，其实就是保留落后的生活条件和生活方式，这还只是从物质层面上而言。如果从精神和制度上看，据我国著名社会学家费孝通先生的研究，传统中国社会的基层组织是乡土性的，费氏将其概括为"乡土社会"，乡土社会的特点是"乡村里的人口似乎是附着在土上的，一代一代地下去，不太有变动"，尽管人口增加会出现分流、分殖现象，但"老根是不常动的"。"乡土社会的生活是富于地方性的"，因而是一个"没有陌生人的社会"，社会秩序主要靠老人的权威、教化以及乡民对于社区中的规矩的熟悉和他们服膺于传统的习惯来保证。传统中国的乡土社会治理结构是由宗族宗亲组成的士绅自治，但这一传统自20世纪中叶已经被彻底割裂了。因此，中国传统的乡土文化，或"乡村性"，从文化传承上讲，大部地区已无丝毫"原真性"可循，或许在偏远的少数民族村寨还有残存。

当下还流行一种说法，要把乡村旅游建设成外来游客记得住"乡愁"的地方。这其实是一种认识论上的误区。"乡愁"是一个非常个性化的心理和情感需要，是一个成年人对童年特定的生活场景（故乡故事）的怀念和追忆，不同的游客有着不同的故乡和童年故事。逝者如斯夫，"乡愁"是因为时间的逝去、时代的变迁，而显得稀缺和珍贵。何况现在许多年轻（如80后、90后）游客的童年时代大都是在城市里度过的。因此，许多乡村旅游者都是来自城市的异乡客，以"他者"（others）的身份来体验乡村的现代生活和寻找意象中的"乡村情趣"。更广义地，从文化变迁上讲，乡村旅游可以看作是工业社会或后工业的居民对于农耕文明的集体文化寻根。也是一种"日暮乡关何处是？不知何处是他乡"的审美体验。乡村在来自城市的旅游者眼里，类似于米歇尔·福柯（Michel Foucault）所说的"另类空间"，即"异托邦"（Heterotopias），是对"异托邦"的一种"凝视"（gaze）。而外来游客的这一诉求与当地村民追求生活方式的现代化和时尚化相悖，这一矛盾冲突在经济落后的乡村尤为突出。

在现代化的浪潮裹挟下，传统"乡村性"的丧失，已成为一个世界性的现象，正如澳大利亚学者伊恩·诺德（Ian Knowd 2001）提出的乡村旅游发展悖论："乡村旅游的边缘化状态导致乡村社区处于劣势地位，而边缘化的一些特性被当作缓解城市生活压力和引导城市居民消费的良策。乡村地区发展旅游，必然在一定程度上使乡村地区趋于城市化"。我国的乡村旅游建设，包括旅游特色小镇、田园综合体的建设，都应注意既要避免产业的空心化，又要防止景观的城市化，保持好残存的"乡村性"和"乡土化"。

本章小结

> 人文景区是大部分旅游者出游的主要诱因之一，是旅游景区行业中非常重要的组成部分。我国作为世界上著名的文明古国，历史人文旅游景区的资源是非常丰富的。因此，更多地学习和借鉴国际上的成功经验，对于我国同类的景区开发和管理会有启发作用。

思考与练习

1. 文化遗址类景区管理中主要面临哪些问题？
2. 文化遗址可分为哪几类？并各举一我国的实例予以说明。
3. 历史城镇与一般景区和旅游城市有何区别？
4. 博物馆有哪三大功能？
5. 参观当地的一家博物馆，评价其展示布局的优缺点。
6. 以你居住或熟悉的城市为例，评价其城市旅游功能。
7. 城市旅游与乡村旅游有哪些主要的异同点？
8. 谈谈你对巴黎城市旅游的看法。

第四章 人造景区概述

本章导读

人造景区作为人文景观的另一大类，其发展历史虽然较短，但发展速度很快，尤其受到中青年游客的欢迎。特别是迪士尼、环球影城等人造景区的面世，使人造景区成为一些国家和地区的投资热点，这一行业迅速成为高资金投入、高科技应用、高密度客流的"三高"行业。在美国投资大型人造景区的开发商几乎都是全球500强企业，人造景区对资金、管理要求之高由此可见一斑。本章重点介绍主题乐园、动物园和水族馆这三种发展得较为成熟的人造景区。

由于自然和历史人文景区的分布不均衡，而且有相当一部分景区距离人口密集的城市较远，人造景区成为满足人们日益增长的休闲娱乐需求的替代旅游景区。与大部分自然和人文类景区不同的是，这类景区一般由私人机构投资，以追求利润为主要目的，因此景区的分布一般都靠近目标市场区域，即具有一定消费水平、人口密集的大中型城市。近年来，由于休闲旅游市场的需求不断扩大，人造景区也在数量上和种类上不断膨胀，包括各类主题乐园、游乐园、微缩景区、蜡像馆、动物园、水族馆等，还有一些是可移动的（如环球嘉年华）和临时性的（如巴黎每年夏季用1500吨沙子在塞纳河畔建成的"巴黎沙滩"人造海滩），其中主题乐园是目前旅游开发中最常见的项目形式。

第一节 主题乐园

一、主题乐园的定义和概念

在我国旅游业界很少使用"主题乐园"这一名词，而是习惯使用"主题公园"。但是，这里的"公园"又不是我们传统习惯上理解的"公园"概念，有些传统公园在建园时，往往也有一些主题，例如北京的紫竹公园等。鉴于此，董观志（1999）提出"旅游主题公园"（Tourism Theme Park）这一概念以示区别。但由于"旅游主题"的概念自身也较难定义，容易引起歧义，所以，这一概念也未能在旅游业界推广开来。尤其是"主题公园"（Theme Park）一词系外来语，而经我们加工成"旅游主题公园"（Tourism Theme Park）会在国际学术交流时产生困难，令人不知所云。事实上，英文原文并无问题，而是译名不确切所致。

"主题公园"一词是从英语 Theme Park 直译过来的。首先，从翻译的角度看，park 一词除了有公园的意思外，还有其他释义。在陆谷孙主编的《英汉大词典》（上海译文出版社）中在 park 的词目下做名词用的共有 11 条解释。第一条是"公园:（国家）天然公园"；第二条是"=amusement park"（等于游乐园）。这就是说，park 一词本身就可以是游乐园的简称。同时，该部大词典还收录了 Theme Park 一词，对其的释义用的就是"……主题乐园"。此外，目前英美较为流行的两本词典 Oxford Advanced Learner's Dictionary 和 Webster's New World Dictionary 对 Theme Park 的释义分别是："一种围绕某些中心主题，诸如梦幻乐园、未来世界或往日年代而建的游乐园"，"一种建立在一个或一组创意主题基础上的游乐园"。值得注意的是，在这两本词典里都把 Theme Park 看作是带有主题的游乐园（Amusement Park）。因此，所谓"主题公园"实际上就是有"主题"的游乐园。尽管主题乐园作为一个专业名词在国际上也没有统一的、权威的定义。甚至在像《大英百科全书》《大美百科全书》这样的大型权威工具书中都没有 Theme Park 的条目，但这两本百科全书在迪士尼乐园的词条释义中都称其为游乐园（Amusement Park），而非"主题公园"（《中国大百科全书》也是如此），这也从反面印证了"Theme Park"一词译为"主题乐园"是比较妥帖的。因此，我们建议用"主题乐园"或"主题游乐园""主题园"来取代"主题公园"这一容易引起歧义的名词。此外，主题乐园只是人造景观的一种，两者的区别是显而易见的，缺乏游乐功能或游乐功能不强的人造景观是不被算作主题乐园的。此外，也有的学者把迪士尼乐园归类成现代综合性游乐园。

正因为如此，我们一般都把 1955 年美国的迪士尼乐园作为现代主题乐园的代表和典型。现代主题乐园的发展主流方向就是最大限度地满足特定人群在虚拟环境（如时光倒流、回归自然、进入太空、走进未来和梦临仙境等超时空氛围）里的特殊物理状态（如高速运动、骤然变速、失重、超重和太空环境模拟等）中的生理体验以及在虚拟环境下对恐惧、惊栗、冒险和梦幻等非常态条件下的心理体验，以产生新奇、刺激的快感。而主题乐园中的"主题"则是一种重要的包装形式和将各种游乐设施串联起来的艺术，也是吸引游客的噱头，更是企业参与市场竞争的品牌策略。

在国际游乐园景区协会（IAAPA）的游乐业经营统计中，有时虽将游乐园和主题乐园相提并论，但一般都不与其他人造景观合并。这说明在游乐业界实践中并没有将所有的人造景区都算作主题乐园；同时，也注意到主题乐园和普通游乐园之间的细微差别。在美国全国游乐园历史协会（NAPHA）的文献中，我们经常可以阅读到以下这些基本概念：游乐园、主题乐园、电车公园（Trolley Park）和家庭娱乐中心（Family Entertainment Center）等。美国全国游乐园历史协会对这些概念的定义分别为：

游乐园是一种包括各种乘骑设施、游艺机、餐饮供应以及文艺表演的娱乐场所。

主题乐园是带有一个或一组主题的游乐园，其中的乘骑、景观、表演和建筑都围绕着某个或某组主题。

电车公（乐）园出现于19世纪末20世纪初，是主要由电车公司经营的游乐园，目的是为了增加周末电车乘客人数。

家庭娱乐中心是新出现的一种游乐场所，常见的游乐项目有游艺机、迷你高尔夫、儿童嬉戏区和观光马车等。规模较小的只比游戏厅稍大一点，规模较大的与游乐园没有什么区别。

从上面这些定义看，目前我国绝大多数的人造景观都不能算真正的主题乐园，像"小人国"之类的纯粹供参观游览的微缩景观与各种"民俗村""蜡像馆"一样，尽管曾被认为是主题乐园的发展雏形，但严格来讲，这些景区应属于广义上的、具有一定特色的博物馆。它们的共同特点就是以展示、表演"文化"为主，游客也是以观众的身份参观游览为主，这类景区往往宣传说教多于消遣游乐。至少这类景区不属于现代主题乐园的主流，不代表现代主题乐园的发展方向（在美国的有些主题乐园中，虽然也有微缩景观，但往往是作为一种包装手段，并配备各种乘骑项目）。由于不同性质的人造景区，其目标市场、游客规模、吸引强度和区位结构都不尽相同，因此，正确区分主题乐园、游乐园和人造景观之间的差别，成为我们研究主题乐园的首要前提。但是，考虑到我国目前大多数学者和业者已将有些人造景观视为主题乐园这一现实，本书在讨论主题乐园时，有时也包括一般的人造景区。

二、主题乐园发展简史

现代主题乐园的前身是游乐园（场），其起源可追溯到中世纪欧洲。当时在欧洲的一些大城市的近郊有一些休闲园林，主要经营一些娱乐节目、烟火表演、舞会游戏及一些初具规模的游艺项目。18世纪初，由于政局动荡，这些休闲园林被迫关闭,整个欧洲只有两家这类公园幸存下来,一家是1583年建于丹麦哥本哈根北面的拜肯(Becken)园,也是当今世界运营乐园中历史最悠久的一家,另一座是1743年建于奥地利维也纳的普拉特(Prater)园。

19世纪中叶起,游乐园在英美等国开始较大规模发展。这些国家现存最早的游乐园分别是:英国1842年建于文特诺(Ventnor)的主题乐园,美国1846年建于康涅狄克州的布里斯托尔的游乐园,日本1853年建于东京的游乐园,瑞典1883年建于斯德哥尔摩的游乐园,匈牙利1896年建于布达佩斯的游乐园和西班牙1899年建于巴塞罗那的游乐园。这一时期遗存的游乐园英国有8座,美国多达19座。其中1870年建于俄亥俄州桑达斯基的锡达波因特(Cedar Point,又译雪松点)公园经一百多年的发展,现在已成为美国五大主题乐园之一。

19世纪末,游乐园业的发展重点转移到美国,南北战争后,都市化进程加快,有轨电车公司随之兴起。公司为了吸引乘客和增加周末的乘客数量,设法在电车线路的终点建造游乐园,包括舞厅、餐馆及游艺设施。这些游乐园的成功,使其他企业竞相效仿,游乐园很快就遍布全美国了。随着机械制造和工艺技术的进步,美国人发明和制造了乘骑(Rides)和大转盘(Ferris Wheel)的机械设备并在此基础上生产出各种旋转木马(Carousel)、摩天轮和过山车(Roller Coasters),使游乐园结束了纯粹的表演和游人自娱的形式,转而完全依赖机械设备来满足游客体验刺激的需求。

1893年在芝加哥召开了纪念哥伦布的世界博览会,在这次交易会上一些经营游乐园设备和从事游乐园设计的商家首次亮相,标志着游乐园业进入了黄金时代。次年,在芝加哥南部出现了世界上第一家现代游乐园——保罗·波顿水滑道公园(Paul Boyton's Water Chutes)。与以前传统的"电车公园"不同,它是第一个出售门票的公园,园内也不再仅有过去供郊游野炊的简单设施或天然湖泊,而是增加了许多以机械作动力的乘骑设施。1895年另一家类似的游乐园在纽约康尼岛(Coney Island)的度假区开业。此后的30年内,游乐园业增长速度惊人,其中心就是纽约的康尼岛。在此期间,全世界新出现了上百家游乐园,创新给这个成长中的行业不断注入新鲜血液。到1919年,仅美国就有1500余家游乐园。但好景不长,1929年美国经济大萧条,到1935年只有400家游乐园幸存了下来。第二次世界大战的爆发进一步使游乐园业陷入困境,大量游乐园倒闭,剩下的也由于战争配给制而无法添加新设备。

战后美国的游乐园业迎来了繁荣,游客量和收入都打破了以往的纪录,美国各地也新开了许多游乐园。随着战后"婴儿潮"的到来,新型的"儿童乐园"也应运而生,但这种复苏没能持续多久。

在欧洲,许多经历了第二次世界大战的人们,仍未完全走出战争阴影。1946

年荷兰的马都洛夫妇为纪念在纳粹集中营遇难的爱子，投资兴建了世界上第一个小人国"马都洛丹"（Madurodam），并于1952年正式开放。该小人国是以荷兰的典型城镇的建筑、道路和交通等作为模特，以1/25的比例缩小建成。建设者兴建小人国的本意只是纯粹作为展览纪念，但这种将景观进行微缩移植的手法很快流传开来，并被认为是早期的一种主题乐园。

20世纪50年代开始，由于电视的发明、城市环境的恶化、种族隔离的消除及郊区的发展，老式的游乐园受到了沉重的打击。加上公园设施陈旧、游乐项目乏味、服务态度差、卫生条件不好等不利因素，民众都转而寻找其他消遣方式，游乐园业再次陷入低谷。这时一位从事电影卡通片设计制作的美国人沃尔特·迪士尼以一种新的理念建造主题乐园，将游乐形式戏剧化、舞台化，让游客体验新奇、刺激，进入亦幻亦真的梦幻世界，这就是举世闻名的迪士尼乐园。

1955年当迪士尼乐园开业时，许多人都怀疑这样一个没有任何历史传统景区的游乐园能否成功。但迪士尼乐园以其不同的主题区带给游客随时随处的新奇感受取得了举世瞩目的成功，真正的主题乐园时代随之而来。

在随后的几年里，曾有许多人想模仿迪士尼，但都失败了。直到1961年，得克萨斯的六旗（Six Flags）公园才成为美国第二个成功的主题乐园。从1960年到1970年，美国各主要城市新建了许多主题乐园。与此同时，传统游乐园为了在激烈的竞争中生存下来，也借用了一些主题理念，新增游乐设施和景区，以吸引游客重归。20世纪80年代初，主题乐园的浪潮开始席卷世界各地。同时，美国由于成本增长、市场饱和，主题乐园的增长速度开始放缓。20世纪90年代，游乐园依然深受喜爱，在发展中国家的发展尤其迅速。与此同时，许多已建成的游乐园为迎合游客仍在不断寻找新项目。据美国联邦统计报告，美国游乐园数量已由1990年的700家增长到1994年的900家，大型主题乐园的平均门票价格在40美元以上，而且平均每年在新项目上投资4300万美元。

另据美国人口普查局和国际游乐园景区协会对全美750家游乐园和主题乐园的统计，1990—1998年间，接待入园人数年均增长率为2.15%，1998年接待3亿人次，年均收入增长率为5.43%，1998年收入达87亿美元。从年均收入增长率高出游客年均增长率一倍以上看，美国游乐园业的整体规模效益较好，也正因为如此，近年来美国各大娱乐公司又有竞相斥巨资展开新一轮投资兴建主题乐园和人造景区的趋势。目前，美国主题乐园和人造景区最为集中的地区是佛罗里达的奥兰多周围，这里已集聚了华特·迪士尼世界度假区、环球影城、环球影城探险岛、坦帕湾布施园林乐园、布施花园、狮子国野生动物园、魔幻地带游乐园、旧镇、银泉、海洋世界和由中国香港中旅投资的佛罗里达锦绣中华（现已关闭）等一大批主题乐园和人造景区，成为名副其实的旅游城。

据国际游乐园景区协会（IAAPA）1998年对150家开发经营人造景区的公司抽样调查发现，1997年游乐园和主题乐园新投资项目数量达154个，实际总投资数额超出预算2.3倍，位居各类人造景区之首。

2003年全球主题乐园共接待了7.21亿游客，其中美国占到44.7%；游客总花费197.79亿美元，美国占52%。据国际游乐园景区协会（IAAPA）统计，2003年全世界主题乐园接待游客人数呈负增长，但游客的总花费有所增长，其中增长最大的是美国。从接待人数看，除美国外，亚太地区居第二，欧洲、中东和非洲列第三。但从增长速度看，亚太地区是进入21世纪后，全球增长最快的区域，除了2003年因受"非典"影响外，其余年份的增长率都高居各大区域之首。

虽然国际旅游业已从2001年的恐怖袭击中恢复过来，但恐怖主义的威胁仍然存在，这类活动很可能会限制人们的旅行并影响目的地的主题乐园。然而，会不断地有新公园开业（尤其是亚太地区），加上经济形势向好，新乘骑和新吸引点的不断出现以及主题乐园的基础设施不断改进，这一切都有助于推动整个行业向前发展。影响主题乐园的主要因素包括天气、经济景气度以及不断出现的公共安全问题。

三、世界各大区域主要主题乐园发展概述

2017年，世界上接待游客人数最多的主题乐园集团仍然是美国的迪士尼集团，为1.5亿人次，位居世界首位，其次是英国的默林娱乐集团（旗下拥有杜莎夫人蜡像馆和乐高乐园），为6600万人次，排在第三位的是美国的环球影城娱乐集团，为4946万人次。从世界10大主题乐园集团所属国家来看，美国有5个，中国有3个，英国和西班牙各有1个，美国的主题乐园在全球占有绝对的领先地位，而中国却是后来居上发展迅猛，仅次于美国，列全球第二（表4-1）。

表4-1　2017年全球前10位主题乐园集团接待游客人数

单位：万人次；%

排名	名称	国家	2017	2016	增长率
1	华特·迪士尼集团	美国	15001.4	14040.3	6.8
2	默林娱乐集团	英国	6600.0	6120.0	7.8
3	环球影城娱乐集团	美国	4945.8	4735.6	4.4
4	华侨城集团	中国	4288.0	3227.0	32.9
5	华强方特	中国	3849.5	3163.9	21.7

续表

排名	名称	国家	2017	2016	增长率
6	长隆集团	中国	3103.1	2736.2	13.4
7	六旗集团	美国	3078.9	3010.8	2.3
8	雪松会娱乐公司	美国	2570.0	2510.4	2.4
9	海洋世界娱乐集团	美国	2080.0	2200.0	−5.5
10	团聚公园集团	西班牙	2060.0	2082.5	−1.1
2017 年前 10 位主题乐园集团接待总计		—	47576.7	43826.7	8.6

资料来源：TEA & AECOM，下同。

中国有三大主题乐园集团位列 2017 年世界主题乐园集团接待游客人数前 10 位，分别为排在第 4 位的中国华侨城集团（接待游客人数 4288 万人次）、排在第 5 位的华强方特（接待游客人数 3850 万人次）、排在第 6 位的长隆集团（接待游客人数 3103 万人次），虽然与排在首位的美国的迪士尼集团（接待游客人数 1.5 亿人次）差距较大，但中国的主题乐园集团接待游客人数增长速度很快，已经成为中国旅游景区中发展最快的领域。

从单个主题乐园看，2017 年世界上接待游客人数最多的主题乐园是美国佛罗里达州的迪士尼魔法王国，为 2045 万人次，其次是美国加利福尼亚州的迪士尼乐园，为 1830 万人次，排在第三位的是日本东京迪士尼乐园，为 1660 万人次，这三大娱乐和主题乐园接待游客人数均在 1600 万人次以上。从世界 25 大主题乐园所在国家或地区来看，美国有 10 个，日本和中国（包括香港）各有 4 个，法国和韩国各有 2 个，德国、荷兰与丹麦各有 1 个。中国上榜的 4 个主题乐园位列分别为列在第 8 位上海迪士尼（1100 万人次）、第 11 位的珠海长隆海洋王国（979 万人次）、列在第 18 位的香港迪士尼乐园（620 万人次），以及列在第 20 位的香港海洋公园（580 万人次）。与列在首位的美国佛罗里达州的迪士尼魔法王国（接待游客人数 2045 万人次）相比，中国的主题乐园发展仍有一定的差距，但这一差距正在逐渐缩小（表 4-2）。

表 4-2　2017 年全球前 25 位主题乐园接待游客人数

单位：万人次；%

排名	名称	所在地	2017	2016	增长率
1	迪士尼魔法王国	美国，佛罗里达州	2045.0	2039.5	0.3
2	迪士尼乐园	美国，加利福尼亚州	1830.0	1794.3	2.8

续表

排名	名称	所在地	2017	2016	增长率
3	东京迪士尼乐园	日本，东京	1660.0	1654.0	0.4
4	日本环球影城	日本，大阪	1493.5	1450.0	3.0
5	东京迪士尼海洋	日本，东京	1350.0	1346.0	0.3
6	迪士尼动物王国	美国，佛罗里达州	1250.0	1084.4	15.3
7	迪士尼未来世界	美国，佛罗里达州	1220.0	1171.2	4.2
8	上海迪士尼乐园	中国，上海	1100.0	560.0	96.4
9	迪士尼好莱坞影城	美国，佛罗里达州	1077.2	1077.6	−0.5
10	环球影城	美国，佛罗里达州	1019.8	999.8	2.0
11	长隆海洋王国	中国，珠海横琴	978.8	847.4	13.2
12	巴黎迪士尼乐园	法国，巴黎	966.0	840.0	15.0
13	迪士尼加州冒险乐园	美国，加利福尼亚州	957.4	929.5	3.0
14	冒险岛	美国，佛罗里达州	954.9	936.2	2.0
15	好莱坞环球影城	美国，加利福尼亚州	905.6	808.6	12.0
16	乐天世界	韩国，首尔	671.4	815.0	−17.6
17	爱宝乐园	韩国，京畿道	631.0	697.0	−9.5
18	香港迪士尼乐园	中国，香港	620.0	610.0	1.6
19	长岛温泉乐园	日本，长岛	593.0	585.0	1.4
20	海洋公园	中国，香港	580.0	599.6	−3.3
21	欧洲主题乐园	德国，鲁斯特	570.0	560.0	1.8
22	华特·迪士尼影城	法国，巴黎	520.0	497.0	4.6
23	艾夫特琳主题乐园	荷兰，卡特斯维尔	518.0	476.4	8.7
24	趣伏里主题乐园	丹麦，哥本哈根	464.0	464.0	0.0
25	新加坡环球影城	新加坡，圣淘沙	422.0	410.0	2.9
2017年全球前25位主题乐园接待游客人数总计			24 392.6	23 252.5	—
2016–2017年全球前25位主题乐园总游客量增长率			24 392.6	23 305.7*	4.7

* 2016年与2017年前25位名单不一定相同，故数据不同。下同。

美国所在的北美地区是世界上主题乐园最为发达的地区，前20个主题乐园中19个在美国，1个在加拿大，19个主题乐园中，迪士尼乐园占6家，六旗占3家，环球影城占2家。2017年北美前20位主题乐园接待游客人数达1.51亿人次，增长率2.3%（表4-3）。

表 4-3　2017 年北美前 20 位主题乐园接待游客人数

单位：万人次；%

排名	名称	所在地	2017	2016	增长率
1	迪士尼魔法王国	美国，佛罗里达州，华特迪士尼世界布纳维斯塔湖	2045.0	2039.5	0.3
2	迪士尼乐园	美国，加利福尼亚州，安纳海姆	1830.0	1794.3	2.0
3	迪士尼动物王国	美国，佛罗里达州，华特迪士尼世界布纳维斯塔湖	1250.0	1084.4	15.3
4	未来世界	美国，佛罗里达州，华特迪士尼世界布纳维斯塔湖	1220.0	1171.2	4.2
5	迪士尼好莱坞影城	美国，佛罗里达州，华特迪士尼世界布纳维斯塔湖	1072.2	1077.6	-0.5
6	环球影城	美国，佛罗里达州，奥兰多	1019.8	999.8	2.0
7	迪士尼加州冒险乐园	美国，加利福尼亚州，安纳海姆	957.4	929.5	3.0
8	环球影城冒险岛	美国，佛罗里达州，奥兰多	954.9	936.2	2.0
9	好莱坞环球影城	美国，佛罗里达州，环球市	905.6	808.6	12.0
10	诺氏百föll访乐园	美国，加利福尼亚州	403.4	401.4	0.5
11	佛罗里达海洋世界	美国，佛罗里达州，奥兰多	396.2	440.2	-10.0
12	坦帕湾布希乐园	美国，佛罗里达州，坦帕市	396.1	416.9	-5.0
13	加拿大奇幻乐园	加拿大，安大略省，枫叶市	376.0	372.3	1.0
14	衫点乐园	美国，俄亥俄州，桑达斯基	360.4	360.4	0.0
15	国王岛	美国，俄亥俄州	346.9	338.4	2.5
16	六旗魔术山乐园	美国，加利福尼亚州，瓦伦西亚	336.5	333.2	1.0
17	好时乐园	美国，宾夕法尼亚州，赫尔希镇	330.1	327.6	0.8
18	六旗大冒险乐园	美国，新泽西州，杰克森市	323.6	322.0	0.5
19	加利福尼亚海洋世界	美国，加利福尼亚州，圣地亚哥	310.0	360.0	-13.9
20	六旗大美国乐园	美国，伊利诺伊州，格尼市	303.9	295.0	3.0
2017 年北美前 20 位主题乐园接待游客人数总计			15 138.0	14 808.5	—
2016-2017 年北美前 20 位主题乐园总游客量增长率			15 138.0	14 801.3	2.3

中日韩所在的亚太地区是世界上主题乐园发展仅次于北美的地区，在前 20 个主题乐园中，中国（含香港）的主题乐园 13 家，日本 4 家，韩国 2 家，新加坡 1 家。在乐园的数量上，中国占绝对优势，但接待规模最大的前 3 位都在日本，

分别是迪士尼乐园和环球影城，年接待人数都已超过1300万人次。中国上海的迪士尼乐园接待人数1100万人次，珠海长隆海洋王国接待979万，分别列第4、5位，超过了香港迪士尼乐园和新加坡环球影城（表4-4），这说明我国主题乐园的市场需求很大，有着广阔的发展前景。2017年亚太地区前20位主题乐园接待游客人数达1.34亿人次，增长率5.5%，亚太地区接待游客总人数已接近北美地区。

表4-4 2017年亚太地区前20位主题乐园接待游客人数

单位：万人次；%

排名	名称	所在地	2017	2016	增长率
1	东京迪士尼乐园	日本，东京	1660.0	1654.0	0.4
2	日本环球影城	日本，大阪	1493.5	1450.0	3.0
3	东京迪士尼海洋乐园	日本，东京	1350.0	1346.0	0.3
4	上海迪士尼乐园	中国，上海	1100.0	560.0	96.4
5	长隆海洋王国	中国，珠海，横琴岛	978.8	847.4	15.5
6	乐天世界	韩国，首尔	671.4	815.0	-17.6
7	爱宝乐园	韩国，京畿道	631.0	697.0	-9.5
8	香港迪士尼乐园	中国，香港	620.0	610.0	1.6
9	长岛温泉公园	日本，桑名市	593.0	585.0	1.4
10	海洋公园	中国，香港	580.0	599.6	-3.3
11	新加坡环球影城	新加坡，圣淘沙	422.0	410.0	2.9
12	长隆欢乐世界	中国，广州	418.1	383.6	9.0
13	世界之窗	中国，深圳	398.0	391.0	1.8
14	东部华侨城	中国，深圳	396.0	396.0	0.0
15	北京欢乐谷	中国，北京	395.0	383.0	3.1
16	深圳欢乐谷	中国，深圳	390.0	386.0	1.1
17	方特中国神画	中国，宁波	382.7	344.1	11.2
18	方特欢乐世界	中国，郑州	381.9	350.9	8.8
19	成都欢乐谷	中国，成都	297.0	255.0	16.5
20	上海欢乐谷	中国，上海	264.0	239.0	2.1
2017年亚太地区前20位主题乐园接待游客人数总计			13 422.4	12 702.6	—
2016—2017年亚太地区前20位主题乐园接待游客增长率			13 422.4	12 725.6	5.5

法英德所在的欧洲地区列世界第三，在前20个主题乐园中，法国5家，英国4家，德国3家，西班牙、丹麦和瑞典各2家，荷兰和意大利各1家。2017年亚太地区前20位主题乐园接待游客人数为6259万人次，增长率3.4%（表4-5），接待游客总人数还不到亚太地区的一半。

表4-5 2017年欧洲前20位主题乐园接待游客人数

单位：万人次；%

排名	名称	所在地	2107	2016	增长率
1	巴黎迪士尼乐园	法国，马恩拉瓦莱	966.0	840.0	15.0
2	欧洲主题乐园	德国，鲁斯特	570.0	560.0	1.8
3	迪士尼影城	法国，马恩拉瓦，巴黎迪士尼乐园	520.0	497.0	4.6
4	德埃夫特林主题乐园	荷兰，卡兹赫佛尔	518.0	476.4	8.7
5	蒂沃利乐园	丹麦，哥本哈根	464.0	464.0	0.0
6	冒险港	西班牙，萨洛	365.0	360.0	1.4
7	里瑟本游乐园	瑞典，哥德堡	306.1	307.0	−0.3
8	加达云霄乐园	意大利，维罗纳省	260.0	288.0	−9.7
9	狂人国	法国，莱瑟佩瑟	226.0	222.0	1.8
10	温莎乐高世界	英国，温莎	220.0	218.3	0.8
11	比隆乐高乐园	丹麦，比隆	212.0	209.1	1.4
12	奥尔顿塔主题乐园	英国，斯塔福德	200.0	198.0	1.0
12	未来世界主题乐园	法国，若奈克朗	200.0	190.0	5.3
12	阿斯特克游乐园	法国，普拉伊	200.0	185.0	8.1
15	梦幻世界	德国，布吕尔	199.5	199.5	0.0
16	华纳乐园	西班牙，马德里	184.0	180.0	2.2
17	索普乐园	英国，彻特西	180.0	180.0	0.0
18	格罗纳隆德游乐场	瑞典，斯德哥尔摩	169.0	151.0	11.9
19	切辛顿世界历险主题乐园	英国，切辛顿	152.0	150.0	1.3
20	海特乐园	德国，索尔陶	148.0	154.0	−3.9
	2017年欧洲前20位主题乐园接待游客人数总计		6259.6	6029.3	—
	2016—2017年欧洲前20位主题乐园接待游客增长率		6259.6	6051.3	3.4

墨西哥和巴西所在的拉丁美洲地区列世界第四，主题乐园的数量较少，在前10个主题乐园中，墨西哥4家，巴西和哥伦比亚各2家，危地马拉和智利各1家。2017年拉丁美洲地区前10位主题乐园接待游客人数仅为1446万人次，增长率–2.2%（表4-6），接待游客总人数还不及迪士尼魔法王国一家乐园。

表4-6　2017年拉丁美洲前10位主题乐园接待游客人数

单位：万人次；%

排名	名称	所在地	2017	2016	增长率
1	墨西哥六旗乐园	墨西哥，墨西哥城	261.0	248.6	5.0
2	贝托·卡雷罗世界	巴西，圣卡塔琳娜州	212.2	208.0	2.0
3	查布尔泰佩克乐园	墨西哥，墨西哥城	159.1	159.1	0.0
4	伊施卡瑞特主题乐园	墨西哥，坎昆	150.5	140.1	7.4
5	佩特帕世界主题乐园	危地马拉，危地马拉城	123.9	122.0	1.6
6	芝麻街主题乐园	墨西哥，蒙特雷	119.7	122.1	–2.0
7	世界探险乐园	哥伦比亚，波哥大	115.3	118.0	–2.3
8	幻想世界游乐园	智利，圣地亚哥	105.0	108.5	–3.2
9	霍皮哈里主题乐园	巴西，圣保罗	102.8	146.8	–30.0
10	国立咖啡乐园	哥伦比亚，金迪奥	96.6	105.5	–8.0
2017年拉丁美洲前10位主题乐园接待游客人数总计			1446.1	1478.2	—
2016–2017年拉美前10位主题乐园总游客量增长率			1446.1	1478.2	–2.2

水上乐园（water park，国际上通常将其与主题乐园分开统计）是主题乐园的另一个重要类别。2017年，世界上接待游客人数最多的水上乐园是中国广州的长隆水上乐园，为269.0万人次，位居世界首位。其次是美国佛罗里达州的台风湖水上乐园，为216.3万人次。列在第三位的是巴西的温泉水上乐园，为200.7万人次，这三大水上乐园接待游客人数均在200万人次以上。

从世界20大水上乐园所在国家来看，中国和美国各有4家，巴西、韩国和德国各有2家，巴哈马、阿联酋、马来西亚、捷克、西班牙和澳大利亚各有1家。中国广州长隆水上乐园列世界水上乐园接待游客人数第1位，中国的4家水上乐园总接待人数639.4万人次，美国的4家水上乐园总接待人数699.0万人次，比中国约多60万人次（表4-7）。但中国水上乐园接待人数呈持续增长趋势，而美国水上乐园接待人数持续负增长，中国水上乐园的整体接待规模可望超过美国。

表 4-7　2017 年全球前 20 位水上乐园接待游客人数

单位：万人次；%

排名	名称	所在地	2017	2016	增长率
1	长隆水上乐园	中国，广州	269.0	253.8	6.0
2	台风湖水上乐园	美国，佛罗里达州，奥兰多	216.3	227.7	-5.0
3	温泉水上乐园	巴西，奥林匹亚	200.7	195.9	2.5
4	暴风雪水上乐园	美国，佛罗里达州	194.5	209.1	-7.0
5	巴哈马水上冒险乐园	巴哈马，骚拿，天堂岛	183.1	186.8	-2.0
6	火山湾	美国，佛罗里达州，奥兰多	150.0	—	
7	温泉公园水上乐园	巴西，卡尔达斯	148.1	138.1	7.2
8	水上世界	美国，佛罗里达州，奥兰多	138.2	153.6	-10.0
9	加勒比海湾水上乐园	韩国，京畿道	138.0	143.0	-3.5
10	水上乐园	阿联酋，迪拜	135.0	143.0	-5.6
11	海洋世界	韩国，江原道	133.0	147.3	-9.7
12	埃尔丁水上乐园	德国，埃尔丁	132.0	124.5	6.0
13	双威水上乐园	马来西亚，吉隆坡	130.0	127.0	2.4
13	开封银基水世界	中国，开封	130.0	89.0	46.1
15	水宫度假胜地	捷克，布拉格	121.5	102.3	18.8
16	暹罗乐园	西班牙，圣克鲁斯特内里费岛	120.9	100.0	2.6
17	方特水上乐园	中国，芜湖	120.4	102.4	17.6
18	沈阳皇家海洋乐园—水世界	中国，抚顺	120.0	117.0	2.6
19	狂野水世界黄金海岸	澳大利亚，黄金海岸	118.0	124.2	-5.0
20	热带岛屿	德国，克劳斯尼克	116.8	113.3	3.1
	2017 年全球前 20 位水上乐园接待游客人数总计		3015.5	2798.0	7.8
	2016–2017 年全球前 20 位水上乐园总游客量增长率		3015.5	2968.8	1.6

　　北美地区是世界上水上乐园发展仅次于亚太的地区，列在前 20 个水上乐园，全部都在美国。2017 年这 20 家水上乐园接待游客人数为 1534.6 万人次，增长率 -2.9%（表 4-8）。

表 4-8　2017 年北美前 20 位水上乐园接待游客人数

单位：万人次；%

排名	名称	所在地	2017	2016	增长率
1	台风湖水上乐园	美国，佛罗里达州，奥兰多，华特迪士尼世界	216.3	227.7	-5.0
2	暴风雪水上乐园	美国，佛罗里达州，奥兰多，华特迪士尼世界	194.5	209.1	-7.0
3	火山湾	美国，佛罗里达州，奥兰多	150.0	—	—
4	海洋世界水上乐园	美国，佛罗里达州，奥兰多	138.2	153.6	-10.0
5	斯里特班水上乐园	美国，得克萨斯州，新布朗费尔斯	100.6	103.7	-3.0
6	美国水世界	美国，弗吉尼亚州，威廉姆斯堡	71.1	73.3	-3.0
7	冒险岛	美国，佛罗里达州，坦帕	63.1	65.0	-2.0
8	六旗白水乐园	美国，佐治亚州，玛丽埃塔	55.9	56.8	5.0
9	斯里特班水乐园	美国，得克萨斯州，加尔维斯顿	54.5	56.2	-1.6
10	六旗飓风港	美国，得克萨斯州，阿灵顿	53.8	54.9	-2.9
11	水花四溅水上乐园	美国，纽约州，卡尔弗顿	51.3	51.3	0.0
12	潮野飞溅小镇水上乐园	美国，得克萨斯州，休斯敦	47.6	50.1	-5.0
13	潮野水上乐园	美国，亚利桑那州，凤凰城	46.7	48.1	-2.9
14	六旗飓风港	美国，新泽西州，杰克逊	44.0	44.9	-2.0
15	骆驼滩水上乐园	美国，宾夕法尼亚州，坦纳斯维尔	42.4	43.7	-3.0
15	多莱坞公园与水上乐园	美国，田纳西州，鸽子谷	42.4	41.6	1.9
17	得克萨斯台风水上乐园	美国，得克萨斯州，卡蒂	41.8	44.0	-5.0
18	杉点水岸水上乐园	美国，俄亥俄州，桑达斯基	41.2	39.2	5.1
19	诺氏水城	美国，加利福尼亚州，普安那公园	39.9	39.1	2.0
20	潮野翡翠水上乐园	美国，北卡罗来纳州，格林斯伯勒	39.8	39.8	0.0
2017 年北美前 20 位水上乐园接待游客人数总计			1534.6	1442.1	—
2016—2017 年北美前 20 位水上乐园总游客量增长率			1534.6	1581.0	-2.9

　　亚太地区是世界水上乐园最为发达的地区，在前 20 个水上乐园中，中国 7 家，韩国 4 家，马来西亚和印度尼西亚 3 家，澳大利亚、日本和新加坡各 1 家。2017 年亚太地区前 20 位水上乐园接待游客人数为 2146.0 万人次，增长率 2.7%（表 4-9），是北美地区接待的游客人数的 1.4 倍。

表 4-9 2017 年亚太地区前 20 位水上乐园接待游客人数

单位：万人次；%

排名	名称	所在地	2017	2016	增长率
1	长隆水上乐园	中国，广州	269.0	253.8	6.0
2	加勒比海湾水上乐园	韩国，京畿道	138.0	155.0	-3.5
3	海洋世界	韩国，江原道	133.0	147.3	-9.7
4	双威水上乐园	马来西亚，吉隆坡	130.0	127.0	2.4
4	开封银基水世界	中国，开封	130.0	89.0	46.1
6	芜湖方特水上乐园	中国，芜湖	120.4	102.4	17.6
7	沈阳皇家海洋乐园-水世界	中国，抚顺	120.0	117.0	2.6
8	狂野水世界黄金海岸	澳大利亚，黄金海岸	118.0	124.2	-5.0
9	双威迷失水世界	马来西亚，霹雳州	100.0	100.0	0.0
10	丛林探险水上乐园	印度尼西亚，茂物	91.0	81.5	11.7
11	郑州方特水上乐园	中国，郑州	89.8	80.2	12.0
12	玛雅水上乐园	中国，上海	89.0	87.0	2.3
13	亚特兰蒂斯水上冒险	印度尼西亚，雅加达	88.5	111.0	-20.3
14	熊津蒲蕾乐园	韩国，京畿道	88.1	90.0	-2.1
15	夏日乐园水上世界	日本，东京	81.2	86.2	-5.8
16	乐天水上乐园	韩国，金海	79.8	77.9	2.4
17	海洋公园水上冒险	印度尼西亚，雅加达	72.2	80.5	3.1
18	乐高水上乐园	马来西亚，柔佛州	70.0	70.0	0.0
18	玛雅水上乐园	中国，武汉	70.0	69.0	1.4
20	水上探险乐园	新加坡	68.0	66.0	3.0
	2017 年北美前 20 位水上乐园接待游客人数总计		2146.0	2092.5	—
	2016-2017 年北美前 20 位水上乐园总游客量增长率		2146.0	2089.5	2.7

欧洲和中东地区在世界水上乐园中列第四，在前 10 个水上乐园中，德国和阿联酋各 3 家，捷克、西班牙、荷兰和丹麦各 1 家。2017 年前 10 家水上乐园接待游客人数为 963.3 万人次，增长率 3.2%（表 4-10），接待游客人数只及亚太地

区 45% 左右。

表 4–10 2017 年欧洲／中东前 10 位水上乐园接待游客人数

单位：万人次；%

排名	名称	所在地	2017	2016	增长率
1	水上冒险乐园	阿联酋，迪拜	135.0	143.0	-5.6
2	埃尔丁主题水上乐园	德国，埃尔丁	132.0	124.5	6.0
3	水族宫殿水上乐园	捷克，布拉格	121.5	102.3	18.8
4	暹罗乐园	西班牙，圣克鲁斯特内里费岛	120.9	106.3	13.7
5	热带岛屿水上乐园	德国，克劳斯尼克	116.8	113.3	3.1
6	内特巴德水上乐园	德国，奥斯纳布吕克	74.4	72.9	2.1
7	提吉池水上乐园	荷兰，杜恩瑞尔	70.0	70.0	0.0
8	疯狂河道水上乐园	阿联酋，迪拜	69.7	73.0	-4.5
9	拉兰迪亚水上乐园	丹麦，比隆	68.0	69.2	-1.7
10	亚斯水世界	阿联酋，阿布扎比	55.0	65.0	-8.3
2017 年欧洲／中东前 10 位水上乐园接待游客人数总计			963.3	934.5	—
2016–2017 年欧洲／中东前 10 位水上乐园总游客量增长率			963.3	933.2	3.2

拉丁美洲地区在世界水上乐园中列第三，在前 10 个水上乐园中，巴西 6 家，巴哈马、哥伦比亚、危地马拉和墨西哥各 1 家。2017 年前 10 家水上乐园接待游客人数为 993.3 万人次，增长率 1.5%（表 4–11），略高于欧洲和中东地区。

表 4–11 2017 年拉美前 10 位水上乐园接待游客人数

单位：万人次；%

排名	名称	所在地	2017	2016	增长率
1	温泉水上乐园	巴西，奥林匹亚	200.7	195.9	2.5
2	巴哈马水上冒险乐园	巴哈马，天堂岛	183.1	186.8	-2.0
3	温泉公园热河水上乐园	巴西，卡尔达斯	148.1	138.1	7.2
4	海滩乐园	巴西，阿基拉斯	102.8	104.4	-1.5
5	匹西拉高水上乐园	哥伦比亚，波哥大	98.9	97.0	2.0
6	豪科米尔水上乐园	危地马拉，拉雷塔卢莱乌省，圣马丁萨波	82.7	83.8	-1.3
7	伊尔罗洛水上乐园	墨西哥，莫雷洛斯	53.0	52.0	1.9

续表

排名	名称	所在地	2017	2016	增长率
8	圣保罗潮野水上乐园	巴西，圣保罗	47.6	48.6	-2.1
9	塞尔马水上乐园	巴西，圣保罗	39.2	33.0	18.8
10	里约水世界	巴西，里约热内卢	37.2	39.2	-5.1
2017年拉美前10位水上乐园接待游客人数总计			993.3	978.8	—
2016–2017年拉美前10位水上乐园总游客量增长率			993.3	978.8	1.5

四、全球主要主题乐园及迪士尼乐园的发展近况

在全球主题公园行业中，占据前几位的企业都是实力雄厚的跨国集团，其中不乏世界500强企业的身影（表4-1）。华特·迪士尼公司在2017年《财富》杂志评出的全球500强企业中列第161位。2017年全球接待人数前25名主题乐园中将近一半都是迪士尼主题乐园（见表4-3），成为全球主题公园的龙头老大。位于第二的美国默林娱乐集团是美国著名的黑石基金旗下的企业，以28亿丹麦克朗的价格收购丹麦的乐高集团后，2007年又兼并了图索（杜莎）集团（旗下有杜莎夫人蜡像馆、英国奥尔顿塔、切辛顿冒险世界和伦敦眼等著名景区），通过一系列的资本运营后成为世界第二大主题公园企业，年接待游客达5980万人次。位于第三的环球影城主题乐园原先属于法国威望迪公司，该公司曾列2006年度世界500强企业中的第270位。2003年美国通用电气（GE）旗下的美国全国广播公司（NBC）收购了威望迪公司包括环球影城等主题公园在内的娱乐资产，而美国通用电气是全球著名的多元化经营的大型企业集团，在2017年度全球500强企业中列第31位。位于第四的美国六旗公司是专业化经营单一品牌主题公园规模最大的企业，共有30多个主题乐园、水上乐园和动物园，其中有24家乐园是以六旗命名的，六旗公司现已撤出在欧洲的投资，在加拿大和墨西哥各有一个主题乐园。第一家六旗乐园建于美国得克萨斯州，乐园的名字来自于历史上曾在得克萨斯飘扬过的六面国旗，2009年受金融海啸冲击，六旗申请破产保护，公司负债达34亿美元。位于第五的百威英博是一家以生产经营饮料为主的跨国公司，在2017年度全球500强企业中列第206位，除布施花园外，还在美国拥有多个海洋世界和水上乐园。位于第六的美国雪松娱乐公司是由派拉蒙影业公司合资经营的景区公司，派拉蒙是美国著名财团洛克菲勒旗下的企业，是美国好莱坞三大影业公司之一，除雪松角乐园外，还在美国拥有5家以派拉蒙冠名的各式主题乐园。由此可看出，这6家主题乐园企业集团有不寻常的资本实力，而其中前3家企业的国际化经营力度较大，迪士尼已于2016年在上海的亚洲第三

家迪士尼乐园开业。而后3家企业投资和经营主要是在美国本土，其中派拉蒙主题乐园也开始了在亚洲的投资（包括计划在我国天津、杭州和深圳三地投资建园）。

在国际主题乐园和游乐园行业中，一般将水上乐园从主题乐园和游乐园中单列成一个独立的亚类。从接待规模上看，水上乐园因受气候、活动方式等因素影响，入园游客人数远不如其他陆上主题乐园。在世界前20大水上乐园中，只有两个乐园接待的游客人数超过200万人次。位于第2位和第3位的台风湖水上乐园和风雪滩水上乐园均是迪士尼主题乐园。但中国广州长隆水上乐园超过迪士尼雄踞榜首，中国沈阳的沈阳皇家夏威夷水上乐园名列第13位。

从世界主题乐园发展的总趋势来看，美国仍将是行业的主导者和最大的市场需求者，但增速趋缓。而亚太地区由于中国经济的强劲发展，成为发展最快的市场大区，而欧洲、中东和非洲地区呈现稳步增长的态势，增长最慢的是拉美地区。

（一）迪士尼乐园

在主题乐园中，迪士尼是当之无愧的业界龙头，无论是在接待人数，还是在经营收入上，迪士尼都远远超过其他主题乐园，连欧洲一些非常著名的自然和历史文化类旅游景区都无法与之匹敌，迪士尼也理所当然地成为研究主题乐园的主要对象。

迪士尼乐园一词来源于创始人沃尔特·迪士尼的名字，过去我国对于这一名词的翻译并不统一，我国内地一般译成"沃尔特·迪斯尼"，香港地区译成"和路·迪士尼"，台湾地区译成"华特·狄斯耐"，为了便于市场推广，1995年迪士尼公司决定在大中华地区统一使用"华特·迪士尼"（或"迪士尼"）官方译名。

迪士尼、环球影城都是以电影为主题，前者是以电影卡通人物为主要卖点，后者是以电影片场和特技场景为核心竞争力，而默林旗下的是以杜莎夫人蜡像馆和乐高乐园为主要吸引物，这些西方著名主题乐园都具有很强的文化创意性和很高的国际知名度，尤其是迪士尼品牌几乎成为主题乐园的代名词。

迪士尼与好莱坞、麦当劳、可口可乐一样，生产的不仅仅是产品，而被视为美国文化的代表，也是美国国家软实力的象征。迪士尼营销的是文化符号和梦幻体验，这是迪士尼企业竞争制胜、战略成功的奥秘。对于游客而言，迪士尼就是一个拥有米老鼠、唐老鸭、白雪公主、高飞、史瑞克等一批卡通人物和新奇体验乘骑等主题乐园。但从企业主营业务看，迪士尼是一个综合性、体系化经营的跨国集团，涉足的业务分五大板块：媒体网络（有线电视、娱乐体育转播等）、主题乐园和度假区（迪士尼乐园和度假酒店等）、影视娱乐（付费点播电视、电影电视作品创作等)、消费品(版权交易、玩具纪念品等)和互动工作室(在线虚拟世界、社交游戏等)。收入最多的板块是媒体网络,年收入超过200亿美元,占45%;而主题乐园与度假区的收入居第二位,收入为140亿美元,占31%。迪士尼是一个庞大的企业帝国和产业生态圈,这些经营业态与乐园的主题相关性大、产品依存度高、品牌支撑力度大。如影视娱乐板块中就包括:迪士尼动画制作公司、迪士尼电影公司、皮克斯动画工作室、迪士尼音乐集团、漫威影业、试金石影业、迪士尼自然电影、迪士尼戏剧集团等这些公司制作的大量影视、戏剧、音乐作品,也为乐园的主题创意提供了丰富的题材和耳熟能详的故事人物。

(二)华特·迪士尼的发展史

1955年沃尔特·迪斯尼先生在美国加利福尼亚州洛杉矶附近的阿纳海姆兴建了第一座迪士尼乐园,出乎当时大多数人的意外大获成功,开创了主题乐园的迪士尼时代。乐园由五个主题园区组成(最初规划时,还有一个"小人国乐园"微缩景区,后终因筹资不足遭舍弃)。景区由初建时的18个,增加到现在的60个。开园的第一年就接待380万人次,收入达1000万美元,占当时迪士尼影片公司总销售额的1/3。迪士尼乐园深受欢迎,门票价格也先后上涨了三次。1971年迪士尼公司又在佛罗里达的奥兰多附近建造了规模更大的华特·迪士尼世界。此后,迪士尼将奥兰多作为发展主题乐园的大本营,不断地进行投资和扩张:1982年10月建成"未来世界",也有将其直译成"未来实验示范社区"或音译成"艾波卡特"(EPCOT,Experimental Prototype Community of Tomorrow),这一占地105公顷的乐园,一应俱全,设有自己的学校、公寓、购物中心和一套电脑控制的污水处理系统,这个项目共耗费了12亿美元巨资,大大超出当初不到6亿美元的预算方案。1989年5月迪士尼—米高梅影城(Disney-MGM Studios)开业,这一项目显然是与美国音乐公司当时正在佛罗里达规划中的环球影城争夺游客,为此,设计了许多新奇刺激的乘骑和特技项目,如"灾难峡谷""印第安纳·琼斯"等,项目投资预算也一超再超,最后攀升到5亿美元。1998年初新建成的动物王国开始接待游客,动物王国占地200公顷,比魔幻王国大出五倍。园内既展示迪士尼的卡通动物,也展示真实的动物。到20世纪90年代迪士尼在奥兰多已发展成颇具规模的华特·迪士尼世界度假区(Walt Disney World Resort)。公园门票价格上涨了五次。

20世纪80年代起迪士尼已经不仅仅满足于开发美国国内市场,开始向海外进军。1980年迪士尼公司与日本东方乐园公司合作,兴建东京迪士尼乐园。但这一项目是以日方为主,迪士尼仅投入250万美元和商标使用权。合作期限为43年。迪士尼以收取专利使用费、10%的门票收入、5%的食品和商品销售额以及任何合作协议所得的10%。此项目1984年开始每年为迪士尼公司带来5000万美元的收入。1986年，迪士尼公司每季度获专利使用费达800万~1000万美元，在以后合作的20多年里，迪士尼在东京的专利收入将高达7.23亿美元。而20世纪80年代末，日本合作方每年可获取上亿美元的盈利。即使在日本经济不景气、内需疲软的背景下，1998年入园人均消费较预期增长了2.6%，达9651日元，游客中97%是日本本国居民。2000年东京迪士尼乐园接待的游客人数已达到1730万人次。于是，迪士尼与日本东方乐园合作于2001年在东京迪士尼乐园旁又修建了一座东京海上迪士尼乐园（类似于流产的长滩"迪士尼海洋"工程）。由于东京迪士尼的巨大经济收益，迪士尼总部决定进军欧洲市场，却没能取得预期的成功。2005年香港迪士尼乐园开业，但因香港本地居民人口规模太小，内地居民到香港旅游仍存在着一定的限制，而本地客源比重太低，使得接待人数没能达到预期目标。自开业以来逐年下降。2005年开业当年香港迪士尼接待了520万游客，2006年下滑到480万，2007年又下降到410万，两年时间下降了20%。而香港迪士尼的本地游客只占了31%，中国内地游客占到了39%，境外游客也占到30%。再加上香港迪士尼占地面积太小造成游客入园被拒等状况，在市场上造成了负面影响，香港迪士尼成为迪士尼家族中接待人数最少的一个乐园。由于香港迪士尼客流量不足，拖累美国总公司的盈利，巴黎迪士尼和香港迪士尼在2007年第4个财政年度（截至9月29日），合共亏损3000万美元，与上年同期尚有500万美元利润相比，业绩出现了较大的滑坡。

香港迪士尼乐园年接待人数一度不及香港海洋公园，2017年香港迪士尼接待游客达620万人次，超过了香港海洋公园。但香港迪士尼乐园的入园人次也延续下滑趋势，从2015财年的680万下滑至620万人次，降幅亦从9.3%扩大至10.3%。实际上，由于内地游客数量的减少，这个亚洲第二家迪士尼乐园已经连续两年亏损，亏损的数额也越来越大。

表4-12 世界迪士尼主题乐园基本情况

乐园名称	建成年月	乐园面积[1]（公顷）	所在城市	初期投资（亿元）	成人门票价格[2]（元）
迪士尼乐园	1955年7月	66	洛杉矶	0.17（美元）	63（美元）
华特·迪士尼世界	1971年10月	43	奥兰多	7.66（美元）	67（美元）
东京迪士尼乐园	1983年5月	51	东　京	1500（日元）	5500（日元）
东京海上迪士尼	2001年9月	49	东　京	3380（日元）	5500（日元）
巴黎迪士尼乐园[3]	1992年4月	57	巴　黎	28（欧元）	53（欧元）

续表

乐园名称	建成年月	乐园面积[1]（公顷）	所在城市	初期投资（亿元）	成人门票价格[2]（元）
巴黎迪士尼影城	2002年3月	51	巴黎	2.3（欧元）	53（欧元）
香港迪士尼乐园	2005年9月	15	香港	250（港元）	295（港元）
上海迪士尼乐园	2016年6月	116	上海	55（美元）	499（人民币元）

注：1. 仅指迪士尼主题乐园区面积，不包括其他主题乐园及项目用地；
2. 门票为旺季的一日游成人票的价格；
3. 原先乐园名称为欧洲迪士尼乐园，1996年更名为巴黎迪士尼乐园。

表4-13 世界迪士尼度假区基本情况

度假区名称	地点	面积（公顷）	度假区设施
华特·迪士尼世界度假区	美国佛罗里达奥兰多	10927	4个主题乐园、3个水上乐园、大型购物区、国际标准冠军高尔夫球场、迪士尼综合运动园区、22家迪士尼酒店
迪士尼乐园度假区	美国洛杉矶阿纳海姆	207	2个主题乐园、大型购物区、3家迪士尼酒店
东京迪士尼度假区	日本千叶县浦安	200	2个主题乐园、大型购物中心、7家迪士尼酒店
巴黎迪士尼度假区	法国巴黎郊区马恩河谷	1943	2个主题乐园、迪士尼村、高尔夫迪士尼、7家迪士尼酒店
香港迪士尼度假区	中国香港大屿山竹篙湾	126	1个主题乐园、1个水上活动中心、1个迪士尼码头、2家迪士尼酒店
上海迪士尼度假区	中国上海浦东川沙新镇	390	2个主题乐园、迪士尼村、高尔夫迪士尼、7家迪士尼酒店

表4-14 迪士尼开发的主题乐园和项目一览表

序号	主题乐园名称	所在地区	开业日期
1	迪士尼乐园	美国加利福尼亚州洛杉矶	1955年7月17日
2	迪士尼世界之神奇王国	美国佛罗里达州奥兰多	1971年10月1日
3	迪士尼世界之未来世界	美国佛罗里达州奥兰多	1982年10月1日
4	东京迪士尼乐园	日本千叶县浦安	1983年4月15日
5	迪士尼世界之迪士尼—米高梅影城	美国佛罗里达州奥兰多	1989年5月1日
6	巴黎迪士尼乐园	法国巴黎郊区马恩河谷	1992年4月12日

续表

序号	主题乐园名称	所在地区	开业日期
7	迪士尼世界之迪士尼动物王国	美国佛罗里达州奥兰多	1998年4月22日
8	迪士尼邮轮（迪士尼魔力号）	海上航线	1998年7月30日
9	迪士尼乐园之冒险乐园	美国加利福尼亚州洛杉矶	2001年2月8日
10	东京海上迪士尼	日本千叶县浦安	2001年9月4日
11	巴黎迪士尼影城	法国巴黎郊区马恩河谷	2002年3月16日
12	香港迪士尼乐园	中国香港大屿山竹篙湾	2005年9月12日
13	上海迪士尼乐园	中国上海浦东川沙新镇	2016年6月16日
14	潘多拉：阿凡达世界	美国佛罗里达州奥兰多	2017年5月27日

虽然迪士尼主题乐园的知名度很大，但作为在美国有影响的上市公司，在庞大的迪士尼帝国中，主题乐园只是其中一部分。影视业是迪士尼的传统产业，卡通片是迪士尼创始人掘取的第一桶金。

1928年米老鼠的形象首次出现在影片《威利号汽船》中，不久，又有许多包括唐老鸭在内的卡通人物加入，成为美国家喻户晓、人见人爱的艺术形象。米老鼠、唐老鸭等卡通人物不仅与麦当劳、可口可乐一样成为美国文化的一部分，而且还成为迪士尼产业大厦的坚实基础。迪士尼的卡通人物和品牌以及后来涉足传媒产业是其在与六旗、布施公园、环球影城和雪松园等一批较有实力也较有特色的同行竞争中处于领先地位的重要法宝和一笔巨大的无形资产。

迪士尼的娱乐产业还包括经营电视频道、电视节目、家庭录像带制作和电视广告等业务。1983年迪士尼花费了1900万美元买断了休斯公司的"银河一号"卫星的两个脉冲转发器的使用权，开设了迪士尼收费频道和迪士尼的电视辛迪加，其制作的儿童动画片在全美一直有着很高的收视率。1995年底迪士尼公司以190亿美元收购了美国广播公司（ABC），并由此拥有在美国很受欢迎的体育频道ESPN。大规模的媒体投资和收购计划，给后续经营管理带来一些困难，但对于迪士尼主题乐园的形象宣传和促销推广无异于如虎添翼。在欧洲迪士尼开园前夕，迪士尼频道营销部门分别与英国、法国、荷兰、斯堪的那维亚以及澳大利亚各家电视台签约，用当地语言播出名为"迪士尼俱乐部"的板块节目，收到了较好的效果。1996年，全世界共有35家这样的迪士尼俱乐部。

迪士尼的另一个传统产业是百货零售业，1984年迪士尼仅靠出让卡通动物形象使用许可就获得1.11亿美元，迪士尼许可了8000多种产品。1995年迪士尼公司在全球范围内经营的百货公司已达到429家，公司计划将这个数字在全球范围内增加至600家；1988年迪士尼以6100万美元收购了拥有两处美国最大邮购销售市场的新泽西儿童工艺公司,专营儿童家具和启蒙玩具,每年邮寄800多份邮购目录,到20世纪80年代末,每年的销售收入达700多万美元。

饭店物业和房地产是迪士尼的另一项主业,迪士尼在最初并无投资饭店的计划,在加州的迪士尼乐园建成后,四周建了许多与迪士尼景观很不协调的饭店,但生意不错。后来在佛罗里达的奥兰多兴建迪士尼世界时,迪士尼公司也开始设计修建主题酒店,第一座由迪士尼建造和经营的酒店是位于大峡谷广场景区的当代乐园酒店,该酒店有393间客房面向广场,景区内的单轨火车从饭店大堂通过。据报道,公园内的旅游酒店平均入住率高达98%。到20世纪90年代中期,迪士尼酒店的数量增加到250多家。而房地产的开发缘起于华特·迪士尼晚年的一个宏大的理想,即在迪士尼公园的基础上建立一个既是展示美国工业科技和文化的橱窗,又能满足大部分居民生活要求的环保型社区。这一设想已由他的继任者逐渐变为现实。1996年在迪士尼世界内修建的社区已经竣工,占地20多平方公里的社区成为2万人的家园。

迪士尼将新的增长点放在IT行业的投入上,1999年7月迪士尼买下了Infoseek网络公司,并与迪士尼已有的网站合并成一个名为Go.com的新的网络公司独立挂牌上市。公司希望借Infoseek强大的搜索功能,使阅读迪士尼提供的网上信息,如ABCNess.com和ESPN.com等的访问者停留更长的时间,但是1999年底迪士尼公司透露,Go.com亏损达10多亿美元。

从迪士尼近年经营业绩看,1998年公司收入达229.76亿美元,利润18.50亿美元,收入比上一年微长了2.2%,但利润却反而下降了6.9%,而1997年迪士尼的利润增长率高达22.9%。在以追捧业绩的成长性为主流的证券市场上,迪士尼的这种获利能力的衰退,致使在1999年5月中旬道琼斯股票指数创新高时,迪士尼的股价不涨反跌。但在以收入水平作为主要依据的全球企业财富500强排行榜中,迪士尼公司的排名由1996年的第350位,上升到2017年的第161位。其中1999年曾达到150位,见表4-15。

表4-15 1996—2017年《财富》公布的华特·迪士尼公司的经营情况

年份	《财富》世界500强排名	营业收入（百万美元）	利润（百万美元）	利润（%）	总资产（百万美元）	雇员人数（千人）
2017	161	55 632	9391	16.9	92 033	195
2016	164	52 465	8382	16.0	88 182	—
2015	214	48 813	7501	15.4	84 186	—
2014	232	45 041	6136	13.6	81 241	175
2013	248	42 278	5682	13.4	74 898	175

续表

年份	《财富》世界500强排名	营业收入（百万美元）	利润（百万美元）	利润（%）	总资产（百万美元）	雇员人数（千人）
2012	249	40 893	4807	11.8	72 124	175
2011	226	38 063	3963	10.4	69 206	175
2010	199	36 149	3307	9.15	63 117	144
2009	201	37 843	4427	11.7	62 497	150
2008	207	35 882	4687	13.6	60 928	137
2007	191	34 285	3374	9.84	59 998	133
2006	180	31 944	2533	7.93	31 944	133
2005	159	30 752	2345	7.63	53 902	129
2004	170	27 061	1267	4.68	49 988	112
2003	165	25 329	1236	4.88	50 045	112
2002	177	25 269	158	0.63	43 699	114
2001	174	25 402	920	3.62	45 027	120
2000	176	23 402	1300	5.56	43 679	120
1999	150	22 976	1850	8.05	41 378	117
1998	153	22 473	1966	8.75	37 776	108
1997	192	18 739	1214	6.48	37 306	100
1996	350	12 112	1380	11.4	14 606	71

注：《财富》公布的年度资料，系上一个财政年度的经营统计数字。

总之，我们在研讨迪士尼主题乐园的时候，不能漠视迪士尼业已积累的品牌优势和存在的庞大的产业群对其主题乐园给予的直接和间接的支持。自20世纪70年代在奥兰多兴建了迪士尼世界后，迪士尼已先后增建了迪士尼—米高梅影城、未来世界和动物王国等多个独立的主题乐园，其投资规模和占地面积都要较迪士尼世界初期投资大得多。但迪士尼在投资决策中的失误和教训也绝非个别，项目超预算更是司空见惯。除已建成的巴黎迪士尼外，还有一批因计划不周及其他原因而流产的工程，如长滩"迪士尼海洋"工程、弗吉尼亚州新的主题乐园项目（这是继加利福尼亚州和佛罗里达州之后，又一个雄心勃勃的计划）、阿纳海姆的"西屋中心"工程计划、加利福尼亚州的"迪士尼之加州冒险"游乐园（一个有滑翔机、救生筏和游客可以动手制作自己的动画片的游乐园）以及在日本迪士尼模仿奥兰多迪士尼—米高梅影城的设想等。

但是，随着人们环保意识的增强和民族主义的觉醒，迪士尼的大规模人工造景和文化帝国主义倾向也正受到越来越多国家的民间团体的抵制。

迪士尼的成功取决于深植人心的卡通形象和品牌效应，也因为迪士尼拥有一个人才济济、实力雄厚的创意工程部（Imagengineer Dept.），不断地研究、设计和开发各种富有创意和迎合市场需求的游乐项目，以及具有很强的融资能力等有利条件。迪士尼是将主题乐园作为一项集度假、娱乐、饭店、商业零售和地产等于一身的综合性产业来发展的。但是，迪士尼的主题乐园项目耗资巨大，投资回收期较长，一般靠持续性地、规模性地滚动投资不断地上新项目来维持市场份额。在项目经营的同时，往往伴随着一系列复杂的资本经营。从某种意义上讲，迪士尼的许多投资项目颇像"风险投资"项目，具有大手笔、大制作、大项目和高投入、高回报、高风险的"三大三高"特点。

世界六大迪士尼主题乐园系列的基本情况可参见表4-12、表4-13和表4-14。从这些表中可以看出，迪士尼对于新的目的地开发步子并不算快，平均10年为一个周期。多数新增投资项目都是在已有的迪士尼度假区内新增独立的主题乐园，这主要是为了追求规模集聚效应，巩固和深度开发已有的客源市场，增加访客频次。迪士尼的国际化进程非常稳健，目前在迪士尼乐园的收入中80%是来自美国本土的，而国外的乐园不到20%。从历年的投资额看，美国的本土投资额都是高于国外投资。与麦当劳、可口可乐的国际化相比，迪士尼乐园的国际化步伐比较缓慢。自1955年7月第一家迪士尼乐园在加州阿纳海姆开业后，直到1983年4月才在美国本土之外的日本东京开设了第一个迪士尼乐园。至今，迪士尼在全球范围建造的各种主题乐园也不过六大园区，14个主题乐园（包括迪士尼邮轮）。其中一半在美国本土。在美国，迪士尼主题乐园群主要分布在东西两大区域，即西海岸的加州洛杉矶附近的阿纳海姆迪士尼乐园（Disneyland）系列（迪士尼乐园、冒险乐园等）和东海岸的佛罗里达州奥兰多布纳维斯塔湖区的迪士尼世界（Disney world）系列（神奇王国、动物王国、未来世界、好莱坞影城，以及台风湖水乐园、风雪滩水乐园、阿凡达世界等）。而在国际上，目前只有在日本东京（迪士尼乐园、迪士尼海洋乐园）、法国巴黎（迪士尼乐园、迪士尼影城）、中国香港和上海四个国际性大都市投资兴建了6处乐园，以及巡游在大洋上的迪士尼邮轮（迪士尼魔力号），迪士尼的乐园数量尚比不上六旗集团，六旗集团在美国、加拿大和墨西哥共拥有18家乐园。由此可见，迪士尼乐园的选址布局非常慎重，尤其重视选址的经济和交通区位条件。迪士尼乐园主要追求规模效益和综合效益，除香港迪士尼外，其余的乐园年接待人数都在1000万以上。也正是因为香港迪士尼乐园没有充分地发挥吸引大陆游客的作用，迪士尼才决定在上海再建造一个规模容量都比香港更大的乐园。在综合效应方面，迪士尼乐园不只是一个单纯的景区，而是将景区与度假区融为一体，相得益彰。迪士尼度假区的住宿客房年出租率大多都在80%以上，受欧洲经济不景气影响巴黎迪士尼度假区，近年来客房出租率有所下降，但全年近80%的出租率，也高于大多数酒店业的平均水平。香港迪士尼度假酒店的客房出租率更是超过了90%，此外，迪士尼的平均每间客房收入也较高，而且国外的迪士尼酒店更高于美国本土。巴黎迪士尼乐园和度假区的平均每间房的花费是乐园游客的4倍多，2013年巴黎迪士尼的乐园收入与度假村住宿收入已经达到了1.4∶1（考虑到旅游人数与住宿人数的悬殊差异，度假酒店的效益由这一比例就可见一斑）。

迪士尼乐园的经营多元化还反应在游客消费和乐园收入两个方面，除了上面我们谈到的迪士尼游客中有不少度假者，住宿收入较高外，乐园的景区收入结构也较为多元，以东京迪士尼为例，游客的门票消费约占40%，购物和餐饮约占60%，尽管迪士尼的门票价格普遍较高，但游客在园内消费超过了门票支出。从乐园的收入结构看，游乐设施和表演（即门票收入）项下的收入占营业收入的40%左右，而商品销售和食品饮料销售约为60%，尤其是商品销售达到了30%以上，迪士尼景区超越了困惑我国大多数景区"门票经济"的商业逻辑。

（三）巴黎迪士尼乐园的失利和教训

自1992年开业后的几年时间里，关于巴黎迪士尼乐园的长期生存问题的讨论就相当激烈。1993年巴黎迪士尼乐园的预计净利润约为7100万英镑，然而事实上却亏损了约6亿英镑。1993年预计的收入为7.81亿英镑，但实际收入仅为5.6亿英镑，远远低于预计收入。这些问题的出现，主要不是由访问量小而引起的，而是因为游客人均消费比预期的要低所造成的。

或许我们可以列出一些巴黎迪士尼乐园之所以未能像其拥有者和许多人最初预料的那样成功的理由。但是，该旅游景区相对失败的原因主要有以下几点。

（1）巴黎迪士尼乐园的开业正巧遇上西欧经济大衰退的时期，从而致使所有主要目标市场的旅游需求下降。

（2）巴黎迪士尼乐园地处巴黎附近，使得旅游景区每年都有一段时间要饱受寒冷、潮湿的天气之苦。每年这段时间，旅游需求都会大大下降。就气候而言，巴黎与佛罗里达和加利福尼亚形成强烈的对比，那里宜人的气候保证了旅游景区常年旺盛的需求。

（3）对欧洲游客而言，巴黎迪士尼乐园的价格偏高，尤其是旅馆和餐饮的价格更是如此。

（4）园内未能提供有酒佐餐的饮食，游客对此不能接受，因为这与欧洲的消费文化，特别是法国的饮食传统格格不入。

（5）由于巴黎迪士尼乐园禁止游客自带食品，游客被迫购买旅游景区特卖场出售的昂贵食品，这就迫使许多潜在游客推迟了他们的访问计划。

（6）巴黎迪士尼乐园提供的产品对某些游客群体缺乏吸引力，譬如，旅游景区内没有刺激的游乐项目，使得该乐园失去了对年轻的、喜欢冒险游客的吸引力。

（7）当今，许多欧洲人对美国冲击欧洲文化的现实日感忧虑。在这个时期，巴黎迪士尼乐园被许多欧洲人视为一家美国大公司的经济帝国主义行径。

（8）因为要使欧洲员工按照美国传统来工作存在难度，所以人们感到巴黎迪士尼乐园的服务不如美国的迪士尼乐园那么好。这一点使许多曾经访问过美国迪士尼乐园的游客感到失望，他们的消极印象可能影响了潜在的游客。员工的雇用无疑是一个严重的问题，许多曾在巴黎迪士尼乐园工作过的员工对其工作经历不甚满意。

巴黎迪士尼乐园陷入了一种恶性循环。开业初期的问题导致了负面的媒体报道，负面的媒体报道又阻碍了许多潜在的游客来此造访。要打破这个恶性循环，还是比较困难的。

自从开业初期，巴黎迪士尼乐园就在调整其管理团队。就目前来看，这种调整在财务和顾客满意度两个方面都取得了成功。尽管如此，巴黎迪士尼乐园早期出现的问题清晰地表明：即使是有经验的旅游景区经营者也可能有失足之处。

总之，与东京迪士尼乐园不同，巴黎迪士尼的本国市场份额比例远低于东京，巴黎迪士尼的失利其中一个原因是以迪士尼为代表的美国文化与欧洲文化之间的冲突。于是，迪士尼集团调整了经营策略，首先将乐园更名为巴黎迪士尼，在园区内增加了法国文化元素和法国人的消费心理和习惯，在人员管理上也尊重法国企业文化。1995年首次出现自开业以来的扭亏为盈，实现利润2300万美元，但游客人数仍未达到预期的1100万人次，直到1998年，访客人数超过了1400万人次，2012年更达到了1600万，但2013年下降到1490万人次，2014年起又回落到不足1000万游客，2017年为966万人次。

五、我国主题乐园的发展现状

自2008年起，我国华侨城集团首次进入全球十大（TOP10）主题乐园集团排行榜后，连续5年列第8位，而自2003年起，跃升至第4位。此外，自2012年起海昌、方特、长隆、宋城都曾进入过前10位。我国主题乐园已经成为继美国之后的世界第二大国。2017年我国共有华侨城、华强方特、长隆等三个主题乐园集团进入前10位。但是，这三大集团接待游客的加在一起达1.12亿人次，占到同年迪士尼集团的75%。

从单个主题乐园景区看，我国还没有一家进入前10位的，列在前10位的景区中，迪士尼占7家，环球影城2家，但在下个年度上海迪士尼乐园有望进入前10名。我国主题乐园行业发展虽然很快，并已经跻身于世界前列，但与美国迪士尼相比，无论是企业集团，还是单个主题乐园，我们还存在着不小的差距，在短期内都无法撼动迪士尼的龙头老大地位。

随着上海迪士尼的开业，我国本土主题乐园企业在全国投资布局的步伐明显加快，经过市场洗牌，在全国范围基本形成华侨城、方特和海昌三大集团三足鼎立的格局，华侨城是国内最早涉足主题乐园的龙头企业，以其第三代产品——深圳的"欢乐谷"作为母本，并以此品牌在北京、上海、天津和成都等一、二线城市布局设点；方特以游乐电子设备商的研发优势，其母公司华强集团在主题公园建造技术方面的核心是特效影音的相关技术，包括立体电影技术、追踪电影技术、环幕电影技术、水幕电影技术、影视特技、影视后期制作等方面，其宣称的拥有自主知识产权的相关技术和设备也主要来源于影音方面，2002年华强集团在美国注册的"180度环形银幕立体电影成像技术发明专利"，通过该技术，华强集团在欧美建设60多所环幕4D影院。在这些核心技术的基础上，华强集团通过对其他公园、商场和投资商的技术输出，实现了小型娱乐场所"方特乐园"在全国的连锁发展，目前，华强集团在全国建设的方特乐园（或4D影院）已经达到了20多家，特效影音及相关技术已成为方特建造主题公园的核心竞争力。虽然方特进入主题乐园行业时间较晚，2007年在安徽芜湖兴建了首家方特欢乐世界主题乐园，但自2010年后，以"欢乐世界"和"梦幻王国"两大品牌在全国二、三线城市快速布局；海昌集团则是以"极地海洋世界"（极地海洋馆）和"渔人码头"作为品牌抢占二线重点城市。在区域市场层面，长隆集团和宋城集团则是两大极具竞争力的主题乐园运营商。长隆集团2014年斥资200亿元修建的珠海横琴乐园，是目前国内单个主题乐园投资最大的景区。而杭州宋城2013年接待人数突破400万，成为当年全国主题乐园接待游客人数最多的景区。近年来，宋城集团也开始以"千古情"演艺秀品牌，在海南三亚和湖南张家界合作投资景区和旅游项目。长隆集团是以野生动物园起家的大型主题乐园公司，其主要投资项目都集中在广东（广州番禺、珠海横琴岛等），也投资兴建了海洋动物园和水上乐园，与北方的海昌集团形成南北分野之势，目前我国主题乐园已经开始呈现华侨城（欢乐谷）、方特、海昌、宋城和长隆五大集团的垄断竞争格局。这五家企业集团既有大型央企（华侨城）、国企改制（方特）、中外合资（海昌）、民营企业（宋城、长隆）。由此看出，我国主题乐园的市场化程度较高，市场竞争比较充分，这种态势将随着世界著名大型主题乐园登陆中国市场，将更趋激烈，我国主题乐园即将面临新一轮的重新洗牌。

在世界大型主题乐园集团中，率先进入中国市场的是默林娱乐集团旗下的杜莎夫人蜡像馆，2000年香港分馆开业（2006年扩展后重新营业），之后相继投资建设了上海分馆（2006），武汉分馆（2013），北京分馆（2014）。但从总体上看，这些项目的场地规模、投资总额和接待人数都比较有限。2016年是全球主题乐园巨头大举进入我国主题乐园行业的元年，上海迪士尼乐园的开业，将彻底改变目前我国主题乐园的行业生态。继迪士尼之后，环球影城、六旗等全球知名主题乐园集团纷纷加快进入中国市场的步伐。与麦当劳、肯德基快餐不同，这些主题乐园的全球化进程是较为缓慢的，对外输出也是非常艰难的。这些主题乐园不仅投资巨大，一般都超过200亿元人民币。其次，主题乐园属于本地化的大众旅游产品，一般年接待量都在1000万人次以上，最少也不低于500万人次（目前我国除上海和香港迪士尼外，只有珠海长隆海洋王国和香港海洋公园接待人数超过这一标准），这就需要当地有一个收入稳定、人口基数巨大的中产阶层，迪士尼在整个欧洲也只是在1992年才开始在巴黎兴建了一座乐园，2002年才在迪士尼乐园旁举债兴建了迪士尼影城。巴黎迪士尼在开业后的很长一段时间都处于亏损状态，2004年累计负债已达20亿欧元，曾处于破产边缘。而在亚洲，1983年兴建的日本东京迪士尼作为美国本土外的第一个乐园大获成功，2001年才又建了东京海上迪士尼。2005年又在中国香港投资兴建了乐园，10年后才在上海新建了美国本土外的第6家主题乐园，而且开园第一个财年接待人数就突破了1000万人次。目前亚洲是拥有除美国本土外迪士尼乐园最多的区域。迪士尼在欧洲遇冷，除了经济不景气外，还与欧洲游客对于迪士尼的主题文化较为排斥有关。比较而言，亚洲游客尤其是日韩游客普遍具有崇美心理，对于美国文化基本是照单全收。环球影城在美国本土外也只是在日本大阪和新加坡圣淘沙兴建，且都建在亚洲。目前已规划与首旅集团合作在北京兴建亚洲第三家环球影城，计划于2022年竣工开业。六旗是一家专业化经营单一品牌主题乐园规模最大的企业，共有30多家主题乐园、水上乐园和动物园，其中有24家乐园是六旗命名的。2009年受金融海啸冲击，公司负债达34亿美元，申请破产保护。并已撤出在欧洲的投资，目前只是在加拿大和墨西哥各有一个主题乐园。尽管如此，六旗也不愿意放弃中国市场，与我国山水集团签订了合作意向，先后在京津冀和上海周边考察选址，拟投资建设山水六旗小镇。此外，日韩的大型主题乐园企业集团也在我国沿海的一些经济发达的二线城市兴建乐园项目。

　　旅游行业的其他业态不同，在20世纪80年代改革开放初，外资旅游饭店是最早进入国内市场。21世纪初我国加入WTO后，外资旅行社也开始在中有商业存在。但景区类企业是直到最近才开始大举进入中国市场，这主要是国内旅游消费市场需要有培育过程，而且大型主题乐园是属于高资金投入、高科技应用、高密度客流的"三高"企业，也是高风险、高回报的行业。

在外资大型主题乐园企业集团纷纷看好中国市场,斥巨资兴建主题乐园的同时,我国本土的企业集团也在加快升级换代、全国连锁网点布局的进程,华强方特目前开业的主题公园24座,海昌海洋世界已开业6座。毗邻迪士尼的上海海昌极地海洋公园将在2018年暑期开业,这一项目投资在30亿元以上。此外,也有一些实力雄厚的企业集团开始进入主题乐园行业,继广州长隆乐园群外,首期投资就高达200亿元的珠海长隆抢先在2014年初开业。而观澜湖集团和香港兰桂坊集团联手打造的"观澜湖·兰桂坊·海口"项目正式宣布基本落成并将于2015年开业,但这一项目并未能等到开业就退出了。在兰桂坊项目营业之前,观澜湖已于2014年第二季度开放了其与华谊、冯小刚合作的"电影公社"首个景区。该项目总占地面积1400亩,包括1942民国街、社会主义老北京街和南洋街三条主街,及集合了冯氏贺岁电影经典场景的电影园林景观区,影人星光大道以及包含全球最大的8000平方米摄影棚在内的摄影棚及配套服务区。

随着国家逐渐加大对房地产投资的控制,一些房地产公司如万达、恒大、佳兆业、雅居乐、蓝光、中弘等房地产企业,纷纷开始涉足主题乐园投资,将其打包进"文旅地产"项目,实现企业的转型,借此探索"非住宅、物业"业务。恒大计划在全国布局15座童世界项目。其中最有代表性的是大连万达集团,2009年开始由房地产企业向文化旅游产业转型的,并对迪士尼提出挑战,按照该企业的规划,到2020年万达集团的文化旅游投入和收入规模要达到50%以上,超过房地产成为万达的主营业务。万达集团的目标是要以"景区主题乐园酒店商业"的迪士尼模式赶超迪士尼。到2020年,万达旅游项目将涵盖度假区、万达城、万达茂等,预计接待游客超过2亿人次,成为世界第一大旅游企业。为了实现这一宏伟战略,万达自2009年起,开始在全国布局,投资500亿元打造武汉中央文化区,200亿元建造长白山国际旅游度假已开业迎客,在云南西双版纳斥巨资兴建的国际度假区和主题乐园也已竣工。2013年4月开始,启动建设哈尔滨、南昌、合肥、无锡、广州等城市的万达城。九大城市文化旅游项目的布局,总投资额已超过3250亿元。此外,万达在三亚投资6000万元的驻场演艺节目"海棠秀",在连续三年亏损后,已于2014年8月宣布停演。但与此同时,总投资达25亿元的剧场演出"汉秀"也已于2014年12月首演,但就开业的经营业绩看,没有达到投资商的商业预期。2015年元月投入超过"汉秀"的"哈秀"在哈尔滨首演效果也不如预期。斥资38亿元的武汉万达电影乐园开业也仅维持了19个月就宣布停业,将被改造成一座室内滑雪场。万达以巨大的资金投入进行攻城略地和跑马圈地,尽管一些文旅项目效益不佳,但没有动摇万达实行新的发展模式决心,同时加快发展文化旅游、金融产业、电子商务3个产业,规划到2020年形成商业、文旅、金融、电商基本相当的四大板块,彻底实现转型升级。正当人们对于万达的发展充满期待时，2017年7月，万达商业、融创中国联合发布公告，融创房地产集团以631.7亿元收购万达76个酒店和13个文旅项目91%股权及债务。宣告了万达从文旅产业投资中撤出。所谓赶超迪士尼也只是成了一个传说。事实上，在上海迪士尼乐园的建成对于我国主题乐园行业，尤其是长三角区域内主题乐园的影响是不言而喻的。该区域内还云集了芜湖方特欢乐世界、常州恐龙园、苏州乐园、无锡三国城、水浒城、上海欢乐谷、杭州宋城、机器猫（Hello Kitty）乐园等主题公园。苏州乐园欢乐世界曾以"去迪士尼太远，来苏州乐园"作为卖点的主题乐园，也因设备老旧、缺乏核心竞争力于2016年10月停业，按照规划，这座主题公园正在被改造为"苏州狮山公园"，放弃游乐功能，改为花园绿地。2018年初，规划投资5亿元、占地128亩，开业不到8年的常熟海星岛乐园，因经营不善而倒闭。2018年3月底，常州中华恐龙园未能通过IPO申请，这已经是该公司第二次IPO失败。现已在新三板挂牌的常州恐龙园原计划在本轮IPO中募集资金3.84亿元，用于4个扩建、改建和新建项目。在IPO失利后，融资渠道有限的常州恐龙园目前只能依赖自有资金和银行贷款来支持项目建设。据统计，目前长三角地区大型及特大型主题乐园的数量已经达到15座，若加上计划兴建和正在建设的项目，这一数量可达到20座之多，区内主题乐园市场竞争激烈程度可想而知。2018年全国至少还有9家主题乐园开业，投资总额超过1000亿元（表4-16）。

表4-16 2018年国内新开业的主题乐园

名称	占地面积	投资（亿元）	开业时间	类别
长沙恒大童世界	6000亩	500	2018年	特大型
南京万达茂东方文化主题乐园	4万平方米※	150	2018年6月	特大型
海南陵水富力海洋欢乐世界海洋乐园	2000亩	150	2018年	特大型
建业·华谊兄弟电影小镇	2000亩	150	2018年底	特大型
南宁方特东盟神画	980亩	不详	2018年5月	大型
海南亚特兰蒂斯	810亩	110	2018年上半年	大型
上海海昌极地海洋公园	19万平方米※	30	2018年暑期	大型
宁波大目湾海阔天涳水上主题乐园	376亩	4	2018年5月	中小型
青岛万达乐园	8万平方米※	不详	2018年底	中小型

注：※为建筑面积。

主题乐园行业所存在的这些问题已经引起了国家宏观管理部门的重视。2018年4月9日，国家发改委等五部门联合印发《关于规范主题公园建设发展的指导意见》（下称《意见》），警告主题公园（乐园）建设存在"概念不清、盲目建设、模仿抄袭、低水平重复"的问题，并提出要严控"房地产化"的倾向。按照五部委《意见》中对于主题乐园等级的划分，总占地面积2000亩及以上或总投资50亿元及以上的归类为特大型主题乐园；总占地面积在600亩以上且在2000亩以下，或总投资15亿元及以上且不足50亿元的，为大型主题公园。我国的主题乐园市场仍然拥有巨大的潜力。但是，如不考虑市场容量的同质化投资，已经导致规模数量上的局部过剩。

迪士尼、环球影城等国际著名大型主题乐园的在中国落户，倒逼我国的主题乐园加快产品升级的步伐，提升各乐园IP主题的竞争力。华强方特设置了独立的创意院、研究院和设计院，旗下主题公园内的主题项目均具备自主知识产权，85%的设备都是由该公司设计和生产。2017年的财报显示，华强方特研发投入2.2亿元，占营业收入的比例为5.7%，高于多数同行。华强方特开始从电影创作着手，2018年初上映的《熊出没·变形记》票房收入6.05亿元。加上此前四部熊出没系列的14亿元票房，该系列累积票房在20亿元以上。并探索将电影《熊出没》等IP项目如何植入主题乐园中。不只是华强方特，海昌海洋公园、宋城演艺等国内领先的主题乐园集团，都开始注重IP打造和二次消费的挖掘。海昌在2017年投入110个有IP主题的商品，开发出220个餐饮新品，并建立多个主题餐厅、商业物业等。但国内主题公园在IP方面的盈利能力仍然与国际主题公园有较大差距，门票收入仍然占据华强方特主题公园收入的60%到70%。宋城集团是靠推出"千古情"系列演艺项目来增加景区客流的。宋城集团在杭州西湖、三亚、丽江、九寨等地都是用"千古情"主题来包装或营销景区，用演出绑定主题乐园门票的形式吸引游客。因此，宋城景区主要是门票收入，景区内二次消费项目很少，游客的重游率也不高。

第二节　动物园

一、动物园的起源及发展历史

人类自有历史记载以来就一直在豢养动物，最初的动物园雏形起源于古代国王、皇帝和王公贵族们的一种嗜好，从各地收集来的珍禽异兽圈在皇宫里供他们玩赏，像黄金、珠宝一样，是他们财富和地位的象征。当时的动物园和普通百姓一点关系都没有。一开始，这种收集行为比较随意，碰上什么就抓什么，后来随着人们渐渐地对动物有了一些了解，才开始有了一些计划性和组织性。不过那时的动物都被关在笼子里，人们并不考虑它们舒不舒服，只考虑如何让参观者看得更清楚一些。公元前 2300 年前的一块石匾上就有对当时在美索不达米亚南部苏美尔的重要城市乌尔收集珍稀动物的描述，这可能是人类有记载的最早的动物采集行为。

另据记载，大约在公元前 1500 年，埃及法老苏谟士三世也有自己的动物收藏。他的继母，女王哈兹赫普撒特还派了一支远征队到处收集野生动物，远征队的 5 艘大船运回了许多珍禽异兽，包括猴子、猎豹和长颈鹿，还有许多当时人们还不知道怎么称呼的动物。公元前 1100 年，亚述王提革拉毗列色也收藏了大量的野生动物。中国周朝的周文王还把收集来的动物放在园中命手下人进行研究。那时的动物收藏虽然是统治者权势的象征，但在动物的收集和饲养过程中，人们开始逐渐了解动物和自然，并开始积累驯化动物的知识。古罗马的统治者喜欢在斗兽场欣赏狮、虎、熊互斗，或者让它们和人相斗。那时已有一些猛兽能在圈养条件下繁殖了，所以除了在世界各地捕来的动物外，还有一部分人工繁殖的猛兽被投入到那些血腥的搏杀中。

几乎征服了当时整个世界的马其顿的统治者亚历山大大帝，他的军队从被征服的世界各地给他带回来大象、熊、猴子等各种各样的动物。虽然大帝十分严厉，但据说对他豢养的动物却非常体贴。后来亚历山大大帝把他的动物园传给了埃及国王托勒米一世，托勒米建立了历史上第一座有规划性的动物园。古希腊著名的哲学家，亚历山大大帝的老师亚里士多德，就在那里观察、研究过动物，并写了一本关于动物学的百科全书，名叫《动物的历史》，书中描述了 300 多种脊椎动物。亚里士多德也许是世界上第一个研究动物行为学的人，不过他所做的一切只是因为好奇。

笼养式动物园（Menageries）是动物园历史上的一个阶段，第一个笼养式动物园属于英国历史上的征服者威廉的四儿子，亨利一世曾大量搜集动物，他的孙子，亨利三世继承王位后，他把皇家的居住地搬到了伦敦塔，继续遵循祖父的传统，建立了"皇家动物园"，把许多特制的笼子摆到伦敦塔外面供其他贵族们参观。

在 15 世纪末意大利的佛罗伦萨，也有一个著名的大型笼养动物园。这时正是文艺复兴时期，动物被视为美丽和高贵的象征，狼和狮的图像经常出现在家族的徽章上面。动物园里的动物被画家们当作模特儿进行艺术创作，它们的形象展现于许多杰出的艺术作品之中。达·芬奇也养了一些动物作模特儿之用。德国和奥地利也有笼养动物园存在，在马德堡就有一个海洋动物园，饲养海豹和海象。而且还有现在已经灭绝的欧洲野牛。最好的笼养动物园是由印度莫卧儿王朝的皇帝阿克巴儿（1542—1605 年）建立的，到他死时，他拥有 5000 只大象和 1000

只骆驼。他禁止动物之间打斗，很得意那些动物能庇护在他身边，他的动物园向他的臣民们开放。

在奥地利的维也纳，圣罗马帝国的皇帝弗兰希斯一世在1757年送给他的妻子皇后玛丽娅·特利萨一座动物园作为礼物，动物园当时就在今天维也纳市区西南世界文化遗产舍恩布龙宫（Schonbrunn Palace），又名美泉宫，是特利萨女皇的避暑离宫，动物园被命名为美泉宫动物园，园中饲养了一些比较温驯的动物供人在旁边的观赏亭中观赏、研究。目前这个动物园仍然存在，只是原来的观赏亭已改为咖啡馆。

到了18世纪90年代，法国大革命使情况发生了很大变化，国王、贵族们被打倒了，他们的土地和财产被重新分配，各地动物园的动物也被集中到一起，统一安置到巴黎植物园中。1793年，凡尔赛宫中的动物也被送到这个植物园中，因为法国人觉得它们有科学价值，应该保留下来进行科学研究，探索大自然的奥秘。至此现代动物园的概念开始萌芽。同时在隔海相望的英国，老百姓也被允许参观伦敦塔的皇家动物园，不过他们要付几便士的门票，或者带些猫、狗给那些大型猫科动物和熊当食物。

19世纪初，经济的发展带动城市的扩张，人们开始考虑建设公园、保留绿地以满足休闲娱乐之需。由于对保护自然的关注和渴望对野生动植物进行深入了解，动物和植物被一起放到公园里进行展出。动物园这个英文词Zoo，源于古希腊语的Zoion，意为"有生命东西"，进而发展成Zoology，意思是研究有生命的东西（动物）的学问。所以目前国外众多动物园的全称为Zoological Garden，即研究动物的公园。动物园在单纯娱乐的基础上增加了科学研究的功能，这是动物园发展史上的一次质的飞跃。

在英国的维多利亚时代，对动物和自然科学研究的气氛非常浓厚，那时也正是英国著名的自然科学家达尔文发表自然选择和进化论的年代。在这一背景下人类历史上第一家现代动物园——伦敦动物园于1828年在伦敦的摄政公园成立，又称摄政动物园（Regent's Park Zoo）。当时成立该动物园提出的宗旨是：在人工饲养条件下研究这些动物以便更好地了解它们在野外的相关物种。伦敦摄政动物园成为那些即将在英国其他地方、欧洲以及美国建立的动物园的典范，开创了动物园史上的新纪元。

19世纪后，动物园不断出现在世界各大城市中，其中：

（1）欧洲有阿姆斯特丹（1837）、柏林（1844、1854）、鹿特丹（1855）、法兰克福（1858）、汉堡（1860）、布达佩斯（1865）；

（2）美洲有费城（1874）、纽约（1899）；

（3）大洋洲有墨尔本（1857）、阿德雷德（1878）、悉尼（1881）；

（4）亚洲有东京（1882）、北京（1906）等。

根据1982年《国际动物园年鉴》的数据，全世界共有动物园757家，其中40家动物园拥有100年以上的历史，所有动物园中290家在欧洲，远东地区117家，北美171家。这些动物园中共养殖了162 874只哺乳动物，256 413只鸟，当年共接待游客约3.57亿人。到了1988年全世界的动物园总数增长到899家，接待量也在不断增加。

20世纪末的动物园面临着很多困难，高昂的动物养育费用，人口老化造成的市场需求不足，来自动物园行业以外的竞争，如电视上播放的自然与动物的节目。不论如何，动物园仍然是有孩子的家庭休闲活动的好去处。1999年英国的布里斯托尔开放了第一家科技动物园，人们可以通过按键方式点击不同动物在真实自然环境中生活的影像。

二、动物园的功能

早期的动物园只有娱乐观赏功能，18世纪以后的动物园具备了科研功能，同时也逐渐发展出科普教育功能，20世纪后期一些动物园以保护动物为自己的首要功能，特别是保护濒危动物。

动物园捕获喂养动物的方式在环保界一直很有争议。一方面，动物园喂养展示的动物都是从真正的野生自然环境中捕获并运往动物园的，很多动物就在捕获和运输的过程中丧生。另一方面，由于早期建造的动物园以游客观赏为主，大部分动物都单只关笼喂养，活动范围有限，习惯了野生环境和群居生活的动物往往不能适应动物园的环境，濒危动物在动物园里绝迹的事也曾屡次发生。

为了防止动物园引进动物对生态系统的破坏，有些国家禁止动物园从国外进口动物，动物园原则上应只展示本地动物。新建的动物园也越来越多地考虑如何为动物创造一个更好的生活环境，有些动物园采取的战略是减少展示品种，增加展示数量，扩大展示区，使每一种动物都能成群生活。另外，各地动物园都在努力探索野生动物的人工繁殖和人工饲养问题，满足动物园展示的需要的同时尽可能做到繁殖濒危动物，并最终达到回报自然的目的。

三、动物园的分类

动物园发展到21世纪，很多类似的动物展示景区从中延伸出来，其中包括人造野生动物园、专类动物园、水族馆、鸟园、蝴蝶园等，本章下一节将特别对水族馆进行较为详细的介绍。

四、动物的展示方式

动物园观众的观赏需求和动物的生活习性往往存在矛盾,动物的生活需要较大的活动空间和相对封闭的私密生活空间,而公众希望动物在较小的空间中活动,而且完全暴露在众人的目光下。早期动物园,特别是笼养式动物园的设计更多地考虑观赏者的需求,而很少顾及动物居民的需要,这类动物园的动物死亡率总是高居不下。

传统上,大部分动物园的动物是依据动物分类学进行分组展示的。现在也有动物园根据动物地理学进行展示布局,这种展示布局能让游客更好地了解在不同的地理环境中不同的动物是如何搭配组合、共同生存的。这种布局方式的缺点是饲养员饲养动物比较辛苦,同一种动物的饲养员要走好几个展示区进行喂养。

有些动物园借用一些特殊手段达到更好的展示效果,如伦敦动物园使用高架单轨车让游客从高处观看动物,有些动物园用特殊的造景代替笼子分隔动物,还有些动物园让游客步入鸟棚、蝴蝶园或水族展区内观看身边的花鸟鱼虫。

动物园展示的另一个问题是如何让动物活动起来,游客不喜欢看到静止不动或正在睡觉的动物,而事实上很多动物都是日间休息夜间活动的。为了让游客看到活动中的动物,有些动物园把蜂蜜涂在树上吸引熊,抓一些活食让动物捕食。还有些室内动物园通过对灯光的调节人为地改变动物的作息时间,通过昏暗的环境光把白天改为"黑夜",让游客看到夜行动物的活动;有些动物园甚至干脆只夜间开放,如广东番禺长隆夜间野生动物园就属于此类。

动物的展示说明牌是最普遍的动物园解说系统,目前有部分动物园给饲养员配备扩音器,让他们能在喂养的过程中向游人解释动物的生活习性。

五、动物园的资金来源

世界上很多动物园都是由地方或国家政府投资的,但日常维持的费用一般由动物园的经营方自行负责。日常维持费用分两部分,一半用于动物的喂养和购置,另一半用于游客的疏导和管理,这方面的费用一般来源于动物园的门票收入和园内餐饮与零售点的收入。作为兼有娱乐和教育功能的景区,动物园一直是一个非常吸引人的地方。日本1亿多人口的2/3每年都会走访一个动物园或水族馆,东京城市动物园平均一天就能接待10万游人。但尽管如此,很多动物园仍然财务状况不佳,美国的110个动物园中没有一个能赢利,这一方面由于动物园为了吸引游客引进的一些珍奇动物的费用非常高昂,另外由于大部分动物园是露天的,受气候条件和旅游淡旺季的影响很大。

第三节 水族馆

一、水族馆的演变简史与未来展望

水族馆的英文是 Aquarium，源自拉丁语。世界上第一家水族馆似乎可以追溯到 1789 年的法国，当时的水族馆类似于今天的一些小的水族馆，馆内只有一些非常古典高雅的鱼缸分散陈列，规模很小，可称为早期鱼缸式水族馆。而世界近代水族馆的开端一般是以 1853 年春英国伦敦动物园内的海产动物水族馆的创建为标志，至今已经历了四个演变阶段：列车厢式、环道式、隧道式及遨游式。即水族生物的展示从开始时列车厢式的一缸一种分类展示到环道式的群栖洄游，再发展到隧道式的群落生态式展示，越来越返璞归真、自由自在；相反，游客越来越受到限制，从列车厢式和环道式中的自由漫步发展到隧道式受制于管洞游览空间，继而发展到像当今野生动物园一样，游客乘坐玻璃潜艇等水下工具进行海底观光漫游的第四代海洋遨游式天然水族馆，此时水族生物回归自然，各得其所。从相反的角度而言，游客已成为海洋生物的主动式展示物。现在，一般较大型和现代的水族馆内都会同时具有列车厢式、环道式及隧道式三大类大型水族馆作为不同主题展示的相互补充，从而形成综合型主题水族馆，但只有一些靠近珊瑚礁海域的海边水族馆才有天然优势去发展遨游式海洋观光世界。在中国，如海南三亚的大东海和亚龙湾等正逐渐兴建遨游式的海洋世界公园，它与大陆各种都市型内陆水族馆相呼应，形成中国水族馆发展的另一股潮流。

水族馆应该说是源自动物园，究其渊源，生物博物馆一开始就向两大方向发展：动物园是动物的活体和动态展览，而水族馆只是动物园中水生动物主要是鱼类的艺术化展示；另一分支就是将动物的尸体经过特殊处理后进行静态展出的标本馆。标本馆发展到今天也同样经历了四个发展阶段：实物标本、人造标本、机动模型及电子影像。而标本馆与水族馆的最新结合产物就是 1996 年由日本电气公司（NEC）首次推出的高科技产物"电子水族世界"，其中包括今天部分家庭拥有的新宠物"电子水族箱"。未来水族馆的发展将与标本馆融为一体形成一个"干湿水族馆"，各种超媒体激光全息影像可以畅游于水族缸的内外，形成一个真实与虚拟共存于一个空间的"梦幻水族世界"。它的效应已从人类的显意识发展到潜意识，从而对游客的身心健康起医疗作用。也就是说，水族馆的功能从早期社会公益型的观赏、娱乐、教育，中期商业谋利型的贸易、交流、生产，后期学术研究型的科研、保育，发展到未来的医疗保健，使游客在游览水族馆的过程中,不但身心愉快和增长知识,还可以像练气功那样修身养性促进健康。

世界上较为著名的水族馆、海洋生物馆和海洋旅游景区主要集中在美国和亚太地区,如摩纳哥海洋馆、美国芝加哥谢德水族馆、美国巴尔的摩国家水族馆、美国圣迭戈海上世界、美国奥兰多迪士尼海洋世界、东京海上迪士尼、日本冲绳海洋博览会纪念公园、泰国海洋科学中心水族馆、新加坡圣淘沙、中国香港海洋公园和迪拜海洋生物馆、西班牙巴伦西亚海洋研究公园、西班牙巴伦西亚大西洋水族馆等。

二、我国水族馆的发展概况

我国继20世纪80年代后期的房地产热潮后,顺应潮流并在政府向海洋倾斜的扶持政策下,从90年代中期开始掀起了一股水族馆热潮,至今方兴未艾。目前,我国从南到北各大中城市,特别是沿海地区已经或正在兴建的各种大中型水族馆不下几十座。一般而言,投资额在100万元人民币以下的只被称为水族店,上百万元也仅算小型水族馆,超过1000万元才算中型水族馆,它们以拥有海底隧道缸、圆柱缸、超大型展示鱼缸、大水体缸(上千吨水体)等作为现代国际级水族馆的标志和潮流。例如,在1999年3月底开馆的位于北京动物园内的北京海洋馆,据称已投资8亿元人民币,另据早期报道,由新加坡公司参与投资的上海海洋水族馆估计需要12亿元,由此可见,中国水族馆规模日趋大型和超大型化。

我国第一座水族馆可以追溯到创建于1931年的青岛水族馆,从那时起直到20世纪90年代初的半个多世纪内,国内也仅增添了几座小型水族馆,早期多叫水产馆或生物博物馆,如60年代初在广州文化公园内开辟了继青岛水族馆之后的国内第二座水产馆;1978年北京农业展览馆水产馆和广西北海市水产馆开张;1986年9月青岛市中科院海洋水族楼落成;1988年10月大连碧海山庄水族馆、1990年1月西沙群岛上的西沙海洋博物馆创建。进入1992年后,中国的水族馆如雨后春笋般遍地开花,1992年5月的大连虎滩乐园水下世界,6月的水科院北戴河珍稀水族馆,10月的水科院无锡淡水渔业中心东方水族世界,11月的武汉中科院水生所白鳍豚馆;1993年6月的西安海洋奇观、北京九龙水族馆,12月的上海中华水族园;1994年4月的三亚天涯海洋动物园,8月的徐州云龙湖水上世界淡水鱼类水族馆,9月的济南长清灵岩寺水族昆虫馆;1995年4月的昆明水族馆,6月的大连圣亚海洋世界,7月的福州左海水族馆,8月的青岛海豚表演馆、上海和平公园柏沅海豚表演馆、广州文化公园海豚表演馆;1996年7月的北京自然博物馆水生生物馆、山海关海洋水族馆,8月的南京海底世界;1997年6月的武汉新世界水族公园,10月的西安动物园,11月的北京工体富国海底世界;

1998年1月的广州动物园海洋馆、厦门海底世界，5月的北京太平洋海底世界，7月的秦皇岛新澳海底世界，12月的成都水族馆；1999年2月的上海长风公园大洋海底世界，3月的北京海洋馆，5月的福建石狮黄金海岸海洋世界，6月的深圳小梅沙海洋世界和杭州海底世界等几十家海洋馆相继开业。

2000年后，水族馆得到了更快的发展，并且一家比一家大，在投资规模、占地面积、建筑面积和海洋生物种类等指标上不断攀比，争创第一。一些西部内陆区域中心城市也纷纷斥巨资建水族馆或海洋公园，甚至同城出现多个水族馆，或许是由于水族馆属于室内景区，较少受气候和天气的影响，一些北方内陆城市也对投资兴建水族馆项目乐此不疲，使得水族馆景区的客源市场日趋区域化和本地化，市场竞争日益激烈。可以预见，在不远的将来水族馆将会出现重新洗牌的格局。2000年后已开业或正在建设的水族馆（海洋世界）项目有：

2000年10月，投资4.3亿元的海南热带海洋世界开业，这个位于海口的景区已于2005年关门停业；从名称的演变上可以看出，在中国早期水族馆中，经营体制主要为国有、国营，主要由一些科研、行政及事业单位开办，但进入20世纪90年代后逐渐以合资、外资、私有及私营为主，其名称也由早期的水产馆、水生馆、博物馆等改称为水族馆、海洋馆、海洋或海底世界、海洋公园或乐园等时髦名称。它的展品也逐渐向以活体展示为主过渡，并倾向于海洋生物，而且特别分化出一些专门展览和供海洋哺乳动物表演的海豚表演馆，或合并在一些综合型的大型海洋馆中。目前水族馆的投资建设趋势已从一般的水族馆向极地海洋馆发展，自2002年大连兴建第一家极地海洋馆后，全国已有10多家类似的极地馆建成营业，其中长隆海洋世界是海洋馆中规模最大、接待游客人数最多的景区，珠海长隆海洋世界中的鲸鲨馆荣获五项吉尼斯世界纪录：最大的水族馆（水体总容量为4875万升）、最大的水族箱（单个水池水体总容量2270万升）、最大的亚克力板（39.6米×8.3米）、最大的水族馆展示窗（39.6米×8.3米）、最大的水底观景穹顶（直径12米）。珠海长隆二期投资200亿元，占地300公顷，年接待游客量可达到3000万人次。将建成全球面积最大、动物物种最多、游玩项目最丰富的野生动物园。海洋王国室内乐园建30米高的摩天轮和45米高的降落伞塔。长隆已经建设成为集野生动物、海洋动物、马戏表演、游乐骑乘、度假设施等具有国际一流水准的主题旅游度假综合体。

近年来，我国海洋主题公园发展迅速，从2010年的50家，增加到2017年的106家，7年间数量翻了一番，年均增长11.3%（表4-17），据统计，2017年中国海洋主题公园旅游人次达到6250万人次，收入规模为74.07亿元。海洋公园（海洋馆）的市场已经高度本地化了，不仅东部地区各大城市，就连除西藏外的中西部内陆省会城市也都纷纷兴建海洋公园（海洋馆），有的城市还不止一处。

如拥有 3 处的就有北京海洋馆、北京工体富国海底世界和太平洋海底世界；长沙海立方海底世界、长沙海底世界和美之海水母花园。拥有 2 处的有上海海洋水族馆和长风海底世界、大连圣亚海洋馆和大连老虎滩海洋馆、青岛海底世界和极地海洋世界；杭州海底世界和极地海洋公园、成都海洋馆和成都海昌极地海洋世界、重庆汉海极地海洋公园和重庆加勒比海水世界、西安曲江海洋世界和华夏文旅海洋公园、南昌海洋公园和南昌万达海洋乐园、昆明海巢海洋馆和斗南花都海洋馆、乌鲁木齐海底世界海洋馆和沙海绿珠海洋世界等。值得注意的是，拥有多处海洋公园（海洋馆）的城市中西部内陆城市要多于东部沿海城市，说明这已经是一个充分竞争的市场。

表 4-17　2010—2017 年我国海洋公园数量增长情况

年度	公园数量（家）	增长率（％）
2010	50	—
2011	57	14.0
2012	65	14.0
2013	74	13.8
2014	83	12.2
2015	90	8.4
2016	99	10.0
2017	106	7.1

珠海长隆海洋世界是目前世界上最大的海洋馆，但拥有海洋公园数量最多的是海昌集团，这个从 20 世纪 90 年代初在大连起步，已发展成集石油贸易、船舶运输、房地产投资、商业旅游四大支柱产业为一体的国际化企业，海昌系的海洋公园（海洋馆、极地海洋馆等）已建成或在建的已达 11 处之多（表 4-18）。

表 4-18　海昌系海洋公园一览表

名称	占地面积（万平方米）	投资额（亿元）	开业时间
大连老虎滩海洋公园极地馆	1.4	4.7	2002 年 4 月
青岛海昌极地海洋公园	21	10	2006 年 7 月
成都海昌极地海洋公园	24	10+	2010 年 7 月
天津海昌极地海洋公园	193	—	2010 年 9 月
烟台海昌渔人码头	1.79	20	2011 年 9 月
武汉海昌极地海洋公园	30	30	2011 年 9 月

续表

名称	占地面积（万平方米）	投资额（亿元）	开业时间
重庆加勒比海水世界	66.7	10	2017年4月
上海海昌海洋公园	29.7	30	2018年11月
三亚海昌梦幻海洋不夜城	23.25	10	2019年1月
长沙海昌欢乐海洋公园	30	20	预计2019年
郑州海昌海洋公园	42.5	40	预计2019年7月

三、我国水族馆经营模式的探索

在10多年的中国水族馆发展过程中，新馆从筹建到上轨道的一两年内似乎都同样经历了企业内部的早期技术稳定、中期行政整顿及后期经营开发3个动荡变革过程；同时，由于投资者、设计者、承建者、管理者及经营者往往不是同一批人，所以绝大部分国内水族馆在建设过程中根本没有把未来的各种商业经营规划纳入前期的硬件建设中，从而给日后的经营带来许多隐患，加上目前国内水族馆的投资热，已引起激烈的市场竞争，如在北京市大型水族馆已有4家。因此，在未来十年内，中国水族馆的经营已不在于饲养技术，而是商业经营手段的竞争。根据国内外的一些经验，以下几种水族馆可能代表未来水族馆经营发展的方向。

（1）遥控模型水族馆：在巨型半水景缸中开发无线电遥控的航空以及航海电子模型，让观众全情投入自行操纵的远洋捕捞业或海陆空大战。

（2）自助型水族馆：意念源于自助餐馆，是野生动物园的进一步延伸。游客只需支付一定费用就可以在一定指引下（手册、指示牌、电视或工作人员），进行饲养员的日常工作。

（3）公众化水族馆：将水族馆的部分区域开放给公众进行寄养、领养或助养，从而减低维持成本，增加社会效益。

（4）展销会式水族馆：水族馆业主向水族供应商提供场地及各种配套服务，然后向外统一经营，内部收取场租、维持费及收入提成。

（5）通道多元化（观光水族）：开发水族馆后部的工作通道给游客参观，使饲养员的日常工作成为观光项目的一部分。

（6）缸内娱乐化：开发水族馆大型鱼缸内的各种水下娱乐项目，如驾驶小型潜水器的海底飞行、戴头盔的海底漫步、与鲨共舞的潜游，及隧道内的与鱼共餐和隧道内与鱼缸内的戏剧、游戏等。

（7）生物多功能化（水族水产）：把部分具有海鲜价值的大型观赏鱼开发育苗，供渔场养殖生产海鲜。

（8）国际联网：采用信息科技，进行网络营销。

（9）社团组织合作：协调市场发展，共享资源。

（10）连锁经营：在山海关、秦皇岛、北京、南京、上海等地已有水族馆连锁经营，通过资源共享达到成本最小化。

（11）战略联盟：同一地区的不同水族馆间可进行互利合作经营，如在旅游淡季推出套票，一票通行几家水族馆。

（12）市场共享：各地水族馆应该成为当地水族业如为数众多的水族店的龙头，即最大的承包商和批发商，并对当地整个水族零售市场进行宏观调控与利益的分层分配。

（13）垄断经营：水族馆连锁经营必然走向寡头垄断。其实，这是一个水族馆在建设与开馆过程中，投资者之间的内部兼并延伸至整个竞争市场上的必然结果，这也是国内水族馆自由竞争市场迈向国际化经营的过程。

本章小结

> 人造景区，尤其是其中的主题乐园，是旅游景区中一种投资较大、涉及面广的景区类型。我国在主题乐园的开发建设中既有成功的经验，也有失败的教训。认真总结国内外主题乐园开发的成功经验，吸取失败的教训，是人造景区从业人员的必修课。

思考与练习

1. 举例说明主题乐园与游乐园有何区别？
2. 简述世界各大区域主题乐园行业的发展特点。
3. 试举出我国主题乐园中你认为成功或失败的例子，并分析其成败的原因。
4. 历史城镇与一般景区和旅游城市有何区别？
5. 动物园中的动物展示方式有哪些变化？
6. 水族馆的展示方式经过哪四个演变阶段？
7. 参观你所在城市（或邻近城市）的海洋馆，谈谈你参观后的感受。

第五章 休闲度假区概述

本章导读

休闲度假区是随着人们出游兴趣方向的转变而不断发展演变成的一种旅游景区类型。本章主要介绍目前在国际上比较受欢迎的海洋度假区、山地度假区、温泉度假区、滑雪度假区、高尔夫球度假区和其他度假区。其中海洋度假区、山地度假区以风景吸引人，滑雪度假区、高尔夫球度假区则是伴随一些运动方式的流行而成为时尚，温泉度假区介于两者之间，其他度假区是以娱乐活动为主。这六类虽然同属休闲度假类景区，但各自的特点、环境、地域分布和经营管理方式迥异。本章仅对每类度假区作一背景性、概述性介绍。

根据历史的记载，人们对休闲度假区的需求从未间断过。19世纪以前，这种度假通常是有钱人才能享有的，所有休闲度假区都是为上流社会特别设计的。

在古代，富有的罗马人在海滨和幽静的山里建造乡村别墅以避开罗马炎热的夏季，从公元前4世纪到公元前3世纪之间，这类度假地始终风靡于罗马的上流社会。几个世纪后，欧洲皇室开始在乡村建筑夏宫作为季节性度假地，在法国、德国、西班牙、英国和俄罗斯等国，金碧辉煌的楼阁星罗棋布在乡野中，法国的凡尔赛宫是豪华乡间皇室度假别墅的登峰造极之作。休闲别墅和富丽堂皇的观光旅馆也应当时上流社会的旅游需求而产生，其中包括温泉度假地、避暑和避寒度假地、休闲保健区等。

这些贵族独享的乡村式生活状态，能完全迎合贵族们的需求，田园生活、海滨小屋、度假别墅和各种休闲活动都为他们带来与日常生活不同的情趣，解脱都市一成不变的生活。当然这对于穷人来说是永远无法享受到的。

美国殖民时代的贵族也在乡村拥有别墅或庄园，新大陆的发现给一般民众也带来了希望。19世纪中叶，大众化价位的度假村已在滨海地区和山区蓬勃发展，建于1800年的卡普梅（Cape May）和新泽西是早期的大众度假村。最初很多游客乘汽船而来，后来随着铁路的兴建，火车载着大量游客会集于此。

19世纪后期，大部分休闲度假区都同时兼顾富人和穷人进行设计，但由于贫富差异，人们的娱乐休闲取向具有明显的差异。随着交通工具的更新，电车公园带动了大众化郊野度假的兴盛，成为现代游乐园、主题乐园的雏形。蓝领阶层经常造访季节性的度假村。这些度假村往往位于宗教或文化中心，以村庄的木屋和茅舍为主，很少有娱乐设施，屋舍一般密集地分布在湖边或临海地区。反之，另有一些观光度假地逐渐成为聚集富人的豪华度假区，那里布满奢侈昂贵的度假旅馆。

进入20世纪，特别是大萧条以后，随着经济的增长、婴儿潮的到来和中产阶级的壮大，驾车出游成为普遍现象，越来越多的观光旅游转变为家庭休闲度假旅游，度假区的类型和度假休闲活动也越来越丰富。

需要说明的是，首先，休闲度假旅游与观光旅游并不总是非此即彼的，在许多情形下，是亦此亦彼的。以度假和休闲为主要目的和内容的旅游，其特点是在一地逗留时间较长，活动项目安排一般较宽松，节奏较慢。但在度假期间，也往往安排观光旅游项目。旅游度假区（Resort，Villa）与观光旅游景区最大的不同之处在于后者往往突出其旅游资源的观赏价值，而前者是以提供一种特殊的环境和氛围体验为特征而开发的，能够自给自足地满足游客度假功能所需的设施和服务的综合体。其次，观光与度假是两个不同的旅游活动形式和产品类型，不存在消费的档次高低问题，那种认为休闲度假旅游是观光旅游的升级换代产品或消费升级的观点是既没有理论依据，也与客观现实相悖的。从世界旅游发展史看，休闲度假旅游与观光旅游的历史一样古老，并不是观光旅游发展到高级阶段才出现休闲度假旅游的。事实上，既存在低消费的大众休闲度假，也存在高消费的观光豪华游。一般来说，大众休闲度假吸引的是区域性的客源市场，而豪华观光旅游则大多是中远程市场。目前我国出境游中，去欧美国家主要是以观光为主，而去周边国家如泰国、马来西亚、新加坡等国度假旅游则占到了一定的比例。而从旅游花费上看，前者显然是高于后者。再次，在度假旅游中，目的地的气候成为一项重要的吸引游客的要素，旅游度假区对于气候要素的依赖程度要远高于观光旅游景区。由于旅游度假区是资源、设施和服务的综合体，投入较大，如果不适宜户外活动的季节过长的话，度假区的投资回收期会成倍延长，不利于进行较大规模、较高档次的片区开发。最后，对于旅游度假区，很难进行一个统一的标准化分类，一般旅游度假区的分类可以按照自然和人文资源条件、度假活动或两者综合标准进行分类。如按照自然和人文资源条件可分为海洋旅游度假区、高山湖泊度假区、温泉度假区、乡村度假区等；如按照度假活动又可分为滑雪度假区、高尔夫球度假区、水上运动度假区等。这两种分类法中，还可能有互相交叉的，如高山或温泉与滑雪度假结合；乡村与高尔夫球度假结合等。

第一节　海洋旅游度假区概述

一、海洋旅游度假区的发展简史

海洋旅游度假是很难界定的，虽然潜水、游艇、捕鱼等休闲娱乐活动都在海上进行，但人作为陆地动物，其主要活动区域仍然是滨海的陆地上，或者是滨海地区，或者是海岛。区分一种旅游形式是否属于海洋旅游的关键是看吸引游客出行的吸引物是不是与海洋有关的休闲娱乐活动，因此有人把海洋旅游定义为：以海洋环境为主要吸引源的旅游形式，即凡是受海洋环境或与海洋有关的活动吸引离开常住地的旅行都可以称为海洋旅游。

海滨休闲度假由来已久，这与早期人类以捕鱼和拾捡贝壳为生的生产生活方式有关。人们到海滨地区游泳、探险、放松和社交等活动在人类历史上已经存在几千年了，古埃及人早在公元4000年前就开始在水上航行了，我国古人也几乎在同期开始乘船在河流上漂游。同样，游泳和捕鱼也几乎是一直伴随人类社会历史的活动。

公元109年，在北非突尼斯的一个小镇里，一个男孩和一只海豚建立了异乎寻常的友谊，结果男孩和海豚之间的嬉戏成为远近闻名的一件盛事，吸引了很多人到小镇来参观，甚至一度造成小镇食宿设施、饮水和厕所使用的紧张。观光客与当地居民产生矛盾，当地居民最终决定把海豚杀掉。这可能是有记载的海洋旅游对当地社会产生负面影响的最早记录。

18世纪，人们对海滨地区和山地之类的荒野、未开化的区域产生了极大的兴趣，一时间各种度假旅游非常盛行，包括温泉度假和海滨度假，这种时尚也反映在欧洲的绘画和诗歌作品中。18世纪后期，海滨度假变得越来越受欢迎，成为度假旅游的主流。这与R.拉塞尔在1752年发表的《论海水在治疗腺状组织疾病的作用》一文有关，洗浴者开始涌向本地的海滩，英国的布莱克浦、索森德和布莱顿成为最受欢迎的海滩，布莱克浦也因此成为大众旅游的胜地，一些海边的小渔村，发展成海滨度假性城市。同一时期，法国、比利时、德国、荷兰、西班牙和美国都先后出现这种趋势。早期较为著名的海滨度假地有：英国的布莱顿、布莱克浦、斯卡伯勒和马盖特；法国地中海沿岸的尼斯和戛纳；美国新泽西州的朗布兰奇、开普梅和罗得岛的纽波特。这个时期虽然人们的度假热点向海滨地区转移，但人们的度假休闲活动与海洋关系不大，人们度假时更多的是参加社交活动、看戏、购物等。这个阶段与海洋有关的度假活动主要有游泳、在海滨栈桥散步和观看赛艇。20世纪70年代以前集中在地中海、比斯开湾沿岸地带，70年代后期到80年代转移到加勒比海沿岸，进入90年代，亚太地区的夏威夷、巴厘岛、槟榔屿、普吉岛等成为世界上最受旅游者欢迎的四大海滨旅游胜地。

21世纪将是海洋度假旅游大发展的世纪，虽然传统的海滨度假活动仍然保留着，但借助新技术和新设备，人们已不再受陆地的局限，开始越来越多地参加海上活动，包括海洋邮轮、游艇、潜水等。

随着全球旅游业的长足发展，海洋度假旅游作为全球旅游中一个重要的组成部分也呈现出同样的发展态势。但由于统计困难，海洋度假旅游的成长情况和它在整个旅游行业中的重要性很难有明显的数字证明，不过近年来在某些目的地国家或城市的一些研究成果能让人们初步了解海洋度假旅游。

新西兰通过对旅行社的调查发现有60%的旅行社以经营海洋度假旅游包价线路为主，而且大都已经营了10年左右。一些著名的岛屿度假区的唯一经济来源就是旅游业，而且这种旅游全部是海洋度假旅游，如塞舌尔外汇收入的70%来自海洋度假旅游，百幕大的海洋度假旅游收入占国民总收入的40%。美国学者对海洋旅游相对重要性的研究发现，海滨度假区是美国最受欢迎的景区类型，历史文化和遗址、国家公园和主题乐园都位居其后，美国85%的旅游收入来自海滨度假区。以迈阿密为例，迈阿密的海滨度假旅游收入比黄石公园、大峡谷、约瑟米蒂公园收入的总和还要高。

另据统计，目前世界海洋旅游业总收入约2500亿美元，占全球旅游业总收入的1/2，世界范围也涌现了一大批国际知名的海岛旅游度假胜地，如夏威夷群岛、马尔代夫群岛、加那利群岛、马略卡岛、巴厘岛、普吉岛、塞班岛、冲绳岛、济州岛等。这些海岛之所以能在世界范围内产生影响，主要是它们优越的自然条件和一流的服务品质。

我国地处欧亚大陆的东缘，东临世界第一大洋太平洋，西北是广袤的沙漠和荒漠戈壁，西南是世界屋脊青藏高原，这一特殊的封闭型地理环境，形成了独特的非地带性气候——东亚季风气候，孕育了不同于欧洲的农耕文明和游牧文明。长期以来，我国古人一直是视海洋为畏途，明清两朝还一度实行"海禁"闭关政策。受这一历史传统影响，大部分民众普遍缺乏海洋意识。我国的国土面积有960多万平方公里，但这只是我国的陆地国土面积。我国还是一个海洋大国，有着1.86万公里长的海岸线，领海面积300多万平方公里。面积达500平方米以上的岛屿为6536个，总面积7.28多万平方公里，岛屿岸线长1.42万公里，其中有人居住的岛屿为450个。完整的国土范围应该包括陆地、海岸、大陆架、岛屿和海洋，以及由此形成的领土、领海和领空。虽然我们拥有丰富的海洋旅游资源，但我国海洋旅游的起步较晚，到20世纪80年代后期，才有了较快的发展。1990年海洋旅游者为620.5万人，到1998年已增加到1214.3万人，年均增长率达12%。2010年海滨旅游收入已达2万亿元。据《2017年中国海洋经济统计公报》披露，2017年滨海旅游业、海岛旅游、休闲渔业、邮轮旅游等海洋旅游新业态规模迅速扩大，带动滨海旅游业持续快速增长。滨海旅游业增加值同比增长了16.5%，占海洋生产总值的比重达到18.9%，对海洋经济贡献最大，达到42%。沿海主要城市接待游客同比上升12.1%，38个国家级海洋公园重点监测的节假日接待游客同比增长28.0%。目前我国已经有海南亚龙湾、福建湄洲岛、广西北海银滩、青岛石老人和大连金石滩等5处国家级海滨旅游度假区。2008年4月国务院批准了海南建设"国际旅游岛"方案，对外实行"免签证、零关税、放航权"的旅游开放政策。2018年4月，中共中央、国务院发布了《关于支持海南全面深化改革开放的指导意见》，提出要有序推进西沙旅游资源开发，稳步开放海岛游，并将建设海南国际旅游消费中心成为海南发展的四大战略之一。

二、海洋度假目的地的活动项目类型和特点

海洋度假旅游（Marine Tourism），是指以海洋为场所，以探险、观光、娱乐、运动、疗养为主要目的的度假旅游，一般包括海滨（海岸沙滩）旅游、海上旅游、海底旅游、海岛旅游等几大类。

海洋度假旅游的项目内容非常丰富，既有观光性的项目，又有参与性、体验性活动。常见的项目和活动类型有以下几种。

（1）海滩旅游（Beach Tourism），是指以海水、阳光、沙滩为主要吸引物，以海水浴、日光浴、沙滩运动（如沙滩球类、沙滩摩托等）为主要休闲娱乐活动的旅游。

（2）海岛旅游（Island Tourism），是指以海洋离岛为场所，以寻求僻静、私密度假空间为主要目的的海洋度假旅游。

（3）潜水旅游（Diving, Scuba Tour），是指借助潜水器械在较深水域潜泳的旅游，一般包括浮潜（自主呼吸）和深潜（借助水肺呼吸）两大类。

（4）海底观光（Seafloor Sightseeing），是指借助观光平底船（在浅海区）、观光潜水艇或水肺潜水，观赏海底的地形地貌、鱼类、珊瑚等海底生态系统和海底沉船、水下考古等人文遗迹的旅游。

（5）观鲸旅游（Whale Watching Tour），是指以可持续的方法在海上观赏或是通过诸如喂食和游泳等一些相互影响的互动行为方式来观察鲸类活动的旅游。属于生态旅游的一种。

（6）深海钓鱼（Deep-sea Fishing），是指在深水海域垂钓。

（7）邮轮旅游（Cruising），是指以定期航行的海洋邮轮为休闲娱乐场所，

利用邮轮上提供的各种设施和服务所做的度假旅游,而海洋只是作为观光场所(如观赏港口风光、海上日出、海洋动物和海鸟等)。

(8)游艇(Yacht,Speedboat)是一种行驶速度较快的、用于水上观光的小型轻便船只,可分为私人游艇和客运游艇两类。私人游艇装修布置如流动居室,适合家庭度假和朋友聚会;客运游艇一般用于载客观光。

(9)风帆冲浪运动(Windsurfing),是指在有帆的冲浪板上进行的冲浪运动。

(10)撒网捕鱼(Surf-cast Fishing)是一项在海上用渔网捕鱼的旅游活动。

(11)海滨漂流(Beachcombing),是指在海滨水域进行的漂流活动。

(12)海洋皮划艇(Sea-kayak),是指在海上进行的皮划艇运动。

(13)垂钓旅游(Fishing Tour),是指以在优美的自然环境中垂钓、赏景和养生为主要目的的旅游。垂钓是利用钓具将鱼从水中捕捉出来的一项活动,一般可分为海上垂钓和河湖垂钓两大类。

此外,一些海洋度假地也往往建有游乐园或主题乐园,如澳大利亚黄金海岸、英国布莱克浦欢乐海滩等。

总的来说,海洋度假旅游可以大体分为三种类型:以海洋动植物群落和自然生态环境为主的自然观光度假游;以海岸的码头、港口、历史文化遗址和人造娱乐设施为主的社会文化度假游;还有以海洋运动赛事及其他特殊节庆为主的海洋节庆游。

度假区(村)的建设主要不是盖房子,而是要营造"基地"或"场地"的度假氛围,西方学术界称其度假环境为"泡"(Bubble,也有学者译成"罩"),度假"泡"的主要组成要素是:

(1)气候、景观、场地、地方历史文化;

(2)进入性、安全、好客度;

(3)各类主题度假酒店;

(4)运动项目、创意活动;

(5)配套设施;

(6)浓郁的度假氛围营造。

世界上著名的海洋旅游度假目的地大多聚集在南北回归线之间的热带海洋性气候带,受大西洋暖流的影响,欧洲地中海地区的海洋旅游度假地纬度位置稍偏高些。这些海洋旅游度假目的地一般都具有四季温暖,年温差小(见表5-1)、日照充足,富有海洋(Sea)、沙滩(Sand)、阳光(Sun)的"3S"资源,即海天一色、蓝天白云、细沙柔软的共同特征。我国在海洋旅游度假目的地的开发建设中,一般对于海滩的沙质较为重视,但对于日照因素关注较少。太阳光既能杀菌消毒,促进人体内维生素D的合成,加速人体新陈代谢,还可治疗结核病和软骨病，因此对人体休养来说是一个非常重要的条件。对于长期生活在阴冷雾重的高纬度地区的居民，明媚的阳光本身就能成为一个重要的吸引因素。但是，现代医学研究表明，受到过多的直射阳光照射，患皮肤癌概率会大大增加，因此，健康的旅游，特别是休养虽然需要一定的光照，但同时也要避免强烈阳光的直射。

表 5-1 世界一些著名海洋度假目的地城市的自然条件

	威基基	黄金海岸	坎昆	里约热内卢	巴厘	普吉	太阳海岸	兰卡威
所在国家	美国	澳大利亚	墨西哥	巴西	印尼	泰国	西班牙	马来西亚
年均气温（℃）	25~30	16~25	25~27	21~30	30	24~30	16~32	25~35

在中国能达到表 5-2 中的年均气温条件的只有海南省全省和广东、广西的南部少部分地区。除沙滩质量、日照和气温外，沙滩的坡度、海水的洁净度、海水的颜色、浪高、风力、自然灾害的频度（如台风、暴雨、海啸等）、海洋生物（多数热带海洋鱼类是很好的海洋观光资源，但有些海洋动物如鲨鱼是会攻击游人的）等因素也是衡量海洋度假地质量的重要指标。

目前世界较为著名的海洋旅游度假目的地有：

美洲的美国佛罗里达的南部海滩，墨西哥的坎昆海岸和阿卡普尔科，古巴的巴拉德罗海滩，巴西里约热内卢海滩，牙买加的尼格瑞尔海滩；

亚太地区的美国海外州与海外领地夏威夷海滩、塞班岛，斐济主岛海岸，泰国的芭提亚、普吉岛、苏梅岛，马来西亚兰卡威，菲律宾的博龙岸海岸，马尔代夫的众多度假岛，印尼的巴厘岛、民丹岛，澳大利亚黄金海岸和大堡礁；

欧洲的法国蓝色海岸，西班牙的金色海岸、白色海岸、太阳海岸、闪亮海岸、巴利阿里、加纳利群岛、马略卡等众多度假地。

三、邮轮度假

邮轮（cruise ship）一词，原指海上定线、定期航行的大型客运轮船，由于过去跨洋邮件一般都经这种大型客轮运载，由此得名。随着喷汽式宽体客机的出现，越洋航空的普及，远洋客轮逐渐退出了历史舞台。现在所称的邮轮是指 20 世纪 50 年代后，航行于海洋并配备有较为齐全的生活与休闲娱乐设施，专门度假旅游的船舶。事实上，邮轮是水上交通与度假酒店融合发展的产物，邮轮本身就是度假旅游目的地，是漂浮在海上的度假村，享受在船上的生活娱乐设施和活动是海上度假的主要内容。中途靠岸是为了观光、游览和购物，回到出发地时海上度假旅游即告结束。从出发地和到达地为同一地点的特点看，邮轮旅行一般已不具有交通客运功能。习惯上，邮轮是专指海上较大型的客轮，内河（江、湖）

旅游船通常称游轮。

邮轮始于 19 世纪上半叶，邮件传递需求迅速增加。英格兰布里斯托尔市的罗伯特·斯马特（Robert Smart）据称是最早的轮船代理商，1822 年，他开始为乘客代理去布里斯托尔海峡各港口以及爱尔兰都柏林的船票。首家经营北美和远东地区远洋定期航线的是半岛与东方汽船航运公司（Peninsular and Oriental Steam Navigation Company），后改名为 P&O。1838 年开通了印度和远东航线，1840 年该公司的子公司冠达邮轮公司（Cunard Steamship Company）利用签下的越洋邮递业务承包合同之利，开通了北美定期航班，除邮政业务外，还兼营客货运输。1846 年英国人托马斯·库克包租了一艘邮轮组织了 350 人去苏格兰旅游，这是世界上公认的首次邮轮旅游。

（一）邮轮的类型和分类

1. 按照规模可分：

（1）小型邮轮：载客量一般在 200~500 人（Pax），排水量 0.5 万~2.5 万吨（GRT）；

（2）中型邮轮：载客量一般在 500~1200 人（Pax），排水量 2.5 万~5 万吨（GRT）；

（3）大型邮轮：载客量一般在 1200~2400 人（Pax），排水量 5 万~10 万吨（GRT）；

（4）巨型邮轮：载客量一般在 2400~4000 人（Pax），排水量 10 万~15 万吨（GRT）。

2. 按照等级可分：

（1）经济型（Economic）

（2）3 星或 3+ 星标准级（Standard）

（3）4 星豪华级（Deluxe）

（4）4+ 或 5 星赛豪华级（Deluxe+）

（5）5+ 星超豪华级（Super Deluxe）

3. 国际邮轮协会（CLIA）根据综合因素，将邮轮类型分为：

（1）经济型（Budget）

（2）时尚型（Standard）

（3）尊贵型（Premium）

（4）豪华型（Luxury）

（5）探索型（Exploration）

（6）专门型（Niche）

（二）邮轮设施

邮轮度假主要是以船舶这个海上交通工具为载体，与一般度假区（村）不同，它的度假空间主要是在轮船上，以及到港靠岸的城市。邮轮上的度假设施根据规模、等级和类型不同有所差异，但基本设施大同小异，船上的区域可分为三大类。

1. 非公共区域

除非获得船长邀请，否则是禁止游客入内的，仅供船员工作、休息和娱乐的区域，如驾驶室、轮机舱、厨房、员工客房、员工餐厅、员工娱乐室等。

2. 公共区域

一般有：接待区（类似于度假酒店的前台、服务台）、餐厅（较大邮轮都会设有多个主餐厅和特色餐厅，并有全天开放的餐厅，供宾客随时用餐）、演出大厅（供宾客聚会联欢、放映电影、文艺表演等）、泳池（一般设在顶层甲板上，较大的邮轮会设有多个泳池，以及供儿童嬉戏的浅水池）、健身俱乐部（提供各种健身器械、跑道、水疗、香薰、按摩、美容美发等）、球场（网球场、高尔夫球练习场等）、商业街区（礼品店、超市等）、博彩赌场（为了规避可能的法律问题，一般是在公海上航行时才开放）、医务室（较齐全的医疗设施、医生和护士等）。此外，还有些邮轮还设有其他公共区域，如婴儿玩耍区、远景瞭望区、特色酒吧、舞厅、娱乐厅、棋牌室、游戏/电子游戏厅、多功能厅、图书馆、自助洗衣店、药店、水上运动平台、水滑梯、滑（溜）冰场、攀岩壁、小型教堂等。大型或巨型邮轮俨然像一个度假社区，日常生活和娱乐设施一应俱全，应有尽有。

3. 客房

一般又可分为内侧客房、外侧客房和套房三种：内侧客房通常不设窗户，或只在船舱内设窗，一般通过镜子、灯光和窗帘等布置产生视觉上的空间延伸。内侧客房是邮轮上最便宜的房间；外侧客房是海景房，有的老式邮轮只是舷窗，现代的邮轮则设更为宽大的窗户，甚至还有落地推拉门，并配有私人阳台；套间是邮轮上最贵的客房。有些邮轮只设有少量的几个套间，也有的则布置一整层甲板。套间一般设有一间起居室、一间卧室和一间浴室。

（三）邮轮度假产业发展概况

邮轮度假产业涉及邮轮装备制造业、邮轮公司、邮轮母港、海上航行（航线）、境外靠岸码头（边检、商检和海关）、船上物资配送、金融保险等多个领域和产业部门。可以说，邮轮度假产业是一个系统工程。由于邮轮产业起源于西方贵族的休闲生活方式，体现奢华的消费文化。所以船上的环境布置装饰、活动项目的策划、对服务的要求等方面都要较一般度假酒店更高。

邮轮度假产业的发展经历了三个主要阶段：

（1）转型过渡期（20世纪60年代末到70年代初期）。20世纪60年代初期，每年往返于美欧大陆横跨大西洋客运班轮的客运量超过了100万人次，70年初期一度下降到每年25万人次左右。原有的客运班轮公司被迫寻找新的出路，这在客观上催生了向海洋度假旅游邮轮业态的转型。喷气客机的普及使邮轮作为一种远洋交通工具退出了历史舞台，班轮公司也开始尝试由交通客运服务向度假旅游服务转变。但这个转型过渡并不是一帆风顺的。当时的客运班轮本身并不适合开展度假旅游服务，其转型过程中还存在很多障碍，如原有交通班轮设施较为陈旧简陋，客房内没有空调，缺乏公共活动空间等。这一阶段的邮轮目标市场大多以本国游客为主，出行航线也多以本国观光目的地为基本港和停靠港，人们对于邮轮的认识还只是局限于其华丽的外观、奢侈的内部设施以及高昂的费用上。这一时期，挪威邮轮公司、皇家加勒比海邮轮公司、嘉年华邮轮公司以及铁行邮轮公司相继组建了各自的邮轮船队。

（2）成长拓展期（20世纪80年代末到90年代中期）。随着人们对现代邮轮认识的逐渐提升，邮轮产品也越来越丰富，开拓了客群市场，行业发展进入成长阶段。在此期间，马来西亚丽星邮轮公司于1993年进入亚洲市场，并通过收购，在北美、欧洲和亚洲全球三大区域市场开展业务，成为第一家全球性邮轮公司。

（3）繁荣成熟期（20世纪90年代中晚期至今）。北美和欧洲一些地区是最早进入繁荣成熟期的。这一时期，全球性邮轮公司不断增加新的邮轮，邮轮服务种类繁多，市场割据加剧，竞争日趋激烈，行业集中度增高，行业经营的规模效益显著。邮轮航线平均航程达到6~8天，停靠目的港也不断增多，航线安排灵活多样，游客消费价格逐年下降，促进了邮轮度假旅游向客群大众化和年轻化方向发展，越来越多的中等收入的客群成为邮轮产品的消费者。

目前全球著名的邮轮公司和邮轮品牌是：美国嘉年华邮轮公司（旗下品牌有：嘉年华、公主系列、荷美、世鹏、冠达、阿依达、歌诗达、伊比罗、铁行）、美国皇家加勒比邮轮公司（旗下品牌有：皇家加勒比、精致系列、精钻会系列、伯曼系列、CDF、TUI）、云顶香港公司（旗下品牌有：丽星、挪威）、迪士尼邮轮、地中海邮轮、水晶邮轮、银海邮轮、保罗高更邮轮、丽晶七海邮轮、阿瓦隆水道公司等。

（四）我国海洋邮轮发展现状

据中国交通运输协会邮轮游艇分会（CCYIA）统计，2017年我国共有11个邮轮港口接待邮轮1181艘次，同比增长16.9%。其中接待母港邮轮1098艘次，接待访港邮轮83艘次。邮轮接待的出入境游客495.4万人次，同比增长8.5%。其中母港出入境中国游客478.1万人次，访港邮轮出入境游客17.4万人次。在这11个邮轮港口中，上海吴淞口国际邮轮港是亚太第一大邮轮母港，接待邮轮和游客分别占到了全国总量的43.3%和60.1%；列第二的是位于天津滨海新区的国际邮轮母港，分别占到 14.8% 和 19.0%；广州港国际邮轮母港列第三，分别占到 10.3% 和 8.1%，这三个头部邮轮母港分别占到全国的 68.5% 和 87.2%；列在前 5 位城市的邮轮港口分别占到全国的 84.3% 和 94.3%（表 5-2）。可见，邮轮市场的集中度很高。而以国际旅游岛和国际旅游消费中心著称，及作为自贸区（港）试验区的海口和三亚，邮轮旅游发展不尽如人意，这是由于目前的邮轮客源主要来自国内经济发达地区，入境游客比列很少，而三亚离主要目标市场区域太远，没有竞争优势。头部的三个邮轮母港分别位于长三角、京津冀和珠三角这三个中国最发达的经济带上，市场区位优势显著。邮轮度假在中国属于一种新的度假消费形式，市场基础和产业基础都较薄弱，仍处于发展的初级阶段，尤其需要培育邮轮度假文化、生活方式和消费习惯。

表 5-2 2017 年我国主要邮轮港接待量统计

邮轮港口	接待邮轮量（艘次）	增长率（%）	接待游客量（万人次）	增长率（%）
上海	512	0.5	297.8	2.9
天津	175	23.2	94.2	31.9
广州	122	17.3	40.1	23.4
深圳	109	678.6	18.9	329.5
厦门	77	-2.5	16.2	-14.8
青岛	63	21.2	10.9	22.5
海口	33	-19.5	2.56	-60.0
大连	31	14.8	6.9	7.8
舟山	15	15.4	3.1	82.4
三亚	12	-52.0	4.0	-58.3
烟台	0	—	0	—
总计	1181	16.9	495.4	8.5

资料来源：中国交通运输邮轮游艇分会。

另据统计，2018 年 1—6 月，上海、天津、广州三大邮轮母港接待的邮轮量都呈现出较大幅度的下降，其中天津的下降幅度达到了 40%，按照这一趋势发展，很可能会被广州超越。深圳招商蛇口国际邮轮母港的邮轮接待量是唯一正增长的，增长率高达 100%，从总体上看，中国邮轮度假市场增长趋缓，甚至会出现短暂的低谷期。

表 5-3 2017 年我国母港邮轮统计

公司	船名	总吨位（万吨）	标准载客量（人）	最大载客量（人）	船员（人）	中国首航日
皇家加勒比邮轮	海洋量子号*	16.78	4180	4758	1285	2015.06.25
皇家加勒比邮轮	海洋赞礼号*	16.78	4180	4758	1285	2016.06.28
诺唯真邮轮	喜悦号*	16.77	3850	3900	1651	2017.06.28
星梦邮轮	云顶梦号*	15.13	3352	3352	2016	2016.11.13
星梦邮轮	世界梦号	15.13	3352	3352	2016	2017.11.19
公主邮轮	盛世公主号*	14.30	3560	4250	1350	2017.07.11
皇家加勒比邮轮	海洋航行者号*	13.72	3114	3840	1185	2012.06.19
皇家加勒比邮轮	海洋水手号*	13.72	3114	3840	1185	2013.06.18
皇家加勒比邮轮	蓝宝石公主号*	11.58	2670	3100	1100	2014.05.21
歌诗达邮轮	赛琳娜号	11.45	3780	3780	1100	2015.04.24
歌诗达邮轮	幸运号	10.30	2720	3470	1027	2016.04.24
歌诗达邮轮	大西洋号	8.56	2110	2680	920	2013.07.04
丽星邮轮	处女星号	7.53	1870	1960	1100	2014.07.14
歌诗达邮轮	维多利亚号*	7.51	1928	2394	790	2012.05.18
天海邮轮	新世纪号	7.15	1814	1814	846	2015.05.15
地中海邮轮	抒情号*	6.55	1560	1984	1000	2016.05.04
钻石邮轮	辉煌号	4.50	1329	1564	300	2016.07.10
银海邮轮	银影号*	2.82	382	382	295	2017.03.05
渤海邮轮	中华泰山号	2.43	927	1000	360	2014.08.16

注：标 * 者为近年来已退出或已计划退出中国市场的邮轮。
资料来源：汪泓等.中国邮轮产业发展报告（2018），社会科学文献出版社，2018.略有增减和修改。

2017 年初我国有 18 艘母港邮轮运营，其中巨型邮轮 10 艘、大型邮轮 5 艘、中小型邮轮 3 艘（表 5-3）。但自 2017 年起，开始有些邮轮退出中国市场，如皇家加勒比邮轮蓝宝石公主号返美运营迈阿密航线，皇家加勒比邮轮海洋水手号；2018 年，最早进入中国的歌诗达邮轮维多利亚号，在中国市场运营了六年之后，退出了中国市场，同年还有地中海邮轮抒情号、嘉年华邮轮盛世公主号、星梦邮轮云顶梦号以及计划在 2019 年退出中国市场的皇家加勒比邮轮旗下的海洋量子号、海洋赞礼号、海洋航行者号和诺唯真邮轮喜悦号等。这些邮轮退出中国市场有着多种因素，主要是出于全球配置运力和市场竞争战略调整的需要，事实上，这些邮轮公司并没有完全退出中国市场，还有旗下的其他邮轮新进入和重新进入中国市场的。2018年5月18日地中海邮轮辉煌号在上海吴淞口国际邮轮母港开启了中国首航，丽星邮轮双子星号也重新以厦门为母港开始运营母港航线。2018年6月13日，丽星邮轮宝瓶星号在青岛举行了首航仪式。歌诗达邮轮旗下第一艘专为中国市场量身打造的威尼斯号将计划在2019年5月18日开启首航。2019年6月6日，皇家加勒比邮轮旗下超量子系列第一艘邮轮——海洋光谱号将在上海首航。

地中海邮轮全新一代未来旗舰——荣耀号将于2019年英国南安普顿命名下水，预计在2020年春季进驻中国母港。荣耀号总吨位达17.15万吨，载客量达5714人。这是目前中国母港邮轮中，总吨位和载客量均列首位的超巨型大邮轮。

在我国邮轮市场上主要是国际邮轮公司之间互相竞争角逐。本土邮轮公司起步较晚，势单力薄，无论公司，还是邮轮规模都较小。最早进入邮轮市场的本土企业是海航旅业邮轮游艇管理公司，2011年底从美国嘉年华邮轮集团引入海娜号邮轮（4.7万总吨，载客量1965人），到2015年，海娜号船龄满30年，已到强制报废年限，2015年11月海航退出邮轮市场。自2013年9月28日首航以来，以上海为母港共运营近70航次，接待出入境人员26万余人次。2014年11月，携程旅行网联合著名投资机构共同组建天海邮轮公司，美国皇家加勒比邮轮公司也参股加盟，首艘邮轮新世纪号（7.15万总吨，载客量1814人）是购于皇家加勒比邮轮公司旗下的精致世纪号更名而来的。2015年5月15日，天海新世纪号在上海吴淞口国际邮轮码头开启首航。三年后的2018年8月29日，天海邮轮新世纪号退出邮轮市场。共运营了近300航次，接待游客50万余人次。目前在中国邮轮市场只剩下渤海邮轮和精致钻石邮轮两家本土公司了。

渤海邮轮有限公司成立于2014年2月，是渤海轮渡股份有限公司旗下的全资子公司，总部设在香港。渤海邮轮买下了歌诗达邮轮公司的航行者号，并更名为中华泰山号，2014年8月16日首航，主要经营山东烟台、威海到日韩的海上航线。

精致钻石邮轮管理（上海）有限公司成立于2015年7月，是上海辉煌旅游发展有限公司旗下的子公司，首艘钻石邮轮辉煌号购于德国。2016年7月10日首航，主要经营连云港、上海到日本、韩国、越南和菲律宾的海上航线。

自2012年起，国际邮轮公司纷纷进入中国市场跑马圈地，出现了阶段性的供需失衡，类似海洋量子号这样超大规模新船不断进入中国邮轮市场，更加剧了市场恶性竞争，价格战越来越激烈。

目前邮轮行业存在着市场渗透率低、分销渠道不畅等问题。国外邮轮产品销售，是以少数旅行社代理分销和船公司直销为主。而在我国旅行社包船一直是邮轮产品的主要销售模式。据统计，2017年国内邮轮分销商有500至600家，分销渠道"窄而长"，层层代理、层层委托的状况，减弱了邮轮公司、包船商对下层渠道的控制力，包船商为减轻亏损压力，售出舱位，不惜低价竞争，邮轮价格降低。天海邮轮的中方投资和经营方携程是最大的在线旅游平台运营商（OTA），外方则是全球第二大邮轮运营商皇家加勒比邮轮公司都对邮轮产品的销售束手无策，只能选择停业放弃。这也说明邮轮产品的传统销售模式已经走到尽头的同时，新的在线平台营销模式尚未建立。随着进入中国母港市场邮轮的吨位上升，邮轮大船时代的到来，这种以包船为主的销售模式开始减少。如何提高邮轮产品的市场渗透率，增加和拓宽直销渠道，减少中间环节，避免信息不对称等成为邮轮产业能否健康发展的关键。

四、海洋度假旅游的影响

与一切形式的旅游一样，海洋度假旅游也对当地社会、自然环境有重要影响，这种影响是双面的，既有积极影响也有消极影响。了解旅游度假区对当地的影响，有助于管理者回避或设法限制负面影响的扩大，从而促进影响的积极一面。

（一）海洋旅游对环境的影响

旅游对海洋最大的贡献是，由于度假客的兴趣，一些濒危的海洋物种受到了人们的关注和保护，并得以保存下来。旅游的发展也为这些海滨地区提供了可用于环保的经费。但旅游对海洋环境的负面影响也是有目共睹的。现代海洋旅游者越来越多地要求与自然环境达到互动，要求通过各种方式真实地体验海洋的自然生态环境，潜水旅游的发达就是其中一种。由于大部分海洋动物是具有领地性的，越来越多的人作为外来者闯入海洋生态系统中，使部分海洋动物逐渐迁移，远离近陆地海域。另外，越来越多的名贵、珍奇海洋生物受到围捕以满足各地各式海洋生物展示的需求。人们对珊瑚礁的破坏早在十几年前就受到环保人士的关注，为了满足游客对工艺品和海洋纪念品的需求，大量珊瑚礁被从海里捞出来，上千年形成的珊瑚礁正在迅速地减少，使得大量与珊瑚礁共生的海洋生物失去了它们生存的家园。由于人们对海滨度假的热衷，很多度假村、饭店建在海滩上，破坏了很多海滩的天然地貌形态。难怪有专家警告说："旅游正在酝酿颠覆自己的种子，旅游最终会被旅游业自己消灭。"对海洋度假旅游者最有吸引力的度假区往往是环境最脆弱的地区，其吸引力源自度假区生态环境的原生状态，而旅游者的涌入会很快使当地脆弱的海洋生态系统遭到破坏。

（二）海洋旅游对社会的影响

海洋旅游对社会的影响在对海洋旅游依赖程度极高的海岛和海滨度假城镇表

显得尤其突出。对这方面影响的评价是一个非常复杂的问题，一方面在旅游发展的不同阶段，当地社会表现出对旅游的不同的态度；另一方面当地社会中不同的利益群体会表现出截然不同的态度，如渔民会因海滩的开发影响当地捕鱼权而仇视旅游，而当地受雇于旅游业的居民会欢迎这种给他们带来就业机会和收入的行业。根据海滨度假区生命力周期曲线，我们可以用图 5-1、图 5-2 表现不同阶段不同群体对旅游发展的不同态度。

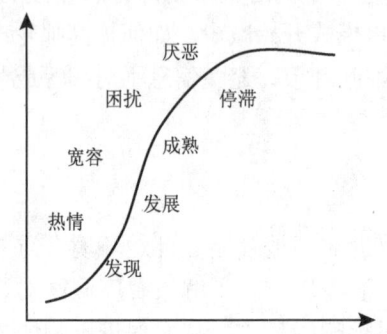

图 5-1 度假区当地居民对旅游态度的变化

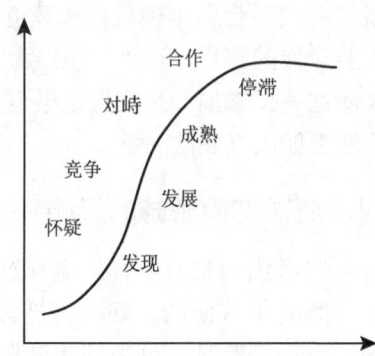

图 5-2 度假区投资者/经营商态度的变化

（三）海洋旅游对经济的影响

海洋旅游对目的地经济的影响与其他形式旅游的影响类似，积极作用主要表现在扩大就业和增加外汇收入方面，而负面影响主要表现在有可能引起通货膨胀和造成较大量的外汇漏损。

五、世界海滩及水环境质量认证组织

蓝旗组织（Blue Flag）是一个综合性国际组织，其主要职责是对全世界各国的海滩及相关设施进行考察并授予生态标志。它是由独立的非营利组织环境教育基金会（FEE）发起组织的。蓝旗组织工作的主要目的是通过贯彻执行一系列关于水质、环境教育和环境信息、环境管理、安全和其他服务等严格的评价标准推动海滩/水环境可持续发展。蓝旗组织中的环境教育和信息提供既针对公众也针对决策者和旅游经营者。

蓝旗组织根据各地区的情况和相关设施的情况已经制定有五套标准：欧洲海滩蓝旗标准；南非海滩蓝旗标准；加勒比海滩蓝旗标准；水环境蓝旗标准和蓝旗游船标准。海滩标准一般包括四个部分：水质、环境教育和信息提供、环境管理和安全与服务等 27 项标准。下面以欧洲为例对这四部分标准分别进行简要说明：

水质：包括水质标准、排污和固体垃圾排放管理、海藻的控制、污染事故应急预案以及社区对有关要求的遵守情况。

环境教育和信息提供：要求当地居民监督海滩环境并保持对环境破坏问题的敏感，海滩经营者要在蓝旗附近向公众告示海滨浴场的水质指标，当地社区和海滩经营者应证明至少开展了五项环境教育活动，公众必须了解当地与海滩有关的法律，当地社区要有一个环境解释中心或类似机构处理海滩环境问题。

环境管理：当地政府必须有一个海岸地区土地使用问题的发展规划的说明，定期清除海滩上和海水中的固体垃圾，海滩上不得驾车、骑自行车、倾倒垃圾或擅自露营，进入海滩的通道必须安全，合理管理和协调海滩使用各方的利益、化解矛盾，海滩设施都必须重复利用一些废弃物，以及卫生洁浴设备要干净卫生。

安全与服务：必须配备海滩护卫之类的救生人员，海滩上必须有急救设施，必须严格执行本国关于宠物的法律规定，保证饮用水源的清洁，海滩打电话方便，在地形许可的情况下海滩上至少有一处残疾人坡道和残疾人厕所，海滩上的所有建筑都必须维护良好。

申请蓝旗的海滩或设施要先通过由相关各方组成的国家级评审，然后由国家向国际蓝旗组织提交申请，并由国际蓝旗组织，组织各相关利益方进行评议后做出是否授予其蓝旗资格的决定。蓝旗资格只能保留一个季，因此要保住蓝旗资格，海滩及相关设施必须不断监控水质等方面的表现。

1985年，蓝旗最早诞生于法国，其最早的标准主要是污水处理和海水浴场的水质。1987年是欧洲的环境年，蓝旗概念开始在欧洲推广，当年共有10个国家的244处海滩和208个水环境被授予蓝旗。之后蓝旗概念在很多国家得以推广，1992年蓝旗统一了各国的标准。2001年环境教育委员会改组成为一个全球性组织，该组织与联合国环境开发署和世界旅游组织合作将蓝旗计划向全球推广。此外，蓝旗认证除海滩外，还有蓝旗海域海港、蓝旗游船的等。目前，全世界已经有48个国家，4000多个海滩荣获了蓝旗海滩的称号。2017年西班牙凭借着579个蓝旗海滩，100个蓝旗海域和5个蓝旗游船，共684面蓝旗标志，成为全球获得蓝旗认证最多的国家，目前蓝旗尚未对我国海滩进行评定和认证。

六、海洋度假旅游地的专业运营商——地中海俱乐部

地中海俱乐部（Club Med）是世界上最著名的专业经营旅游度假机构，创始人格拉德·伯利兹（Gerard Blitz）曾经是比利时奥林匹克运动队的成员，他和他的朋友们于1950年在法国成立了一个运动协会，即地中海俱乐部，同年俱乐部的第一个度假村在西班牙成立。目前，地中海俱乐部已经在30个国家连锁经营80多个度假村，雇员来自100多个国家，会讲世界30多种语言，超过22 000多人，每年接待120万名旅游者。提供以海洋度假和高山滑雪为主，包括高尔夫

球、运动休闲、温泉水疗和海洋邮轮在内的度假项目。

地中海俱乐部提供的所有活动都是在度假村内进行的，在世界各地以不同的主题活动串联起独特的村落度假生活方式。俱乐部推出的独一无二的度假经营理念是对度假活动参与者的角色定位。度假村内最重要的人物就是村长，他全身充满传奇，魅力独特感人，以个人独特的风格带领着所有的G.O.团队为度假客人规划出精彩而欢乐的假期。所谓G.O.（Gentil Organizateur）就是"文雅的组织者"，即亲切的东道主，他们是地中海俱乐部的灵魂，也是优质款待的保证。不同于一般饭店的服务人员，他们不穿制服也不收小费，并且拥有独特专长，免费教你各项水上、陆上活动或在儿童俱乐部照顾你的小孩，与你共进早餐或晚餐，是你的朋友也是玩伴，甚至还是晚间精彩秀中的超级明星。他们通常来自世界各地，能说多种语言，热情而又专业，他们将同度假客人一起营造快乐亲切的度假氛围。除了接待人员外，俱乐部对于度假客人也有特殊的称谓，那就是G.M.（Gentle Member），意为"可爱的客人"。地中海俱乐部的目的不只是让G.M.感到宾至如归，更要让G.M.感觉像个大家庭，忘掉阶层，远离都市，轻松而自在。

地中海俱乐部提供的"一价全包"服务包括：

（1）多种房型，满足不同需求的住宿；

（2）每日至少三餐国际美食（含各类免费软饮料），免费畅饮法国红白葡萄酒；

（3）离度假村最近的国际机场及度假村之间接送服务；

（4）各种水陆活动及教练指导；

（5）晚间盛大剧场演出；

（6）儿童俱乐部；

（7）尊贵会员待遇。

地中海俱乐部自成立起，就试图预测社会的发展形势和旅游活动的发展趋势，并努力提供相应的产品。俱乐部经过苦心经营树立起来的形象是单身者的天堂，专门为有婴儿的成员提供单独的宝贝俱乐部，为有大一些孩子（4~10岁）的成员提供迷你俱乐部。在注意到周末度假和短假期度假的趋势出现以后，俱乐部在1988年改变了以前只能以一周为单位提供包价产品的政策。到20世纪90年代初，地中海俱乐部已经增加了为比较年轻的客人（11~17岁）准备的青少年俱乐部（Club Jr.），为比较年长的客人准备的复兴俱乐部（Club Renaissance）和一系列为到附近旅游景区进行参观的人而设计的高档酒店——"别墅"。

随着度假市场竞争日趋激烈，地中海俱乐部的经营战略也随之进行调整，最初采用的策略是将"一价全包""一切在内"的度假概念扩展到最大限度，并将"你所消费的一切"作为宣传促销口号，形成了与竞争对手的不同之处。度假村制定的新战略可以概括为：服务与众不同，压低成本保证收益率，集中资源搞好核心战略，进行更高水平的国际化经营，实行新的分销政策和新的金融战略等。

2010 年中国的复星集团入股地中海俱乐部，获得后者近 10% 股权和两个董事会席位。2015 年复星集团以 9.6 亿欧元接近全资控股收购地中海俱乐部，复星收购了地中海俱乐部后，加快了地中海俱乐部在中国的布局，先后投资兴建、收购或管理桂林度假村、珠海东澳岛度假村（已于 2017 年 6 月 1 日停业）、三亚度假村、吉林北大壶度假村、哈尔滨亚布力度假村、北戴河黄金海岸度假村、浙江安吉度假村、承德长城度假村等，其中北戴河黄金海岸和三亚属于海滨度假村。

2016 年地中海俱乐部营业利润约 3.4 亿元人民币，同比增长 36%。2017 年冬季（2016 年 11 月至 2017 年 4 月）的访客人数大幅提升，业绩达过去十年最好水平。2017 年夏季度假村预订量同比增长 5.3%，所有地区度假村的客单价及访客量都有显著提升。2016 年也是地中海俱乐部在中国市场表现最好的一年，营业收入和访客量均有两位数增长。

第二节　山地湖泊及滑雪度假区概述

我国的山地湖泊旅游资源较为丰富，并且常与森林资源相结合。而国外，山地度假往往与山地滑雪紧密联系，因此我们将山地湖泊度假与滑雪度假区归入一类来讨论。实际上，山地湖泊度假区除了自然地貌特点以山地高原、草甸为主特色外，其他方面的开发和管理与国家公园、森林公园或海洋度假区非常类似。山地湖泊度假区的休闲活动往往以运动类登山、徒步、山地自行车、垂钓、泛舟、滑雪、高尔夫等运动项目为主，英格兰北部的湖区、苏格兰高地和美国的国家公园等有许多山地湖泊度假胜地。在地理学上，一般将山按高度不同分为高山（海拔高于 3500 米）、中山（海拔 1000~3500 米）和低山（海拔低于 1000 米）。此外，一些连绵不断的绝对高度和相对高度都小于山的隆起地貌，称为丘陵。许多山地和丘陵本身就是一个很好的观光旅游吸引物，可以体验"一览众山小"的登顶感受。有些城市山地也是鸟瞰全城市容的最佳去处，如中国香港太平山、巴西里约热内卢的耶稣山等。

山地旅游度假的开发需要优先解决的是可进入性问题，对于大多数山地旅游度假区来说，与公路相比，修建索道与缆车（Cable Car, Telpherage）是一项较为经济，且对环境破坏较少的上山交通方式。索道与缆车是指利用钢绳牵引输送人员或货物的设备和装置的统称。事实上，索道与缆车是有区别的。车辆和钢绳架空运行称架空索道；车辆和钢绳在地面沿轨道行走的称地面缆车，一般在山岳型旅游景区使用的大多是架空索道。

山地观光旅游往往与当地的森林旅游或文化历史古迹旅游不可分割,过去在中国更多的山地旅游以观光旅游为主,在西方国家山地度假旅游则远不如海滨度假旅游普及,因此位于山地的第二住宅或分时度假村相对数量较少,更多的是宿营地或滑雪度假村。在中国,除少量山区自然保护区外,大部山地与历史名人或文化事件相关,因此山地观光旅游应属于历史文化遗址旅游中的一部分。如泰山、庐山、五台山、普陀山、黄山等或有着丰富的历史文化,或有着浓厚的宗教氛围。自古我国先民就有对山体的崇拜,秦始皇和汉武帝在泰山封禅。自佛教传入中国后,与中国传统文化的三大支柱儒道释思想接触碰撞,经过同化、涵化变成了本土化宗教。总体来说,与西方基督教相比,佛和道都是遁世、出世的,讲求参悟、修行,与基督教在人口密度大的城市里建主教区不同,许多庙观丛林道场都盖在景色秀丽、空气清新、人迹罕至、负氧离子较高的山区,我国古人曾有"天下名山僧占多""多少楼台烟雨中"之名句。长期以来,上山进香、许愿、还愿等成为我国宗教旅游的主要目的,这也是我国一些宗教名山如五台山、普陀山、峨眉山、九华山、武当山、崂山、青城山等景区开展度假旅游的一项重要吸引物。但在国际上,滑雪是山地度假旅游中最主要的度假旅游方式。

随着我国旅游消费升级,山地度假旅游渐成时尚,远方的山地也成为自驾旅游的目的地。山地的森林垂直分布景观、舒适的气候、清新的空气和山地少数民族的风情对城市居民有着很强的吸引力,而山地的村寨旧镇、民居民宿、民风民俗也是一种体验型的文化度假旅游资源。

我国贵州省的旅游定位就是发展山地度假旅游,贵州省作为山地公园省发起成立了国际山地旅游联盟(非政府国际组织),总部永久所在地设在贵阳。

一、滑雪度假旅游概述

(一)世界滑雪运动的起源与发展

一般认为,滑雪几千年来就是北欧挪威人的一种主要交通方式。但是,经过中外学者对我国新疆阿勒泰古老的滑雪文化(如毛皮滑雪板等)进行深入广泛考察研究和考古发现距今至少1万年以前的阿勒泰敦德布拉克岩画上所绘的滑雪狩猎场面,以及对阿勒泰地区的自然地理、历史地理和语言地理的研究都论证了新疆阿勒泰地区是世界滑雪最早的起源地,2006年和2015年两次国际滑雪学术会议上发布的《阿勒泰宣言》都表明对此研究结论的共识。美国滑雪文化与历史研究学者尼尔·拉尔森(Nils Larsen)先生经过长达10年在喀纳斯禾木地区及新疆阿勒泰市对阿勒泰古老的滑雪文化的田野考察,撰写了《永远的阿勒泰滑雪人》,考证了新疆阿勒泰是人类滑雪起源地的这一结论。

滑雪作为一种休闲运动起源于19世纪中叶的欧洲。有记载称1868年挪威人从泰勒马克郡滑雪旅行到克莉斯汀那（现在的奥斯陆）参加社交活动，20多年后（1890）娱乐性滑雪在北美洲兴起，形成了一批滑雪俱乐部，但当时这些俱乐部的主要功能是社交性的。冬季的山地滑雪度假始于瑞士的圣莫里兹山，1866年，当地的一个饭店业主邀请一批夏季在他饭店度假的英国客人冬天再来，他们接受了邀请。事后他们对冬季在那里度假的感觉非常享受，回国后大肆宣传，冬季到瑞士山区度假成为英国上流社会中的时尚休闲方式。

早期的滑雪区没有上山缆车，大量的时间都花费在步行和爬山的路途中，1911年亨利爵士说服米伦镇当地政府修建铁路和牵引索道，次年亨利爵士主持了当地第一次越野滑雪赛。1905年滑雪被列入了奥运会，1924年成为奥运会的正式比赛项目，1932年成为冬季奥运会的重头比赛项目。

到1914年第一次世界大战之前，瑞士滑雪度假区的主要游客来自德国和英国，瑞士已有滑雪度假饭店客房21.5万个床位。此时滑雪度假区仍缺乏上山交通工具，直到20世纪30年代以前，游客上山主要依靠火车、旅游车等交通工具，这些交通工具只适用于夏季来度假的游客。1929年，第一个机械滑雪缆车出现在加拿大，短短几年后这种缆车几乎遍及了北美所有的滑雪度假区。欧洲第一个带有缆车的、完整意义上的滑雪度假区是成立于1933年的法国梅热夫（Megeve）度假区。

第二次世界大战以后滑雪才进入大众化普及的时代，战后滑雪运动和滑雪度假旅游迅速风靡，其主要原因是：①第二次世界大战时一些士兵为了适应北方作战学会了滑雪，战后滑雪成了这些退伍军人的主要业余运动；②随着技术的改进，滑雪运动变得越来越安全舒适了；③随着私人汽车的普及和人们生活水平的提高，到滑雪度假区的交通已不成问题。到20世纪40年代，滑雪度假已经成为北美和欧洲最受欢迎的一种度假形式，人们在滑雪度假区逗留的时间也越来越长，这个趋势带来了40年代到50年代间欧洲的第二波滑雪度假村兴建浪潮，这批度假村集中在法国，新建的度假村设施完备，除了拥有雪坡上的滑雪设施外，还兼有雪坡下的配套设施，包括住宿、餐饮和娱乐场所。

20世纪60年代滑雪度假村的兴建热潮波及北美，这期间兴建的度假区设施更趋完备，而且规模较大。新建度假区主要分布在美国的新英格兰地区、科罗拉多、加利福尼亚，加拿大的落基山区和魁北克地区。这期间木质滑雪板和皮靴逐渐被金属或玻璃钢滑雪板和塑料滑雪靴所替代。

20世纪70年代滑雪度假旅游业的趋势是大规模的市场营销和产品扩张，进入80年代行业内出现购并和加强产品管理的趋势，这说明滑雪度假游市场已经日趋成熟。80年代中期，滑雪器材和设施市场上明显出现供过于求的现象，一些知名度不大、规模较小的滑雪度假区面临严峻的生存考验。1980年到1990年间，北美的滑雪度假区数量减少了18%，但与之相对的是，同期北美滑雪度假区的总接待能力提高了51%。

目前主要的滑雪方式包括以下几种。

（1）越野滑雪（cross-country skiing）：最古老的一种滑雪方式，滑雪板较长。

（2）极限滑雪（extreme skiing）：虽然现在这种方式越来越流行，但比较危险，要求滑雪者技术高超而且对情况判断准确。

（3）高空滑雪（heliskiing）：乘直升机到达雪坡顶后再滑行下来。

（4）马拉式滑雪（horse-drawn skiing）：芬兰的一种传统滑雪方式，在世界其他地方还没有流行开来。

（5）单板滑雪（mono-skiing/snowboarding）：双脚固定在同一块较宽的滑雪板上。

（6）滑雪登山/徒步滑雪（mountaineering/ski touring）：用特殊的设备进入一般缆车不能到达的山坡。

（7）雪地摩托（snowmobile/skidoo）：外形与摩托车类似，但以滑板代替车轮的一种载人滑雪工具。

自1911年第一次滑雪比赛以来，这种运动形式已经有很大的发展，大大减低了运动的危险性。首先，比赛形式已经不再像最初那样所有选手都同时从起点开始滑，而是每个单独滑行并计时，两个选手之间间隔约一分钟，使比赛能更安全地进行。其次，由于滑雪器具供应商之间竞争激烈，器具的加工技术一直在不断改进，包括滑雪板、滑雪靴、固定器、护理蜡，甚至滑雪服等，这一切都使滑雪变得更安全，速度更快。最后，随着技术的发展，人们能更多地控制雪坡地形和雪的状态，使其更能适于不同技术水平的滑雪客人的要求。人工雪坡和人造雪成为自然雪坡的一种补充。此外，移动通信技术和全球卫星定位系统（GPS）也更加方便了滑雪区的救援，大大提高了野外滑雪运动的安全系数。

（二）滑雪场设施设备

滑雪场设施设备主要可分为提升设备和场地设施两大类。

（1）提升设备：一般分地面和架空两类。地面提升设备是指滑雪者保持站立在滑雪板上，在地面上发生拖拉行为的提升设备。包括拖牵、T字形拖牵、魔毯等；架空提升设备是指架空索道，按照运行方式、使用抱索器形式、使用的运载工具形式等不同，又可以分为单线式、复线式、往复式、循环式、固定抱索式、脱挂式、吊厢式、吊椅式、吊篮式、拖牵式等。

地面提升设备中，拖牵不如魔毯的体验效果好，目前已经有被后者替代的趋势，魔毯的安装没有长度和坡度的限制，但无论是拖牵，还是魔毯都没有离开地面，所以在一定程度上会妨碍其他滑雪者的自由穿行。架空索道具有对自然地形适应性强、受气候条件影响小、爬坡能力强、运载效率高、乘坐舒适且不影响其他滑雪者的自由穿行等优点，在世界各地得到了广泛的应用。提升设备的数量是衡量滑雪场规模、运营效率的重要指标。

（2）场地设施：主要是造雪机、压雪车和雪地摩托。受气候条件影响，我国目前大多数雪场都要依靠造雪机进行人工造雪，尤其是在南方地区。使用人工造雪还可以适当延长滑雪季的运行时间；压雪车不仅可以将雪压平压实，还可以配上雪犁，使其具备整理学雪道功能，可以将结冰的硬雪打碎成软雪，减少雪资源浪费；雪地摩托是在雪地行驶的交通工具，通过履带旋转来移动，行驶时不需要特定的道路。主要用于滑雪场的巡逻监视和紧急救助。

（三）雪道分类分级

雪道是滑雪场的主要活动区，雪道一般可分为常规雪道和特种雪道两大类和四个等级。

1. 常规雪道又可分为下列四种：

（1）练习道。坡度极缓、道宽而短。适用于初次滑雪的人群及儿童练习，以慢慢适应在穿戴雪鞋和雪板下如何走动，慢速滑行和防摔倒等入门动作。

（2）初级道。有一定坡度，略陡于练习道，雪道较长，且较宽而直，适用于那些能稳定行走及适当滑行的滑雪者，为他们提供一个安全练习稳定滑行，减速或者转向等基础滑行技巧的场地。在此道练习者能体会到一定的速度感。

（3）中级道。有一定陡坡穿插于缓坡中，会出现一些转弯道和窄道。适用于熟练掌握基础滑行技巧的练习者提供进阶的练习场所，在这里需要面对的问题在于如何在穿戴雪板的情况下上下缆车，如何在陡坡下控制速度，如何稳定转向，如何稳定控制身体的重心等等。

（4）高级道。道窄且非常陡，转弯急，雪况复杂。适用于高级滑雪者，为他们提供较专业的练习场地。此道需要滑雪者有较熟练的滑雪技术和专业的滑雪装备，能体验滑雪带来的刺激和快感，但风险较大。

2. 特种雪道

（1）公园道。主要以道具和跳台为组成部分，是为花样滑雪和自由式滑雪的练习者提供场地。普通滑雪练习者进入较容易受伤。

（2）U形槽。是花样滑雪的一个项目之一，由槽底、过渡区、槽壁、槽顶平台和外围安全护网构成的雪道。

（3）猫跳道。由布满雪包的坡道和跳台构成的自由式雪上技巧场地。

（4）波浪道（连包道）。由数量不等的雪包组成，连接柔和，无尖突部分，是练习猫跳的基础道。

（5）雪圈道。供坐在雪圈上往下滑的雪道。

雪道的等级主要是按照雪道的滑行的难易程度来划分的，而雪道难易又主要取决于坡度、宽度、长度和弯度，即坡度越缓、雪道越宽越直，则难度越小。雪道的坡度一般有两种表示形式，百分比和角度数。

（1）百分比法：表示坡度最为常用的方法，即两点的高程差与其水平距离的百分比，其计算公式如下：

坡度=（高程差/水平距离）×100%。例如：坡度5%是指水平距离每100米，垂直方向上升（下降）5米；1%是指水平距离每100米，垂直方向上升（下降）1米。依此类推。

（2）度数法：用度数来表示坡度，利用反正切函数（arctan）计算而得，其公式如下：α（坡度）=arctan（高程差/水平距离）。

两者之间的换算关系也可以通过反正切函数值表查得，表5-4给出了部分换算值。

表5-4 雪道坡度两个不同表示方式数值之间的换算（部分）

角度	正切值×100	角度	正切值×100
1°	1.75%	15°	26.79%
5°	8.75%	20°	36.40%
6°	10.51%	25°	46.63%
7°	12.28%	30°	57.74%
8°	14.05%	35°	70.02%
9°	15.83%	40°	83.91%
10°	17.63%	45°	100.00%

雪道的难易等级是一个相对概念，各国滑雪场雪道等级划分也不尽相同，在滑雪运动最早兴起的欧洲分类较细，体系较为完整，用不同颜色区分不同级别的雪道，并使用三原色（绿、蓝、红）代表最常见的三种级别雪道，使用黑色、橘黄色、黄色代表较高难度等级的三种雪道，另外还有专门标有Park的公园道，以及没有标记的野雪。

长期以来，我国的滑雪场建设主要是用于竞技体育，较少关注大众体育，因此，对于滑雪场雪道只有按体育比赛的专业要求进行分类，而没有对雪道难易程度进行分级。直到2005年12月，国家体育总局冬季运动管理中心和中国滑雪协会发布了《中国滑雪场所管理规范（试行）》（以下简称"规范"）文件，在该管理文件中在对雪道分类的同时，还将雪道分成初级、中极和高级三个等级：初级道坡度小于8°、中级道在9°~25°之间、高级道在16°~30°之间，大众滑雪道的坡度原则上应限制在30°之内。"规范"还采用了国际上用颜色标识等级的方法，规定了"高级道用黑色，中级道用蓝色，初级道用绿色，没有管理的滑行线路用黄色表示。若某一条滑雪道包含两种以上级别，分别用不同颜色分段标明"。但稍后发布的国家强制性标准《体育场所开放条件与技术要求 第6部分：滑雪场所》（GB 19079.6—2013）中只有分类要求，没有给出分级标准。旅游行业标准《旅游滑雪场质量等级划分》（LB/T 037—2015）（以下简称"行标"）提出了一套与"规范"不同的雪道分级方案。2017年10月，国家体育总局冬季运动管理中心发布了《中国滑雪场所管理规范（2017年修订版）》，调整了2005年"规范"（试行版）中的雪道分级标准，取消了对高级道的坡度限制（表5-5）。

表5-5　我国滑雪场雪道分级（按坡度分）

等级标志	"行标"对平均坡度要求	"规范"（修订版）对坡度要求	
初级道	≥ 6°（最陡 < 10°）	< 10°	绿
中级道	≥ 15°	10°~18°（最陡 < 22°）	蓝
高级道	≥ 20°	> 18°（最陡 > 22°）	黑

由表5-6可看出，"行标"与"规范"在各等级的坡度要求上略有不同，总体上看，"行标"的坡度要求略高于"规范"，但由于"规范"是部门法规，而"行标"只是推荐性标准。因此，"规范"的效力要优先于"行标"。

表5-6　西班牙滑雪场雪道分级

颜色标志	难易程度	坡度百分比指标	换算成角度表示
绿道	非常容易，适于初学者	坡度（纵向或横向）≤ 15%	≤ 8°~9°
蓝道	容易，适于中等水平者	坡度（纵向或横向）≤ 25%	≤ 14°~15°
红道	难	坡度（纵向或横向）≤ 45%	≤ 24°~25°
黑道	非常难	超出红色值（警告值）> 45%	> 25°

我们可以将西班牙同类的国家标准《山地滑雪度假地　服务要求》（UNE 188002：2006 Stations de ski et montagne. Exigences du service）（表5-6）与"规范"做一比较。由于国际标准化组织的"旅游及相关服务"技术委员会（ISO/TC 228）秘书处就设在西班牙标准化和认证协会（AENOR），西班牙旅游标准在欧盟，甚至国际标准化组织中具有较大的影响力。从表5-6中可看出，绿道、蓝道、红道和黑道分别对应与我们的初级道、中级道和高级道。与"规范"不同的是，"规范"只分了三个等级道，没有红道。而西班牙则对高级道再细分为红道和黑道，但对于蓝道的标准要低于我国的中级道。此外，西班牙国家标准坡道度量是采用百分比法。

二、国际滑雪旅游市场及主要滑雪度假区

据瑞士资深滑雪研究专家劳伦特·凡奈特（Laurent Vanat）主编的《2018年全球滑雪市场报告》（2018 International Report on Snow & Mountain Tourism）披露，目前世界上有一定的规模户外滑雪场数目2113家，分布在67个国家，其中三分之一以上的国家位于阿尔卑斯山区（主要有法国、意大利、奥地利、瑞士和德国五个国家，由于其地位特殊，因而将这些国家单独列出）占到了36%；美洲占21%；亚太占19%；西欧（不计阿尔卑斯山区国家）占12%、东欧与中东占11%。但中国和东欧是发展小规模滑雪场数量发展较快的国家和区域。滑雪场的规模可以从拥有的提升设备数量来衡量。目前，全球滑雪场共有26334条提升设备，其中阿尔卑斯山区国家占39%；西欧占17%；美洲占16%；东欧与中东占14%；亚太占13%。由此可见，阿尔卑斯山区国家的滑雪场在规模上具有明显的优势，在拥有至少5条提升设备的中大型雪场数量方面，美国、日本、法国和意大利为最多的四个国家，均超过200个（表5-7）。此外，全球冬季接待量超过100万人次的51家大型滑雪旅游目的地中阿尔卑斯山区国家占到80%（奥地利16家、法国13家、意大利7家、瑞士5家），美洲占14%（美国6家、加拿大1家），西欧占6%（瑞典2家、安道尔1家），其中前5家超过了200万人次，位列榜首的法国拉普拉涅（La Plagne）滑雪场达到了250万人次（表5-8）。据统计，滑雪产业的大部分主要集中在年均滑雪人次超过10万人次的滑雪场。尽管它们仅占全球滑雪场总数的20%，但是占到了滑雪市场份额的80%。

从每年滑雪人次数来看，美国排名第一，其次是法国和奥地利，这三个国家的年滑雪人次数都超过了5000万人次。

目前，全球大约有1.3亿滑雪爱好者。在过去10年间，随着"婴儿潮"一代的逐渐老去，传统滑雪人群退出滑雪市场由新生代人群填补，此消彼长，每年的滑雪人数基本稳定在4亿人次的水平。

从全球滑雪接待市场份额看，阿尔卑斯山区国家占到全球滑雪市场的43%，美洲（主要是北美）占21%，亚太占15%，西欧占11%，东欧与中东占9%。欧洲（尤其是阿尔卑斯山区）是世界滑雪旅游的中心。国际滑雪旅游者也主要集中在欧洲，滑雪旅游是一个区域性的市场，远程市场份额很少。例如越洋去美国滑雪的只占到美国滑雪场接待总量的3.8%。

从全球滑雪客源市场份额看，西欧占25%，美洲占24%，亚太占21%，阿尔卑斯山区国家占15%，东欧与中东占13%。比较接待市场份额和客源市场份额就可看出，阿尔卑斯山区国家是滑雪旅游客流净流入最大的区域。而德国和英国是欧洲最主要的两大客源市场国，德国去奥地利，英国去法国的滑雪人数分别

占第一和第二,德国去意大利和瑞士的占到第三和第四,荷兰和英国去奥地利的分别占到第五和第六,荷兰和比利时去法国的占到第七和第八,瑞士去奥地利以及英国去意大利分别列第九和第十(表5-9)。

从全球滑雪产业发展看,欧美已经进入低速增长期,滑雪人口的代际更替带来了新的挑战。随着热爱滑雪主体人群"婴儿潮"一代的老去,培育新的客群市场就变得愈加紧迫。与"婴儿潮"一代不同,千禧一代的年轻人是伴随着互联网成长起来的一代,兴趣爱好更加广泛,有诸多娱乐项目可供选择,注意力转换也非常快,而滑雪运动是需要持之以恒的练习和训练的。如何才能吸引这些新生代的关键是要进行创新和顾客关系管理(CRM)。千禧一代是伴随着互联网的发展而成长的,信息技术可以使滑雪场更好地理解顾客的需求,但也成为直接的竞争者,越来越多的年轻人选择手机游戏和各种线上消费来替代线下的身体力行和跋山涉水。对于滑雪度假业来讲,最大难点始终是对于新手的入门教学,如何让初学者在初次尝试滑雪时,就能爱上这一运动,让学习过程充满乐趣,如何借助互联网技术,这是滑雪度假产业迫切需要解决的难题。随着全球人口老龄化的现象的加剧,全球滑雪产业新的增长点,主要寄希望于人口基数庞大的亚洲市场和新兴的东欧市场,在这两大迅速增长的区域市场上,如果不能将兴致盎然的初学者转变为真正的滑雪爱好者的话,将会影响到全球滑雪产业的可持续发展。

表5-7 2017年世界主要滑雪场和滑雪者统计

排序	国家	滑雪场数量(处)	国内滑雪者(万人)	滑雪者人次(万人次)	规模以上滑雪场比例(%)	国内滑雪人口占全国人口比例(%)	外国滑雪者占比(%)	提升设备数量(个)	单位提升设备运载的滑雪者(人次)
1	中国	703	1210.0	1288.0	12	1	1	630	20 444
2	日本	547	1145.3	3214.1	51	9	10	2422	13 271
3	德国	498	1460.7	1506.0	16	18	10	1827	8243
4	美国	481	2501.7	5490.5	74	8	6	2970	18 487
5	俄罗斯	354	427.5	675.0	16	3	5	611	11 047
6	意大利	349	491.9	2699.9	62	8	35	2127	12 694
7	法国	325	857.4	5401.2	72	13	27	3346	16 142
8	加拿大	280	430.7	1782.2	26	12	12	922	19 330
9	奥地利	254	296.0	5130.2	78	36	66	3028	17 081
10	瑞典	228	182.4	830.0	30	20	15	840	10 214

续表

排序	国家	滑雪场数量（处）	国内滑雪者（万人）	滑雪者人次（万人次）	规模以上滑雪场比例（%）	国内滑雪人口占全国人口比例（%）	外国滑雪者占比（%）	提升设备数量（个）	单位提升设备运载的滑雪者（人次）
11	挪威	213	118.1	690.6	19	25	47	655	10 544
12	瑞士	193	295.9	2295.6	46	37	46	1446	15 875
13	捷克共和国	191	223.6	870.0	28	22	35	765	7567
14	波兰	182	499.0	500.0	11	13	15	832	6010
15	斯洛伐克	107	98.8	500.0	36	18	25	456	10 965
16	芬兰	76	126.4	257.7	39	24	17	374	6891
17	土耳其	60	80.7	120.0	12	1	15	159	7547
18	乌克兰	54	111.4	140.0	17	2	5	141	9929
19	罗马尼亚	45	65.4	120.0	13	3	5	141	8511
20	斯洛文尼亚	44	29.9	107.1	55	15	17	217	4958
21	西班牙	32	236.9	494.5	87	5	10	384	12 876
22	保加利亚	32	34.9	120.0	22	5	25	110	10 909
23	塞尔维亚	31	21.7	75.0	10	3	20	77	9740
24	拉脱维亚	26	21.8	80.0	19	10	15	77	10 390
25	新西兰	23	30.6	148.2	39	7	36	107	13 851
26	希腊	22	21.5	80.0	27	2	10	111	7207
27	阿根廷	22	106.5	150.0	45	2	25	145	10 345
28	智利	21	51.7	90.0	43	3	35	127	7087
29	哈萨克斯坦	19	26.6	25.0	11	1	2	25	10 000
30	伊朗	19	79.9	75.0	23	1	1	72	10 417
31	吉尔吉斯斯坦	19	5.5	20.0	5	1	20	29	6897
32	韩国	18	293.7	541.0	89	6	10	150	36 067
33	波黑共和国	18	19.4	40.0	22	5	50	50	8000
34	印度	15	12.2	20.0	7	0	1	22	9091
35	匈牙利	15	54.7	36.3	40	5	10	55	6600
36	克罗地亚	13	9.0	15.0	8	2	10	25	6000
37	冰岛	13	6.3	18.9	15	20	5	49	3862
38	澳大利亚	12	100.2	212.6	75	4	1	158	13 457

续表

排序	国家	滑雪场数量（处）	国内滑雪者（万人）	滑雪者人次（万人次）	规模以上滑雪场比例（%）	国内滑雪人口占全国人口比例（%）	外国滑雪者占比（%）	提升设备数量（个）	单位提升设备运载的滑雪者（人次）
39	立陶宛	11	17.6	20.0	0	5	10	19	10 526
40	英国	10	634.0	20.0	50	10	1	124	1643
41	阿尔巴尼亚	10	3.0	1.0	0	1	10	1	10 000
42	爱沙尼亚	9	6.3	12.5	11	5	5	17	7353
43	马其顿	8	15.7	30.0	25	7	10	34	8824
44	格鲁吉亚	8	11.4	30.0	25	2	20	28	10 714
45	比利时	7	125.3	10.0	0	12	40	11	9091
46	黎巴嫩	6	20.7	35.0	67	5	70	46	7609
47	白俄罗斯	6	19.3	15.0	0	2	25	11	13 636
48	丹麦	5	66.7	5.0	0	12	0	6	8333
49	摩洛哥	5	3.3	10.0	20	0.1	10	10	10 000
50	黑山共和国	4	6.5	25.0	50	10	25	23	10 870
51	亚美尼亚	3	5.9	9.0	33	2	2	8	11 250
52	科索沃	3	5.5	10.0	33	3	6	12	8333
53	安道尔	3	1.7	236.5	100	20	92	140	16 890
54	阿塞拜疆	2	7.2	10.0	50	1	0	11	9091
55	乌兹别克斯坦	2	5.7	8.0	0	0	15	8	10 000
56	葡萄牙	1	21.6	5.0	100	2	0	29	1724
57	列支敦士登	1	1.4	9.0	100	37	50	5	18 000

注：规模以上滑雪场是指有 5 条以上提升设备。

资料来源：据 Laurent Vanat，《2018 International Report on Snow & Mountain Tourism》整理得出，下同。

表 5-8　2017 年全球接待 100 万人次以上的滑雪场

排序	国家	滑雪场
1	法国	拉普拉涅（La Plagne）
2	奥地利	怀尔德凯撒 - 布里克森谷（Skiwelt Wilder Kaiser-Brixental）
3	法国	莱萨尔克（Les Arcs）

续表

排序	国家	滑雪场
4	奥地利	萨尔巴赫·辛特克雷姆·莱奥冈·菲伯布伦（Saalbach Hinterglemm Leogang Fieberbrun）
5	奥地利	伊施格尔/萨姆瑙恩·锡尔夫雷塔山区（Ischgl/Samnaun Silvertta Arena）
6	加拿大	惠斯勒黑梳山（Whistler Blackcomb）
7	意大利	加德纳/阿尔卑斯休斯山（Gardena/Alpe di Siusi）
8	法国	葱仁谷/奥雷勒（Val Thorens/Orelle）
9	意大利	马多纳迪坎皮里奥（Madonna di Campogllo）
10	奥地利	弗拉肖 – 瓦根莱茵 – 圣约翰（Flachau-Wagrein-St.Johann）
11	奥地利	瑟费浩斯 – 费斯 – 拉迪斯（Serfaus-Fiss-Ladis）
12	美国	布雷肯里奇（Breckenridge）
13	美国	范尔（Vail）
14	安道尔	格兰德瓦利拉（Grandvalira）
15	法国	夏蒙尼/里雾诗（Chamonix/Les Houches）
16	奥地利	索尔登（Soelden）
17	法国	库尔舍韦勒 – 梅里贝尔 – 莫塔雷（Courchevel-Méribel-Mottaret）
18	瑞典	萨伦（Sälen）
19	奥地利	齐勒河谷竞技场（Zillertal Arena）
20	法国	里蒙纽耶（Les Ménuires）
21	法国	蒂涅（Tignes）
22	奥地利	基茨比厄尔（Kitzbuehl）
23	瑞士	策马特（Zermatt）
24	法国	伊塞雷（Val d'Isére）
25	法国	拉普德兹（L'Alpe d'Huez）
26	意大利	普兰德科隆尼斯山（Plan de Corones）
27	奥地利	圣安顿/圣克里斯托弗/斯图本（St. Anton/ St.Christoph/Stuben）
28	意大利	阿尔塔巴迪亚（Alta Badia）
29	法国	弗拉尼 – 莫里永 – 萨慕朗 – 锡克斯特（Flaine-Morillon-Samoens-Sixt）
30	美国	帕克城（Park City）
31	法国	塞尔舍瓦利埃（Serre-Chevallier）
32	法国	莱德萨阿尔卑斯（Les Deux-Alpes）
33	奥地利	齐勒河谷3000– 迈尔霍芬（Zillertal 3000-Mayrhofen）

续表

排序	国家	滑雪场
34	意大利	维哥迪法萨/卡雷扎（Val di Fassa/Carezza）
35	奥地利	锡尔夫雷塔蒙塔丰（Silvretta Montafon）
36	法国	阿沃里亚兹（Avoriaz）
37	瑞士	阿德尔博登－伦克（Adelboden-Lenk）
38	意大利	塞斯特雷银河（Sestriere Via Lattea）
39	美国	猛犸山（Mammoth）
40	瑞士	达沃斯－克罗斯特斯（Davos-Klosters）
41	奥地利	莱赫/齐尔斯－瓦尔特（Lech/Zürs-Warth）
42	奥地利	施图拜冰川（Stubaier Gletscher）
43	瑞士	圣莫里兹（St.Moritz）
44	瑞士	韦尔比耶（Verbier）
45	美国	科珀山（Copper Mountain）
46	意大利	利维尼奥（Livigno）
47	美国	基斯通（Keystone）
48	奥地利	霍赫兹勒陶－霍赫福根－卡顿巴赫（Hochzillertal-Hochfuegen-Kaltenbach）
49	奥地利	卡普伦－基茨坦霍恩（Kaprun-Kitzsteinhorn）
50	奥地利	斯拉德明贝尔格4（Schladming 4 Berge）
51	瑞典	奥勒（Are）

表5-9 欧洲年出境滑雪旅游超过20万人次的前10客源市场

入境旅游国家	出境旅游国家				
	德国	英国	荷兰	比利时	瑞士
奥地利	1	6	5		9
法国		2	7	8	
意大利	3	10			
瑞士	4				

三、我国滑雪旅游的起源与发展

经考证，我国新疆阿勒泰是人类滑雪起源地，然后开始向俄罗斯、中亚、北欧、东亚和中原地区传播，滑雪工具也随之改进。我国滑雪最早见于史书记载的是《隋书》。在1400年前，居住在黑龙江省大兴安岭地区的室韦族，以"射猎为务，食肉衣皮……地多积雪，惧陷坑井，骑木而行"。"骑木而行"即指滑雪[①]。1060年《新唐书》对古代滑雪的具体方法也有记载。我国现代滑雪运动大体上可分为三个阶段，即：旧中国、50年代—80年代、80年代以后。20世纪30年代初，日本人在黑龙江省玉泉修建了我国第一个竞技和旅游滑雪场（即现在的阿城体校滑雪场）。1943年2月，有意大利、德国、日本等三国运动员参加的滑雪比赛在吉林市北山滑雪场举行。在半殖民地半封建社会的旧中国，滑雪运动为外国殖民主义者及其国民所享受，中国只是为其提供无任何报酬的滑雪运动场地。新中国成立后，滑雪场基本上是体育部门为了训练运动员、举办赛事由政府投资兴建的，一般不对旅游者开放。1957年，国家在吉林省通化投资兴建的新中国第一个标准滑雪场，全国第一次滑雪比赛在此举行。改革开放以来，滑雪旅游渐成热潮，滑雪场的建设也取得了突飞猛进的发展。1982年当时国内规模最大的城区滑雪场（吉林市松花湖滑雪场）建成并交付使用。1984年，桃山林业局兴建了黑龙江省第一家旅游滑雪场（桃山滑雪场）。不久，具有国际水准的北大湖、亚布力雪场等相继落成，标志着我国滑雪场的建设进入了崭新阶段，大众滑雪也从此迅猛发展起来。由于亚布力滑雪场开发的示范效应，各地纷纷进行了雪场规划和建设。特别是2013年11月3日，中国奥委会正式致函国际奥委会，提名北京市为2022年冬奥会的申办城市。2015年7月31日，国际奥委会在马来西亚吉隆坡举行的第128次全会上，北京成功获得了2022年第24届冬季奥林匹克运动会的举办权。借举办北京冬奥会之东风，我国提出了"三亿人上冰雪"的发展目标。

我国大众滑雪起步较晚，滑雪场数量少，市场需求不足。直到2000年前后开始有了较大的发展。2000—2017年的17年间，滑雪场数量增加了14倍，达到了703家，数量达世界首位。滑雪人数增加了58倍，目前滑雪人数已达1750万之多（表5-10）。

表5-10　1998—2017年全国滑雪场数量和滑雪人次增长情况

年份	滑雪场数量（家）	增长率（%）	滑雪人次（万人次）	增长率（%）
1995	9	—	—	—
1996	11	22.2	1.0	—
1997	14	27.3	1.5	50.0
1998	17	21.4	3.0	100.0
1999	20	17.6	10.0	233.3

---

① 中国体育大事典编委会．世界体育大事典[M]．北京：中国致公出版社，1993.664.

续表

年份	滑雪场数量（家）	增长率（%）	滑雪人次（万人次）	增长率（%）
2000	50	150.0	30.0	200.0
2001	95	90.0	75.0	150.0
2002	130	36.8	200.0	166.7
2003	150	15.4	280.0	40.0
2004	170	13.3	350.0	25.0
2005	190	11.8	400.0	14.3
2006	210	10.5	440.0	10.0
2007	225	7.1	470.0	6.8
2008	235	4.4	500.0	6.4
2009	248	5.5	550.0	10.0
2010	270	8.9	630.0	14.5
2011	300	11.1	700.0	11.1
2012	348	16.0	800.0	14.3
2013	408	17.2	900.0	12.5
2014	460	12.7	1030.0	14.4
2015	568	23.5	1250.0	21.4
2016	646	13.7	1510.0	20.8
2017	703	8.8	1750.0	15.9

资料来源：中国滑雪协会。

虽然，我国的滑雪场数量列全球第一，但提升设备数量仅有630条，只列到全球第13位。说明我国的滑雪场普遍规模较小，雪道面积超过30公顷的仅占3.98%，而小于5公顷的占到了76.2%（表5-11）。拥有5条以上提升设备的滑雪场仅占12%，还不到90家，列美国、日本、法国、意大利、奥地利和瑞士之后，排第7位；我国的国内滑雪者人数列在美国和德国之后，排第3位；我国滑雪人次数列美国、法国、奥地利、日本、意大利、瑞士加拿大和德国之后，排第9位；与滑雪人数相比，我国滑雪人次排名靠后，是由于滑雪度假（住一晚以上）人口太少的原因。我国还没有一处接待量超过100万人次的大型滑雪旅游目的地。据我国旅游行业标准《旅游滑雪场质量等级划分》（LB/T 037—2015），最高等级SSSSS的滑雪场对于提升设备的要求是：a）至少应有2条脱挂式箱式索道；b）应有两条座椅式索道；c）至少应有2条魔毯"（6.1.1.3）。由此看出，我国对滑雪场提升设备数量的要求并不高。此外，该标准没有对滑雪场的接待人数提出要求。

表 5-11 2015—2017 年中国滑雪场雪道面积统计

雪道面积（公顷）	2015	2016	2017
≥100	1	3	6
50—100	7	5	7
30—50	5	7	15
10—30	20	26	34
5—10	50	87	105
<5	485	518	536
总计	568	646	703

资料来源：伍斌，魏庆华，等.中国滑雪产业发展报告（2018）(冰雪蓝皮书).社会科学文献出版社，2018.下同

我国滑雪场分布很广，除了海南、上海和西藏三个省市区外，其他省市区都有户外的滑雪场，但总体看，主要集中在北方，东北占 28.7%、华北占 25.2%、西北占 18.3%，三北地区占到全国的 72.2%（表 5-12）。北方的滑雪场不仅数量多，而且规模也较大，装备脱挂式架空索道的滑雪场全部都在北方（表 5-13）。全国 24 家垂直落差超过 300 米的滑雪场中 22 家都在北方，800 米以上的滑雪场都是北方，其中阿尔泰山野雪公园垂直落差在 1000 米以上，是我国唯一一家用直升机作为提升设施的雪场，也是高山滑雪的理想之地（表 5-14）。

据《中国滑雪产业白皮书（2017 年报告）》披露，2017 年我国共有 1750 万滑雪人次，1210 万滑雪者，人均年滑雪次数仅 1.44 次。我国滑雪人群中，尤其是滑雪爱好者与滑雪发烧友中男性占 53.23%；年龄集中在 18~44 岁与 45~64 岁两个年龄段，分别占 60.20% 和 37.31%，而 17 岁及以下的仅占 0.75%；公司职员的比例占 35.07%，自由职业者占 17.16%，私营企业者占 11.94%，政府工作人员占 10.45%；月收入在 5000~9999 元占 37.31%，10 000~14 999 元与 15 000 元及以上的人群分别占 12.94% 和 12.69%。我国滑雪人群没有体现出中产阶级的概念，月收入在 10 000 元以下的人群居多，这与现阶段我国滑雪运动仍处于大众普及的发展阶段有关，同时这也反映出目前国内大部分滑雪场主要适合大众消费。我国滑雪场核心客群中旅游体验型的占到了 75%，目的地度假型的仅占 3%，而旅游体验型的客群中，90% 又是一次性体验的初学者（表 5-15），这是我国滑雪度假旅游与欧美国家存在的主要差异。

表 5-12 2017 年全国滑雪场数量

排序	分区	省（市、区）	数量
1	东北	黑龙江	124
2	华东	山东	61
3	西北	新疆	59
4	华北	河北	58
5	华北	山西	45
6	华中	河南	42
7	东北	吉林	41
8	东北	辽宁	37
9	华北	内蒙古	37
10	西北	陕西	31
11	华北	北京	24
12	西北	甘肃	20
13	华东	浙江	18
14	华东	江苏	15
15	西南	重庆	14
16	华北	天津	13
17	西北	宁夏	12
18	西南	四川	11
19	西南	贵州	10
20	华中	湖南	8
21	西北	青海	7
22	华中	湖北	7
23	华东	安徽	3
24	西南	云南	2
25	华南	广西	2
26	华东	福建	1
27	华南	广东	1
合计			703

表 5-13　2017 年全国雪场按脱挂式架空索道数量排名

排序	雪场	索道数量	省份
1	万科松花湖	6	吉林
2	万达长白山	5	吉林
3	万龙	5	河北
4	北大壶	4	吉林
5	云顶	4	河北
6	太舞	3	河北
7	富龙	3	河北
8	亚布力体委	3	黑龙江
9	鲁能长白山	2	吉林
10	翠云山银河	2	河北
11	亚布力阳光	2	黑龙江
12	太白鳌山	2	陕西
13	凉城岱海	2	内蒙古
14	庙香山	1	吉林
15	多乐美地	1	河北
16	帽儿山	1	黑龙江
17	丝绸之路	1	新疆
18	将军山	1	新疆
总计		48	

表 5-14　全国垂直落差超过 300 米的雪场排名

排序	雪场	已开发垂直落差（米）	省份
1	阿尔泰山野雪公园	1000+	新疆
2	长白山天池雪	900+	吉林
3	亚布力体委	885	黑龙江
4	北大壶	870	吉林
5	香格里拉	662	云南
6	万科松花湖	600	吉林
7	万龙	580	河北
8	丝绸之路	580	新疆
9	亚布力阳光	540	黑龙江
10	太舞	510	河北

续表

排序	雪场	已开发垂直落差（米）	省份
11	富龙	480	河北
12	美林谷	480	内蒙古
13	岱海国际滑雪场	468	内蒙古
14	云顶	420	河北
15	阿勒泰将军山	405	新疆
16	伏牛山	400	河南
17	丹东天桥沟	392	辽宁
18	万达长白山	380	吉林
19	多乐美地	323	河北
20	翠云山银河	315	河北
21	万科石京龙	310	北京
22	帽儿山	308	黑龙江
23	抱龙山凤凰岭滑雪场	304	甘肃
24	长城岭	300	河北

资料来源：伍斌、魏庆华，《中国滑雪产业白皮书（2017年报告）》。

表5-15 中国滑雪场核心客群分类

	旅游体验型	城郊学习型	目的地度假型
数量占比	75%	22%	3%
客群定位	旅游观光客	本地居民	度假人群
滑雪属性	旅游属性	运动属性 旅游属性	度假属性 运动属性 旅游属性
雪场特征	设施简单 仅初级道 位于景区或近郊	山体落差小 初中高级雪道 位于城市郊区	一定的山体规模 齐全的雪道产品 住宿等设施配套
客群特征	90%一次性体验 平均停留2小时	多为本地自驾 平均停留3~4小时	多为过夜消费人群 平均停留1天以上
典型案例	雪世界 鸟巢	南山 军都山 万科石京龙	万科松花湖 万达长白山 北大壶、亚布力 万龙、富龙 云顶、太舞

资料来源：伍斌、魏庆华．《中国滑雪产业白皮书（2017年度报告）》。

中外对于滑雪人口的统计口径不同，在中国被定义为一生中滑雪次数为一次或一次以上，但问题是我国的滑雪者中，很大部分是一生就只滑过一次雪，没有成为滑雪爱好者。而欧美标准是，在连续两年中每年冬季至少参加一次滑雪活动的人才被认定为滑雪人口。目前我国滑雪人口中75%为初级滑雪者，只有25%是滑雪爱好者。而在欧美这个比例约为5%和95%。这个客群市场结构也导致了我国的滑雪场主要向初级滑雪者提供比较廉价的产品和服务，而较少将滑雪开发成高端的度假旅游产品，而对滑雪场要求较高的国内滑雪发烧友会选择去近邻日本或欧美国家。

除户外滑雪场外，还有室内滑雪场。室内滑雪最早兴起于20世纪20年代的柏林和维也纳，50年代后在英国、日本也都开始兴建大型的室内滑雪场，但由于受市场需求的影响，进入21世纪随着西方一些室内滑雪场纷纷关闭停运，如世界上最大的室内滑雪场——位于东京港的SSAWS室内滑雪中心在经营了10年之后，在亏损了3亿美元投资盈利无望情况下，于2002年关闭。而我国才刚刚开始起步，方兴未艾。2002年由华侨城集团公司投资兴建的"阿尔卑斯山滑雪馆"在深圳世界之窗景区内运营。室内滑雪场可以不受气候条件的限制，可以实现四季（全季）运营，并且室内滑雪场一般都建在大城市，贴近客群市场。

2017年，我国共有室内滑雪场21家，其中仅2017年一年就新增了9家，增长率达75%。此外，还有19家正在开发建设中。我国的室内滑雪场数量已位居全球第一。2017年6月开业的哈尔滨融创万达娱雪乐园，建筑面积达8万平方米，远大于迪拜室内滑雪场。开业半年就接待了20万滑雪者。室内滑雪场虽然滑雪体验不如户外山地滑雪场，但比较适合我国以初级滑雪者为主体的市场结构，也利于达到"三亿人上冰雪"的目标（严格来讲，"上冰雪"并不等于"上雪场"。滑雪旅游只是冰雪旅游的一种，而非全部。冰雪旅游还包括观雾凇雪景、赏冰灯冰雕，以及冰上运动等）。由于室内滑雪场的客群主要是本地市民，因而很难将其开发成度假产品。

总之，目前我国滑雪度假旅游仍处于发展的初级阶段，客群市场和滑雪产业及相关的装备制造业都有待培育，发展潜力巨大，2022年北京冬奥会的举办无疑会加快滑雪度假业的发展，缩短与欧美国家之间的差距。

四、人造雪坡、人工造雪及滑草运动

随着科学技术的发展，为了满足地处热带或平原的国家或地区人们的滑雪需求，世界各国兴建了很多人造雪坡和人造室内滑雪场。人造雪坡的建造最初是为了弥补自然山体中坡度不理想的缺陷，人工造雪也是为了补充不足的降雪。由于滑雪市场的不断扩大，在很多地方人们开始斥巨资营造完全人造的室内滑雪场并

进行人工造雪，如一些地处平原的国家（荷兰、比利时等）、靠近需求市场的都市滑雪场（如日本东京）、地处热带或亚热带的国家和地区（如澳大利亚布里斯班、泰国和我国深圳世界之窗的室内滑雪场）。

人工造雪的主要方法有三种：第一种是根据自然降雪的原理，建造有一定高度和能保持一定温度的制冷空间，水滴从高处喷洒下来，在落地之前与冷空气进行热交换渐渐凝成雪落到地面；第二种方法与刨冰类似，即先将一个容器中的水冻成冰，然后将冰打成雪末；第三种方法是利用氮气或一些化学制冷剂对水或空气进行冷凝造雪。三种方法各有优缺点，造出来的雪的含水量和硬度不同，可适合于不同类型的滑雪运动的需要。

滑草是使用履带用具在倾斜的草地上进行滑行的运动，其基本动作与滑雪运动相似，因此，滑草最初是滑雪运动员在夏季训练时采用的模拟运动。由于其具有不限季节、时间，均能随时体会滑行乐趣的独特魅力，自德国推广到欧洲各国，广受大众喜爱，成为一项独立的运动项目。1970年，滑草运动在美国推广时，以其不限季节、年龄的广泛性，亲和大自然的健康性等特质吸引了世界各国不同年龄层次的人，从而形成了世界规模的大型运动。与此同时，各国先后成立了滑草联盟，并相继在世界各地举办了滑草比赛。

1975年，世界滑草联盟（IGSV）成立，先后举办了欧洲大赛、全美大赛等多个赛事，并于1979年在美国弗吉利亚州举办了第一届世界杯锦标赛，从而确定了滑草运动作为世界规模运动的地位。

第三节 温泉旅游度假区概述

在世界流行的以水为主的休闲度假三大主题（温泉、海水和冰雪）中，温泉旅游不仅是最大的内陆休闲主题度假方式，也是最古老的旅游方式。早在罗马帝国时期，温泉的治疗作用已受到人们重视。中世纪时，去英国巴斯（Bass）温泉的人从未间断过。1562年，W. 特纳医生出版的一本著作中谈到了英格兰、德国和意大利的天然温泉对各种病症的治疗作用，引起了轰动，人们不仅蜂拥而至当时已有的温泉，而且开始寻找和开发新的温泉，数量惊人的温泉胜地在欧洲如雨后春笋般地涌现。18世纪后，温泉胜地也成为商贾云集的场所，为此而兴建的娱乐设施和服务设施使温泉疗养地成为今天的度假胜地。温泉旅游也成为一种度假潮流流行了近两个世纪才开始向海水浴转移，但由于海水污染、日光浴中紫外线对皮肤的危害，以及过于拥挤的海滩对海滨生物和生态环境的破坏等不利因素的影响，海滨旅游的发展开始受到制约。相反近年来温泉旅游却大有卷土重来之势。据国际温泉疗养协会（ISPA）2000年研究报告中预测，温泉疗养旅游业将会有突破性的大发展，将会以每四年翻一番的速度发展。这在号称朝阳产业的旅游业内也是绝无仅有的。温泉可以与其他度假资源和吸引物（如海滨度假、滑雪、高尔夫等）组合开发成高品位的度假旅游产品。

温泉是具有稀缺性和一定垄断性的度假旅游资源，尤其是区位条件好、泉水理化指标优良，又有一定文化内涵的温泉更具开发价值。特别需要说明的是，温泉作为旅游吸引物具有很强的稀缺性和可持续性，前者是由温泉的天然属性决定的，温泉的形成是地壳运动的结果，天下没有完全一样的温泉，无法人为加以复制。后者包含两层含义，一是指温泉水往往有多种径流补给，只要不过度开采，可以源源不断、永不枯竭。有些温泉可以流淌千年以上，这说明温泉资源是一种可持续利用的、可再生的资源。二是指温泉项目不像一般景观类的资源和流行娱乐，人类与水具有天然的亲和力，泡温泉能够美容解乏、保健强体，还能医治疾病。因此，洗温泉也会上瘾，成为长久嗜好。温泉旅游具有重游率高、游客的忠诚度高等特点。从温泉资源本身来讲，是不受产品生命周期影响的。如上所述，人类洗温泉的历史可上溯到2600年前的古罗马时代，可见其强盛的生命力。

一、温泉的分类与保健功能

泉水是一种地下水的自然外流，而温泉一般是指水温高于25℃的泉水。一般来说，温泉在1千克的泉水中往往会含有一定量的矿物质成分。各国对温泉源的水温要求不尽相同，我国（包括台湾地区）和日本、南非都是25℃；意大利、法国、德国等欧洲国家是20℃；美国是21℃。低于25℃的称为冷泉，一般不把它列入温泉范围。也有一种标准是凡高于当地平均水温5℃以上者，即可称为"温泉"。我国旅游行业标准《温泉企业服务质量等级划分与评定》（LB/T 016—2011）中对于温泉的定义是"从地下自然涌出或人工钻井取得且水温≥25℃，并含有对人体健康有益的微量元素的矿水"；在《温泉旅游泉质等级划分》（LB/T 070—2017）中对于温泉的定义则是"从地下自然涌出或人工采集，并含有多种对人体有益的矿物质及微量元素，且水温≥25℃的矿水"。值得注意的是，在这两个定义中，将"人工钻井"和"人工采集"取得的地下水，只要温度和微量元素达标，也认定为"温泉"。这是出于目前自然涌出的温泉越来越少，而对于温泉的需求越来越大而不得已采取人工开发的实际需要。温泉的分类按不同的依据可以划分的种类也不同。常见的温泉种类和分类方法有以下几种：

（1）按温度分：<25℃为冷温泉；26℃~34℃为微温泉；34℃~37℃为温泉；38℃~42℃为热泉；>43℃为高热泉；

（2）按是否有矿物质含量可分为矿泉水和淡泉水；

（3）按所含盐类成分可分为重碳酸盐泉、硫酸盐泉和氯化物泉等；

（4）按酸碱度（pH）可分为酸性泉（pH 2~4）、弱酸性泉（pH 4~6）、中性泉（pH 6~7.5）、弱碱性泉（pH 7.5~8.7）和碱性泉（pH 8.5~10）；

（5）按所含气体成分，可分为氡泉、碳酸泉和硫化氢泉等；

（6）按活性离子成分，可分为铁泉、碘泉、溴泉、砷泉和硅酸泉等。

其他还有放射能泉（如氡泉、镭泉）和含铝（包括铝铁硫酸盐泉，旧称明矾泉，含铜铁硫酸性泉等）。除矿物性温泉外，还有一种植物性温泉即莫尔温泉，莫尔就是褐煤的意思。在北欧，人们将泥煤的粉末掺入水中洗浴。有些泉水里天然含有的植物成分比矿物成分还多。莫尔温泉的颜色非常特别，像红茶，水里混杂着茶色的水藻，有一种滑腻的感觉。据说，全世界只有三个植物性温泉，两个在日本的北海道——幕别温泉和十胜川温泉，一个在德国的巴登 – 巴登。

温泉不仅具有造景、育景的特殊功能，而且有饮用及疗养、治病等医疗保健价值。在西方，利用温泉进行保健治疗称 SPA，意为"水疗"。SPA 一词，一说是来源于拉丁语"健康来源于水"（Sanctus Per Aqua）的三个词头缩写，另一说是来源于地名，比利时东部列日省的市镇斯帕（SPA），16 世纪起作为矿泉和著名疗养地驰名西欧。SPA 来源于瓦隆语 espa，意为泉。该地矿泉以对某些疾病有良好疗效而著称。故今欧洲许多语言都借用此地名作为矿泉、矿泉疗养地的代名词。与此相类似的有，德国著名的温泉城市巴登 – 巴登（Baden Baden）、瑞士的巴登（Baden），Baden 是德语"洗澡、浴疗"的意思。英国的温泉历史名城巴斯（Bath）也是英文"洗澡"的意思。

温泉自古就是人们用来作为水疗及养生的天然资源，不同的泉质中含有不同的矿物质，对各种病症的疗效也不同。所以泡温泉之前，最好先了解一下温泉泉质的矿物质含量。有些宾馆提供的温泉是经过滤器过滤后循环供应或经兑水稀释的热水，这样的温泉就失去了养生效果，特别氡泉是无法稀释和再生的，过滤加工后就没有任何治疗、保健和养生价值。

温泉因泉质不同，其疗效也有区别。

1. 碳酸泉

这种温泉的特性是水温低，能够帮助血液循环，有改善心脏及血管的功能，泡这种温泉要慢慢泡，刚开始泡是冷的，渐渐会变热，使人全身暖和舒服起来，而且不会发生心脏跳动变快的现象，对心脏造成的负担较少。但是有肾脏病及肠胃不好的人，就不适合了。碳酸泉对高血压、心脏病、风湿症、关节炎及手脚冰冷、神经衰弱、慢性疾病、慢性膀胱炎等症状有改善作用。

2. 硫黄泉

又叫作"臭蛋泉"，泡这种温泉能够止痒、排毒及解毒，对慢性皮肤病、关节炎、神经痛、糖尿病有良好的物理治疗作用，而且还有软化皮肤角质层的作用。但肺结核、下痢患者会有不良反应，应特别注意。在泡的时候，最好不要跟肥皂一起用。

3. 氯化物泉

又叫作盐泉，入浴后，盐分会黏在皮肤上面，可以改善皮肤色的组织，泡这样温泉对皮肤不好的人很适合。食盐泉对手脚冰冷、贫血、糖尿病及过敏性支气管炎等有改善的作用，不过有肺结核及高血压的人，就不适合了。

4. 硫酸钠泉

这种温泉对皮肤有滋润、漂白及软化皮肤角质层的作用，女性很适合泡这种温泉。各种有烧伤、烫伤等外伤的人，泡这种温泉也有消炎、去痕的作用。

5. 单纯泉

这种温泉比较缓和，而且无色无味，能够促进血液循环，有减轻疼痛的作用，很适合年纪大的人泡。这种温泉对中风、神经痛等有很好的功效。

日本温泉协会曾对各种温泉的疗效做过系统研究，就10类温泉对17种内外科创伤和疾病的相应效果逐一做出了评价（见表5-16）。

表5-16　日本各类温泉疗效评价表

	高血压	动脉硬化	糖尿病	痛风	肥胖症	胆结石	慢性胆囊炎	肝脏疾病	慢性消化道疾病	慢性便秘	贫血（缺铁症）	慢性妇科疾病	月经不调	儿童体质虚弱	慢性皮肤病	刀伤	烧伤
单纯温泉	适用一般适用症																
盐化物泉									◎	◎	●		●	●	●	●	●
碳酸氢盐泉			◎	◎			◎			◎					●	●	●
硫酸盐泉		●	◎	◎	◎	◎				◎					●		
二氧化碳泉	●	●							◎						●		●
含铁泉											●						
含铜–铁泉											●						
酸性泉（含铝泉）									◎								
硫黄泉	※	※	●◎	◎						◎		●			●	●	
放射能泉		●		●◎		●	●			◎		●			●	●	

注：●表示浴用；◎表示饮用；※ 表示硫化氢型。

二、我国温泉旅游的发展现状

据有关部门的不完全统计,我国已发现的水温在25℃以上的热水点(包括温泉、钻孔及矿坑热水)约有4000多处,遍及全国各地。医疗矿泉水主要分布特征是:以西藏南部、云南西部和台湾省比较密集,温度也较高;其次是东南沿海诸省和辽东半岛、山东半岛等地,其数量和温度均不及前者。大致可划分出藏滇热水带、台湾热水带、东南沿海热水带、胶辽热矿水带、南北热矿水带、汾渭热水带,此外,在一些沉积盆地中也蕴藏相当可观的中低温热矿水资源,如松辽、华北、江汉、四川、柴达木、准噶尔和塔里木等盆地。我国著名温泉、矿泉有黑龙江五大连池矿泉、青岛崂山矿泉、吉林长白山温泉、辽宁汤岗子温泉、兴城温泉、北京小汤山温泉、河北承德热河温泉、内蒙古阿尔山温泉、江苏南京汤山温泉、福州温泉、广州从化温泉、陕西临潼华清池、重庆南北温泉、云南腾冲温泉群等。中国台湾北投、阳明山、关仔岭和四重溪四大温泉群。

我国利用温泉治病已有悠久的历史,史料中不乏这方面的记载。我们的祖先早在3000年前就已开发了骊山温泉,汉代著名科学家张衡所著的《温泉赋》中就说:"有疾病兮,温泉泊焉"。郦道元在其《水经注》中曾写有"大融山兮出温汤,疗治百病"。明代的李时珍在《本草纲目》中也论及温泉的医疗作用。温泉浴不但能治病祛疾,而且还有独到的养生保健功用。尽管自古就深受人们的喜爱,但并未出现类似于欧洲中世纪的大众"温泉热"。温泉的开发利用一是简单粗放,二是规模较小,只能供少数权贵阶层享用。真正出现"温泉热"还只是最近10年来的事。我国的温泉开发自新中国成立至今,可分为三个发展阶段。

第一个阶段是在改革开放以前。20世纪50年代中央政府及各部委建立了上百个冠以"工人温泉疗养院"等名称的温泉疗养设施,主要接待工人、伤员等。同时,各地分散建设了一批以接待高级干部为目的的温泉疗养院,其设施相对于工人温泉疗养院要好些。这个历史阶段缺乏市场经济条件,人们对温泉的需求仅仅局限于疗养。并且这个阶段的温泉疗养消费绝大部分属于公费形式,疗养院的客源是规模基本固定的群体,各部门所属的疗养院的客源几乎只能局限于服务本部门,几乎不对外经营。

第二个阶段是在改革开放以后,20世纪80年代初期—90年代中期,以室内温泉为主,以温泉宾馆和温泉医院为主要开发形式,并开始注意休闲功能,如增加新的理疗设备,提高温泉池的装修标准,提高食宿的服务水平等。

第三个阶段是20世纪90年代中期至今,以露天温泉为主要特色,以较大型的温泉度假村为开发形式,温泉开发除了继续深入开发保健功能外,更加突出了休闲功能,如建设个性化的温泉池,提供专业的美容和理疗服务,建设设备精良的健身馆和其他体育运动场地,提供专业健身教练等。

以广东为例。20世纪50年代从化温泉疗养院是面向高级干部开放的,当时接待了许多国家级的高级干部,该地疗养院的既存设施质量比较高。改革开放以后,依托疗养院建设新的项目,加上既有的历史声誉和特殊地位,从化温泉发展得比较好。与此同时,随着广东经济的发展,温泉作为一种具有高附加值的旅游资源,被投资者看好,全省形成了一大批温泉旅游点,如南华温泉、新兴温泉、中山温泉、银盏温泉等,这些温泉都是当时的代表。进入20世纪90年代中期以后,随着资本投入的增加和对开发经验的积累,广东的温泉开发进入了一个崭新的阶段。1997年试业的江门金山温泉开创了第二代温泉产品,引起度假市场的广泛关注。同时期较具代表性的还有珠海御温泉,以及其后开发的中山沐浴园、梅州五华泥浴、江门帝都温泉、锦江温泉、从化碧水湾等。受第二代温泉产品成功示范效应的影响,温泉成为广东旅游投资的热点之一。目前,梅州、阳江、广州、珠海、惠州等地尚有一批温泉旅游区(点)正在兴建或蓄势待发,这些温泉开发的设计融入了越来越多的休闲游乐的因素。

20世纪90年代中期以后出现的第二代温泉产品在开始注重环境风格、加强室外个性化浸浴的同时,还不断增加了保健康体、休闲文化与娱乐等多项功能,逐渐扩大以温泉为核心的度假产品。

目前,我国有两部温泉旅游的行业标准等级划分标准,即《温泉企业服务质量等级划分与评定》(LB/T 016—2011)和《温泉旅游泉质等级划分》(LB/T 070—2017),前者是对企业(包括温泉景区和温泉酒店等)从资源禀赋、设施设备、服务和管理水平等几个方面进行等级划分。与旅游饭店类似,温泉企业也是分成五个等级,由高到低依次为五星级、四星级、三星级、二星级和一星级,其中对于温泉的水质从感官指标(色度、浑浊度、气味等)、特征指标(酸碱度、溶解性总固体、碳酸氢盐、偏硅酸、氟化物、钠、氡等)和非特征指标(氰化物、汞、砷、铅、镉、滴滴涕、六六六、四氯化碳、挥发性酚类、阴离子合成洗涤剂等)、卫生标准(温度、酸碱度、尿素、菌落总数、大肠菌群、嗜肺军团菌等)四个方面进行定量评价,并给出了温泉水质的检测方法;后者只对泉质进行评价,依据其水温和化学成分划分为两大类三个等级,水温≥25℃的称温泉,<25℃的称冷泉,并根据其成分,从低到高依次为温泉(或冷泉)、优质温泉(或优质冷泉)、优质珍稀温泉(或优质珍稀冷泉)三个等级(表5-17)。

表 5-17 温泉泉质等级划分表

单位：mg/l

成分	医疗价值浓度	矿水浓度	命名矿水浓度	矿水名称
二氧化碳	250	250	1000	碳酸水
总硫化氢	1	1	2	硫化氢水
氟	1	2	2	氟水
溴	5	5	25	溴水
碘	1	1	5	碘水
锶	10	10	10	锶水
铁	10	10	10	铁水
锂	1	1	5	锂水
钡	5	5	5	钡水
偏硼酸	1.2	5	50	硼水
偏硅酸	25	25	50	硅水
氡*	37	47.14	129.5	氡水

注：氡的放射性活度单位是 Bq/l。

资料来源：据《温泉旅游泉质等级划分》（LB/T 070—2017）中规范性附录，表 A.1，略有修改。

我国较著名的温泉疗养地有：南京汤山、北京小汤山、广东从化、辽宁汤岗子、西安华清池、四川米亚罗古尔沟、黄山汤口、安徽巢湖、吉林长白山、广东中山、海南官塘、辽宁兴城、河南临汝、珠海御温泉和珠海海泉湾等。

珠海海泉湾是由香港中旅斥资 22 亿元在距离珠海市中心 50 公里一片海边荒凉的滩涂地上（占地 5.1 平方千米）开发兴建的，是融海洋温泉、运动高尔夫、自驾车营地、体检保健、会议奖励、主题游乐、综艺表演、美食餐饮以及旅游地产等功能为一体的综合型、超大型旅游休闲度假区，其中海洋温泉占地 4 万余平方米，据称"泉水"源自大海深处，出口水温高达 83℃，富含多种有利于人体健康的微量元素和矿物质，于 2006 年 1 月开业，一年后被国家旅游局授予全国首家"国家旅游休闲度假示范区"称号。珠海海泉湾或许能成为第三代温泉开发的代表，但其通过海底打深井获得的"海洋温泉"（非自然外流的）是否属于严格意义上的"温泉"也不无商榷之处。继珠海海泉湾后，2011 年港中旅又在青岛投资逾 50 多亿元兴建了第二个海泉湾度假区，并引进了奥特莱斯（Outlets）商城，将温泉度假与购物结合起来。温泉旅游具有季节性弱、需求黏性高，可以满足医疗养生、放松身心、社交娱乐、休闲度假等多种需求。温泉旅游成为全国各地旅游投资的重点领域，近年来，全国温泉旅游市场规模呈两位数增长。重庆市为了打造"中国温泉之都"，自 2005 年起围绕"五方士泉"项目投资过百亿，2010 年至 2012 年重庆市每年再投入 100 亿元，达到总共打造 100 个温泉项目的目标；南京汤山全力打造"国际温泉名城，中国度假胜地，长三角地区重要的旅游休闲新城"，2010 年已签订投资协议总额高达 200 多亿元；辽宁省确定"打造中国温泉旅游第一大省"的目标，截至 2010 年 6 月底，辽宁省已经开发和在建温泉项目达到 80 余个，在今后几年重点规划建设一批重点旅游项目和培育打造 10 个温泉旅游产业聚集区，投资总额将突破千亿元。

据统计，2015 年我国温泉度假旅游人数约在 3390 万人次，2012—2015 年的年均复合增长率约 17.3%，高于同期国内旅游 10.6% 的增长水平。另据某在线旅行社（OTA）的销售预订数据监测，2016 年出境温泉旅游 10 大目的地中，日本占到 86.5% 的市场份额，远高于其他温泉旅游目的地。其次依次是韩国（5.5%）、泰国（5.0%）、土耳其（1.1%）、瑞士（0.5%）、新西兰（0.4%）、斯洛伐克和奥地利（各 0.3%）、越南和马来西亚（各 0.2%）等。

第四节　高尔夫旅游度假区概述

一、高尔夫球运动起源与发展

高尔夫运动起源于 14 世纪的苏格兰，是牧羊人在户外自娱自乐的一种游戏，这似乎已成为世人不争的历史。然而，无论是今天人们对这项运动的评价，还是早期有关高尔夫的历史记载，对参与这项运动的人们的着装或身份，都有一种共同的认识，即高尔夫属于"贵族运动"。这就不得不使人们对高尔夫运动的发展历史提出这样一种疑问：高尔夫作为早期处于苏格兰下层社会的牧羊人自娱自乐的游戏，怎么会发展成象征社会上层阶层的"贵族运动"的？这是由中世纪欧洲社会发展的基本特征决定的。从 14 世纪末到 15 世纪中叶，欧洲社会的中产阶级虽然置身于贵族阶层的统领之下，但他们依然是整个社会发展过程中最活跃而且影响力巨大的社会阶层。高尔夫运动由社会底层的牧羊人的户外游戏发展成"贵族运动"，中世纪欧洲的中产阶级起到了决定性的作用。因为中产阶级中绝大多数有着社会中低层人们的生活经历，也有着勤奋朴实和力求上进的品质。"贵族精神"作为人们生活中的行为典范和思想准则，在时时刻刻潜移默化地影响着社会各阶层的人们，使得社会各阶层尤其是中产阶级在思想观念和生活信念以及行为举止等各方面都产生了强大的思想驱动力。当他们通过努力创造了个人财富，并取得了跻身于上流社会的物质条件和社会地位，有了接近和与上流贵族阶层交往的机会时，一方面他们以"新贵族"的身份脱离了原有的社会生活圈，另一方面他们也把来自民间的朴实品质和带有"泥土芳香"的民间文化，传给了传统保守、怀疑创新和故步自封的贵族阶层。这些来自民间的文化内容和生活方式以及娱乐手段，自然也包括了在中产阶级中已盛行的户外运动——高尔夫。

中世纪欧洲贵族集团结构的变化，一方面是由于贵族阶级所推崇的所谓"贵族精神"，作为官方的文化参照系对整个社会的发展形成了上行下效的道德标准和行为规范，成为社会各阶层，尤其是中下层的人们"跻身于上流社会"和"向上流社会看齐"的追求目标；另一方面中产阶级中的大多数依靠自身的努力创造了大量的社会财富，具备了"跻身于上流社会"的物质基础。与此同时，欧洲文艺复兴运动中，中产阶级所创作的大量文学艺术作品以其全新的观念、精湛的艺术表现手法和非理性主义的创作思想，对原有的贵族阶层形成了强大的冲击。这使得原有的等级贵族集团不再是铁板一块。由中产阶级中发展起来的"新贵族"有了与等级贵族平起平坐的社会地位，而等级贵族中的大多数也愿意顺应历史潮流，主动放低贵族显赫高贵的身架，而以一个普通的绅士形象与"新贵族"们来往。因此，高尔夫这项本属于社会中低阶层人们消遣娱乐的游戏，也伴随着中世纪欧洲贵族结构的变化和中产阶级跻身上流社会的步伐，带着田园的气息和泥土的芳香，走进了宫廷，并很快成为深受贵族们喜爱的户外运动。因此，高尔夫作为一种绅士化运动的"贵族气质"并非是"生来有之"，而是随着社会的发展由特定历史原因造成的。

古代的高尔夫球场没有现在我们所熟知的发球区、果岭或发球区与果岭之间修剪过的草地，天然环境决定了比赛的结果和球洞的数目，障碍区则是利用过去饲养家禽、家畜及野生动物穴居所在的遗址。直到18世纪中叶，一家苏格兰高尔夫球场才开始修饰这些天然环境，铺设了较多耐久性的草皮，诞生了第一座果岭，在那之前高尔夫球场的维护一直听命于自然。

早期的高尔夫球场大部分都设在公共用地上，每个人都可以自然使用这些球场，人多时球场可以随意扩大，当时球场很少有标准化的设备。标准的18洞球道长度是到了1764年才被确定下来的，苏格兰和英格兰一带的大型古老球场都是5洞到25洞的规模。

第一座标准的高尔夫球场，传统高尔夫球场的典范是位于苏格兰圣安德鲁的老球场（Old Course）。老球场自1414年建立以来，曾先后以不同的形式存在过，1834年经威廉四世国王认定为"皇室的、历史悠久的"球场之后，圣安德鲁的老球场才成为后来所有高尔夫球场的比较标准。这个球场最有影响力的时期是在18世纪中叶，当时原为22洞的老球场，其中4个距离较短的洞被并到另外2个距离较长的洞，18 洞的设计标准正式问世。同时，圣安德鲁的热心人士开始组成私人俱乐部，协助球场的运作并将比赛的规则标准化。

在蒸汽机车出现前，高尔夫球运动几乎只局限在苏格兰，1840 年火车的发明使高尔夫球运动吸引了更多的参观者。同时球场进行了多项设备革新，如引进了较便宜、耐用而且飞得更远的杜仲胶高尔夫球；把球杆的杆头改成铁制的，而杆身采用其他金属制品。此后，许多类似的改良技术和设备随着高尔夫球的普及而不断推陈出新，进而影响高尔夫球场的设计与规划。直到 20 世纪初，许多娱乐性较强的高尔夫球场是位于海滩和欧石楠丛生的荒野。1872 年，高尔夫球运动流传到加拿大，10 年后又传到了美国，不久美国的高尔夫球场数量就超过了英国，但这项运动的方式还主要是沿用英国的，球场也主要分布在英国人聚集地。直到 1913 年，年轻的美国业余高尔夫球手弗朗西斯·乌伊梅击败了英国著名职业选手瓦登和雷，赢得了在马萨诸塞州的溪流乡村俱乐部举行的全美公开大奖赛后，美国的高尔夫球运动开始普及，迅速成为一项美国本土化运动，并且开始随着美国的经济周期而发生波动。20 世纪 20 年代是美国高尔夫球场的大发展期，涌现了一批高尔夫球场设计师。但自 20 世纪 30 年代的经济大萧条时期起一直到第二次世界大战结束，大量高尔夫球场纷纷关闭。据统计，1953 年全美的高尔夫球场数量少于 1929 年。20 世纪 50 年代后期是美国高尔夫球运动的又一个高速发展期，也是业内常称的罗伯特·特伦特·琼斯时期。琼斯是一位著名的高尔夫球场设计师，他在全世界设计了 400 多个球场，成为高尔夫球场设计界的第一人。在度过了 20 世纪 70 年代到 80 年代两次经济危机之后，高尔夫球运动在北美、欧洲和日本及亚太地区又重新繁荣起来，在充足的资金推动下，许多设计独特的球场相继问世，工程的施工和维护质量也越来越高。据不完全统计，美国全国共有各类高尔夫球场 20 000 座。从事高尔夫球运动的人数达到 3 000 多万。美国高尔夫球基金会给出的标准是，平均每 2 万~3 万人口需要一座正式的 18 洞的球场，这是按居民人口中 8% 的人会偶尔打高尔夫球来匡算的，在美国每个高尔夫球场平均容纳球员为 2300 人。目前英国和日本的高尔夫球场数都突破了 2000 个，人口稀少的加拿大也有 1600 个球场，仅有 1500 万人口的澳大利亚，高尔夫球场数量竟达 1400 多个，30% 的澳大利亚人热衷于打高尔夫球。800 万人口的瑞典建了 500 多个球场，500 多万人口的丹麦也有 300 多个球场。高尔夫球在这些国家已不再是贵族专享的运动，高尔夫球的消费也越来越便宜，日趋"平民化"。20 世纪后期，高尔夫球运动逐步在亚太地区兴起，尤其是亚洲"四小龙"经济的迅速崛起，使高尔夫球运动得到了很大的发展。目前，泰国已建成了 100 多个球场；我国的台湾地区也拥有 300 多个球场。从全球范围看，目前已有 4 万多个球场分布在 119 个国家，约有 6000 万高尔夫人口。其中美国是高尔夫球场最多的国家，占59%，欧洲达19%，亚洲为12%。全球高尔夫旅游产业的年产值高达1000多亿美元。

二、高尔夫球场的基本类型

所有的高尔夫球场都是由五个基本类型中的一种或一种以上组合而成的，大部分高尔夫球场都是根据土地的实际状况，从每一种基本类型中选择最适用的特征组合而成的，很少有球场完全属于一种基本类型。高尔夫球场的规范形式（Prototype）是根据正式球场的概念发展出来的，而正式球场概念是根据标准杆（Par）的数量多少产生的。所谓"标准杆"，是指每一洞在零误差的情况下所需的基本杆数，或者是一个职业高尔夫球选手打击每一洞的基本杆数。每种标准杆规定在正常比赛情况下，有两杆是用推杆的，如标准杆是五杆的话，职业高尔夫选手必须在三杆之内打上果岭（Greens）。

1. 常规高尔夫球场

又被称为"冠军赛球场"，一般标准杆在69杆到73杆之间，其中72杆是较典型的一种，其标准的长度从球座的中心算起平均在6300码到6700码之间。72杆的球场的基本组合方式是：标准杆4杆的有10洞，3杆的有4洞，5杆的有4洞。球场通常附设练习场和俱乐部。根据球洞的排列路线，常规高尔夫球场又包括核心型球场、单向连续型球场、往返九洞型球场、双向球道球场和双向往返九洞球场。

2. 替代型高尔夫球场

开发商在进行球场开发时要因地制宜，不是每块地都能开发成为18洞的常规球场，在缺少土地或资金的情况下，有些开发商可以先建造9洞的常规球场。在这种情况下出现了一些替代型球场，包括：9洞常规球场、实用型球场、三杆标准杆球场和凯门高尔夫球场。

3. 大型高尔夫球场

与前两种球场类型不同，在土地、市场和资金三方面条件都允许的情况下，一些大型高尔夫球场会采用27洞或36洞的配置方式，甚至有72洞超大型的球场。

高尔夫球场的建设是一门设计艺术，设计师的工作往往对于球场的成败起着举足轻重的作用，正如琼斯所说的那样："今天的高尔夫，就是一种设计师创造出来的休闲方式，既是大多数人的娱乐项目，也是少数追求超越者在严格标准下的竞技活动。"一般来说，高尔夫球场的设计要考虑三个方面，即运动本身、景观美学和运营维护。具体地说，就是突出3P特性："可玩性（Playability）""可观性（Pulchritude）"和"可维护性（Practicality）"。

三、我国高尔夫球的发展及相关问题

我国古代有过类似高尔夫球运动的"捶丸"游戏，在元世祖至元十九年（1282年）年间，有一位题其书房为"宁志斋"的老人，著《丸经》2卷共32章。他对"捶丸"活动的场地、设备、竞赛方式与裁判规则等，进行了详细记载，即根据地形选择场地，作球穴。球则用坚固的木料制成，棒用木竹合制。竞赛时人数可达3~10人，双数可分成两班比赛。这比英国出版的《高尔夫百科全书》中记载的"高尔夫约在1319年成为苏格兰人的休闲活动"还要早近40年。从现在北京故宫收藏的明朝《宣宗行乐图》和明朝杜堇所画的《仕女图》中可看出"捶丸"游戏与今天的高尔夫如出一辙。只是这种宫廷游戏并未在民间流行开来并流传后世。

清光绪二十一年（1895年），中国上海高尔夫球俱乐部成立，标志着高尔夫球运动开始由西方传入中国，两年后英国人在上海建成了中国第一个9洞高尔夫球场。1931年英美商人与华商合资开办了高尔夫球俱乐部，并在南京陵园体育场附近修建了高尔夫球场。当时沪上的商界巨头和社会名流纷纷以参加高尔夫球运动为时尚，当年爱国将领张学良也非常喜欢打高尔夫。1949年后，高尔夫球运动作为一种西方贵族的游戏，被贴上了"资产阶级腐朽生活方式"的标签而遭取缔。20世纪80年代，我国实行对外开放和经济改革政策吸引了世界各国商人来中国投资，促使高尔夫球重新进入中国。1984年，广东中山高尔夫球俱乐部的诞生标志着中国现代高尔夫球运动的开始，从此拉开了高尔夫球场建设的序幕。1985年5月，中国高尔夫球协会在北京成立。中国高尔夫球运动得到了快速的发展。早期的高尔夫球场主要为了吸引外商投资者，作为招商引资、充当门面的招牌。后来逐渐发展成国外度假游客和工商界高级管理人员、富裕人士的休闲项目，成为一种时尚运动和身份地位的一种象征。

一般来说，高尔夫球场的数量是与当地经济的发展程度成正比的。目前我国的高尔夫球场主要集中于珠三角、长三角、京津唐三大经济圈。另外，由于海南、云南等一些南方省份四季气候宜人，并拥有丰富的旅游资源，高尔夫度假的发展较快，球场数量也相对较多。

2004年以后，新建的大多数高尔夫球场是以体育公园、生态园、休闲园、绿化项目等名义开发的。因此，目前全国究竟有多少高尔夫球场没有一个统一的权威统计。据不完全统计，截至2014年5月，全国共有高尔夫球场587家左右，而在2004年，这一数字为178家。在北京，2004年仅有不到20家高尔夫球场，目前已有70多家球场。其中广东97家，山东30多家，海南、上海、江苏都是20多家，浙江、天津、辽宁、福建等都是10多家。全国高尔夫球爱好者

已近500万人。据统计，2009年来自韩国、日本、港澳台等地区的高尔夫旅游者已超过100万人次，全国接待的海内外高尔夫旅游者达2000万人次，营业收入约110亿元，总产值达600多亿元。

据估计，目前我国打过高尔夫球的人口已超过1000万，但经常打球的人数只有30万，只占总人口的0.02%。我国高尔夫球场虽已达到一定规模，但相对我国总人口而言，还相当少，超过600万人才拥有一个球场。与美国等发达国家相比，存在很大的差距。仅就市场份额看，我国的高尔夫度假有着巨大的市场发展前景。但从目前的发展现状看，还存在着不少发展障碍。首先是用地矛盾，中国高尔夫球场普遍用地较多，规模较大，事实上，一个球场不需要使用那么多的土地，很大一部分土地用于房地产开发。很多投资商征得大片土地用于球场建设的同时，也建了大片高级住宅区等，以靠土地增值收回投资，从而成为目前公众及媒体争议较多的一个话题。高尔夫球场建设大多是选用一些地形起伏、不适合耕种的土地，在高尔夫球的故乡苏格兰，早期的球场就是建在自然的荒漠地区。因此，高尔夫球与耕地并不存在本质上的矛盾，社会上对建高尔夫球场的误解主要来源于个别球场的违规用地及其他用途的征地、占地；此外，高尔夫球场在中国大量涌现招致了国内很多环保人士的忧虑和批评，高尔夫球场的草坪维护管理，需要一年四季大量浇水，这在干旱缺水的北方，要消耗大量宝贵的水资源。他们还认为，球场对环境的负面作用也十分突出。阳光普照、郁郁葱葱、空气清新、令人赏心悦目的高尔夫球场其实是"绿色沙漠"，是以大量损耗自然资源和污染环境为代价的。环境学者指出，修建高尔夫球场时，不少自然的生态环境如树木、植被和动物等将遭受破坏，被改造成一种高度人工化的环境。为了使人工种植的草坪不长杂草、保持新绿，还要大量喷洒化肥、农药，如杀虫剂、杀菌剂和除草剂等，所需的化学用品多达几十种，所使用的药量高达农业用药的7倍。这些农药和化学品会通过雨水渗流到水面和土壤之中，毒化土壤，影响庄稼和蔬菜的生长，并污染地表和地下的水源。据日本的研究，长期在高尔夫球场周围居住的人、球场雇员和经常打高尔夫球的人比较容易中杀虫剂的毒。因此，反对大量兴建高尔夫球场在一些发达国家已经成为环境保护运动的一项内容。对于高尔夫球场对于社会、经济和环境的影响，国内外的学者有两种截然不同的看法，北京林业大学韩烈保教授等在"中国高尔夫消费状况与国际比较研究"课题报告中得出的结论是高尔夫球场利大于弊，对于高尔夫球场的许多指责是缺乏科学依据的，但这一看法也没能成为政府决策的依据。2004年1月10日国务院办公厅出台了《关于暂停新建高尔夫球场的通知》，规定自《通知》印发之日起，凡是尚未动工建设的项目，一律停止开工。这道禁令成为发展高尔夫度假的政策性障碍，但受巨大的商业利益驱动，高尔夫球场的建设并未完全停止，一些地方以只建不报或巧立名目等方式继续招商引资兴建高尔夫球场。不少地区已有高尔夫球场的开发规划，并预留了开发用地，只要高尔夫球场建设禁令一解除，工程就可立即上马。但国家宏观管理部门并未给高尔夫球场项目"松绑"，2011年6月，国家发改委、监察部、国土部、环保部等十一部委联合下发了《关于开展全国高尔夫球场综合清理整治工作的通知》（发改社会〔2011〕741号），要求各地开展高尔夫球场综合清理整治工作，并在6月底前，将本地区所有球场名单及违规球场清理整治情况进行汇总并上报国家发改委。

2014年7月，国家发展和改革委员会、国土资源部等11个部委联合下发《关于落实高尔夫球场清理整治措施的通知》（发改社会〔2014〕1496号）文件。随后，由国家发改委牵头的6部委联合召开了贯彻落实高尔夫球场清理整治专题电视电话会议，要求地方政府执行2011年对违规高尔夫球场清理整顿文件。这意味着国家政策与地方违建长达10年之久的博弈在相互妥协中落幕，2015年6月30日，将是决定全国所有违规球场最终归属的时限：要么铲除，要么漂白。而在2011年6月之前建的就不再追究了。自2004年1月10日国务院办公厅出台的《通知》，到国家发改委等11个部委的《通知》，高尔夫球场禁建10年期间，全国球场数量至少增加了400家。但据业内人士称，全国80%的高尔夫球场都处于持平或亏损状态，赢利的球场占比只有两成。只有北京、海南、云南和山东的部分球场能做到赢利，全国多数球场是亏损的，主要靠地产或其他项目赢利。因此，在中国高尔夫球度假旅游在短期内还是属于高端旅游消费。据2017年1月国家部委联合公布的高尔夫球场清理整治结果披露，全国共有111个球场被责令取缔，18个球场被责令退出，47个球场被责令撤销，507个球场被要求整改，而整改过程中也有因种种原因选择退出的球场。目前我国还存留多少个高尔夫球场仍缺乏精确的统计，据估计，约在300家。

本章小结

休闲度假作为一种旅游方式在我国兴起较晚，虽然像滑雪度假和高尔夫球度假都是外来的度假方式，但在我国，这些度假区的发展速度都很快。随着国内旅游的长足发展和带薪休假制度的推广，度假旅游出现了前所未有的大好局面。

思考与练习

1. 举例说明海洋度假旅游可分为哪三种主要类型？

2. 以国内某个海洋度假区为例,说明海洋度假旅游会对当地产生哪些影响?
3. 邮轮度假有什么特点?
4. 滑雪的主要方式有哪些?
5. 温泉有哪几种分类?
6. 人工造雪主要有哪几种方式?各有什么区别?
7. 高尔夫球场有哪几种基本类型?
8. 我国发展高尔夫球度假存在哪些问题?

第六章　节事旅游和旅游演艺概述

本章导读

节事旅游是一种景区的特殊类型和形式，既有旅游景区的共性，也有其特殊性。与此类似的还有不同于一般文艺演出的旅游演艺，也是旅游景区的组成部分。节事旅游和旅游演艺有利于丰富旅游产品，延长游客逗留时间，增加旅游新业态。本章论述了节事旅游和旅游演艺的基本概念、特点和分类以及国内外的发展现状。

第一节　节事的基本概念

节事（events）也称节庆活动，完整的理解应该是由事件、庆典和活动三部分内容组成。因此，也称为节事旅游为节庆、事件和活动等旅游。当然，严格地说，事件或节庆与活动概念之间也是有差异的，一般来说，活动还包括会议奖励（MICE），外延较节事和事件旅游更大些。

全世界每年都有成千上万个节事庆典活动，其中有相当大的一部分是针对旅游市场的，当然更多的是为了造福目的地社会和当地民众以及当地居民按传统习俗自发举办的自娱自乐活动。有些节事早期是宗教性的节日，后来世俗化了，成为大众的节日。节事庆典活动的规模可以大到世界性的盛事，如奥运会，也可以小到一个村镇的集会狂欢，举办频度可以是每年定期举办的，如一些周年庆典活动，也可以是不定期举办的。

就节事庆典的本质特征来看，所有节事庆典都有一个共同的目的：吸引人们（观众、游客、居民、客人）暂时会聚到一个集中地，组织活动使人们可以参与、观看、学习了解并获得享受。从这一点来看，节事庆典与旅游景区是紧密相关的，两者的目标是共同的，因此介绍在景区景点管理时，节事庆典是不可忽略的一部分内容。

当然二者之间也存在一个差异，就是景点是一个长期存在的吸引物，而节事是暂时性的。正是由于节事活动的暂时性，其对投资、管理和时机掌握比景点有更高要求。但随着越来越多的节事活动时间越来越延长，而且每年定期举办，景点与节庆之间这唯一的差异也逐渐变得模糊了。

节事活动可以是景区景点、目的地或度假区内的独立活动，也可以是旅游市场营销的一个组成部分，不论是哪一种，组织者的动机都是为了刺激新游客的光顾，留住游客的兴趣，吸引回头客。

给节事庆典活动下一个严格的定义是很困难的，但我们可以从节事活动的共同特征上来了解节事活动的内涵：

（1）时间：短时性，非长期连续的。

（2）频度：活动的举办有一定的频度，可以几十年、几年一次，也可以是每年、每天或间隔一段时日举办一次。

（3）重点：活动应具有一个主题，这个主题可以是文化的、社会的或遗址方面的。

一、节事活动的发展演变

多年以来地中海岛国马耳他每年都举行几次宗教节日的庆祝活动，活动期间人们游行、载歌载舞、放焰火、购买各种小食品，夏季的这类活动还能吸引很多游客参加。类似的社区性、宗教性或文化性的节事活动在世界各地是普遍存在的。由各目的地组织的各类中小型节事活动的开发管理原则可以同样适用于大型和超大型节事活动。

第二次世界大战以后，随着人们休闲时间的增加，全球性的博览会和体育赛事发展得很快，洛杉矶奥运会、汉城奥运会和温哥华世界博览会的成功都说明这种超大型节庆活动已越来越受人重视了。很多城市会提前几年甚至十几年竞争超大型活动的举办权并为活动做各方面的准备。

成功的节事活动都有一个吸引人的主题，如1984年迪士尼乐园为庆祝唐老鸭五十岁生日而举办的一系列庆典活动，1988年英国南安普敦举办的"美国大兵再度光临"令人重温了"二战"期间美国兵与英国人民之间结下的友谊。活动的主题可以是历史事件，民间风俗，传统活动等，而创意和创新是主题选择和活动策划的关键。

成功的节事活动能给主办地带来很多好处。加拿大温哥华1986年承办的世界博览会虽然直接收入没能抵销15亿美元的资本投入和运营成本（资本投入8

亿美元，运营成本 7 亿美元），但它给当地带来很大的间接效益。世博会期间温哥华共接待了 2000 万游客，参加了在当地举办的 14000 个文化庆典活动、国际日活动、主题周和 43 000 个现场表演。39 家公司为活动提供了赞助，赞助金额达 1.57 亿美元，比洛杉矶奥运会还多。由于世博会，165 英亩的滨水地区被改造成为表现现代尖端科技和现代建筑的展示区。世博会为当地创造了 53 400 个就业机会，带来工资收入 13.4 亿美元，这些收入给经济带来了增长乘效应。

世博会、奥运会和世界杯足球赛是全世界关注的焦点，也是节事活动管理和营销的最高境地，当然这些活动可能带来收益也有风险。洛杉矶奥运会在管理和商业上的成功为超大节事活动的管理设定了新的标准，而以往的奥运会基本都需要政府的高额补助，如 1972 年慕尼黑奥运会欠债 3.5 亿美元，蒙特利尔奥运会欠了 12 亿美元。洛杉矶奥运会的组织者意识到现金流是整个活动是否成功的决定因素，而电视转播权和商业赞助对活动成功与否也有重要影响，有助于解决活动运作中的现金问题。洛杉矶奥运会共从电视转播方面获得收入 2.87 亿美元（汉城奥运会的此项收入为 5 亿美元），从 500 万观众的赛场门票收入中收入 1.4 亿美元。奥运会给洛杉矶带来的影响远不只这些，这场盛事给当地经济带来了 32 亿美元的消费，占当地全年总产出的 1.6%。在如此巨大的商业成功的带动下，奥运会举办权一时成为各大城市争取的热点。

二、节事活动的分类

节事活动根据主题和功能可以分为历史类节庆、运动类赛事、促销性节庆、皇家庆典、政治庆典及其他主题节庆活动等。一般说来，节庆活动可以分以下 10 个大类：

（1）传统仪式：如英国白金汉宫前的卫兵换岗；

（2）体育赛事：如奥运会、世界杯球赛等；

（3）音乐、电影、戏剧节；如奥地利萨尔茨堡音乐节、法国戛纳电影节、苏格兰爱丁堡艺术节等；

（4）美食或饮食文化节：如美国科罗拉多葡萄酒节、澳大利亚墨尔本美食节、加拿大枫糖节等；

（5）花展或园艺展：如日本樱花节、巴黎园艺节、世界园艺节等；

（6）宗教仪式庆典：如梵蒂冈圣诞节弥撒、佛诞节法事活动、穆斯林麦加朝觐大典等；

（7）政治性节事庆典：如各国国庆日或独立日的游行阅兵等；

（8）公众集市日：如周末的跳蚤市场等；

（9）狂欢节：如巴西里约狂欢节、威尼斯狂欢节、英国诺丁山狂欢节和法国尼斯狂欢节等；

（10）其他展览或晚会。

第二节 节事活动管理的特点

作为一种临时性、事件性的旅游吸引物，节庆管理虽然在有些方面与景点管理是相似的，但节庆管理也有很多独特之处，这里分别予以介绍。

一、节事活动的规划

（一）节事活动在规划时必须考虑的方面

（1）选址：在选择活动场所位置时要考虑活动的规模和场地的接待能力是否相符，能否在附近设停车场以及停车场面积是否够用，以及场地是否能保证恶劣天气下活动的正常进行。

（2）服务设施：在活动场地内要设有厕所、餐厅、垃圾桶，在选择餐厅管理方时，活动组织者与餐厅要签署法律文件，因为活动期间组织对任何事件（不论是否由组织者直接管理）都负有法律责任。

（3）员工配备：活动组织要有足够的员工配备，有些慈善活动的员工是义工，但不论是否拿报酬，这些员工必须受过专门培训，能适应工作而且有责任感。

（4）时间安排：在活动准备工作开始之前就要有一份详细的工作时间安排表，明确每项工作的完成的最后期限，并严格按时间表进行。

（二）节事活动的管理主要工作

（1）活动的组织与协调；

（2）财务管理与控制；

（3）活动的营销与宣传；

（4）活动的赞助；

（5）活动效果的评价与分析。

（三）节事活动管理可能面临的问题

（1）节庆活动会造成突发性的大量人潮涌入，因此会给当地的住宿、交通、服务等设施带来很大的压力；

（2）很多超大型活动会要求很大数额的提前投入，建设大量基础设施，包括场馆设施及其他配套设施；

（3）大量人员在短时间内的过度集中会造成很大安全隐患；

（4）由于节事活动的目的是吸引更多人参加，包括本地人和外来者，因此对宣传的安排有很强的依赖性。

二、节事活动的市场营销

节事的市场营销是节庆管理层的一个重要职能，是管理者与节事参加者和游客（消费者）之间保持联系的一种渠道，让管理者能够了解消费者的需求、动机并依据开发出适应他们需求的产品，并借助这个渠道传播节事活动的目标和目的。要成功地举办一次节事活动，市场营销必须做到以下几点：

（1）分析目标市场的需要并根据需求适当地构架节事产品元素；

（2）了解其他构成竞争的节事活动并确保节事活动有独有的特征和卖点；

（3）预测参加活动的人数；

（4）确定市场能接受什么样的价位；

（5）决定采用什么类型和什么样频度的促销活动对目标市场进行宣传推广；

（6）确定分销渠道，即要以什么样的渠道到达目标市场手中；

（7）确定市场营销活动的评价标准和依据。

从基本原则上看，节事活动的市场营销与景区景点的市场营销管理并无二致，仍然是从市场调研入手到市场营销组合的决策。

节事活动的市场营销管理始于市场战略的设定，包括通过市场分析设定目标市场、竞争战略和市场定位，然后就要设定市场营销目标，接下就是设定由四个P构成的市场营销组合（包括产品定位和设计、定价、促销方针和分销方式）。节庆活动的促销是4P营销组合中较为重要的一环，促销方式组合包括广告、宣传、销售促销、直接营销和个人直销，而节事活动促销中的重点是媒体宣传促销组合，媒体组合包括：电视、印刷品、广播、户外广告、电影院、直投媒体、互联网、旅游小册子和活动宣传单页。

节事管理者常常遇到的问题是促销费用有限，根据这种情况，节事活动管理者可以用以下几个办法控制自己的促销预算。

（1）可支付方案：很多机构会根据自己所能支付的数额确定促销预算，这种方法侧重考虑的是企业的财务能力限制，而不是促销效果，在这种情况下广告往往放在最次要的位置，这种预算方法会给企业造成长期规划的困难。

（2）销售比例法：促销费用预算根据销售额的一定比例确定，一般是根据去年的销售额或今年的预计销售额。这种方法在逻辑上似乎有点问题，似乎销售是促销的原因而不是结果，但这种方法能让节事管理者感觉好一些，因为他们不必严格根据往年的预算经验制定本次活动的促销预算。

（3）竞争平衡法：这种预算方法是根据竞争对手的促销预算而定，不一定要高于竞争对手的促销费，但一定不能低于这个标准。但这种方法也有问题，因为一些娱乐休闲活动都是节事活动的竞争对手，这种做法虽然能保证节庆活动在市场中的声音不至于被淹没，但很难保证这种宣传在众多娱乐广告中能吸引公众的注意力，这一方面由于娱乐休闲市场的复杂和竞争对手林立的现实，另一方面由于要达到一定的宣传效果必须投入大量的经费，这种经费投入往往是节事活动管理机构无法支付的。

（4）目标任务法：这是市场营销中的确定目标的一种方法，即预先设定一个目标，然后对目标进行充分讨论和沟通，最后根据确定的目标设定达到这个目标需要完成的任务。如果企业确定了营销目标为销售一万张活动票，营销部门可以根据这个目标选择营销组合的搭配构成，然后明确需要进行的促销活动和宣传计划，并根据这些具体的任务确定预算。

三、节事活动的营运管理

（一）资金筹集

节事活动在举办之前的资金来源主要源于各类机构的赞助，包括政府资助和私人企业的广告赞助。在节事活动开始之前寻求赞助要提早开始进行，在寻求赞助之前要事先准备好几种可选择的赞助方案或组合回报方案，这些回报要针对寻求赞助的对象，对他们有足够的吸引力。一般节事活动的收入中有三成以上是来源于企业或政府的赞助。

（二）各要素的管理控制

管理控制的过程包括建立各项工作业绩表现标准并确这种标准在实际工作中得以实施，因此是一个复杂的程序，其中主要包括三个方面：

（1）建立业绩考评标准：标准大到活动管理层对整个活动提出的指导性原则，小到每一个客户、赞助商的要求和观众或游客的期望，每个标准都应可以量化评定。

（2）找出实际工作与标准之间的差距：通过对比现实工作情况和标准找出差距和偏离预定标准的地方，由于节庆活动的预算是根据具体工作任务编制的，这样做也有助于有效的预算控制。

（3）修正偏差：纠正与标准有偏差的地方，使其回到预定的标准轨道上来。

上述三个步骤构成节庆活动的管理控制的控制周期。一般节庆管理中的控制有两种：一种是日常营运控制，另一种是组织控制，包括管理客户或投资人关心的活动赢利性。控制程序可能非常费时费钱，如何使控制管理更经济合算就要看控制机制的选择和控制程序的内容构成了。在选择控制机制时必须考虑以下几点：

（1）实际意义和效率：要首先找出对节庆活动是否成功起关键作用的几项基本工作，对这些重点工作进行随时监控，衡量工作成效，对比工作预定标准。

（2）简洁：控制程序应尽量简洁，因为控制是一种现实管理手段，要随时与组织内的各个机构进行沟通交流，而如果程序过于复杂将不利于组织机构内部的沟通。

（3）相关性：各部门的管理控制必须有专人负责，各负责人只负责控制本部门的事务。

（4）及时灵活：实际工作如果偏离了计划应及时纠正以免造成更严重的错误，因此控制工作要及时。另外灵活性也是非常必要的，因此管理控制要不断应对实际情况，因此如果实际情况发生了与计划不同的变化控制管理者要及时变更计划灵活应对。

（5）具有实践指导性：控制工作要做到的是给基层员工一些工作原则，而不必事无巨细，事必躬亲，最重要的是给员工一些工作建议，这样既可以让活动管理人员能有更多的时间处理决策问题而不被日常事务所烦扰，也可以让员工能自主地处理问题。

当然节庆管理工作远不只上述几个内容，还包括财务管理中的成本控制和现金流控制，人力资源管理，风险管理和法律合同管理等，但这些方面的管理与一般景点管理没有太大区别，可以相互借鉴。

第三节　世界各国主要旅游节事简述

从发展旅游业看，影响较大的是狂欢节、啤酒节以及一些具有趣味性、参与性的主题性节日。狂欢节，英文是 Carnival 一词，来自拉丁语"除去肉食"之意，所以有些地区还把它称之为谢肉节和忏悔节。而港澳台地区也有将其音译为"嘉年华"。这个节日起源于中世纪。前身是古希腊和古罗马的木神节、酒神节。世界上不少国家都有狂欢节。该节日曾与复活节有密切关系，复活节前有一个为期 40 天的大斋期，即四旬斋。斋期里，人们禁止娱乐，禁食肉食，反省、忏悔以纪念复活节前 3 天遭难的耶稣，生活肃穆沉闷，于是在斋期开始的前 3 天里，人们会专门举行宴会、舞会、游行，纵情欢乐，故有"狂欢节"之说。虽然如今已没有多少人坚守大斋期之类的清规戒律，但传统的狂欢活动却保留了下来。欧洲和南美洲地区的人们都有狂欢节，但各地庆祝节日的日期并不相同，一般来说大部分国家都在 2 月中下旬举行庆祝活动。各国的狂欢节都颇具特色，但总的来说，都是以毫无节制的纵酒饮乐著称。其中最负盛名的要数巴西里约热内卢和意大利威尼斯的狂欢节。

一、世界主要旅游节事

(一) 巴西里约狂欢节

最早开始于 1641 年，当时的殖民统治者为了庆祝葡萄牙国王的寿辰，法令民众游行、舞蹈、畅饮娱乐。经过 300 多年的发展，巴西狂欢节成了民间最重要的节日，灿烂的阳光、缤纷的华服、火辣的桑巴舞成为一幅具有浓郁拉丁民俗风情的节日景观，故巴西狂欢节又有桑巴嘉年华之称。

按惯例每届狂欢节要选出狂欢王、狂欢后和两位狂欢公主，里约热内卢每年的狂欢王、狂欢后及狂欢公主都是经过评选产生的。他们都是在各种桑巴舞表演中担任过领舞的桑巴能手，狂欢王的体重还必须在 130 公斤以上。

在里约热内卢市长将狂欢钥匙交给狂欢王后和公主后，即宣布庆祝活动正式开始。在规模盛大的桑巴舞游行中，一辆辆车身长达 10 米的花车打头阵，车上装着高音喇叭，车顶上七八名鼓手敲出震耳欲聋的欢乐鼓点，歌手引吭高歌，桑巴舞小姐高高在上，扭动腰肢，跳着欢快的桑巴舞。成千上万的人簇拥在彩车前后，一边和歌手一起歌唱，一边随着节奏跳着桑巴舞。

由于沿途不断有人加入，游行队伍越来越长。人们极尽想象，把自己打扮得千奇百怪，以吸引路人的眼光，参加游行的人有年过花甲的老人，有坐在父亲肩头的儿童。男男女女，老老少少，人人都在唱，个个都在跳。烈日炎炎，气温高达 32℃，虽然人人脸上都淌着汗水，但个个脸上都挂着笑容。整个城市都浸染在欢乐的气氛中。里约热内卢的海滩，随处可见上身赤裸的女性，以至于游客也开始脱衣服。而在游行的桑巴舞彩车上，桑巴舞模特或赤裸上身，或只穿比基尼，在车顶忘情欢跳。

狂欢节带动了东道国巴西的经济发展，2000 年的狂欢节吸引的游客创下了历史纪录，仅里约热内卢一地，就有 31 万多名游客。据报道，仅 4 天假期，巴西咖啡商做成了 12 亿美元的生意。出租车生意出奇地好。热心的组织者为了让游人尽兴，特地为外国游客开设了跳桑巴舞的速成班，好让他们也能边舞边乐，体会桑巴风情。

(二) 威尼斯狂欢节

按传统的民间风俗，威尼斯狂欢节是从 1 月 17 日圣安东尼奥的庆日开始，要闹腾一个多月，但现在人们一般都在狂欢节的最后一个星期的最后三天才开始盛大庆祝。过去每逢大庆的第一天，威尼斯的大小官员、上流贵族等都会和市民一起联欢；杀死一头牛，放许多烟花爆竹，在圣马可广场唱歌跳舞，人们尽情吃喝玩乐。人们之所以狂欢，是因为经过一段时间的"除去肉食"即斋戒之后，得以享受美味佳肴，故以各种方式抒发喜悦之情。与巴西狂欢节不同，威尼斯狂欢节主要是各种传统服装和面具的大展览。节日期间，威尼斯全城，就连周围城市的居民，也都个个成了模特儿。不论男女老少，穿上18、19世纪的服装，戴上各种假面具，或者在脸上涂着油彩，画着各种脸谱，一起涌进威尼斯城。仿佛时光倒流二百年。

与老年人爱穿传统服装相反，许多年轻人喜欢别出心裁，自己搞一套与众不同的行头，穿到街上争奇斗艳，谁的围观者多，上镜率高，自然会成为明星。

狂欢节期间最畅销的商品是各种面具。威尼斯的面具也是当地有名的旅游纪念品。用料档次不一，从纸壳或薄膜，到真皮、镶24K金的，一应俱全。游客们通常都会买一个戴在脸上，既有参与感又可留作纪念。

（三）慕尼黑啤酒节

原文是Oktoberfest，意思为"10月节"，源于1810年巴伐利亚邦的王储路德维希大婚，王室与民众举行一系列庆祝活动，当时正是啤酒花丰收时节，饮酒、唱歌、跳舞就是最主要的表现欢乐方式。流传至今，每年的9月第三个星期六至10月第一个星期日就固定成为啤酒节。

啤酒节的第一天早上，身穿传统服装的德国各邦代表及其他国家的游行队伍聚在一起，由慕尼黑市长与酒厂老板带领游行至主要的举办场地——特蕾莎广场，那里架设起数座巨型帐篷，里面摆满各厂牌的啤酒供人畅饮。根据以往记录，在节庆期间游客人数最多达到600万，喝掉600万公升的啤酒，吃掉20万条德国香肠。除了喝酒之外，还有许多民俗活动，如音乐会、马戏团表演，也有许多小商贩与游乐设施如旋转马、摩天轮等。平素认真拘谨的德国人，在啤酒助兴之下显得格外狂放。

（四）西班牙奔牛节

正式的名称叫"圣·费尔明节"，在每年3月底或者4月初复活节。圣·费尔明是西班牙东北部纳瓦拉省省会潘普洛纳市的保护神，但该节的真正起源已经不可考证，但据记载，奔牛节早在1591年时就已经存在，这个活动与西班牙斗牛传统有直接关联。据说当初对潘普洛纳人来说，要将6头高大的公牛从城郊的牛棚赶进城里的斗牛场是件非常困难的事情。17世纪时，一些旁观者突发奇想，斗胆跑到公牛前，将牛激怒，诱使其冲入斗牛场。后来，这种习俗就演变成了奔牛节。1923年，美国著名作家海明威首次来到潘普洛纳观看奔牛并将奔牛节自由奔放的狂欢场面写进了著名小说《太阳照样升起》中，1954年海明威获得诺贝尔文学奖后，奔牛节也随着他的作品闻名世界。当地居民为了感谢海明威为奔牛节做出的贡献，在斗牛场的大门口为他竖起了一座雕像。

奔牛节时，6头重约500公斤的公牛从牛棚冲出后，奔牛穿过潘普洛纳市旧城区的一条狭窄的石板街，全长848米。奔牛在4分钟内以24公里的时速在杂乱的人群中狂奔，上万名奔牛爱好者和旅游者挤满了街道，时常人仰牛翻，险象丛生，最后以公牛被引进斗牛场才算大功告成。

（五）西班牙西红柿节

始于1945年，每年8月的最后一个星期三，在西班牙巴伦西亚地区的布尼奥尔小镇举行一年一度的民间传统节日番茄节——"西红柿大战"，"参战"和"观战"的人数达4万多人。其来源据传说，有一天，该城里一个小乐队从市中心吹着喇叭招摇过市，领头者更是将大喇叭向上翘。这时，一伙年轻人突发奇想，抓起西红柿向那喇叭筒里扔，并且互相比试，看看谁能把西红柿扔进去。这便"西红柿大战"的由来。每年这一天的中午12点，随着一声令下，早已等候在人民广场及其附近街道上的当地民众以及来自世界各地的游客，立即冲向满载西红柿的几辆大卡车，抓起这些"武器"胡乱地向身旁熟悉或陌生的人们身上砸去，游戏规则是西红柿必须捏烂后才能出手。一个小时以后，成百吨的西红柿将整个市中心染成了"西红柿的海洋"。接着，布尼奥尔小城市民和成千上万的志愿者把所有能够利用的自来水龙头全部打开，纷纷投入另一场战斗——打扫街道。约一个小时后，整个广场和街道被打扫得干净如初，布尼奥尔城又恢复了往常的宁静。

二、中国主要旅游节事

中国的旅游节事基本上都是为发展旅游业而专门设立的，因而最早的也不过是从20世纪80年代开始的，有些包括少数民族在内的传统节日虽然历史较悠久，但其被开发成旅游项目推向市场，也差不多是从那个时候开始的。尽管我国有些节事活动已经取得一定的成效和市场影响力，无论是其规模，还是影响与国际大节相比，还都存在着很大的差距。许多节事活动缺乏好的点子和创意，节庆活动内容平庸、雷同，没有吸引力。有些节事项目成为首长项目、形象工程，没能建立起有效的市场化运作机制，其结果往往是虎头蛇尾，不能可持续经营。目前全国影响较大的节事有：中国哈尔滨国际冰雪节、大连国际服装节、潍坊国际风筝节、曲阜孔子文化节、四川自贡灯会等以及一些少数民族地区的传统节日如蒙古族的那达慕盛会、藏族的雪顿节、傣族的泼水节、彝族的火把节等。

（一）中国哈尔滨国际冰雪节

创办于1985年，当时名称为哈尔滨冰雪节。以后每年1月5日举办一届，2002年改称现名。冰雪节是以哈尔滨冰灯游园会、太阳岛雪雕游园会为主线，同时举办冬泳、冰球、山地滑雪、冰雕、雪塑等国内、国际赛事，并且广泛开展冰雪文化、冰雪旅游、冰雪经贸一系列活动。2000年哈尔滨冰雪节接待中外游客 170 万人次，旅游业收入达 7.8 亿元。

（二）大连国际服装节

始于 1988 年的大连国际服装节，从 1991 年第三届服装节开始冠以"国际"两字，每年一届。每届服装节历时 7 至 10 天，多在 8 月下旬至 9 月中上旬举行。服装节期间，除举行开幕式外，还举行国际服装博览会暨中国服装出口洽谈会、"大连杯"中国青年时装设计大赛、世界名师名牌时装展演等十余项活动。为吸引市民参与，服装节开始的当天，还举行盛大的巡游表演。

（三）潍坊国际风筝节

潍坊国际风筝节是一年一度的国际风筝盛会，每年 4 月 20 日至 25 日在山东潍坊举行。自 1984 年开始，吸引着大批中外风筝专家和爱好者及游人前来观赏、竞技和游览。整个风筝节期间伴有丰富多彩的民间传统艺术活动。传统的民族花灯展览、民族焰火、风筝音乐会。潍坊风筝历史悠久，扎工精巧，造型优美，放飞平稳，易于放飞。位于市区东北 15 公里的杨家埠村，便是风筝的故乡。杨家埠风筝以做工考究，绘制精细，起飞高稳而闻名，分为串子类、板子类、立体类、软翅、硬翅和自由式 6 大系列，60 多个品种。杨家埠木版年画，则是驰名中外，与天津杨柳青、苏州桃花坞并列我国古代三大年画，年画与风筝为姊妹艺术，始于明而盛于清。均有着 500 多年的历史。在这里可以看到明清时期典型的民间建筑四合院式的风筝与木版年画作坊，并能看到艺人们刻制年画、扎制风筝的技艺全过程。历届风筝节的中外风筝佳作，在迄今世界上最大的专业博物馆潍坊风筝博物馆陈列展出，题材广泛，花样繁多，扎技精湛，造型各异。在第六届风筝会上成立了国际风筝联合会，其总部设在潍坊，办事机构就设在这里。同时，风筝节又是与发展外向型经济相结合的盛会，期间举办潍坊市对外经济技术贸易洽谈会，吸引着大批中外客商前来洽谈贸易，投资办厂，进行技术交流和观光游览。

（四）中国曲阜国际孔子文化节

始创于 1989 年 9 月（其前身是孔子诞辰故里游）是原国家旅游局确定的国家级、国际性"中国旅游节庆精选"之一。由原国家旅游局和山东省人民政府联合主办，济宁市人民政府、曲阜市人民政府联合承办。于每年孔子诞辰（公历 9 月 28 日）期间，即公历 9 月 26 日至 10 月 10 日，在孔子故乡、著名历史文化名城山东省曲阜市举行。孔子文化节是一项融纪念先哲、交流文化、旅游观光、学术研讨、经科贸旅合作于一体的丰富多彩、情趣盎然的大型综合性国际旅游节庆活动。每届活动期间，于 9 月 26 日举行隆重热烈、异彩纷呈的开幕式；9 月 28 日在孔庙大成殿前举行孔子诞辰纪念集会，进行别开生面的祭孔活动，以发思古之幽情，实现敬仰、怀念先师孔子之凤愿。整个活动期间，还将举办多项观赏性和参与性相结合、绚丽多姿、妙趣横生的专项旅游和游览名胜古迹，中外文化交流和独具特色的文艺演出，高层次的中外儒学专家、学者学术研讨，大规模、多项目、多形式的中外经贸科技洽谈、物资交易和资金融通、人才交流等活动。

第四节　旅游演艺的理论概述

一、旅游演艺的定义与概念

旅游演艺是旅游与文化艺术（表演艺术）的融合，主要是吸引外来游客的各种文艺演出。一般可分两种形式：一种是在旅游景区内的表演，如迪士尼和环球影城内的表演项目，这些演艺节目与景区的主题结合度较高，属于典型的旅游演艺项目；另一种是内容与形式与旅游景区，甚至当地的旅游资源关系不大，主要集中在一些著名旅游城市。最为著名的是英国伦敦西区和美国纽约百老汇，这两处都是世界舞台剧和音乐剧的中心，常年演出经典剧目，有的剧目坚持每天演出持续10多年，观众主要是外来游客。但对于这两种不同类型的是否都属于旅游演艺目前旅游学术界还没有形成较为一致意见。已有的关于旅游演艺的定义和概念有以下几种：

（1）诸葛艺婷、崔凤军（2005）认为，旅游演出，对于旅游业来说是一种旅游产品，是依托当地旅游资源，运用表演艺术的形式来表现目的地形象的精神服务产品；对于演艺业来说，它是在演出产业整体体制改革的大环境下走入旅游市场的一种形式，是演出策划人组织演出场所将节目表演给观众（主要是游客）欣赏的过程。

（2）陈铭杰（2005）认为，旅游景区演艺活动是指从游客利益出发，反映景区主题和定位，注重体验和参与的，形式多样的，具有商业性质的表演和活动。

（3）李蕾蕾、张晗（2005）等认为，旅游演艺是以吸引游客观看和参与为主要意图，在主题公园和旅游景区现场上演的各种表演、节目、仪式的观赏性活动。

（4）李幼常（2005）认为，旅游演艺是在旅游景区现场进行的各种表演活动，以及在旅游地其他场所内进行的，以表现该地区历史文化或民俗风情为主要内容，且以旅游者为主要欣赏者的表演、演出活动。

从这些定义和概念可看出，我国旅游学术界是在旅游景区或基于当地旅游资源的表演和演出才作为旅游演艺的。而在旅游目的地虽面向游客，而不是基于当地旅游资源的文艺演出一般不列入在内。由于目前我国全域旅游和文旅产业的融合发展，本书采用广义的旅游演艺定义和概念，只要是以旅游者为主要观众对象的演出活动都称之为旅游演艺，因此，旅游演艺的演出场地不局限于旅游景区、旅游饭店，可以是旅游目的地城市的剧院和街区，题材也不局限于当地文化，只要符合观众主要是外来游客这一条件，就可以被认为是旅游演艺。

二、旅游演艺的特点和特征

旅游演艺与一般文艺演出（音乐会、舞剧、话剧、戏曲、演唱会等）存在下列不同之处：

（1）旅游演艺的观众主要不是专门为看演出而来的，对于旅游演艺的内容一般都太不熟悉，消费决策也较为随意，有的是由旅行社统一安排的或门票中已含演出票（或含优惠折扣）；

（2）旅游演艺不乏著名导演和主创团队，但因为是驻场演出，因此旅游演艺中很少使用著名演员，不靠主演个人的知名度和影响力，吸引游客的是实景（场景、场面）氛围、灯光舞台装置、地方特色歌舞音乐、叙事情节等；

（3）旅游演艺的观众人群成分复杂，年龄性别、受教育程度、兴趣偏好都不尽相同。因此，从内容到表现形式都要考虑老少咸宜、雅俗共赏。

此外，我国缺乏像英国西区、美国百老汇那样专为表演艺术爱好者（包括本地居民和外来游客）长期演出经典剧目的剧院街区。

一般来说，旅游演艺具有以下几大特征：

（1）异地性：旅游演艺主要是针对外地游客，而非本地居民，这是旅游演艺最重要的特征。因而旅游演艺注重突出当地的文化特色和吸收民间艺术元素；

（2）持续性：旅游演艺一般没有档期，只要条件允许，每天都会演出（有的一天演出多个场次）；

（3）娱乐性：旅游演艺的观众人群是普通游客，大多数游客出游主要不是为了观看演出的。因此不宜过分追求表演的专业性和艺术性，过分强调高雅艺术，表演内容阳春白雪，会导致因曲高和寡而门可罗雀，因此，旅游演艺一般都比较注重娱乐性；

（4）参与性：大多数旅游演艺不是专业的艺术表演，游客更喜欢在休闲放松的氛围中观看表演和体验当地文化。一些大型的旅游演艺由当地居民充当群众演员参与演出，有些旅游演艺还有与观众的互动环节，活跃现场气氛。

三、旅游演艺的类型与分类

旅游演艺按照场地类型可以分为：

（1）户外演出，又可实景演出和广场演出。户外演出受天气（气温、降水、大风等）影响较大。实景演出是以自然山水和人文景观为背景舞台，突破了传统舞台表演带来的空间限制,将真实的自然环境和自然元素融入演出中,因此也具有唯一性和不可复制性。国家标准《实景演出服务规范 第1部分:导则》(GB/T 32941.1——2016)中对于实景演出的定义是:以自然景观或人文景观为场地和背景、有鲜明的情景主题、固定场所和演出时间的露天或半露天的文艺演出。梅帅元任总策划,张艺谋、王潮歌、樊跃"铁三角"主创的《印象·刘三姐》作为世界上最大的山水实景演出开了中国实景演出的先河,并带动了全国各地的实景演出的投资热潮,也为旅游景区的提升提供了新的发展思路。

广场演出以深圳世界之窗的"世界广场"上《创世纪》演出为代表。

(2)室内演出,是在室内剧场演出,不受或较少受天气条件影响,全年演出周期较长,《宋城千古情》则是典型的室内演出。

此外,旅游演艺还可以按照表演主体分:演员表演、动物表演和高科技表演等,以及按照演出场地的流动性分:舞台场景(包括实景演出)和花车巡游(如迪士尼主题乐园)等。

第五节 旅游演艺的近代发展

一、国外旅游演艺的近代发展

近代旅游演艺最为发达的地区是英国伦敦西区、美国百老汇以及法国巴黎和美国拉斯维加斯。

(一)伦敦西区(London's West End)

特指由伦敦剧院协会(The Society of London Theatre)的会员管理、拥有或使用的49个剧院。这49个剧院除金融城的巴比肯中心(Barbican Centre)、南岸的国家剧院和老维克剧院、摄政公园的露天剧院以及萨瑟克区的莎士比亚环球剧院等少数剧院以外,大多数集中在夏夫茨伯里(Shaftesbury Ave)和干草市场(Haymarket)两个街区,方圆不足1平方英里,在商业和娱乐业高度发达的市中心形成了一个剧院区,这一剧院区也称为西区(West End)。伦敦共有剧院约100个,剧院区就集中了40多个,当之无愧地成为英国戏剧界的代称。在如此有限的区域内集中如此之多的剧院,在世界上只有纽约的百老汇可与之相比,但从历史传统来讲,西区要比百老汇悠久得多。西区的发展历史可以看作是英国戏剧的发展历史。16世纪末,英国出现了第一家露天剧院。在此之前,戏班子只能在街头巷尾和酒吧中流动演出。16、17世纪是英国戏剧的黄金时期,莎士比亚创作了大量深入人心的作品,戏剧开始由寻找观众变为在固定场所演出吸引观众。由于王宫、教堂等重要建筑都集中在伦敦西部地区，英国的早期剧场也就集中在了市中心一带，奠定了西区的基础。此后，经过历次的瘟疫、大火和战争，西区的剧院不断地改建、增加，逐渐形成今日的规模。20世纪初特别是第一次世界大战之后，西区剧院迎来了最后一次大发展时期，虽然后来又经历了"二战"的炮火，但今日的西区基本保持了30年代的格局。

西区与百老汇是两大世界著名的戏剧中心和娱乐中心，在英国的经济中发挥了越来越令人瞩目的作用。1999年，西区共有44家剧院营业，演出17089场（平均每家剧场年演出388场），推出265个新剧目，吸引观众1193万余人次，票房收入超过2.6656亿英镑，而这仅仅是西区经济效益的最基本部分。以伦敦剧院协会1998年所做的调查为例，1997年西区的票房收入为2.46亿英镑，而观众各种与看戏相关的消费如用餐、住宿、交通和购买节目单、纪念品等就总计为4.33亿英镑，西区为政府上缴各种税款2亿英镑。作为一项产业本身，西区的剧院每年也有大量的支出，如维修剧院、投资新剧目等，因此，对于英国的经济来说，西区剧院本身也是一个大消费体。1997年，西区剧院的消费为2.82亿英镑，也就是说，1997年西区对英国经济的直接消费贡献为观众消费和剧院消费的总和——7.15亿英镑。据测算，每1英镑的直接消费可以带来0.5英镑的其他消费，西区对英国经济的消费贡献为10.75亿英镑。

作为一项文化产业，西区还是一个出口创汇大户，其主要外汇收入来自海外游客和出口剧目。根据伦敦旅游局的统计，剧院是游客游览伦敦的一项重要内容。1997年，观众在西区消费达到6.79亿英镑，其中海外游客消费就有2.26亿英镑，占了近1/3。每年还有大量的西区剧目在海外上演，《歌剧魅影》《摩城》《狮子王》《阿拉丁》《魔法坏女巫》《妈妈咪啊》《玛蒂尔达》《悲惨世界》等。1997年出口剧目还创汇5000万英镑。与英国其他一些新兴的、发展迅速的产业相比，西区的创汇能力令人吃惊。西区为英国创造的经济效益还带来了可观的就业市场。据统计，大约有2.7万人就职在与西区剧院直接有关的行业中，如剧院演职人员、售票代理人员和道具服装制作等行业，占整个伦敦文化娱乐业从业人数的12%；还有1.4万余人就职在与剧院相关的行业，如戏剧出版业、唱片销售业等，更多的人则因西区的繁荣而受益，如餐饮、旅店、交通等行业。

伦敦拥有无数的博物馆、画廊和名胜古迹，可以说，英国最著名的博物馆和画廊都集中在伦敦，与这些旅游景点相比，西区也显出它独特的魅力。1996年，伦敦各项旅游点中排在前两位的是大英博物馆和伦敦国家画廊，而西区的观众数却超过了这两个景点的总和。需要指出的是，这两个景点都是免费的，而西区的平均票价却在20英镑左右。在收费景点中，西区的观众量几乎等同于前6个景点的总和。

作为一个国际大都市，西区的存在给伦敦增加了更大的魅力。有 2/3 的外地游客将看演出列为他们来到伦敦的重要原因，有 3/4 的海外游客将看演出列为到伦敦旅游的重要项目。伦敦丰富多彩的文化生活促使更多外国公司选择伦敦作为公司新址，越来越多的国际会议也愿意选在伦敦举办，许多在伦敦以外举办的会议甚至专门安排时间到西区观看演出。声名显赫的剧院演出与观众群的集聚效应。

西区的剧院大多建于 19 世纪末 20 世纪初，规模从 400 多观众席至 2000 多观众席不等，上演的剧目从音乐剧、话剧、歌剧、芭蕾舞和现代舞到木偶剧、儿童剧应有尽有。近 50 个剧院中以自负盈亏的商业剧院为主，只有皇家歌剧院、英格兰国家歌剧院、皇家剧场、皇家国家剧院和皇家莎士比亚剧院享受政府资助。这 5 个剧院在西区占有很大的分量。它们规模较大，在国际上有显赫的声誉，也创造更多的就业机会和经济效益。从艺术上来讲，由于它们能够获得政府资助，也有能力上演一些具有探索性、艺术价值更高的作品，而这样的作品是那些商业剧院不敢轻易尝试的。很多剧目往往是在国家资助剧院首演，取得成功后再转入商业剧院，例如音乐剧《悲惨世界》和话剧《侦探到访》就是首先由皇家莎士比亚剧院和国家剧院推出，随后转入商业的宫殿剧院和盖里克剧院。对于商业剧院来说，生存是首要问题，它们相对规模较小，多上演热门的音乐剧和话剧，有时会花重金聘请好莱坞名演员以吸引观众。近年来，许多音乐剧和话剧也有小成本制作逐渐增多的趋势。商业剧院的另一大特色是有些剧目在一些固定的剧院长年上演，如音乐剧《猫》和《歌剧魅影》已不间断地上演了 24 年和 19 年，话剧《捕鼠器》《黑衣女人》和《侦探到访》分别连续上演了 52 年、14 年和 10 年。这些剧目已经成为西区的经典剧目，成为西区的象征。

（二）百老汇（Broadway）

纽约的百老汇大道是市内重要的南北向道路，南起巴特里公园（Battery Park），由南向北纵贯曼哈顿岛，全长约 25 公里，由于此路两旁分布着为数众多的剧院，是美国戏剧和音乐剧的重要发源地。百老汇的历史可追溯至公元 19 世纪初。当时的百老汇大道就已经成为美国戏剧艺术的活动中心。建立于 1810 年的公园剧院（Park Theater）是现今纽约百老汇剧院的始祖。直到 1821 年第二间百老汇剧院（The Broadway）才出现。这一期间的戏剧风格受到当时欧洲维多利亚风格（Victorian Style）的影响极大。伴随着移民潮及多样文化的冲击，属于美国本土的剧作家及演员才在这种意识刺激下出现。由于大部分的剧目都是改编自小说或文学作品，著作翻印再版或改编剧目的纷争不断。随着第一次世界大战的结束，百老汇剧院文化于 20 世纪 20 年代开始迅速蓬勃发展，20 年代末，是百老汇艺术的鼎盛时期，1925 年这里的剧院达到 80 家之多。百老汇的中心地带是在第42街"时报广场"附近，周围云集了几十家剧院，中段是美国商业性戏剧娱乐中心，因而百老汇这一词汇已成为美国戏剧活动的同义语，而今，它也是美国现代歌舞艺术、美国娱乐业的代名词。百老汇大街两旁分布着几十家剧院，在百老汇大街44街至53街的剧院称为内百老汇，而百老汇大街41街和56街上的剧院则称为外百老汇。内百老汇上演的是经典的、商业化的剧目，外百老汇演出的是一些实验性的、低成本的剧目，但这种区分越来越淡化，于是又出现了"外外百老汇"，以艺术风格也更新颖更先锋。"百老汇"上演的是高雅的音乐剧、歌剧，百老汇的表演内容多以经典剧目为主，演员的表演服从剧情需要，以群体的肢体语言和出色的音乐吟唱来表现晚会主题。百老汇表演的基调为黑色，夸张、幽默、风趣、自然、轻松、活泼是百老汇的一贯表演风格。

百老汇没有任何艺术上的框框，也不介意是否是原创。像《猫》《歌剧魅影》等著名舞台剧，都是先在伦敦西区演出，百老汇的制作人购买引进后，再进行精细加工后，才在百老汇一炮打响的。

如今，百老汇歌剧已经成为纽约市文化产业中的支柱之一。它的表演形式融舞蹈、音乐、戏剧于一体，有些剧目更是融艺术与大众品位于一体，具有很强的观赏性和娱乐性；观赏百老汇歌剧成为每一个来纽约市参观、访问、旅游的人不可或缺的节目。从观众的比例来看，慕名前来的外国人要超过美国人。观众人数以每年3%的比例上涨，观众当中，60%的人来自纽约以外地区；许多来纽约的人的目的之一就是来欣赏百老汇歌剧，成为一项特殊的旅游吸引物。

百老汇艺术对于推动美国戏剧、歌舞表演艺术起到了不可估量的贡献。许多好莱坞的明星大腕都是从百老汇的舞台艺术表演起家后走上电影明星的道路。如朱莉·安德鲁丝、娜塔莎·理查德森、克露丝·格莲、波姬·小丝等。百老汇音乐剧善于运用声、光、电等现代技术手段，创造出色彩斑斓的舞台效果。音乐剧的乐队都不大，多则三十多人，少则十余人，但它比传统的管弦乐队更具有表现力和感染力，因为它把现代录音棚的音响处理技术带入了剧场。由于现代技术的运用，百老汇音乐剧时常让你感到是一个规模庞大的乐队在伴奏。为了达到某种艺术效果，现代舞台科技在音乐剧中也被大量运用。

百老汇上演的剧目有几十种，其中以《悲惨世界》《美女与野兽》《歌剧魅影》《西贡小姐》《国王与我》等剧目最为出色。往往是一演就是7~8年，有的甚至十几年。如《猫》剧，从1982年10月开始上演到2000年6月落幕，上演时间长达18年之久。以1997年的统计数字显示，《猫》剧以"从现在乃至永远"（From now to ever）为广告语，为纽约市带来滚滚财源。《猫》剧上演了7397场，售出剧票3000万张，票房收入约3.8亿美元，并带动附近社区相关行业（餐馆业、酒吧业、礼品业等等）的经济增长达30亿美元。而整个百老汇地区，每年的票房总收入为 12 亿美元左右。在百老汇演出的著名剧目有《狮子王》（1998 年东尼奖最佳音乐剧得主）、《歌剧魅影》《猫》《悲惨世界》《西贡小姐》《泰坦尼克号》（1997 年东尼奖最佳音乐剧得主）、《极限震撼》《现代米丽》《妈妈咪啊》等。

百老汇的公司和企业主要分为三种：剧院经营商、制作商和节目经纪商。剧院经营商一般拥有或者长期租用剧院，并负责剧院的日常工作等技术方面的要素。制作商指的是开发并创作百老汇节目的公司。他们一方面要负责获取所有的创作作品的法律权利包括知识产权等，另一方面要负责筹集资金，还要监督节目的开发过程以保证节目的成功。节目经纪商是制作商和剧院经营商之间的中间人。

（三）法国巴黎的三大剧场秀

巴黎是法国的首都，也是近代欧洲的文化中心，但巴黎缺乏像伦敦西区和百老汇那样密集的演出区，比较著名的是红磨坊、丽都和疯马三大夜总会的剧场秀（也称艳舞秀）。

1. 红磨坊（Moulin Rouge）

红磨坊的历史可以追溯到 19 世纪下半叶。那时候，来自世界各地的流浪艺术家，在蒙马特高地（Montmartre）作画卖艺，使那一带充满艺术气氛，成为巴黎最别致、最多姿多彩的城区之一。由于艺术活动活跃，蒙马特高地街区那弯弯曲曲的卵石坡路的两侧，小咖啡馆、小酒吧生意兴隆。后来，这些小咖啡馆、小酒店里来了一些舞女，她们穿着滚有繁复花边的长裙，伴着狂热的音乐节奏，扭动着臀部，把大腿抬得高高的，直直地伸向挂着吊灯的天顶。当时英国人把这种大腿舞称为"康康舞"（Cancan），认为它放荡下流，禁止在英国演出。但是，康康舞在蒙马特高地很受欢迎。每年狂欢节，舞者走上街头大跳特跳，人们从城市四面八方赶来观看。1889 年 10 月 6 日，屋顶上装着长长的、闪烁着红光的大叶轮的红磨坊歌舞厅在康康舞的乐声中正式诞生。不到半年，盛誉响遍整个欧洲。印象派大师奥古斯特·雷诺阿的名作《红磨坊》，以及多部以红磨坊为主题的电影，让红磨坊成为国际化的知名品牌，传承至今已经第五代了。现在它仍保持着百年前某些特点如舞者的装饰大致不变，上身裸露，披挂着华丽的羽毛服饰或金属片，但是观众与旧日看客完全不能同日而语，观众是现代文明观众，怀着发现巴黎的心情来看演出，演员把演出作为一种光明正大的演艺事业，不像百年前的舞女，为取悦某一个或几个包养她的男人而强作欢颜。红磨坊也已经成为巴黎的一个旅游景点，其观众 55% 是外国人，45% 为法国外省人。

2. 巴黎丽都夜总会（Lido de Paris）

创建于 1928 年。丽都原址位于巴黎香榭丽舍大街 78 号，1946 年，"二战"结束后，克莱里科兄弟买下老丽都，并进行了全新的改造——就是现在位于香榭丽舍大街116号的丽都夜总会,创造了餐饮与观赏节目相结合的娱乐模式。这一模式也被我国西安唐乐宫的《仿唐乐舞》所引进。丽都的艳舞服饰非常考究,用料、设计、色彩巧夺天工。真人真景与激光背景图形和天幕吊装设备融为一体:投影影像从背景的云雾中"走出",缓缓地与上场的真人形体重叠,好似神仙下凡。有时一只大鸟道具从天而降,从观众的头顶上出来,飞向舞台,舞女们则从大鸟翅膀上"飞"落到舞台上⋯⋯这一切都给人奇幻之感。与红磨坊一样,已有90年历史的丽都以其无穷的艺术魅力吸引着世界各地的旅游者,丽都成为浪漫巴黎的最佳去处之一。一些社会名流也经常来此光顾,戴安娜王妃生前每年都来丽都,而前英国首相撒切尔夫人在丽都有自己的专座。

3. 疯马夜总会（Crazy Horse）

位于巴黎高尚街区香榭丽舍区中心的乔治五世大街12号,由阿兰·贝尔纳丁（Alain Bernardin）于1951年创办,以纯正法式风格的浪漫艳舞演出而著称,是巴黎夜生活中最具有代表性的高雅场所。舞台灯光效果是疯马夜总会的一大特色,几何图案投射在舞者胴体上,好像一幅幅活生生的抽象画。疯马夜总会共有275个座位,拥有绝佳的视野,舒适座椅和空调环境。疯马夜总会的舞台很小,每次出场的舞者,不超过15人。演出具有国际水平,其歌舞演员身材姣好,优美的体态整齐划一,配以出色的舞台音乐和照明,整台晚会美轮美奂,活色生香,赋予裸体表演艺术真正的艺术地位和内涵,使之远远凌驾于低俗的脱衣舞之上。整台晚会对女性的身体给予极度的烘托和崇拜,使它具有古希腊女神雕像般高贵的美感,赋予女性的身体无限的诗歌创意源泉。疯马夜总会在表演艺术领域占据着重要的地位。

（四）拉斯维加斯（Las Vegas）

位于美国西部内华达州东南角,西南距洛杉矶466公里,是世界最大的赌城。市区面积仅142平方公里,全城以博彩业为主构建了庞大的旅游、购物、度假、会展产业,拥有"世界娱乐之都"美誉。由于拉斯维加斯都是博彩主题饭店,为了吸引游客,各大饭店竞相推出各种舞台秀,争奇斗艳,精彩纷呈。

1. 太阳马戏团（Cirque du Soleil）

成立于1984年,由加拿大两位街头艺人盖·拉利伯特（Guy Laliberté）与吉列斯·史特－克洛伊克斯（Gilles Ste-Croix）创立于魁北克（Quebec）的拜尔－圣－保罗（Baie-Saint-Paul）,现已发展成为全球最大的戏剧制作公司,被誉为加拿大"国宝"的马戏团,已为近50个国家300余座城市的1.6亿名观众演出,形成了与美国迪士尼相媲美的世界级文化品牌。太阳马戏团的演出颠覆了一般对马戏的定义,马戏团的创始人反对使用动物进行表演,所以他们的马戏表演主角都是人,而非动物。以舞蹈、杂技、滑稽等视觉表演为主,以豪华并且极具震撼的舞台表现力著称。太阳马戏团表演获过各种世界级大奖，例如艾美奖（Emmy Award）、斑比奖（Bambi Award）等。2015 年 4 月，我国的复星集团收购 25% 的股份，太阳马戏团开始进入中国市场。目前除了在世界各国做巡回演出外，主要在拉斯维加斯的各大主题饭店驻场演出：

（1）O 秀（O）演出地点在百乐宫度假村（Bellagio）。这是太阳马戏团票价最贵的一台演出，它将水上芭蕾和马戏完美地结合在了一起，讲的是一个男孩捡到女孩的丝巾，寻找这位女孩的故事。整个演出包括了杂技演员、花样游泳演员和跳水运动员。因为是在水上剧场表演，场面壮观，富有创意。

（2）卡秀（KA）演出地点在米高梅大饭店（MGM Grand）。这是号称制作经费最高的太阳马戏。故事讲述的是一对双胞胎兄弟经历艰难险阻去完成自己天命的故事。整出秀融合很多武术元素，凌空旋转的舞台是最大的看点，带有浓郁的古代异域风情，剧场装修，华丽无比。

（3）神秘秀（Mystere）演出地点在金银岛饭店（Treasure Island）。这是太阳马戏团第一个在拉斯维加斯的常驻秀，自 1993 年起至今已有超过九百多万观众观看。这是一场古灵精怪的特技表演秀，来自 18 个国家的 72 位演员踩着奔放的鼓点和激情的音乐带领观众走进一个神秘莫测的神奇国度，空中飞人、杂技、小丑、滑稽表演等不同的元素完美串联。此外，精美的道具和服饰也是神秘秀的一大看点。

（4）迈克尔·杰克逊 ONE 歌舞秀（Micheal Jackson：ONE）演出地点在曼德勒海湾度假村（Mandalay Bay）。这是太阳马戏团推出的视听盛宴。应用最顶尖的音响系统，背后的几块大屏幕一直放着迈克尔·杰克逊的 MV，结合表演者精湛的技术和让人眼花缭乱的舞台布景，最精彩的部分是在结尾，高科技让迈克尔·杰克逊在舞台上重生，为大家献唱和飙舞，最后童年的迈克尔·杰克逊也出现了，整场表演好似迈克尔·杰克逊的现场演唱会。

（5）披头士 LOVE 歌舞秀（The Beatles LOVE）演出地点在海市蜃楼饭店（Mirage）。整个演出都是披头士音乐，场面绚丽，让披头士乐迷重温旧梦。在马戏中融入了大量的现代元素，将现代舞与马戏结合。好听好看之余，充分体现"爱"的主题和"你所需要的爱"（All you need is Love）披头士主题音乐为切入点，将表演契合过去一个世纪的事件凝练一部好看的年代剧。

（6）人类动物园秀（Zumanity）演出地点在纽约 - 纽约饭店（New York-New York）。这台秀只适合 18 岁以上的成年人观看。人类动物园给观众带来一个神秘的世界，展示了人类通常被隐藏的性感一面。整个秀是在一个设有可以移动舞台的剧院中演出，感受不同的种族、年龄、性别在原始未开化时代的人类行为特点。

（7）鬼才魔术师克里斯·安吉尔魔术秀（Criss Angel BELIEVE）演出地点在卢克索饭店（Luxor）。鬼才街头魔术师（Criss Angel）通过他和太阳剧团的奇思妙想将现实生活和离奇世界巧妙地编织在一起，天马行空地徜徉其间，形成"天使克里斯的信念"这一旷世之作。这台魔术秀完全超越了人类的想象空间，用神秘和幻想等艺术手段调动观众的情绪，将观众带到一个令人匪夷所思的异度空间。本剧将在一个梦幻般的黑暗和光明的背景下演绎一个传奇、一个梦想、一个高度戏剧化的场景。

2. 其他特色秀

（1）梦幻秀（Le Reve）演出地点在永利饭店（Wynn Las Vegas）。梦幻秀与O秀一样融入了水的元素，不同的是梦幻秀采用的是圆形的舞台，所以每个角度都能清楚地看见整个舞台，效果也更加震撼。在巨大的水上舞台上，有让人惊心动魄的高台跳水和让人惊叹的水上表演，并且在表演中将火与水结合，带来了全新的震撼体验。

（2）蓝人秀（Blueman）演出地点在卢克索饭店（Luxor）。属于老少咸宜的幽默剧。整场演出以肢体语言为主，加上道具、舞台布景、观众互动的配合，戏的高潮是在尾声部分，全场闪光，大家配合着电子音乐一起起舞，还有巨大的气球从天而落，在观众席中被抛来抛去，集体游戏狂欢。

（3）假面舞团街舞秀（Jabba Wockeez）演出地点在卢克索饭店（Luxor）。假面舞团是美国一个全部由男生组成的嘻哈舞团，这个以戴白面具、白手套和棒球帽著称的舞团，在2003年成立于圣迭戈（San Diego），团名典故源于《爱丽斯梦游仙境之镜中奇缘》。他们最初主要在圣迭戈和洛杉矶演出。2008年在"全美最佳舞团"（America's Best Dance Crew）夺下首季冠军。这场演出将令人印象深刻且突破传统的编舞、不循规蹈矩的激光效果、极具魄力的音乐和绝妙惊人的舞台特效神奇地结合在一起，被《In Vegas》杂志投票选为"最佳家庭合看演出"。

（4）大卫·科波菲尔魔术秀（David Copperfield）演出地点在米高梅大饭店（MGM Grand）。大卫·科波菲尔魔术包括了大变活人、预知未来、凭空变出复古汽车，以及让十几个观众突然从台上消失，瞬间转移到台下某个角落等等经典节目。整场演出节奏紧凑，也穿插了很多笑点，还有与观众互动环节，现在他的魔术表演更像是魔术脱口秀节目了。

（5）帝王争霸秀（Tournament of Kings）演出地点在神剑饭店（Excalibur Hotel）。这是一台晚餐加看表演的舞台秀，观众可以在椭圆形竞技场内边用餐边看秀，让观众重回中古时代竞技争霸。整场演出有真人骑马对抗，美女翩翩起舞，精彩的马戏和叠罗汉表演。晚餐的内容有龙血汤（番茄汤）等其他美食和饮料。最特别的是观众用餐全无餐具，观众可以身临其境体验中古世纪的用餐情境，用手撕扯大口吃肉，大声喧哗，为自己的骑士加油助威，完全融入表演情境。

（6）性感美女秀（FANTASY）演出地点在卢克索饭店（Luxor）。这是一台热情但不色情，分寸把握恰到好处的秀。从最经典的上空歌舞开始，彩羽霓衫透过舞伶曼妙的舞姿完全展露人体的美感，加上上空舞者融合欢乐绽放的舞蹈，火辣、性感、梦幻、多元地呈现上空秀舞蹈的精粹，热情带动现场迷情又奔放的气氛，18位上空舞者在浪漫绚丽的舞台上，以美丽匀称的肢体诠释热情、柔媚，且深具美感的演出，绚美迷离的灯光、奢美华丽的服装搭配舞者狂放舞动的体态，强烈释放舞蹈热力，将拉斯维加斯歌舞秀的魅力精髓发挥得淋漓尽致。

（7）澳大利亚猛男秀（Thunder from Down Under）演出地点在神剑饭店（Excalibur Hotel）。这是目前全世界同类表演中的佼佼者。从1989年成立开始，这些有着古铜色肌肤的澳洲猛男们，已经在全球超过15个国家巡回演出，受到全球400万女性观众的追捧。他们演出内容以风格多变的各式热门舞蹈，例如现代舞、爵士舞、街舞等为主，搭配大家耳熟能详的戏剧性题材、华丽炫目的服装灯光和夸张的配饰如阿拉伯王子、印第安酋长、刀锋战士、猫王等。

3. 主题饭店外景免费秀

拉斯维加斯众多的博彩饭店为了吸引游客也在主题包装和设计上挖空心思，包括推出饭店外景的免费秀，其中较为著名的是百乐宫（Bellagio）的音乐喷泉秀和海市蜃楼饭店（Mirage）的火山喷发秀。

（1）音乐喷泉。百乐宫（Bellagio）门口的音乐喷泉建于1998年，是拉斯维加斯最著名的免费秀。喷泉共有1214个喷嘴，喷水时水柱最高可达76米，伴随着音乐和5000余盏灯光，29首伴奏音乐，每天由电脑随机播放，气势磅礴，赏心悦目。

（2）火山喷发秀。在海市蜃楼饭店（Mirage）门口的人工湖里假山会"火山喷发"，同时湖面的水位会下降，露出一个个喷火口，配合着音乐进行有律动的喷火表演。火山爆发时火光和烟雾会喷向空中达到30米之高，融化的岩浆也从火山上倾泻而下，面前顿时形成一片真正意义上的"火海"，还能感受到阵阵热气扑面而来，场面异常壮观。

此外，在迪士尼和环球影城等主题乐园中，旅游演艺也是吸引游客的主要项目，同时也成为乘骑设计的创意题材。

二、我国旅游演艺的近代发展

我国近代旅游业肇始于20世纪80年代初，国家实施改革开放政策，开始发展入境旅游。1982年9月陕西省歌舞剧院古典艺术团创作出《仿唐乐舞》，曾出访过世界上40多个国家，接待过数以百计的国家首脑和政府要员。1986年国旅西安分社发起成立西安唐乐宫有限公司，取意于唐代"五音八乐"和"欢乐殿堂"之双重含义。资产总额为1.29亿元，总经营面积11 000多平方米。唐乐宫引进《仿唐乐舞》，以国内第一家剧院式餐厅开启了中国旅游文化的先河，是原国家旅游局首推的来华旅游夜间文化生活项目，被誉为"东方红磨坊"（实际上，更类似于丽都秀）。由此，也可看出我国早期的旅游演艺在形式上是借鉴西方模式的。当初的旅游演艺主要是针对入境游客，如北京前门饭店梨园剧场演出传统京剧折子戏，如三岔口等武打戏，还有上海杂技场的杂技表演等节目都是为了丰富来华旅游夜间文化生活，改变经常被诟病的来华旅游者"白天看庙、晚上睡觉"单调行程。

1995年5月1日，我国开始实行双休日制度，国内旅游市场升温，旅游演艺市场也随之转型。这一期间，香港中旅和华侨城集团合资兴建了我国第一代主题乐园，深圳锦绣中华（1989年）、中华民俗村（1991年）和世界之窗（1994年），同时，在这些景区内相继马战实景演出《一代天骄》、大型民族音乐舞蹈《东方霓裳》、大型广场艺术晚会《龙凤舞中华》和大型音乐舞蹈史诗《创世纪》，其中世界之窗的《创世纪》最受欢迎，后又不断升级改版，从2001年《跨世纪》到2018年的《盛世纪》，完成了世纪三部曲；1987年无锡影视基地因拍摄电视连续剧《西游记》选址开始兴建，这是国内第一家以影视拍摄和旅游相结合的主题乐园，随着影视作品的相继封镜，"三国城"（1994年8月）、"唐城"（1995年10月）、"水浒城"（1997年3月）先后建成开放，这些景点结合拍摄场地资源和影视题材都有各种历史题材的表演；1997年杭州宋城主题乐园推出《宋城千古情》演出，获得巨大成功，旺季经常每天演出9场，年演出达2000余场，成为全世界单场演出场次最多、观众最多的旅游演艺项目。宋城集团以"千古情"为品牌，又相继在全国一些景区推出《三亚千古情》《丽江千古情》《九寨千古情》《炭河千古情》《上海千古情》《漓江千古情》《泰山千古情》《张家界千古情》《岭南千古情》《明月千古情》《黄帝千古情》等，并以旅游演艺作为主营收入在新三板市场上市，宋城演艺（股票代码300144）成为中国演艺第一股。2016年，公司营业收入26.4亿元，同比增长56%，2014年跻身于全球主题公园集团10强企业。

2004年7月，由梅帅元任总策划，张艺谋、王潮歌、樊跃任总导演的大型桂林山水实景演出《印象·刘三姐》在阳朔漓江景区献演，这种以自然景区为舞台背景，夜空灯火，气势恢宏，情景交融的表现手法，让游客置身其中，无比震撼。2009年，时任联合国世界旅游组织（UNWTO）秘书长的塔勒布·瑞法依（Taleb Rifai）在现场观看后评价道："这是一个壮观的演出，同样壮观的还有这里的山水、文化和技术。就为了看《印象·刘三姐》，也值得专程来阳朔旅游！"被誉为张艺谋、王潮歌、樊跃"印象铁三角"的创作团队开始在全国一些景区相继创作了印象系列实景演出，如《印象·海南岛》《印象·丽江》《印象·西湖》《印象·大红袍》《印象·普陀》《印象·武隆》等。王潮歌创作了"又见系列"：《又见平遥》《又见五台山》《又见敦煌》等；樊跃领衔执导了长江首部漂移式多维体验剧《知音号》；而后，梅帅元策划和导演了《禅宗少林·音乐大典》《大宋·东京梦华》《中华泰山·封禅大典》《井冈山》《天骄·成吉思汗》《天门狐仙——新刘海砍樵》《道解都江堰》《蜀风雅韵》等一系列演艺节目；著名舞蹈演员杨丽萍编导了大型原生态歌舞集《云南映象》《香巴拉映象》等"映象系列"；著名导演陈凯歌也在云南大理创作了《希夷之大理》。

2011年9月万达引进国际顶级创作团队在海南三亚推出《海棠秀》，由此开始了打造万达"秀"系列品牌，先后推出了《汉秀》《傣秀》《哈秀》等系列表演秀。

除上述这些专业化、产业化和系列化的旅游演艺项目外，各地还结合旅游目的地或景区的资源和市场特点，创作了形式多样的旅游演艺，如《长恨歌》《梦回大唐》《丽水金沙》《蝴蝶之梦》《风中少林》《走进延安》《盛世峡江》《月上贺兰》《烽烟三国》《ERA时空之旅》《魔幻传奇》《吴桥杂技》《天下情山》《北京之夜》《大宋东京梦华》《鼎盛王朝·康熙大典》《寻梦牡丹亭》《锦宴》《龙船调》《嫦娥》等。上述这些旅游演艺节目，有的已经停演了。

据道略文旅产业研究中心统计，2017年旅游演出剧目共有268台，新增旅游演出剧目22台，主题乐园类增长较快。旅游演出较2016年增长5.5%，新增剧目台数22台，停演8台。新增剧目中，实景类旅游演出剧目增加11台，是各类型中增加最多的。印象系列在2016中国G20杭州峰会《最忆是杭州》文艺演出的基础上，推出了《印象·西湖》的升级版《最忆是杭州》（旅游版），以及樊跃执导的《知音号》，山水盛典推出实景演出《桃花源记》《田野狂欢》《法门往事》，新增的其他演出有《武则天》《漠南传奇》等。

2017年旅游演出场次共85753场，较2016年增加13696场，同比增长19.0%。其中宋城千古情、又见和印象、山水盛典三大系列新增演出5824场，占新增场次的42.5%；华夏文旅打造"演艺+"综合体，创新模式进入快速发展阶段。华夏文旅以"传奇"系列演艺为基础，开拓"多元业态、一站式服务"的旅游新格局，已打造威海《神游传奇》、厦门《闽南传奇》、西安《驼铃传奇》3个演艺秀，以及3个A级景区、2个海洋公园、2个主题乐园、2个主题饭店，开始了快速扩张。宋城演艺与多个合作方签约了《岭南千古情》《明月千古情》《黄帝千古情》项目，今年首演的《炭河千古情》，演出500余场，观众超200万人次。主题乐园旅游演出剧目数量有26台，仅占总台数的9.6%，而票房收入却占到旅游演出总票房的45.3%；而剧场旅游演出剧目数量有171台，占总台数的62.9%，票房收入只占到26.4%。主题乐园演出票房平均票房近9000万元/台，为旅游演出最高。2017年主题乐园旅游演出共26台，代表性演出主要有宋城千古情系列，华夏文旅的《闽南传奇》，开封清明上河图的《大宋·东京梦华》等演出项目，单台剧目的平均票房约为8962万元，远高于剧场演出（793.9万元/台）和实景演出（1944.8万元/台）票房。其中，宋城千古情系列、长隆系列等多台剧目票房收入超亿元。近年来长隆聘请好莱坞著名导演多丽安娜·桑切斯执导了半主题式星空马戏《天启》，以及由世界马戏泰斗扎巴斯内创作的全球最大主题马戏《月球侏罗纪》，再到全球最大情景马戏《森林密码》都是斥巨资投入的旅游演艺项目。

2017年旅游演出观众人次为6821.2万人次，大幅增长26.5%。票房收入增长近20%，达到历史最高值51.46亿元。值得关注的是，数量占总数20%的大投资大制作旅游演艺项目，票房收入占全国总收入的80%。

旅游演艺与文艺演出不同，演出持续周期长，受众随机性大，忠诚度低。旅游演艺有着自己的运营规律和生存法则。即使是国际著名导演和创作团队，大资金投入，也未必能赢得市场。张艺谋等创作的《印象·海南岛》、万达的《海棠秀》等先后都黯然退市，而宋城集团的《三亚千古情》却长盛不衰。此外，万达斥巨资25亿元，聘请拉斯维加斯O秀的创作班底打造的剧场演出《汉秀》，表现也差强人意，与投资商的预期有较大的落差。由此可见，旅游演艺属于高成本、高风险项目。目前我国旅游演艺和实景演出主要是由三湘印象、域上和美演艺、山水盛典，以及宋城演艺、广州长隆等公司所垄断（表6-1~表6-4）。

表6-1 2017年中国旅游演艺机构票房10强

排序	旅游演艺公司
1	宋城演艺发展股份有限公司
2	广州长隆集团有限公司
3	陕西华清宫文化旅游有限公司
4	三湘印象股份有限公司
5	山水盛典文化产业有限公司
6	华夏文化旅游集团股份有限公司
7	魅力文旅发展有限责任公司
8	本山传媒有限公司
9	万达文化产业集团股份有限公司
10	域上和美演艺管理有限公司

资料来源：道略文旅产业研究中心，2018，下同。

第六章 | 节事旅游和旅游演艺概述

表 6-2　2017 年中国实景演出票房 10 强

排序	演出剧目	旅游演艺公司
1	印象·刘三姐	三湘印象股份有限公司
2	长恨歌	陕西华清宫文化旅游有限公司
3	印象·丽江	三湘印象股份有限公司
4	文成公主	域上和美演艺管理有限公司
5	印象·大红袍	三湘印象股份有限公司
6	最忆是杭州	杭州印象西湖文化发展有限公司
7	天门狐仙·新刘海砍樵	山水盛典文化产业有限公司
8	印象·武隆	三湘印象股份有限公司
9	中国出了个毛泽东	韶山润泽东方文化产业发展股份有限公司
10	鼎盛王朝·康熙大典	鼎盛文化产业投资有限公司

表 6-3　2017 年中国主题乐园类票房 10 强

排序	演出剧目	旅游演艺公司
1	宋城千古情	宋城演艺发展股份有限公司
2	三亚千古情	宋城演艺发展股份有限公司
3	丽江千古情	宋城演艺发展股份有限公司
4	魔幻传奇Ⅱ	广州长隆集团有限公司
5	炭河千古情	宋城演艺发展股份有限公司
6	闽南传奇	华夏文化旅游集团
7	秘境奇技	广州长隆集团有限公司
8	九寨千古情	宋城演艺发展股份有限公司
9	大宋·东京梦华	开封清明上河园股份有限公司
10	神游传奇	华夏文化旅游集团

表 6-4　2017 年中国独立剧场类票房 10 强

排序	演出剧目	旅游演艺公司
1	张家界·魅力湘西	张家界魅力湘西旅游开发有限责任公司
2	又见平遥	平遥县印象文化旅游发展有限公司
3	又见敦煌	敦煌市又见敦煌文化旅游发展有限公司

续表

排序	演出剧目	旅游演艺公司
4	汉秀	万达文化产业集团股份有限公司
5	刘老根大舞台（北京）	本山传媒有限公司
6	延安保育院	陕西旅游集团
7	ERA——时空之旅	上海马戏城有限公司
8	多彩贵州风	多彩贵州文化艺术股份有限公司
9	傣秀	万达文化产业集团股份有限公司
10	知音号	武汉旅游发展投资集团有限公司

总之，旅游演艺不同于一般的文化演出，是文化与旅游融合的产物。从本质上讲，旅游演艺具有商业性的属性，属于旅游产品。旅游演艺的发展也应该遵循旅游经济规律，旅游演艺的实践已经说明了要想获得成功，必须研究所在旅游景区或旅游目的地的特点，挖掘当地文化资源，了解游客心理和需求，不能关起门来搞创作，或者一味迷信名人效应和巨额投资。为了规范和指导我国实景演出的管理和服务，全国休闲标准化技术委员会（SAC/TC 498）还编制了三个相关标准：《实景演出服务规范 第1部分：导则》（GB/T 32941.1—2016）、《实景演出服务规范 第2部分：演出管理》（GB/T 32941.2—2016）和《实景演出服务规范 第3部分：服务质量》（GB/T 32941.3—2016），以及行业标准《旅游演艺服务与管理规范》（LB/T 045—2015）等，这些标准为实景演出的高质量发展提供了衡量标尺。

本章小结

节事活动的暂时性特点决定了节事活动管理的特殊性，也说明节事活动的决策比其他类型旅游景区的决策更具风险性。本章简述了节事活动的基本概念和类型，介绍了一些国外较为成熟的节事活动的管理原则和方法，重点介绍了节事活动的规划、营销和管理控制等方面的内容。

旅游演艺是文旅融合的产物，与一般文艺演出不同，有着其不同的特点，需要遵循旅游市场规律。本章讨论了旅游演艺的基本概念、特征和分类，介绍了国内外旅游演艺的发展现状与经验教训。

思考与练习
1. 节事活动的主要特征是什么?与一般景区之间有何差别?
2. 节事活动可分哪几种类型?试举一例本章未提及的节事活动,并说明类型。
3. 什么是旅游演艺?旅游演艺与一般文艺演出有何差别?
4. 旅游演艺可分为哪几种类型?不同类型项目各有什么优缺点?
5. 试简要评价一下你曾观看过的旅游演艺节目。
6. 旅游演艺作为文旅融合项目,在开发和经营中应该注意哪些问题?

第七章 旅游景区产品的特性与结构

本章导读

产品是商业社会中各个行业所共有的,因此在市场营销学中有较成熟的分析工具对产品进行分析。本章借用市场营销学中对产品分析的模型和景区产品的特征与结构进行了探讨。

第一节 景区产品概念

产品是企业进行经营活动的基础,简单地说,产品是指制造商经过生产过程而产生的有形物品,其用途是满足购买者的需要和欲望,而实际上这个概念是非常复杂的。最初定义的产品多指制造业产品,近年来随着服务业的发展,人们对产品的定义有了新的理解,现在人们已经普遍认识到服务虽然不是制成品,但也是一种产品,是有形的制成品和无形服务的结合。

旅游产品是服务产品中的一种,景区产品又是旅游产品中的一种,因此景区产品具有一些旅游产品和服务产品共有的特征。景区产品属于服务产品,服务产品与实物产品的主要区别可以归纳为五点。

(1)产品是不可见的。这是服务产品与实物产品的主要区别,所有服务类产品都是看不见,摸不着的,景区产品不能在购买前试用,购买后除了照片也不能带回家任何实物,也无法退换。这就意味着服务的提供者必须一次把事情做好,在消费者看不到实物的情况下把产品信息提供给消费者以便他们做出决定,因而突出了营销的核心作用。

(2)产品是不可储存的,即某一天的某一种体验如果没有售出,它就永远消失了，不可能贮存起来待以后出售。例如，飞机起飞后，机上的空位就不能再作为产品被出售了，晚上餐厅关门后食品和服务的供应就停滞不前了，顾客不能再消费这个餐厅提供的"产品"了。正因为服务产品的这个特征，容量的设计和产品的使用就成了管理最重要的任务。

（3）不可转移性，与一般实物产品生产出来后通过运输和一些中间环节接近消费者的程序不同，旅游产品需要旅游者在旅游目的地现场消费产品。产品的不可转移性具体表现在三个方面：一是旅游产品在交换过程中不发生所有权的转移；二是旅游者对旅游产品的消费是一种群体消费，不能独占或垄断暂时使用权；三是旅游产品的地理位置一般固定不变。

（4）生产与消费的同步性，即旅游者在目的地旅游消费的全过程也同时是产品生产的全过程，两者同时发生，同时结束。这其中包含三层意思：首先，向顾客提供服务的员工本身就是产品的一部分，员工的态度、行为和形象与顾客对产品的看法有着至关重要的联系；其次，顾客是参与产品的生产全过程的，产品会在某种程度上按照顾客的具体要求来生产；最后，提供服务所处的环境也是服务产品的内容之一，这与制成品不同，顾客在购买制成品时不需要看到工厂，而提供服务产品的地点本身就是产品吸引力因素之一。

（5）服务产品是不可标准化的，在顾客的直接参与下，产品的生产过程是持续不断的，产品在不断地改变以适应不断改变着的供需关系和产品资源关系。而且一些影响服务产品质量的因素是不可控制的，如天气的变化。

景区产品又属于服务类产品中的旅游产品中的一种，因此景区又具备旅游产品的一些共同特征：

（1）旅游产品只向购买者提供共享使用权。购买机票的人是不能选择与谁共乘一架飞机的，海滨的度假者必须与在同一时间内选择了去海滩的任何人共享海滩。同样，主题公园的游客必须与去那里的其他游客一起游览公园共享游乐设施。如果不同的使用者有相互矛盾的期望和需求，就会削弱游览的品质，如活跃好动的年轻人难以与好静慢节奏的老年人和谐共处，一对情侣与成千对情侣共享夕阳下的海滩的感觉明显少了很多浪漫色彩。因此，游客管理的效果和作用取决于哪些人共享产品，他们之间是互补的还是矛盾的。

（2）消费者只享有产品的暂时使用权。如度假者使用住宿设施的时间一般只有一两个星期，主题乐园的门票一般只能当天使用，剧场的门票只能看一次演出。

（3）产品具有季节波动性和脆弱性。旅游产品受到多种因素的影响和制约，包括季节、气候等自然因素以及其他政治、经济、社会因素。这与服务产品的不可储存性有关。

第二节　景区产品特点：经历与体验

旅游景区首先是一种可用于满足现实或潜在消费者需求的产品；其次是一种服务产品，具有不可见性、不可标准化生产、生产消费一体性、不可储存性等特征；再次，景区产品是旅游产品的一种，具有季节性、脆弱性、共享性和使用暂时性等特征；最后，也是景区产品不同于一切其他产品的一种本质区别，即景区产品是一种体验和经历，其品质取决于设施的维护程度、员工服务质量、游客的期望值甚至天气、当地交通等一系列因素。

具体来说，决定游客体验品质的因素可分为以下几类。

（1）产品的有形成分：包括游乐项目设施、商店、餐厅和景区的整洁等；

（2）提供服务的要素：包括员工的仪容仪表、态度、行为和能力等；

（3）顾客因素：顾客的期望、行为和态度等；

（4）一些景区经营者和顾客都无法控制的因素，如某一特定时间使用景区的游客构成，到景区的交通状况，以及天气情况等。

上述各因素之间的关系使得每个顾客的体验各不相同。景区产品是体验型产品的一个典范，同属于体验型产品的还有餐饮业等。

第三节　景区产品结构：整体产品概念

随着市场学的不断发展，现代的产品概念演化成整体产品，即把产品理解为由核心产品、有形产品和扩展产品三个层次所组成的一个整体产品（见图7-1、图7-2）。

根据上述产品构成模型，核心产品指产品满足消费者需求的最核心内容，是顾客购买的基本对象。这里的基本效用常常是无形的，在很大程度上与主观意愿有关，如氛围、过程、便利等。顾客所寻求的是能够解决他们的问题或满足他们的需求的产品，也就是说顾客只会购买那些能给他们带来利益的产品。

有形产品是指核心产品借以实现的形式，即核心产品在市场中表现出的产品实体或劳务的外观，是营销人员把核心产品有形化的结果，使产品能够成为满足顾客需求的一个实实在在的消费对象，包括产品的质量、款式、包装、品牌等。

扩展产品是指顾客购买有形产品时所能得到的有形和无形的附加服务和利益的总和，包括运输、安装、保质期、售后服务等。

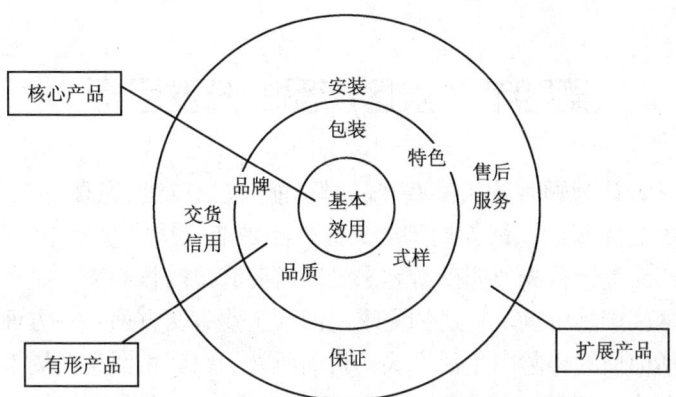

图 7-1　整体产品概念图示

下面我们可以主题乐园为例，列举出景区的产品构成，见图 7-2。

对于景区产品，扩展产品层中的一部分因素是服务供应者所无法控制的，如天气，而管理者的主要作为只能是设法将不利因素化解，如为顾客提供雨具等。

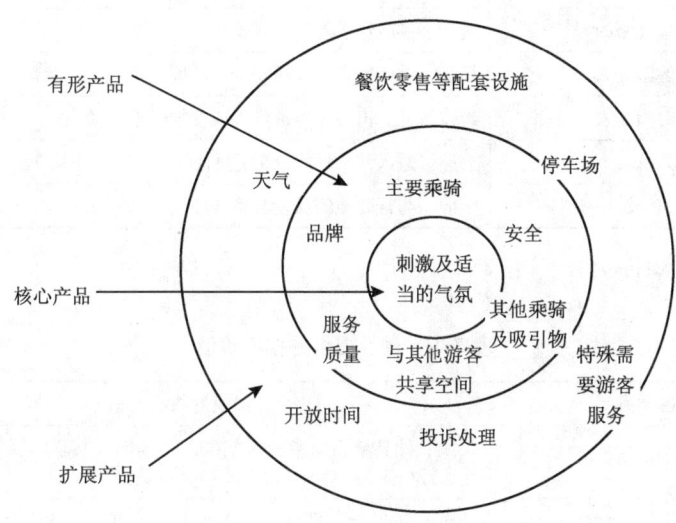

图 7-2　主题乐园产品构成

资料来源：Swarbrooke，2002：46.

第四节　景区产品的开发目标

虽然有学者认为顾客购买某些产品时可能并没有意识到真正深层次的动机，但有一点是确定无疑的，即人们购买景区产品是期望从中获得一定程度的满足。因此景区的产品设计首先要明确游客来景区需要满足的核心需求是什么。决定游客是否能从景区产品中满足自己的需求的因素主要有两方面：一方面取决于游客的类型，包括他们的年龄、生活方式、目前所处的家庭生活生命周期阶段、以往的经历以及个人性格等特征类型（见表7-1）；另一方面取决于景区的类型（见表7-2）。

表 7-1　游客对景区的需求

游客类型	主要需求
老年人	经济合算、被动活动、怀旧、便利的可进入性
有未成年孩子的家庭	让孩子娱乐、满足孩子特殊的饮食要求、经济合算
具有冒险性格的人	刺激、挑战性、新奇的体验
注重健康的人	锻炼、健康饮食、干净安全的环境
追赶时尚的人	地位特征、出现在时髦景区或参加时髦运动
司机	公路可进入性、良好免费/便宜的停车场、不堵车
城镇居民	宁静、与常驻地的反差、美的环境

资料来源：Swarbrooke，2002：47.

表 7-2　景区提供的核心价值

景区类型	提供的核心价值
主题乐园	刺激、种类繁多的乘骑，气氛，和其他人共享的服务，服务价格比，轻松愉悦
海滩	日光、海水、经济合算、接触其他游客或独处的机会
教堂	历史、建筑美、气氛、宁静和神圣的感觉
博物馆	学习新知识、怀旧、购买纪念品
剧院	娱乐、气氛、地位
休闲中心	锻炼、体能挑战或与其他人竞赛、地位

资料来源：Swarbrooke，2002：48.

以上的两个表只是简单地列出了各类游客的需求和各类景区所提供的利益，现实情况要复杂得多。随着社会的进步，顾客的需求越来越复杂和多元化，而景区产品在提供利益的同时也可以通过环境氛围的变化影响游客的情绪和感受。而景区产品开发的关键在于所开发的产品能否与目标市场的需求相吻合。

第五节　景区产品的生命周期

产品生命力周期理论认为产品从进入市场到最终退出市场存在着若干发展阶段，包括初始期、成长期、成熟期和衰退期（见图7-3）。

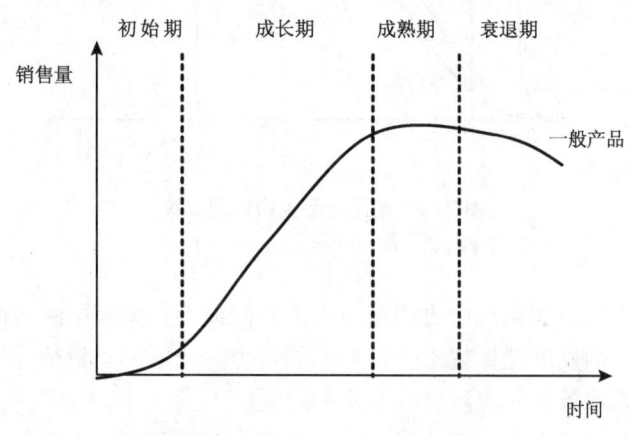

图7-3　产品生命周期曲线

资料来源：Kotler，1994.

这里我们要对标准的产品生命周期模型相关的问题做一些说明：

（1）不同产品生命周期的曲线是不同的，而且并不总是S形的，它可能是双峰形的，出现两个高峰期，也可能是倾斜形的，直到生命周期的最后阶段才出现较大幅度的增长。

（2）不同产品的生命周期的长短有很大差别，传统市场中的产品生命周期可能长达几十年，而时尚类产品的生命周期可能只有几个星期。

（3）许多产品可能从来就没有进入发展阶段，有些产品虽然在研究和开发时投入了大笔的资金，但没经受住市场和竞争的考验，被提前淘汰出局了。

（4）衰退阶段并不是必定要出现的，如果产品在进入衰退期前经过改造更新，其生命周期就会出现波浪形，延缓衰退期的到来。

（5）产品生命周期的作用更多的是帮助企业判断产品所处的阶段，回避经营风险，而不能用于预测产品将在何时进入何种阶段，因此这个模型不是万能的。

虽然生命周期模型存在局限，但它对于景区产品还是有一定帮助的。不同类型的景区会显示出不同的生命周期曲线（见图7-4）。

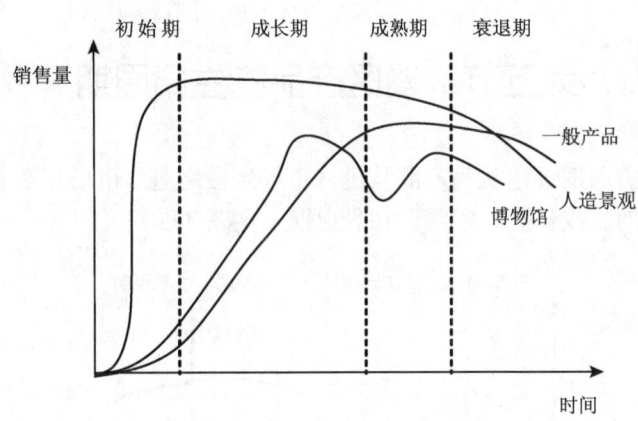

图7-4 景区产品生命周期曲线

资料来源：Swarbrooke，2002：51，54.

有学者认为生命周期理论更适用于人造景区或专门为吸引游客而投资建设的景区。这类景区的发展能体现出生命周期的每个阶段的明显特征。当然在用生命周期模型分析人造景区时应注意以下几个问题。

（1）有些景区的生命周期曲线会在初创期快速达到高峰，即景区的游客数量在相对短的时间内就达到了顶峰。这种现象的出现可能是由于初创期的媒体炒作和成功的市场营销。也有一些景区需要尽快地提高游客到访量，以期在较短的时间内收回投资。这说明两个原因：首先，景区产品被看作是高风险投资项目，长期贷款很难借到；其次，此类人造景区的生命周期相对较短，如要进行产品改造和更新就要有足够的资金准备，原始资本金必须在进行产品改造、推出新项目之前设法收回。

（2）景区通过改变核心产品、大规模地开发新产品及对景区产品不断进行更新改造可以改变生命周期曲线的走势，使之呈双峰形。

（3）由于竞争的日益激烈，顾客需求越来越高，使得人造景区的生命周期越来越短，从初创到需要改造、再投资中间的时间可能短到1~2年。

（4）有些景区可能永远不会消亡，即使其产品已经进入衰退期。正常的市场机制下当产品不再产生效益时产品就会退出市场，而由政府管理的博物馆、文化遗产即使已经成了"化石"仍要继续维持，因为关闭这些景区是政治和社会舆论所不能接受的。当然也有一些非营利性私人博物馆，其存在纯粹是为了收藏和个人爱好。

（5）有些景区由于前期可行性分析做得不合实际在初创期就失败了，如上海的福罗贝尔和梦幻乐园。

（6）大部分景区都要经历多次产品改造和项目更新，包括：增加游乐项目，引入新的景区解说方法，改造景区内餐饮、零售等服务设施。这方面的后续投资要远高于景区市场营销的投入。

（7）生命周期理论设想产品的价格在整个过程中是一成不变的，而实际上这是不可能的。在竞争中，产品的价格必须根据每个阶段竞争对手的价格而定。而现代社会是个竞争对手林立的社会，旅游景区行业尤其如此。

从上面的分析可以看出，我们应该理性地认识到，任何景区都不能逃避由盛到衰的客观趋势，但通过对产品自身的改变，强化景区内部的管理和采用适当的竞争及市场战略，景区的生命力是可以延长的，可以推迟衰退期的到来。而延长景区生命力周期最主要的方法就是不断地进行产品更新。

进行产品更新不一定要完全地更新产品，而是在产品中增加新的内容、新的包装，如为游乐设施变更包装主题，更新周边环境氛围，增加节庆活动或娱乐内容等。更新产品的关键在于明确目标市场和意向市场的需求，这要求企业对市场现状、市场需求以及市场下滑原因有充分的了解，产品的更新要根据这些情况来设计，并结合节假日等高峰期适时推出。

对于一些自然景区或本不是为旅游目的而建的历史、文化、宗教和遗址类的景区，生命周期模型不适用，因为这类景区没有明确的初创期，其建设经营目标不是为了最大限度地销售并获得利润，从游客那里得到的收入只是用于维持景区内其他活动的开销，或出于教育、环保等公益目的。这类景区的成熟期不一定是市场饱和与激烈竞争的表现，而是景区接待容量的体现。

最后需要说明的是，景区的生命周期与旅游目的地的生命周期是两个不同的概念，后者涉及的区域较前者要大（如同旅游景区与旅游目的地的差异一样），研究的内容也较广泛（包括诸如与当地居民之间关系的影响研究），但两者又都将其看作是一种整体产品来研究。事实上，对于产品生命周期的研究源于20世纪六七十年代，而在旅游学界则首推英国学者理查德·W. 巴特勒于1980年（当时他在加拿大工作）提出的旅游地生命周期学说，尽管"巴特勒曲线"在国内已广泛被引用，但在许多情况下，这条曲线被曲解了。首先，巴特勒研究的是旅游目的地而不是某一个个别的景区；其次，巴特勒是以一个相对较封闭的岛屿作为其研究对象的，不能简单地套用到其他类型的旅游目的地上。因此在本章节中没有介绍巴特勒的旅游地产品生命周期模型。当然，旅游景区与旅游目的地之间也有着紧密的联系，景区可能会对处于发展阶段的旅游目的地发展起到促进作用，但也可能导致旅游目的地衰退期的到来，而景区本身的状况也会受到旅游目的地衰退期的严重影响。

本章小结

> 产品概念及其相关理论模型对旅游景区的特征及结构的判断、企业现状的诊断和企业所处的发展阶段的确定都能起到非常重要的作用。本章引导学生把旅游景区看作是一件完整的产品，通过其横断面的分析，了解景区这种特殊的旅游服务类产品的核心特征和结构，通过纵观其发展过程了解其生命力周期的客观发展规律。

思考与练习

1. 服务产品与实物产品的主要区别是什么？
2. 旅游产品作为一种特殊的服务产品有哪些独特的地方？
3. 旅游产品的核心是什么？
4. 整体产品由哪三个层次构成？每个层次都包括哪些内容？
5. 试以博物馆为例说明博物馆作为整体产品由哪些要素构成？
6. 以你最近一次去景区旅游的经历为例，说出你当时的需求是什么？选择了哪一类景区？这次经历是否满足了你的需求？

第八章 景区的开发与规划

本章导读

旅游景区的经营是否成功在很大程度上取决于最初的开发规划和设计，景区的规划是所有类型景区开发建设的前提基础，因此具有一些带有共性的方法和规律。但学生必须灵活掌握这些方法，因为只有在分析具体情况的基础上使用这些原则和方法才能真正做到科学规划。

第一节 景区规划的主要因素

每年都有很多私人和团体考虑开发新的景区，但实际付诸实施的并不多，大部分由于资金短缺、缺少适合的场地、可行性分析结果不佳等原因而放弃了。建成后，有些景区从来就没有"火爆"过，要么提前关闭，要么年复一年地惨淡经营，还有一些景区虽然开业之初取得了成功，但因缺少后续资金投入或对市场变化反应不及时而很快衰落了。真正能长期立于不败之地的景区可以说寥寥无几。这是世界各国旅游景区行业的普遍情况，我国当然也不例外。

没有绝对的经验可以保证景区的成功，但规划景区之初如果能考察一些决定景区成功与否的因素会有利于投资者规避风险。这些因素包括：资金、产品、市场和管理等。

一、资金

景区的开发、建设与经营需要大量资金，开发商的财力是否雄厚是景区成功与否的关键。景区的开发投资除了购置土地和建造成本外，还要有大量资本金用于景区内娱乐设施的购置，博物馆的藏品收购以及为了增强展示或娱乐效果而安装的各种高科技设施。使用率高和处于快速变化的市场中的景区（大多数景区都处于这种市场环境中）需要经营修缮、更新、改造以吸引回头客，跟上消费者偏好的变化，因此景区需要不断、定期地投资，开发新项目，其中最典型的例子就是主题乐园，几乎每年都要增加耗资百万美元的大型游乐项目。

景区还需要一定财力保证设施和服务的品质。缺少资金的组织常常会降低设施标准和服务水平，从而导致产品粗劣，最终使游客越来越少。因此，即使在不景气的时候，企业也需要财力支持以维持其产品和服务的标准，确保将来的成功。

景区的经营者需要有雄厚的财力来支持收回投资之前景区最初几年的经营运作。对于国有景区和一些不以营利为目的的公益性景区来说，经营者也需要不断有财政拨款以保证景区能够正常运营。

景区的财力也是正常营销活动的保证，只有在足够资金支持下的常规性的市场营销活动才能保持景区在市场中的地位，应对淡季收入不足的问题。这一点对于景区来说非常重要，有很多中小型景区就是由于营销费用不足而在未能发挥出其全部潜能时提前倒闭。

已经有越来越多的人认识到旅游景区的开发是一项非常昂贵的投资，在一些国家，特别是亚洲一些新兴工业化国家（日本、韩国、东南亚国家等），这类项目多由政府直接参与或由实力雄厚的大公司介入。我国景区经营长期以来不景气，大量景区非常短命的现象在很大程度上反映出最初投资者对项目的资金需要量，特别是开业后的后续资金需要量估计不足。

二、产品

近年来，景区产品的构思创意不断翻新，这是市场激烈竞争、消费者需求日趋复杂苛刻的必然结果。景区产品的概念创意是否独特是开业后成功营销的基础，只有独一无二的产品体验才能让游客愿意支付高价。

新奇的创意和独特的构思不可能长久持续下去，一旦人们发现某个景区取得成功，竞争者就会竞相效仿，因此以新颖取胜的景区不能满足于现有创意，而要不断地寻找更新的创意和构思。

景区的位置是产品的一个重要构成因素，也是景区经营能否成功的一个关键。位置的选择要从三个方面考虑：景区距离客源区的距离、景区与整个旅游目的地的关系（是否可共享客源），以及进入景区的交通是否便利。

成功的景区还要善于利用一些特殊活动丰富产品内容，吸引回头客。要达到理想的效果，这些特殊活动应与景区的整体概念和主题一致。

景区产品的质量体现在景区的环境质量，服务是否热情主动、训练有素，以及是否设有体现人性关怀的设施，如残疾人通道和专用厕所、母婴设施、洁净的卫生间、安全有序的停车场和咨询服务等。

在设计景区产品时不能不讨论价格。事实证明影响景区成功与否的关键不在于门票的价格而在于游客是否认为他们花的钱物有所值。而决定产品是否值那么多钱的因素包括以下几方面：

（1）游客平均在景区内逗留的时间；

（2）环境、服务和设施质量；

（3）景区内吸引物是否多样化。

在价格方面，家庭套票和全园一票通的制度非常受游客欢迎。当然决定游客花钱购买的体验是否物有所值的还有一些景区管理者无法左右的因素，如往返的交通费用、游客的期望值和天气情况等。

三、市场

市场是景区规划开发和经营管理时必须时刻关注的一个因素，其中最重要的是确定景区的目标市场能否不断增长，市场和顾客的需求是否产生了变化，什么样的变化。以下列出几种变化趋势：

（1）老年群体不断扩大，可供他们自由支配的时间和钱越来越多；

（2）许多人渴望通过访问景区学到新东西；

（3）许多人希望参与景区开设的互动性和体验性的活动，如亲手制作陶器而不只是观看制作过程；

（4）对环保问题和健康的生活方式的兴趣在不断增加；

（5）兴趣转向休闲购物，而不再是为了购物而购物。

景区的开发商和管理商应当不断关注市场的变化和顾客口味偏好改变的方向。另外，需要特别指出的是，景区的市场培育一定要非常重视口碑效果，因为有数据显示景区游客 60% 以上都有从亲友口中了解关于某个景区的信息，这种市场营销信息渠道的影响力远远高于任何其他媒介。

四、管理

景区的管理决定了景区能否长久地存在于市场上，由于本书后面将有专门章节介绍这部分内容，在此只作一个简略的论述。景区管理涉及各方面的运作管理，包括市场营销、财务、人力资源管理和战略规划，其中市场营销管理是景区管理中最重要的环节。战略规划也是景区管理中较为重要的一部分，但在我国的景区管理中这部分常常被忽略，战略规划中最重要的内容是景区的长期发展方向、后续开发的目标、竞争对手的分析和竞争战略的制定，以及制定景区长期营销战略等。

第二节 可行性分析

可行性分析的研究范围极其广泛,并因其目的、内容和研究方法等的不同而有所不同,但总目标是一致的,即尽可能准确地验证所提出计划的各种潜在可能性,以便做出是否实施计划的决定。

一、可行性分析的目标

在总目标下的每一个单项研究都有不同的具体目标,体现开发动机和目的,具体目标包括:

(1)尽可能全面地测定景区开发计划财政方面的可行性,即计算资本与收益成本、预测游客数量和收入;

(2)根据市场和资金的可行性及所获得的场地条件调整原始计划;

(3)预测所开发景区目标市场的类型与规模,但我们必须清醒地认识到,即使考虑了很多相关变量仍不能确定预测一定是准确科学的;

(4)计划、土地、贷款、资助审批的需要;

(5)从规模、地形和可进入性等角度帮助景区确立最佳位置;

(6)明确市场;

(7)吸引赞助商、特许经营者和经销商;

(8)分析具体的运作问题,如人力资源;

(9)确定潜在的财政资助来源;

(10)提供有价值的营销信息。

人们一直把可行性分析看作是系统地、逻辑地、不带偏见地帮助做出合理决策的方法,但实际上完全没有偏见的可行性分析是不现实的。有些可行性研究具有非常明确的功利目的。理论上,可行性分析应该从一张白纸开始,但现实是在可行性分析之前,投资方可能已经拥有了场地,有了项目选择的意向,或确定了可供使用的资金数额。

可行性研究的过程一般遵循以下几个步骤:

(1)初步的设想;

(2)粗略的成本估算;

(3)市场可行性研究;

(4)修订设想;

(5)确定位置及地点;

（6）修订成本估算；
（7）访问量及游客消费预测；
（8）财务评估；
（9）确定资金来源；
（10）详尽的设计规划。

二、可行性分析的内容

一旦有了开发的设想，首先要确定的是是否有市场。如果有市场，接下来需要考虑的是市场的特性与规模，这一切可以通过市场可行性分析实现。掌握了市场的规模及结构情况，就可以选择开发地点，估算可能的收入，这是财务可行性分析的关键步骤。对市场了解得越多，越有助于完善计划，以适应真正的市场而不是想象中的市场需求。

1. 市场调查

景区的经营者需要从以下几个方面来了解市场：
（1）谁会访问景区？
（2）访问量有多大？
（3）他们来自何地？
（4）游客将在何时来访？

关于第一个问题的答案可能是：
（1）当地居民及一日游客；
（2）国内旅游者；
（3）国际旅游者；
（4）学校团体；
（5）企业团体。

当然，我们还可以通过以下人口特征对市场进行划分。
（1）年龄：景区是适合年轻人口味还是投老年人所好？
（2）性别：景区更多的是吸引男性还是女性？
（3）所属的社会阶层：这点可以从职业、学历和平均收入几个方面判断出来。
（4）家庭生命周期的阶段：景区将主要吸引有孩子的家庭还是年轻的单身游客？

对这些问题的思考有助于景区开发商更客观地了解市场、确定目标市场，因为没有一个景区可满足整个市场的需要。但这一点实际分析起来是很困难的，在景区开发之前，目标市场是很难确定的，很多景区的做法是参考其他类似景区的市场情况，如果是新开发的景区是当地第一家，很难找到可借鉴的先例，投资者需要一定的勇气面对风险。

在预测景区接待情况时要考虑以下几个方面：

（1）距景区60~90分钟的地域范围内的客源人口数量；

（2）来此地的旅游度假人数；

（3）吸引同类顾客的当地竞争对手；

（4）景区本身的规模和性质。

市场渗透率是一个重要的指标，指每个市场群体中将实际访问景区的人数，这个数字往往不足5%，在学校和当地居民中，这个比例相对偏高；旅游者比例极低，当然这与旅游目的地的知名度有关。而市场渗透往往是从当地居民向周边地区和旅游者市场波及，渗透力逐渐减弱。

游客会在何时访问景区这个问题能反映出景区经营的季节性差异，影响季节性差异的因素包括：

（1）当地的自然气候条件；

（2）对季节较敏感的学校团体市场和家庭市场的依赖程度；

（3）当地游客所占的比例，当地游客越多，景区的季节性需求就越小。

在可行性分析结束时，应为所规划的景区描绘出可能的市场，包括预测接待量、竞争对手和季节性变化情况等。

2. 景区选址标准

为景区选择适当的位置或地点对其未来的成功是至关重要的。选址时要考虑以下一些因素：

（1）靠近人口密集的居住区；

（2）周边的交通运力情况；

（3）当地其他景区的存在；

（4）客源地的社会经济发展状况；

（5）当地气候条件；

（6）现有公用设施和基础设施情况，如电力、供水、当地供应商等；

（7）现有土地面积，既要考虑当前景区的建设，又要给以后的发展预留空间；

（8）地形条件、土地类型及土质，如排水能力等；

（9）土地成本；

（10）有关土地使用的政策及法规；

（11）当地是否有适当技能和经验的员工及他们的工资水平；

（12）政府对旅游项目的财政支持和实物援助；

（13）当地居民对拟开发景区的态度；

（14）建设费用；

（15）人事关系及劳动法律。

3. 财务可行性

财务可行性分析由两部分组成，资本和收入，即景区必须收回投资并在收回年运营成本的基础上创利或盈余。但需要说明的是，由于组织机构的类型和目标不同，景区经营中的财务可行性的含义也不同。根据市场调研结果可以预测景区的接待情况和季节性变化，以此估算需要的雇员人数。

在进行财务可行性分析时，首先要预测出景区在一定时期内的年收入。景区的主要收入来源有：

（1）门票收入；
（2）餐饮及零售收入；
（3）其他收入来源，如场地出租、出售特许经营权、增加收费项目等；
（4）外部资金来源，如资助和赞助。

景区成本主要包括：

（1）员工工资；
（2）设施设备维护维修；
（3）餐饮及零售点中食品及货物的成本；
（4）水、电及供暖；
（5）保险；
（6）行政管理费用；
（7）各类政府税费；
（8）市场营销费用；
（9）折旧。

由于景区需要几年的时间才能达到其游客的高峰期，也由于景区要对市场进行一定的前期投入，景区在头几年经常是亏本经营。因此，需要进行五年或更长时间的财务估算，以预测出景区的远期收益情况。

量本利分析既是可行性研究的一部分，又是景区开业之后的一种财务管理的手段。保本点是指一个产品的销售收入与成本刚好相抵的这一点（见图8-1）。

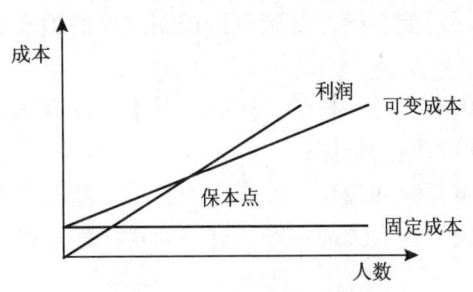

图8-1 景区产品的量本利分析

景区在估算收入时，游客数量是一个重要指数，但不是最佳指数，事实上平均票价要比人数还重要。如果在同样人数的情况下，儿童比例较大会造成平均票价下降，从而影响整体收入。因此可以从提高平均票价和人数两个方面共同努力确保企业经营的保本点，增加利润。

需要说明的是，一个景区可能提前达到保本点，但它并不因此就是成功的景区，这表明单纯地达到保本点并不是成功的保证。

由于在开发期和景区生命周期的每一年中，情况都会有很大的不同，因此有必要根据不同的变量诸如员工的多少和经济的状况制订多个财务方案。这是一种敏感度较高的分析方法，可以得出一系列最佳或最差的远景预测。谨慎的景区开发商会采纳那些在不算太好或最差情况下也可行的计划，因为预测往往过于简单化，即使预测的人数大体准确，购买不同票价的游客的份额也很难准确估计，因此预测收入仍与实际收入会有很大差距。另外游客在景区内的其他消费额也很难预测。

年度的收支平衡固然重要，但为了确保资金周转处于良好状况，收支需要每周、每月都保持平衡。市场需求的季节性越强，就越难成功地管理资金周转。

上面我们只讨论了收入与成本，要做一个全面的资金预算还必须准确地预测出资本支出，其构成因素包括：

（1）购买场地及必需的修缮准备工作；

（2）景区所需的楼房及建筑物的建设工程；

（3）景区的布局；

（4）景区开办费，即在创收之前所要承担的费用，包括员工的雇用和市场营销；

（5）景区开业前所要承担的其他费用，如必须购买经营权和申领执照、规划许可证等。

4. 可行性分析中可能存在的问题

可行性分析很难准确地进行，其原因有很多，主要包括以下几点：

（1）市场在不断地变化，等到规划的景区开放时，消费者的行为或喜好可能会出现大的变化。市场可能会突然受到景区控制之外的因素的影响，如政策法规的出台；

（2）没有两个景区是完全一样的，因此，对于开发者来说，很难在其他地方找到类似景区作为决策判断的依据；

（3）景区开发的孕育时间较长，使得作为分析的基础数据在实际开始时已经过时，如利率、建造成本和人力成本等，这些因素在进行可行性分析时都是假定不变的；

（4）许多景区，尤其是国有景区，其经营目标不单纯是追求利润，有些目的甚至是相互矛盾的，因此对于这些景区的规划就要从更广泛的角度进行分析。

三、资金筹措与资本运营

景区开发筹集资金主要是用于以下几个方面：

（1）购置或租用场地，以及应付场地所必需的准备工作，包括景区的美化和绿化；

（2）新建筑物的建设施工或旧建筑物的改造；

（3）建筑物的外部装饰和内部装修，以及设备安装；

（4）在景区赢利之前必须负担的开办费，包括推出新产品的营销活动经费和开发期所需的员工工资；

（5）景区尚未创收之前，支付景区经营初期所需的费用。

不同类型的景区的开发成本也不同，1992年英格兰旅游委员会对当时英国的各类景区的开发成本进行了一个粗略的统计，详见表8-1。

表8-1 不同景区开发成本统计

（单位：英镑）

景区类型	项 目	每平方米成本	功能单位	单位成本
博物馆	在现有博物馆里增加新展品，包括重新装饰和布置	150~300	——	——
	仓库改作博物馆，包括商店或咖啡厅、洗手间	600~900	——	——
	文化遗产中心，包括展区、商店、自助餐厅、观赏席、会议厅、洗手间、陈列区和停车场	1250~1450		
动物园	创建儿童动物园，包括装饰动物居所、牧场区和围栏	50~150	——	——
	动物乐园，包括观赏席、展示区和动物居舍	900~1500	——	——
	鸟园	450~500		
游乐园	儿童户外冒险或娱乐主题乐园，包括装饰和特别设计的游乐或冒险设备	——	游乐设备	9000~14 000
	仓库改作儿童室内游艺厅，包括游乐设备		游乐设备	10 000~15 000
运输工具	运河或河流的观光游船	——	座位	600~900
游客中心	新建游客中心，包括自助餐厅、洗手间、接待厅或会议厅和办公室	450~650	——	——
	扩建办公室和展览区	500~650	——	——
	外部建筑改作游客中心，包括商店和茶室	300~400		

续表

景区类型	项 目	每平方米成本	功能单位	单位成本
旅游咨询中心	新建中心 改造现有中心	400~550 250~400	—	
餐饮	新建自助餐厅，包括洗手间和陈列区 新建自助餐厅，包括洗手间、办公室、庭院、商店和停车场 现有建筑改造为洗手间和餐饮设施	500~600 600~700 350~450	人 人 人	—
剧院	新建剧院和艺术中心，包括洗手间、餐厅、酒吧和休息厅、后台设施、停车场 改造现有剧院	900~1400 700~1200	座位 座位	—
电影院	单幕电影院，包括洗手间、酒吧和停车场	1000~1500		
展览馆	大厅、洗手间、自助餐厅、酒吧、商店和停车场	800~1100	—	
水族馆	海洋生物中心，包括展厅、海豚池和表演场、自助餐厅、洗手间和停车场	750~1000		
游泳中心	戏水池、有泳道的游泳池、观众席、更衣室、餐厅或酒吧、停车场	750~1000		
仿溪流游泳池	戏水池和有泳道的游泳池、造浪机、溪峡、特制水流、看台、更衣室、餐厅和酒吧、商店、停车场	1150~1750		
体育馆	主馆、更衣室 主馆、体操馆、更衣室、餐厅酒吧、观众席和停车场	400~550 650~800	—	
溜冰场	室内溜冰场，包括更衣室、餐厅酒吧、观赏区、商店和停车场	700~900	—	—

景区开发的资金来源主要有私营机构、政府或国有机构以及民间组织。融资的方式有两种：

（1）直接融资，如提供贷款或拨款；

（2）间接的"实物支持"，即不向开发商提供资金，而是以提供货物或服务的方式投入，如政府提供免费的或低价的土地、配套设施和修建公路等基础设施。

直接向私营机构融资，有以下几种形式：

（1）存款透支；

（2）贷款——短期、中期和长期；

（3）商业抵押；

（4）募集风险投资；

（5）股权转让；

（6）商业扩张。

四、如何吸引外部投资

景区开发商要吸引投资就必须对以下一系列问题做出详细的答复：需要多少资金，何时需要，需要多长时间，以及可提供什么样的担保。景区开发商首先要找到合适的接洽方，然后通过下列几个文件向投资人证实项目是一个很好的项目。

1. 商业计划

制订商业计划是为了向潜在的投资商表明所议项目在财政上是可行的，同时还须使财政机构相信开发商不会有太大风险，景区将由专业人员管理。商业计划必须涉及与项目的成功与否有关的所有因素，而不能仅谈财务问题。商业计划与可行性研究报告有许多共同之处。但是，商业计划书用于说服第三方相信项目值得投资，而可行性研究报告只是一个较中立的文件，目的在于帮助景区经营者估价项目是否可行。

商业计划没有一个标准格式，但通常包括以下内容：

（1）项目的目的以及企业开发项目的目标；

（2）企业高级管理层的经验和能力；

（3）景区经营者的组织结构，是有限公司、独资公司还是信托基金公司；

（4）景区将提供的核心产品和服务以及提供这种产品和服务的成本；

（5）市场的规模、性质和趋势以及营销费用；

（6）定价的方法；

（7）竞争对手分析；

（8）选址理由以及场地改造的费用；

（9）景区所选用的商品和服务供应商以及有关质量控制的方法；

（10）对用工数量的估计，其中包括长期工和临时工，要估计出人力成本，包括薪金、招聘和培训的费用；

（11）开发商准备使用的管理信息与控制系统；

（12）财务预测，包括盈亏判断，现金流量。

投资者通过这份商业计划书可以了解项目的投入以及一定时期内（通常为5年）可能的收益。投资者还希望确切地了解景区何时开始赢利、何时能够偿还贷款，以及投资回报率。

2. 财务预测与规划

这一部分是商业计划书的核心，其主要内容有以下几点：

（1）资金成本，包括购置土地的费用；

（2）收支，包括贷款利息和投资回报；

（3）年收入；

（4）年盈亏。

财务预测一般至少涵盖5年。在预测收支情况时，支出所包括的项目有以下几点：

（1）员工费用，包括保险和养老金；

（2）商店、餐厅出售的商品和食品的成本；

（3）供水、供电、供暖；

（4）维修；

（5）通信，含电话和邮资；

（6）贷款及债务利息；

（7）地租；

（8）家具、装饰和设备的更新；

（9）折旧；

（10）税费；

（11）保险。

在预测收入时应包括以下几方面：

（1）门票收入；

（2）商品零售；

（3）餐饮销售；

（4）景区场地出租；

（5）出售特许经营权；

（6）赞助；

（7）行政拨款。

3. 现金流动规划与管理

由于景区是季节性很强的行业，因此不同季节景区的收支情况差异会很大，有明显的淡、旺季之分，因此景区开发商应预测每月，甚至每周的现金流动情况，以保证在任何时候都有足够的收入来满足支出。

景区开发初期成本通常较高，如购买零售店和餐厅所需的商品。景区要等到旺季才能有大笔的收入。通常情况下，景区以月为单位预估他们的收支，以便随时发现现金流动中的问题。

另外，由于景区前期支出很高，开放初期尚不能做到量入为出，新景区往往在投资成本中开列一项，专门支付初期的费用。

4. 敏感性分析

所有财务规划和预测都是以假设为基础的，如游客数量和消费、收入和利益、支付债务利息的能力。由于景区的商业环境是非常复杂和不稳定的，因此假设不一定都正确，最好根据不同的假设和情况做出多个可能的规划，这就是敏感性分析。

景区项目敏感性分析要注意以下变量：

（1）影响需求变化的因素，如经济状况，消费者偏好的发展变化趋势，交通状况和景区可进行性情况的改变，当地的天气和气候等；

（2）影响景区经营成本的变化，包括新的法律规定、利率变更、税率的上下浮动等。

很多开发商除了提出以目前准确的假设为基础的预测外，还要提出"最佳"和"最差"可能情况的预测，通过这种方式开发商可以进行简单的、便于操作的敏感性分析。

五、吸引私人投资的问题

首先，景区项目是高风险投资，而且失败和中途夭折的例子很多，这使得潜在投资者对景区项目的投资非常谨慎。此外，景区用地有较强的专用性和不可变性，因此，如果经营景区失败，很难再找到买主，除非碰巧有人也想用这块地开发景区，但这种可能性非常小。除此之外，将景区用地改作新用途的成本很高，而办公楼、商店是标准化程度很高的建筑，更容易转卖改作他用。

其次，由于消费者偏好的迅速改变而造成景区产品生命周期缩短。因此景区项目不仅会形成很高的启动成本，而且需要不断地增加投入以保持其竞争力。这意味着景区需要经常性地投入大量资本，而且不能保证项目最终成功。生命周期的缩短意味着投资返款期也要相应缩短，势必给景区带来很大的压力，这对于受很多无法控制因素影响的、市场不稳定的景区经营者来说是很困难的。

正是由于上述原因，在西方国家中很少有投资人愿意投资景区项目，除了已经在行业中地位稳固的大企业或者是政府投资。在这种情况下，其他民间渠道集资成为景区项目募集资金的一个重要渠道。目前，从股市上集资在欧美国家是一种重要的集资渠道，如美国的迪士尼、六旗公司，英国的国家信托基金等。

值得一提的是英国国家信托基金，虽然这个名称听起来像是国营机构，但其实是一个完全民营的机构。该机构最初的资金来源是社会上富有的高知识阶层的募捐（包括资金、土地、遗址）和遗产馈赠，由于政府对一些贵族遗产征收高额的遗产税，一些家道中落的贵族一方面不愿支付高额的税金，另一方面无法支撑城堡或庄园庞大的物业管理开销，因此自愿将物业遗产交由国家信托基金管理，条件是家族仍可住在城堡或庄园内，但其物业必须向游客开放，全部游客收入归基金支配，基金负责物业的维护费用。用这种方法，国家信托基金控制了英国国内大部分城堡遗址和庄园等著名旅游景区，并形成了统一的管理模式和网络化经营。基金会利用这些资源，在向游客出售门票的同时，发展基金会员，基金会员每年要向基金缴纳一定数量的费用作为基金投入，成为基金投资人，投资人可以享受的待遇是全年免费参观或以较低的票价参观基金会所辖的所有景区物业。国家信托基金不久前成为英国上市公司，再度将集资渠道扩展到股市。

六、项目评价和投资评估

做出尽可能准确的财政预测之后，接下来就是潜在投资者对项目和财政预测进行评估，以确定是否是一个值得投资的机会。项目评价有3个参考值：

（1）投资回报率：以原始资本投入的百分比来表示景区平均年利润的比率，如利润是5万元，资本投入为50万元，投资收益率就是10%。以这个数值进行评价简单易行。

（2）投资回收期：偿还原始资本投入的年限。根据这个数值进行评价的一个缺点是未考虑因通货膨胀而引起的原始资本随时间的流逝出现的贬值。

（3）贴现现金流量（净现值或内部收益率）：由于很多项目的资金部分来自股市，项目评估时还要考虑市盈率和每股收益率等指标。

认为项目评价和投资评估只是财务评估的观点是错误的，潜在投资者在评估一个项目时还会考虑一些其他因素：

（1）对景区开发商及其高级管理层的经验和专业知识的信心；

（2）开发机构的金融资产及其承受景区初期亏损的能力；

（3）开发机构可以提供的担保和抵押；

（4）潜在投资机构的目的，是想进入景区行业还是想退出休闲娱乐业。

七、向管理人员出让股份

近年来，休闲娱乐业出现了一种新的现象，虽然这不是一种项目的投资方式，却对项目投资产生了很大影响，这就是向管理人员出让股份。一些企业通过这种方式减轻非核心机构给企业带来的压力，而且激励管理人员去争取更大的利润使企业对潜在投资者更具有吸引力。

第三节 景区的设计原则

一般来说，无论是新建景区还是旧址改造景区，在开发规划时都有很多需要设计的地方，包括以下几方面：

（1）主要建筑的规模、形式、外观、颜色和材料；
（2）建筑物内部分隔、装修和装饰；
（3）场地的整体布局、建筑物的位置及建筑物之间的距离；
（4）景区内的开放空间和布局（如绿化和道路）；
（5）景区内游人步行路线及道路材料；
（6）景区设施的位置和形状，如路标、垃圾箱；
（7）景区内服务设施的位置、形状和外观，如停车场、商店、洗手间和餐厅；
（8）景区的入口和可能的进入道路；
（9）景区内的交通工具及其路线或专用道路（高架单轨车或有轨火车）。

景区的设计首先要考虑的是整个景区的主题和风格。在具体规划设计时要结合场地的具体条件。最重要的是，景区设计人员不仅在设计有形的建筑物和场地，而且也在设计游客的体验，也就是说他们设计的景区的有形成分将决定游客无形的体验，这就要求在设计过程中考虑游客的流量、流向和流动路径，从更细微的地方考虑游客的感受，如在多雨的地方设计避雨场所，对排队区、等候区进行装饰和安排以减轻游客排队时的枯燥感等。

一、目的性原则

1. 利润和收入最大化

通过设计可以使景区收入最大化。

（1）景区要有吸引人的、符合目标市场需求的、新奇的整体概念创意和主题风格，这是一切景区设计和经营的基础。对于人造景区来说，这种整体创意设计是决定景区开发经营是否成功的关键，意义尤为突出。

（2）设计特别引人注目的景区入口，以吸引驱车或步行路过景区的人访问景区，即通常所说的"过路生意"。

（3）设计高效的售票处，使游客的通过量不因此而受阻。

（4）合理规划景区内的可赢利设施，以确保最合理的发挥其创收的潜能。如将纪念商店建在主游览路线的终点处，以免游客拿着买的东西游历景区，而且游客在游历后再看纪念品会增加他们购买的可能性。主要的餐饮点应设计在游览路线的中间或接近终点处,因为很少有游客会在游览前吃东西。有些游客喜欢边走边吃零食,而不是坐下来饮食,因此面积较大的景区内需要多设一些快餐亭,出售小吃、饮料、冰激凌之类的东西。

(5)除了建筑布局设计外,室内陈列的设计也很重要。对于博物馆之类以展示陈列为主要吸引物的景区,展品陈列的设计是游客体验设计的主要内容。成功的纪念品店的设计能抓住消费者在其消费的每个机会,如适当的照明和引人注目的陈列应让客人看到所有的陈列品之后再从出口出去,增加游客找到自己想买的东西的可能性。在收款台附近摆一些不贵的小东西,以吸引人们在排队付款时随手拿起一些本没打算买的东西。

(6)为使收入达到最大的可能,零售和餐饮店也要设计得有效率,尽量不让客人排长队,以免丧失机会。

2. 节约运营成本

设计不仅要帮助景区创收,还应该尽量帮助景区降低经营成本,好的设计能从人力、能源和商品三个方面降低成本。

人力开支通常是景区经营中最大的一笔单项支出,这项成本是可以通过设计来降低的,如餐饮店内的布局可以通过设计缩短服务流程时间。陈列设计要尽可能减少维修的需要,信息栏可以极大地降低对导游和接待人员的需求。

能源开支是景区经营中另一笔可观的成本,而通过合理的设计可以通过更好地利用自然光降低对人工照明的需求,利用一处产生的热能来为另一处供暖,以此来降低成本,如荷兰的一家室内滑雪场为了更经济地利用能源,在旁边紧挨着雪场的地方又建了一个室内游泳馆,一边是将室内冷却,另一边是利用排放出的暖量给室内加温。

最后,实用的设计还可以防止零售店内的偷盗行为,而这常常是令所有景区纪念品商店最为头痛的事。

二、灵活性原则

由于消费者的喜好和景区商业环境的不断变化,景区的设计应该具有灵活性以便适应变化,以免景区很快老化过时,不能持续发展。由于需要适应的变化非常复杂,因此灵活性的设计变得越来越复杂了,以下几种形式可以帮助景区设计得更灵活:

(1)景区要有能力容纳新的建筑,为以后的发展留有空间。

(2)景区的经营要能够压缩,如淡季时关闭一部分设施以节省开支。

(3)小规模的景区应能适应多种功能,如博物馆的陈列区白天可以用来举办研讨会,晚上可以用于举行酒会或自助晚宴。景区的设计必须保证这种用途功能的改变能在短时间内完成，同时不给景区的其他使用者造成不便。

三、安全与保护原则

景区是接待公众的场所，因此在设计时要特别注意安全问题。
（1）危险机器摆放的地方要防止游客进入，尤其是儿童；
（2）减少景区内车辆或游船给游客带来的危险；
（3）确保紧急出口醒目和随时畅通；
（4）确保楼梯和人行道所用的建筑材料是防滑的；
（5）设计景区时，要注意减少消防隐患；
（6）停车场要有对游客汽车的保护措施，防止汽车被盗，要保证充足的照明，而且停车场要减少装饰和绿化，保证良好的视野；
（7）收款处和重要景区通道要设计有闭路电视。

四、以人为本的原则

为了保证景区的长年运营，设计时要注意避免天气对游客的影响。如泰国的很多室外景区有大面积的遮阳设施，包括在停车场上空架起遮阳网，在主要游客通道加设风机制造人工风力。又如，我国江南多雨地区的传统园林都有回廊连接园中所有主体建筑，既能方便游人在雨天不受影响地游览，又能增加园中的景致。再如，北方冰雪旅游区路面的防滑设计。这都是将当地气候条件融入了景区设计。

大多数成功的景区都对游客具有审美吸引力，这种吸引力源于景区的规模布局、外观、色彩、材料和风格。由于美是一个主观概念，每个人对美的看法和理解都有差别，因此景区设计者要做的是努力迎合目标市场的审美品位。景区的设计不仅要使景区的经营者满意，更重要的是让观众感兴趣，游客是最重要的观众，景区的设计不仅能直接刺激他们的到访欲望，而且能极大地影响他们当天的兴趣和体验，影响他们以后是否会再来。因此在设计之前对游客进行市场调查是非常重要的，但大部分景区的设计者都把这一部分忽略了。

1. 为游客着想

景区设计中要充分体现为游客着想的原则，这些设计虽然很多都是细节，但常常被设计者忽略，而考虑了这些细微之处的景区往往受到游客的欢迎。
（1）在前往和离开景区的路线上（公路或行人小径）设路标，让游客更容易地找到景区。
（2）尽量使进入景区更方便快捷，如方便的停车场和畅通的入口等。
（3）游客进入景区后，要让他们了解景区，提供信息帮助他们决定安排在景区内的游览活动，设计时要考虑在入口处设立指示牌、信息中心和摆放游客自取宣传品的位置。

（4）辅助设计要有吸引力，方便使用，如合理分布的饮水处、卫生间和餐饮点。

（5）景区的路线要能引导游客在最省力、最方便的情况下更全面地参观景区。

（6）确保景区设计能够应付可能出现的访问高峰，将排队和拥挤降至最低限度。

（7）游客想离去时，要让他们容易找到出口。

2. 欢迎有特殊需求的游客

设计者必须牢记，许多潜在的游客都有这样或那样的特殊需求，景区如果没有相应的设施会失去这部分游客的市场和收入，因此设计中应考虑以下一些人群的特殊要求：

（1）要为残疾人和行动不便的人设计无障碍通道和专用电梯；

（2）对于有听力障碍的游客，文字说明尤其重要。如果景区的吸引力很大程度上是以声音表现的，如演员的表演、音响效果等，那么设计时应考虑设置助听设施，以便这些游客能得到像其他游客一样的享受；

（3）要为有视觉障碍的游客准备必要的设施，使他们能从景区游览中得到乐趣。对于这些游客，嗅觉与触觉十分重要，因此有芳香植物的花园和有人造气味、游客可触摸展品的博物馆对他们是有吸引力的；

（4）对带婴儿的父母来说，重要的是要有给婴儿换尿布和加热婴儿食物的设备。

五、环境保护与景观协调原则

目前越来越多的人关注环境问题，景区设计时要考虑如何更有利于环保：

（1）减少浪费，尽可能重复利用景区产生的废物；

（2）力求有效利用能源；

（3）使用环保能源和环保材料。

在很多国家，景区项目的开发需要得到当地政府部门的批准，一般审批标准包括：

（1）项目的规模和风格与周边建筑是否和谐；

（2）建造的材料和外观是否符合审美标准，是否与城市的整体品质相一致；

（3）进入景区的方法是否安全适宜，包括公路和停车场；

（4）景区绿化的质量，园艺是否有助于遮挡附近场地上不佳的景致；

（5）如何降低景区所产生的噪声及对附近居民的干扰。

当然上述标准只是一般性的审批标准，政府的审批与景区的实际情况和当地的近期规划有关，因此设计者最好在设计之初向当地规划部门进行咨询，探知他们对项目的看法，并设计出几套备选方案。

投资机构对项目的评价主要从设计的费用投入和收益情况来看，这一点已经在本章前面讨论过了，在此不再赘述。

六、设计的局限

在景区设计过程中设计者会受到一系列因素的限制，其中包括：
（1）项目的经费预算；
（2）景区开发商的企业文化，其高层管理人员对景区设计的看法，经营其他景区的成功经验及设计方案，这些都会成为设计的思想束缚；
（3）现场条件，包括面积、地势、排水系统和土质；
（4）法律法规的约束；
（5）当地规划部门的政策约束；
（6）当地气候条件。

第四节　项目开发的管理

一、项目管理的内容

管理景区项目的施工是一个复杂的工作，因为管理内容涉及资源、进度和质量三个方面，三者是由错综复杂的相互关系联系起来的。

1. 资源管理

需要管理的资源分为两种主要的类型。

（1）人——由景区经营者直接聘用或由完成各项任务的承包机构聘用的员工，其中包括：

①建筑师、设计人员和测绘人员；
②建筑工人和技工，如水暖工、电工等；
③材料供应商；
④装潢人员和装配人员；
⑤园艺师；
⑥市场营销人员；
⑦地方政府管理者，如建筑检验人员和环境卫生检查人员；

⑧公用事业人员，如煤气、水、电供应单位的员工。

如果不能有效地协调工地内的各方人员，将导致工程的延期和费用的增加。

（2）材料——开发所需的一切物资，包括：

①建筑材料，如砖、混凝土、玻璃、门窗等；

②园艺材料，如土、石、花草和灌木；

③铺设停车场和人行道的材料；

④向工地输送水和煤气的管道、电缆等；

⑤景区内的路标和垃圾箱；

⑥景区的核心设施，如主题乐园内的游乐设施、动物园里的动物、博物馆里的展品；

⑦景区内的商店和餐饮店所需的设备。

材料管理不善也同样能导致工程的延期和成本的增加。

2. 进度管理

所有的景区项目都有其工程期，通常以对外开放日为限，开放日是事先定好的并已广泛进行了宣传的。不能按时开放或开放时尚未完全竣工，会导致失去生意或降低公众对景区的信任。因此，有效的管理是十分重要的。管理进度指的是确保各项任务按所安排的时间进度完成，以免其他承包商等待，因为前一项工程完不了，其他人便无法开始工作。所以，一开始就必须对完成各项任务所用时间有一个实际的估计。时间安排上必须为难以预见的情况留出"余地"。换句话说，必须留有缓冲时间，以防止不可预见的问题影响预定的时间进度，如恶劣的天气、拖延供货等。

3. 质量管理

项目经理必须保证开发的景区达到适当的质量标准。所达到的质量标准通常是在资源、进度和预算的限制下作出一定让步后权衡利弊的结果。但是，质量水平一定要达到目标市场所能接受的标准。景区的质量概念包括众多方面，如外观、安全和耐用。项目经理要负责开发过程中的质量控制，保证景区的建造符合设计要求，保证任何人员在未得到项目经理批准的情况下，不会为节省开支而偷工减料。事实上，不能在工程阶段控制好质量将会直接影响景区的长期生存能力，因为质量问题将降低景区的吸引力。

二、项目管理的方法

对于许多景区经营者来说，"项目管理"与其说是一门科学，不如说是一门艺术，这是一项基于经验和判断之上的特殊活动。目前，有一些现行的系统而有效的管理方式可供开发商借鉴。

1. 关键途径分析法（CPA）

关键途径分析法是以时间为基础的项目管理方法。通过这种方法，项目经理可以确认需要参与开发过程的各方之间的相互影响并做出安排。首先，要确定项目从始至终的全部任务已按时间顺序排列好，给每项工作定出了工期。分析时要注意主要参与者之间的"联网"和何时"联网"。重要的是，关键途径分析法使项目经理看到了各任务之间的相互关系，以倒计时的形式，让经理可以清楚地看到任务"X"必须在开放日前"Z"星期内完成，否则景区就不能按时启用。该方法还使经理看到，任务"X"必须在另一个施工队完成了任务"Y"后才能开始。通过此分析方法，项目经理每一天都可掌握工程的进展，使其按时完工。

2. 程序评估与审核法（PERT）

这种方法把景区项目分成若干项工作和任务。然后从完成每项任务所需时间的角度进行分析，但计算出来的并不是一个所需时间，而是三个可能的时间进度，即最短、最可能和最长。项目经理以此为基础，来估计可能完工的日期。这对于准备举行隆重开业典礼的景区尤其重要，因为延误工期会带来很大的麻烦。

3. 线性规划

线性规划是以数学方法来帮助项目经理最有效地使用诸如人力等资源的方法，操作时可参考多种变量，得出达到预期结果的多种选择。

三、项目经理的技能

1. 好的景区项目经理需具备若干技能

（1）注意细节，因为小的疏忽可能会导致以后的大问题。

（2）与承包商和供应商打交道的能力，不应破坏与他们的关系，从而有损于工程的进展。

（3）与承包商和供应商打交道时要坚持原则，因为他们可能会要求增加费用。

（4）遇到问题时要思维敏捷，能够做出正确的判断。

（5）掌握建筑方面的技术，能够与承包商进行业务洽谈。

（6）充分了解预算和财务管理的原则。

（7）与各种不同的人交往的能力，包括来检查进度的投资者、建筑师、建筑工人等。

（8）能够迅速、有条不紊地解决问题，出现问题时不惊慌失措。

2. 可能出现的问题

（1）恶劣的天气阻碍工程进度，地面状况太差，建筑和园艺工作都不得不停下来。

（2）法规方面的问题，如出现事故后各方面对工地的限制。

（3）供应商未能按时供货。

（4）重要的人员生病或在外度假。

（5）工程开始后，承包商和供应商试图要求增加费用。

（6）工程开始后，建筑师对原设计做出了改动。

（7）景区经营付款方面的问题也可能造成工程暂停。

有些问题是可以预见的，应尽量避免，而有些问题是不能预见的，这就要求项目经理及时做出应变计划。

3. 建筑工程管理

在景区项目开发中，建筑工程是主要部分，也是成本最高的部分。建筑承包商的目标大多只有一两个，即将工期降至最短，或者最大限度地控制成本和质量。签订工程合同一般有两种方式：

（1）工程开始之前就已商定好了总的价钱。

（2）只商定了计算最终建造成本的标准。

显然前一种方式更好些，因为能刺激承包商提高工作效率，让开发商知道最终的费用是多少，但值得注意的是，在特殊情况下，即使采用总价承包方式，价格也会有上下浮动。

总包价合同有两类：一类是"设计与建筑合同"，邀请承包商参与设计和建筑投标；另一类是"常规合同"，由设计小组绘制有详细规格说明的施工图纸，只邀请承包商参与按图纸进行施工的建筑工程投标。第二种合同使客户（项目经理所代表的景区经营者）有更大的控制权，但需承担更大的风险，而第一种风险小，控制权也小。总包价合同或者规定材料的数量，或者不规定，若没有规定，承包商需要计算出所需材料的量。

通常建筑合同通过招标形式确定，被邀标的承包商要根据合同提出一个价格，被邀标企业数量取决于项目的标的。价格是决定是否接受投标的主要因素，但项目经理还要了解中标企业的业务经验、声望和财务状况。

工程开始之前，为了防止将来出现问题，需要进行下列几方面的检查：

（1）确保各有关人员（建筑师、预算员、建筑商、景区经营者）都清楚自己在合同中承担的责任。

（2）检查所有必备的保险单是否都已办好。

（3）确保所有必需的许可和执照都已得到，如规划许可、建筑规章和消防规章。

（4）确保资金到位用于支付工程费用，不至于因未付款项而延误工期。

一旦施工开始，项目经理要监控工程进展，密切注意时间进度并对成本与质量加以控制。合同中，计划与规模是监控的基础，项目经理可以此作为确认差异的标准。参照协定费用对实际费用进行定期检查,可以站在客户(由项目经理代表的景区经营者)的角度防止工程偏离轨道。

如果发生问题,客户或项目经理应该同意给承包商、建筑师和预算员一定的"参量",让他们有解决问题的决定权。"参量"可以是不必通知客户的财务限定之内的花费,也可以是不必请示项目经理就可购买的物资。

客户应在施工期间支付一定的款项,以便承包商可以支付工资和材料费等。应该说明,在工程进行当中,承包商索要这样的款项是正常的。

建筑工程结束之后,项目经理工作并没有结束。通常承包商和建筑师将分别以文件形式说明工程结束并达到标准。而工程一般都有一段时间的保修期,其间承包商必须解决工程出现的任何问题,项目经理要在这一时期检查所有问题是否已经解决,以免将来花昂贵的费用进行补救。需要说明的是,这件事看起来简单,但在特定时期内弥补所有的缺陷是一件"说起来容易做起来难"的事。"缺陷"带有很高的主观意识,承包商不愿意花费超支,因此这种事很容易发生纠纷。

一旦发生纠纷,客户应遵循以下几个简单的指导方针:
(1)只使用有经验、有资格的建筑师和核算员;
(2)给设计者一个清楚的设计要求,不要经常变动;
(3)让专家们干自己的工作,但要时刻关注他们;
(4)按时付款;
(5)不要催促设计者或承包商,以防他们被迫偷工减料。

本章小结

景区的开发规划不仅是投资新景区所需要的,也是旧景区更新改造和增添新项目的决策基础。很多景区的开发规划仅凭投资人的热情和直觉而定,或者以争取投资批地为目的简单草率地编制规划,这种做法直接导致了很多景区开发项目的失败和短命。本章介绍了一些项目开发规划时应遵循的规律和思维框架。掌握这些原则和规律有助于景区开发商对项目进行科学合理的规划和管理。

思考与练习
1. 景区在进行规划时,应首先考虑哪几个影响因素?
2. 如果请你为本地计划兴建的一个中等规模的主题乐园做可行性分析:

（1）你准备如何进行市场调查和分析？
（2）你会建议乐园选址在什么位置？为什么？
（3）你估计投资规模有多大？如何筹措资金？
（4）你估计一年内景区将有多少收入？几年可以收回投资？有什么根据？
（5）对你的分析进行评价，说明这种分析有何局限性。
3. 假如你是投资商，你会对上一题提出的项目投资吗？为什么？
4. 景区（点）在设计时，应考虑哪几个原则？
5. 景区项目开发管理主要有哪些内容？
6. 什么是关键途径分析法（CPA）？什么是程序评估与审核法（PERT）？

第九章 经营战略与营销管理

本章导读

战略管理和营销管理是企业管理决策的主要内容,对于旅游景区来讲,这两部分管理是其他各项管理的前提和基础,为其他各项管理制定了框架和依据。本节重点介绍一些在其他行业已经普遍应用的理论模型和战略管理工具,大家可以在以后的管理工作中,结合实际举一反三。

第一节 战略管理

企业管理包括两个层面,战略管理和战略实施管理(或者说是日常经营管理),战略管理的目标是规划企业宏观的长期发展方向,而战略实施管理是指在具体的企业日常经营管理中实现企业的战略目标。企业在成立、发展的各个阶段都要根据自己所处的环境不断地做出各种战略决策,决定企业是否能最终走向成功或被市场淘汰的关键往往不是日常的管理失误,而是战略决策的失误,因此战略管理已日益成为现代企业管理中的关键一环。在景区行业中,一些大型企业集团非常重视企业的战略管理,但行业中占绝大多数的中小企业往往更注重日常经营管理而忽视发展战略的重要性,造成企业发展的短视。

战略管理主要分为战略分析、战略选择(决策)和战略实施三个部分,由于战略实施更侧重于企业的日常经营管理,因此下面将重点介绍对景区企业有借鉴意义的战略分析和战略选择方面的决策工具和相关管理理论模型。

一、战略分析

战略分析包括三个方面的分析:

（1）对企业所处的环境的分析。包括竞争分析、企业/产品生命周期分析和市场机遇（SWOT）分析。

（2）企业的价值观和目标分析。包括对企业所处的社会文化环境的分析和企业目标的分析。

（3）企业资源分析。包括企业活动价值链分析、产品组合分析和核心竞争力分析。

1. 竞争分析

竞争是企业必须面临的一个社会现实，景区行业尤其如此，每个景区企业所面临的竞争不仅来自同类景区而且来自于更广义的当地所有娱乐休闲设施，而且随着新的娱乐时尚和新兴景区或娱乐设施的涌现，企业所处的竞争环境是不断改变的，因此随时分析企业所处的竞争环境有助于企业不断调整自己的竞争战略。1980年哈佛商学院的迈克·波特（Michael Porter）教授提出了一个五种压力模型，成为企业分析竞争环境的一种有用的理论工具（见图9-1）。

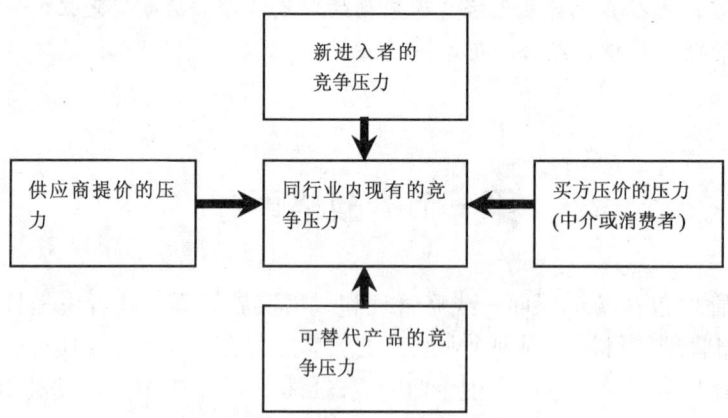

图9-1 波特的五种压力模型

波特同时提出应对压力企业要做的是想尽办法实现以下几点：

（1）提高自身在本行业内的竞争优势；

（2）压制新进入者，提高新进入者的门槛；

（3）让替代产品失去吸引力；

（4）削弱供给方和买方的讨价还价的能力。

以上是波特的五种压力模型，是西方企业战略理论中重要的竞争分析理论框架之一，是波特教授对企业提高相对竞争优势方面的重要贡献。但随着市场的变化和新技术的普及，现在这个理论发展为变压力为合作动力，变竞争者为合作的五种资源模型（Five Forces → Five Sources），即新技术能使市场上原来的竞争对手或压力施加者变为合作伙伴共享一部分资源。

2. **价值链分析**

波特教授于1985年提出了企业活动价值链和行业价值体系两个相互关联的理论模型（见图9-2）。在企业价值链模型中，波特教授把企业活动分为一线活动和支持型活动两类，而一切企业活动的共同目标是指向价值增值部分，也就是企业的利润。

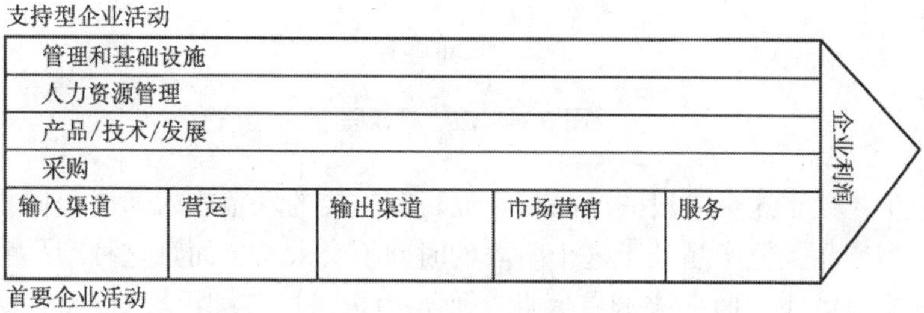

支持型企业活动

管理和基础设施				
人力资源管理				
产品/技术/发展				
采购				
输入渠道	营运	输出渠道	市场营销	服务

企业利润

首要企业活动

图9-2　企业价值链模型

通过这种理论模型，企业可以有效地分析企业内部的各项资源配置，找出企业未来提高管理效率的潜力所在。

波特教授在企业内部活动价值链的基础上又提出行业价值链系统的理论框架（见图9-3）。根据这种理论，企业的上游供应商和下游分销商甚至终极消费者都有各自的价值链，整个行业是由一个价值链体系构成的。

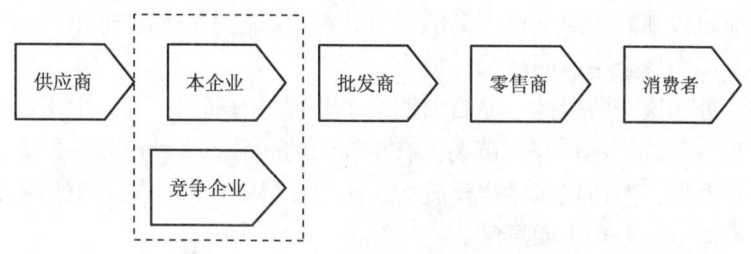

图9-3　行业的价值链体系构成

通过这个模型，企业可以分析自己在整个行业价值链中所处的位置，了解其上游企业和下游企业，以及本企业与这些上下游企业之间的关系。

3. **产品组合分析**

企业在进行产品投资决策时需要对比现有的产品和市场上存在的机遇，波士顿咨询公司曾提出过一个著名的波士顿矩阵（见图9-4），帮助企业在进行产品投资选择时做决策。这个矩阵由市场份额和市场成长性两个衡量因素构成，形成四种组合。

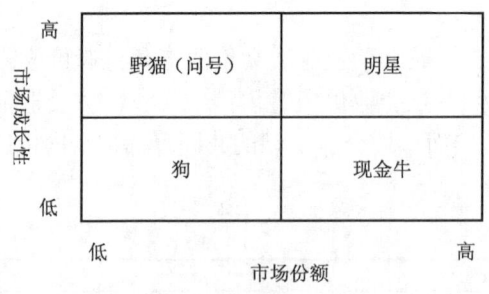

图 9-4 波士顿矩阵

现金牛：处于这个阶段的产品是企业目前主要的现金收入来源，属于成熟市场上的成型产品，但产品处于这个阶段的时间不会太长，而且这种产品也不可能成为企业未来的主要收入来源，因此企业要力求通过各种手段对产品进行改造，提高它的利润，延长其生命力，或尽可能把这种产品向"明星"阶段提升。

明星：处于这个阶段的产品不仅目前能为企业带来一定收益而且有很好的成长前景，属于成长市场上引导型产品。这个时候企业要做的是不断寻找机会提高产品的利润率，延长产品的生命力。这种产品由于还需要不断地投入，因此所带来的利润不如现金牛类产品。

狗：处于这个阶段的产品不仅不能为当前的企业带来什么利润，而且这种情况不大可能发生变化，属于衰退行业中的产品且市场占有率正逐渐损失给竞争对手。企业应该逐渐减少对这种产品的投资并逐步从这个市场中退出，除非可以通过改造将产品向现金牛或明星阶段提升。

野猫：处于这个阶段的产品目前能给企业带来的利润不高，但发展前景非常看好，属于市场成长性良好但市场占有率较低的产品。这种产品一般是新产品而且正处于上升期，但市场风险也比较大，企业如果在产品改进和市场拓展方面做得得法，产品会逐渐步入明星区。

景区企业可以根据自己的市场占有率和市场成长性分析景区产品所处的区域，并作出相应决策。

二、战略选择

企业可以选择的战略包括：

1. 观望

这种战略指企业继续沿着既定的战略方向往前运转，从长远角度看不宜因当前的一些易变的环境变更而调整战略，因此企业从战略角度上不做任何调整，继续沿用以往的战略，保持原有的资源水平不变。

2. 退出

采用这种战略的企业会从当前企业所在的领域退出。这种战略可以用于应对不可逆转的需求衰退、强大的竞争压力、不利的环境变迁，或者是机会成本显示企业从事其他行业或产品会比继续留在目前这个领域更有利可图。这是企业战略方向的转移。

3. 巩固

企业如果希望自己的主营业务能够得以稳定发展，巩固市场份额的同时尽可能通过控制成本或适当提价提高利润率，为企业未来的发展积累资金。企业基本上是沿用以往的战略，并在此基础上根据上述目标做适当调整。

4. 市场渗透

如果企业采取这种战略，是试图在同样的市场上以同样的产品争取更大的市场份额。这种市场占有率的扩大，或由于市场本身的上升，或由于从竞争对手那里切出了更大的市场份额。这种战略是最保守的一种发展战略，因为企业采取这种战略基本不需要什么研发投入。但如果企业处于一个成熟或下降的市场环境中，这种战略会引起强烈的市场反作用影响，因此这种战略比较适用于处于上升期的市场环境。

5. 产品开发

这种战略让企业坚守同一部分市场，但以推出新产品为主要竞争手段，只要新产品成功企业就会因此得到发展。这是一种相对风险较低的战略，这种战略如果实施成功，企业能在生命力较短的产品推出市场后不久就开发出更新换代的新产品，形成产品自然更迭。

6. 市场开发

采用这个战略的企业希望以同样的产品拓展新的市场，包括地域上的和层面上的新市场。这种战略风险较大，因为企业对新市场比较陌生，但如果现有市场有限而且企业的产品本身很有竞争力，这种情况下企业采取这种战略的风险会相对低一些。

7. 多元化

采用这种战略的企业会脱离现有市场和现有产品，是所有战略中风险最大的一种选择。当然如果企业以兼并相关企业的方式使企业经营多元化，风险会相对较低，包括对上游供应商或下游分销商的纵向兼并，或对生产初级产品的同类企业的横向兼并。对完全无关的企业的购并往往是大型股份公司才可能采用的战略。

上述战略选择只是几种生产性企业常用的战略，实际上企业可以选择的战略远不止这几种，如面对竞争，企业可以选择差异战略（提供不同的产品或特色产品)、价格战略(以较低的价格击败对手)和质量战略(以更好的产品和服务质量取胜)。作为服务性行业中的景区行业,其面临的企业战略决策问题与生产性企业有很多非常类似的地方,所不同的只是企业的产品和所针对的市场,因此上述几种战略决策和战略分析的方法作为企业战略管理的工具是值得景区类企业借鉴的。

第二节 市场营销管理

任何企业的市场规划或市场战略都应从市场分析入手。市场分析包括宏观分析和SWOT分析两部分:其中宏观分析包括人口结构、宏观经济环境、有关政策法规、竞争环境、大众消费习惯、社会时尚品位、通过往年的销售记录分析本企业产品所处生命力周期等;SWOT分析是以提纲形式列出本企业产品的优势、劣势(Strengths, Weaknesses),以及目前市场环境中所面临的压力和机遇(Opportunities, Threats)。所有的理论模型都不能提供现成的答案,只是提供一种较有条理的思路,用这种思路可以帮助企业的市场分析人员掌握市场变化的规律。市场分析是市场战略规划的第一步,也是基础的一步,这一步掌握不准会导致后面企业决策的失误。

一、消费者行为动机研究及市场细分

(1)人口统计市场分类:从年龄、性别、居住地及受教育程度等方面划分市场。有调查显示博物馆和画廊更受女性游客欢迎。
(2)社会经济地位分类:从职业、收入等方面划分市场。
(3)家庭生命周期分类(详见表9-1和图9-5)。

表9-1 家庭生命周期与景区的关系

家庭生命周期	对景区的需求
儿童	新奇体验,和其他孩子们一起玩,父母的陪同和指导
青少年	新奇体验,刺激,地位,独立于父母,和其他青少年在一起,主动参与
青年	新奇体验,自由活动空间,其他年轻人,主动参与
年轻夫妇	新奇体验,浪漫,隐秘的私人空间
刚有孩子的夫妇	婴儿设施,方便
孩子成长中的家庭	经济合算(家庭套票),满足家庭每个成员的要求
孩子自立离家后的家庭	学习的机会,被动参与
老年	做得少看得多,经济合算,其他人的陪伴,方便行动不便的人行走进入

资料来源:Swarbrooke, 2002: 78.

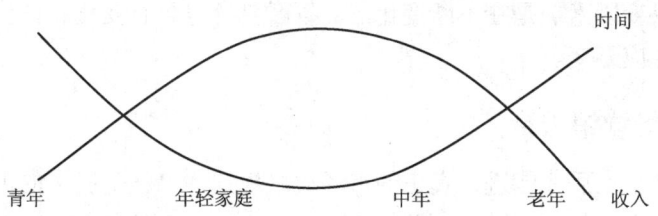

图 9-5　休闲活动的难题

资料来源：Swarbrooke，2002：83.

（4）个性及价值取向分类：这方面旅游业学者做过很多研究，如 VALS 分类（价值取向及个人风格），心理分布模型（Plog 1974；Cohen 1972）等。另外游客重视的参考咨询团体的意见对游客决定的影响也是不可忽视的。

（5）生活习惯分类：可分为文化倾向型和家庭倾向型。

（6）从可进入性方面对市场进行分类：可以从游客所使用的交通工具和花费的旅行时间和金钱进行分类。

值得注意的是，对于国际旅游者来说，一旦已经进行了国际间的长途旅行，到一地后增加景区游览项目的边际成本较低。了解旅游者的出游动机对于景区的经营管理有着重要的指导意义，可以针对旅游者的需求，有的放矢地进行景区管理（见表9-2）。

表 9-2　历史遗址的游览动机和景区管理

主要动机	管理方式	操作实例
正式学习	景区解释系统、场地布置、导游培训、强调真实感	景区说明牌、在历史遗址培训导游、周到的照明、按历史原样的陈设
好奇、非正式学习	简单的景区解释系统、开发其他吸引物或活动	标志牌、游客流管理、特定历史时期的主题展示、相关纪念品
娱乐、休闲享受	景区开发以商业机会最大化为目标	主题活动和餐厅、广布的零售、餐饮设施、组织各种展览/活动吸引游客

资料来源：Laws，2001.

根据市场分析结果进行市场细分和定位（Market Segmentation and Positioning），即对市场进行划分。根据自己产品的特点找到有对口需求并有利可图的某一具体市场，并将市场定位的结果确立为企业的目标市场（Targeting）。对于一般生产性企业，每一个产品投产前后都要进行上述分析定位等工作，对于旅游景区，这种分析定位工作也要定期进行（每年一次），因为市场情况（尤其是社会时尚、消费习惯等易变因素）是在不断变化的，景区自身也会有变化，任何市场战略都不可能以不变应万变。

二、市场营销组合

上述工作结束后才能进行真正的市场战略规划，也就是所谓的市场营销组合（Marketing Mix）或4P规划，即从产品（Product）、价格（Price）、销售渠道（Place）、促销（Promotion）四个方面使自己的产品适应市场，并促使产品最终被终端消费者购买或消费。

1. 产品

景区企业在进行深入的市场分析后，在市场战略的制定中较重要的一环是景区产品的定位，图9-6列出了博物馆、主题乐园、海滩和剧场四种景区的产品定位模型。

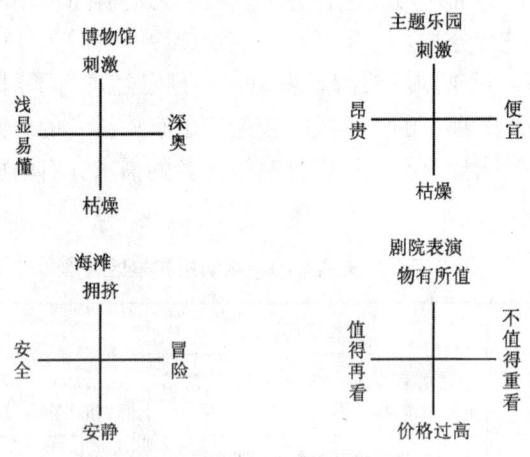

图 9-6　景区产品定位模型

资料来源：Swarbrooke，2002：211.

说到产品时会涉及核心产品的问题，旅游景区的核心产品是体验。作为景区企业的市场人员应了解企业将如何操纵和控制游客的体验，并如何使这种体验为企业带来效益。景区控制游客的主要方法是制造旅游体验途中的亮点，即体验的高潮，也就是整个景区的主要吸引物。这种亮点可以是游乐园中最惊险刺激的游乐项目，可以是定期举办的表演、游行或节庆活动，也可以是博物馆中的稀世珍宝或动物园中新进的珍稀动物等。通过亮点在景区内位置上的布设和时间上的安排控制游客的体验、游览节奏、游览路线、消费和逗留时间。在这方面成功的例子有很多。洛杉矶迪士尼乐园的布局是进入大门先是一条美国新移民时期新英格兰的街道（Main Street），在这条不长的街道上一方面以独特的建筑先把游客带入一种特殊的氛围中；另一方面街道两边布满商店，入口右侧一边的商店以卖饮料为主，左侧以卖纪念品为主，因为游客的行走方式是靠右行，初入园时还没有任何体验，但可能会发现自己没带饮料等，而入口左侧的商店一般是游客从园内体验完准备离开前最后的纪念品采购点。走过这条街道就来到一个圆形的中心花坛，在这里可以看到公园五个主题景区的入口，游客可自由选择，每个景区都有一个经典游乐项目，五个景区的安排与美国的历史相关，从狂野的西部探险到小小童话世界到未来时代，和米老鼠照相这个几乎是迪士尼的必游项目被安排在第三个主题区（不管你从哪一部分开始玩，这个高潮都应该是游览进行到一半的时候）。环球影城（Universal Studio）则更加完全地控制了游客的游览体验和路线，影城的大部分片场都无法步行到达，只能乘坐影城每十分钟开出一班的老爷火车，火车行程一小时，沿途除了有讲解片场的观光外，还有电影特技的表演和亲身体验。环球影城的各个特技表演场也有各类电影特技表演，表演时间相互错开，时间表在入口处提供给游客，使景区主动地控制了游客的游览时间和游览线路，因为游客流必定会根据时间表从一个表演场向另一个表演场移动，而在每个特别著名的表演场外都有纪念品零售店，如"侏罗纪公园（漂流）""回到未来时代（动感电影）""魔鬼终结者（立体电影）"，有调查发现该景区中数"侏罗纪公园"的游后纪念品商店销售量最大，说明游客的购买欲望会在经历了一种令人兴奋的刺激性体验后被空前地调动起来，这种体验的刺激或兴奋程度越高，纪念品的购买欲越强。这种通过各种特技表演控制游客流和游客逗留时间的方法同时也被应用于广东的番禺野生动物园。深圳的世界之窗则以每晚大制作的晚会作为景区亮点，据调查60%以上的游客会在下午1点到4点之间入园，其中2~3点是入园高峰，显示大部分游客会在园内逗留到晚上演出结束（大约是晚上9点），一场演出有效地将游客逗留时间延长了两三个小时，更重要的是这两三个小时正是晚餐时间，自然会有益于景区内的餐饮收入。这与洛杉矶迪士尼乐园每天下午的童话世界大游行有异曲同工之妙。博物馆内的展品摆放次序和展品的说明方法（Presentation）也是控制游客游览路线和时间的一种方法，博物馆应仔细研究游客参观的行为习惯后决定展品摆放的高度，什么放在中间什么放在两侧（有研究表明放在中间的展品容易被人忽略），展示的照明，以及展览的标牌和解说系统等。CI曾经是流行一时的企业管理术语，对于景区来说，特色或亮点体验就是景区的品牌，景区内的一切细节和每一个员工都要符合这种体验的要求，包括景区道路指示牌、路面、植物的选择、员工的称谓、工作服等，一切都要符合景区所希望给游客营造的体验气氛，就如同电影一样，让进入景区的游客被包围在一种特殊环境中，景区内的一切都是道具，每一个员工都是演员。这其中的任何一个败笔都可能破坏游客对景区的印象，降低游客满意度，导致不佳的口碑和较低的重游率，正是这些细微处直接影响景区的生命周期。

2. 价格

价格是调整市场策略中的重要一环，指景区要根据自己的目标市场的消费水平和消费习惯确定能被市场接受并被消费者认为物有所值的价格水平。价格一般不宜变动太频繁，尤其不能经常性地涨价，否则会影响景区在市场中的信誉。但价格中还是很有文章可做的，如在很多吸引儿童和家庭的景区采用的家庭套票制度（两个成人全票加儿童免票）就非常典型，另外也有一些景区为了吸引游客在人少的时间入园而实行的平日和周末不同票价制度，甚至每天下午4点以后票价减半之类的制度。套票也是一种有效的价格策略，套票应给消费者提供较大的优惠，因为购买套票等于消费者会体验景区内所有的收费项目，无疑会丰富游客的体验，延长逗留时间，大大提高游客在景区内消费的机会。我国香港海洋公园为了吸引儿童和家庭还采取了一种特殊的策略，即给每一个学校团体的每一个孩子免费赠送一张票，但使用这张票的条件是必须有两个购票成人陪同一起使用。海洋公园的经理认为，很多景区的一大难题是过多的学校团体会损害成人市场，因为成人很多是陪孩子来的，既然孩子已经来过了，大人就不必去了。而孩子是随学校团体来的，学校团体的票价一般都极低，这样景区以一个学校团体的收入失去了大批成人票的收入，很不合算。海洋公园的这个策略就有效地解决了这个问题。

3. 销售渠道

销售渠道选择上值得一提的是，景区必须在对游客了解的基础上选择最符合市场消费习惯和能最有效地接近市场的销售渠道。如针对散客来说，要能非常方便地让游客买到票，现在非常流行的一句话是"Walk in, Call in, Click in"，指游客可以在方便的零售代理网点、电话预订中心或网站上买到票。

4. 促销

促销方面值得指出的是，联合促销往往是一种非常有效的促销手段，如相邻不同类景区的联合促销，可提高整个区域的游客吸引力，与交通工具联手的促销等，如英国的很多旅游景区都在铁路线上或火车站附近，因而在英国景区与铁路的联合促销往往是最有效的促销手段（见表9-3）。

表 9-3 旅游业各部门市场分析促销手段的比较

	市场促销策略组合	饭店	固定航班航空公司	博物馆
产品特征	设计及包装	位置/规模/占地/设计/客房面积/饭店内设施/室内陈设/装修/照明/餐饮设施	航线/飞行频度/机型/座位宽度/机舱空间/内装饰/餐食/风格	建筑面积/设计/设施/展品类型/规模/陈设/解说
	服务要素	员工人数/工作服/态度	员工人数/工作服	员工人数/工作服
	品牌及市场定位	如：假日、万豪等	如：英航、环球等	如：伦敦美术馆、纽约大都会博物馆
	形象和名声	如：豪华、大众化	如：性能可靠、异国餐食、管理混乱	如：枯燥、有趣、现代
价格战略	常规价格	门市价	头等/商务/经济舱	成人/老人票价
	促销价格	公司价、旅行社价、常客价	候补/包机	活动场租/儿童票/俱乐部或会员价
促销手段		广告（电视/广播/报纸杂志）		
		价格/商品促销		
		公共关系（媒体）		
		宣传册制作和发放		
		销售队伍		
销售地	销售渠道及预订系统	中央预订系统/集团的其他饭店/旅行代理商/旅游批发商/航空公司/电话中心	中央预订系统/城市售票点/机场柜台/旅行代理商/其他航空公司/电话中心	其他博物馆/旅游信息中心/饭店柜台/各级各类院校

资料来源：Middleton, 1988：60。

表 9-3 列出市场策略组合（Marketing Mix）中的各个因素，并对其在旅游行业的几个部门中的应用进行了比较，但空缺了促销部分。对于旅游景区来说，促销手段根据其效果的大小可依次排序如下：口碑效应、以往的经验（回头客）、导游图/册、电视广告、电视专题节目、路牌广告、杂志等。其他促销手段还有：与交通工具或当地住宿设施合作出售套票或联票，以及通过公关活动促进与媒体的关系达到宣传的目的，在互联网日益发达的今天，与网站或电子媒体的关系也非常重要。从景区广告促销花费上看，主题乐园一般在这方面支出最多，而博物馆最少。

由哈佛大学尼尔·鲍敦教授于1964年提出营销组合的可控因素，后来密执安大学杰罗姆·麦卡锡（Jerome McCarthy）教授归纳出4P，后被哈佛大学著名的营销专家菲利普·科特勒扩展到6P、10P和11P。

1990年美国北卡罗来纳大学的罗伯特·劳特朋（Robert Lautebom）教授又进一步将4P推广到4C：

（1）产品（Product）→忘掉产品，考虑消费者的需要或需求（Consumer Needs Wants）。

（2）价格（Price）→忘掉价格，考虑消费者愿意支付的费用（Cost）。

（3）渠道（Place）→忘掉渠道，考虑消费者方便获得（Convenience）。

（4）促销（Promotion）→忘掉促销，考虑与消费者互相沟通（Communication）。

显然，4C较4P更贴近消费者，可以起到为消费者量身定做的效果。但事实上由于种种客观原因和信息、技术、经济规模等限制，尽管4C的理念较4P要先进，但目前在操作上全面应用4C理论仍有不少难度，在实际工作应用较广的还是4P理论，但这并不排斥在市场营销中吸收4C的一些思想。此外，在市场策略组合的其他因素中，最值得关注的因素就是品牌。对于像景区这样的体验类产品，其品牌往往成为企业竞争的制高点。品牌的树立一般需要大量资金投入，除了一些大型的主题乐园外，大部分景区一般都无力支付其昂贵的宣传费用。在旅游景区行业，甚至在整个旅游业中，品牌塑造最成功的当数迪士尼了。据美国《商业周刊》2007年评出的世界10大品牌中，迪士尼以292.10亿美元名列第九，成为旅游业最有价值的品牌（见表9-4）。迪士尼是如何塑造品牌的呢？

表9-4　美国《商业周刊》2007年评出世界品牌排行榜

名次	名称	价值（亿美元）
1	可口可乐	653.24
2	微软	587.09
3	IBM	570.91
4	通用电气	515.69
5	诺基亚	336.96
6	丰田汽车	320.70
7	英特尔	309.54
8	麦当劳	293.98
9	迪士尼	292.10
10	梅赛德斯－奔驰	235.68

2001年2月，我国香港特区政府和迪士尼联合举办的"迎接迪士尼"论坛上，迪士尼的总裁保罗·普莱斯勒（Paul Pressler）在专题发言中，介绍了迪士

尼品牌战略的八点成功经验：

（1）品牌是最有价值的财产。

（2）著名品牌在同类产品或服务行业等领域中被认为是领先者。

（3）创建品牌就是建立与消费者之间的人际关系。

（4）著名品牌需要一个有力的形象。

（5）著名品牌为消费者带来有意义的情感回报。

（6）著名的品牌接近顾客。

（7）好的品牌注重每一个细节。

（8）好的品牌具有鲜明的特点。

三、客户关系管理

最后提一下，现代市场学正逐步向客户关系管理（CRM）的方向转变，客户关系管理要求企业更深入地了解自己的市场，并把针对大众市场的战略转变为更加个性化的针对不同客户的特殊策略的集合，这对企业的客户资料信息库和企业整体同步化的要求更高（见表9-5）。现阶段，我国景区可以利用这种方法稳定自己的团体客户群体，包括公司、学校和旅行社等。

表9-5 景点管理核查表

产品：	*主题、展示方式、展示内容至少每年更新一次 *商店内要有种类丰富的纪念品 *设有餐饮/零售点 *可能的话接待企业举办活动
员工：	*有吸引力的报酬和福利 *培训（应不仅是规则培训） *培养主人公意识 *经理培训 *赋予员工一定的权限
价格：	*定价时应谨慎参考同行或竞争对手的价格 *理性、明确的特殊群体票价结构
市场：	*专业设计的导游册/导游图/网页 *连续有效地利用当地地方媒体（印刷品和路牌） *以当地的各类群体、学校为目标市场
服务：	*不断考察游客对景点的看法（满意的和不满的） *常客计划或回头客计划 *神秘访客计划（请企业以外的管理咨询人员装成游客对景点服务进行定期检查）

资料来源：英国CBI公司，1998：29.

本章小结

> 在我国的景区企业中,战略管理是比较薄弱的环节,这是造成我国很多景区企业发展缺乏后劲的根源之一,也是在一定程度上限制了景区行业内企业规模扩展,向跨地域、跨行业的集团化发展。而市场营销是企业增加核心竞争力的重要手段,也是企业走出单纯的价格竞争泥潭的法宝。

思考与练习

1. 请说出波特关于竞争分析的五种压力模型的内容。
2. 请说出你为本地计划兴建的一个中等规模的主题乐园作的可行性分析。
3. 请说出企业价值链模型的内容。
4. 企业可选择的主要战略有哪些?分别适用什么条件?
5. 市场分析中的 SWOT 分析指的是什么?
6. 市场分析应从哪几个方面着手?
7. 什么是市场营销组合?试举一实例予以说明。
8. 列举一个你印象最深的景区,试分析你对其品牌的认知。
9. 什么是客户关系管理?景区应如何维护和管理客户关系?

第十章 游客管理与运营管理

本章导读

游客管理和运营管理是旅游景区类企业管理中独有的内容。由于景点类企业既是旅游服务性企业又是直接面向公众开放的接待性企业，因此游客管理和营运管理具有很强的人性化色彩，同时涉及的管理内容也非常烦琐。本章的游客管理部分重点介绍员工管理和解说系统；运营管理部分主要论述危机管理、风险管理和质量管理等内容。

第一节 游客管理

一、游客管理中的人员管理

游客在景区消费的全过程就是与景区员工接触的全过程，因此要提高游客的满意度，提高重游率，景区企业必须注意与游客接触的每一个细节，包括到景区之前，到达景区之时，进入景区，旅游体验，离开景区，以及离开之后的每一个环节。

在考察景区游客服务管理成效时可以从以下几个方面入手。

（1）员工的工作头衔/称谓：不少景区根据自身特点把景区保安称为主人、游客助理、牧羊人等，通过改变称谓拉近员工和游客的距离。

（2）员工的外表：员工的着装设计不仅可以起到统一景区形象的作用，还可以让游客一目了然地看出员工的工作职能，甚至增添景点的主题气氛（如主题乐园里的人偶卡通形象）。

（3）员工手册：在对员工的工作职能进行表述时要注意游客至上的原则，英国历史遗址协会（English Heritage）曾对遗址管理员的行为做出过如下规定：

①对每一个进入景区的游客打招呼表示欢迎；

②称呼游客的姓名，或称"先生/女士"；

③给每一个游客赠送纪念导游图/册；
④邀请游客参观纪念品商店并帮助他们挑选纪念品；
⑤在任何时间保证景区的干净整齐；
⑥礼貌地回答游客每一个询问，并尽可能解决他们的困难；
⑦邀请游客加入到关于景区的谈话中来；
⑧告诉游客值得参加的活动或值得特殊观看的景观；
⑨对残疾游客给予特殊照顾。

（4）在游客离开时向他们说再见，询问观感，推荐附近的景区。

（5）景区文件：每个员工都应随时随地携带一份景区信息录（以小巧的、单页纸的文件为最宜，内容包括价格、开放时间、特殊活动等），以备随时解答游客的问题。

（6）员工招聘及培训：在招聘员工时应灵活，如保安不一定是男的或退伍军人。在员工培训（包括入职培训及后续培训）时要努力提高员工对景区的自豪感，增加员工的稳定性。

二、游客管理中的运营管理

良好有效的景区营运管理可以极大地提高游客体验的质量，否则会带来负面作用。运营管理中的游客管理主要包括以下几方面。

1. 如何解决排队问题

这里包括让游客知道需要等候的时间，为排队的游客提供娱乐活动以转移他们的注意力等。当然，如果运营管理能保证游客不用排队则更好。欧美主题乐园设计的一个重要组成部分就是排队区设计，很多著名的主题乐园会在热门游乐项目前花很大心思设计与乘骑主题一致的排队区环境，如在矿山过山车的排队区让排队的游客穿过曲折幽暗的隧道，用各种道具和声光效果渲染环境的神秘气氛，让游客在越来越接近乘骑体验的同时积累对这种体验的期待。很多表演性游乐活动在正式表演开始之前都有丑角"捉弄"游客，制造气氛，让预先等候在表演观众席的游客不会觉得无聊。更有一些大型景区利用高科技手段或独特的管理手段为游客设立快行通道或热点项目时间预约。

2. 高效处理游客投诉

这样游客感到景区在为他们着想，并采取了相应的行动。景区需要建立一套所有员工在处理投诉时都应该遵循的程序，并且授权员工立即处理游客的小的投诉，不必花时间请示经理。

3. 尽快解决问题

游客大多在景区停留的时间有限，如果问题有损于游客经历的质量，景区必须迅速解决，否则就会败坏游客的游兴，给他们留下不愉快的回忆。因此，处理问题或者投诉最好是马上进行，至少在游客离开景区之前给他一个令人满意的答复。

4. 保持景区环境整齐清洁

整洁的环境让人感到景区得到了良好的管理与维护。优美的环境会增加游客的愉悦感，让他们觉得做出前来游览的决定是正确的。

5. 提供安全保障

让游客感到在景区内有安全保障，能够放松、尽兴，而不用担心可能发生意外。

建立一个"用户友好"的运营管理体系，保证游客有美好的经历，同时不能让游客感到景区的管理阻碍了他们的休息、娱乐活动，这对景区来说是一种挑战。

三、景区的解说系统

景区解说系统（Interpretation）可用于各类景区，尤其适用于历史遗址、博物馆等教育类景区。解说系统不同于简单的展示，而是包括游览路径、展品陈列、标版说明、各种形式的导览导游等一系列因素组成的系统。关于景区解说系统的定义还没有统一的定论，一般认为指对展示品或景区进行实物信息以外的说明，加深游客对展示事物的了解。

景区解说系统的形式随着时代的发展在不断演化，传统的景区解说方式包括：无说明解说、景区标牌、说明板、景区导游、导游图及导游册，其中导游图册这种方式一直非常流行，这种解说方式的好处是不会影响展示效果和破坏景区整体环境。

现代方式包括：语音导游、录像展示、动态展示（高科技制作的各种效果）、计算机多媒体展示或参与性测验以及化装导游等。其中语音导游使用较为普遍，其好处是可以在解说过程中配以音乐或背景音响效果，强化游客身临其境的感觉，而且新一代的系统（以CD或程序芯片代替磁带）可以使游客随自己的行走游览速度有选择地听景点的各个部分的解说，主动权由游客掌握。现代景点解说方式更多地强调游客的主动参与性，可以提高游客游览的亲历实感，但在使用过程中应注意不宜喧宾夺主，分散游客对景区或展示内容本身的注意力，特别是在录像、动态展示和多媒体展示几种方式的使用上应尤其谨慎。

现代方式中的化（古）装导游是目前在历史古迹中使用效果比较理想的一种景区解说方式。传统的景区导游一般以第三人称方式客观地介绍景区的背景知识和有关传统，这种方式主要适用于传统工艺作坊、名人故居的展示，但以第一人称形式化装导游是一种更有效的解说方式,这些导游一半是介绍情况的导游,一半是再现景区在某种特定历史时期的生活实际的演员,有助于景区与游客的沟通交流,加深游客对景区的认识了解和印象。除历史遗迹景点外,这种化装导游方式也被很多主题乐园借鉴,发展成为卡通形象导游。

另外,对于博物馆来说,展品的陈列方式和展厅布局设计也对解说系统有重要影响,研究表明展品在陈列中保持一定规律的陈列顺序(一件展品与前一件展品具有某种联系)和走廊式陈列可以达到最佳的观赏效果。

不论何种方式,景区解说系统对提高游客的观赏效果的作用是毋庸置疑的,其主要作用包括:丰富景区的信息知识含量,提高教育意义,包括遗址发掘的第一手资料、自然景观的成因、文物艺术品的观赏审美角度和价值以及与景区有关的各种传说或猜测等;制造更逼真的欣赏氛围,强化游客对景区的感受,在一种主题环境下享受整个游览过程;成功的景区解说系统能通过提高游客的满意度,加深游客的印象,成为景区促销的一种有效手段。当然,景区解说系统只是一种展示辅助手段,最主要的吸引物还是景区本身的实地、实景、实物,因此在运用解说系统时要注意不能完全转移游客的注意力。

四、景区容量管理

景区的超载或过载是季节性较强的热点景区普遍遭遇的问题,尤其是黄金周期间,因游客拥堵而造成的安全问题已经引起社会各界的关注。2014年12月31日"上海外滩踩踏事件",造成36人死亡49人受伤,游客的安全更成为地方政府和景区管理的重中之重。

2013年10月1日实施的《旅游法》,专门对于景区的容量控制提出了管理要求。《旅游法》中第四十五条规定,景区接待旅游者不得超过景区主管部门核定的最大承载量。景区应当公布景区主管部门核定的最大承载量,制订和实施旅游者流量控制方案,并可以采取门票预约等方式,对景区接待旅游者的数量进行控制。旅游者数量可能达到最大承载量时,景区应当提前公告同时向当地人民政府报告,景区和当地人民政府应当及时采取疏导、分流等措施;第一百零五条规定,景区在旅游者数量可能达到最大承载量时,未依照本法规定公告或者未向当地人民政府报告,未及时采取疏导、分流等措施,或者超过最大承载量接待旅游者的,由景区主管部门责令改正,情节严重的,责令停业整顿一个月至六个月。

为了落实《旅游法》中的景区容量管理,国家旅游局于2014年12月26日发布了旅游行业标准《全国旅游景区最大承载量核定导则》(LB/T 034—2014),给出了景区最大承载量概念和计算方法。在测定和公布景区最大承载量后,景区可结合自身情况通过门票预约、实时监测、疏导分流和制定预案等方法进行流量控制。

1. 景区承载量（力）

承载量的英文是 carrying capacity，与其相对应的译名是承载力，意即承载能力。景区承载力就是指景区的游客容量。但为了与《旅游法》和《全国旅游景区最大承载量核定导则》用词相统一，这里我们还是使用承载量一词。所谓景区承载量是指在一定时空条件下，景区接待游客的容量。按照景区的接待客体可分为，在一定时间内的空间承载量和设施承载量。按景区游览时间可分为瞬时（间）承载量、日承载量等；按景区的功能可分为安全承载量、经济承载量、生态承载量、心理承载量、社会承载量等。所谓最大承载量分别是指上述各项承载量的最大值。具体地说，最大安全承载量是指保障游客人身安全前提下的最大容量；最大经济承载量是指景区企业获得最佳经济效益时的最大容量，也就是规模经济的边界，如果超过这个极限，由于接待条件、管理能力所限，企业的经济效益就出现下降；最大生态承载量是指生态系统和环境不受破坏，不发生逆向演替，保障生态安全前提下的最大容量；最大心理承载量是指不影响游客游览观景审美体验时的最大容量，这取决于游客主观心理感受，因人因时因景而异；最大社会承载量是指外来游客的进入不引起当地居民对物价上涨的反感、不影响正常的社区生活以及不对当地风俗民情、文化传承、文物保护、遗产原真性等带来不利影响的最大容量。由此可见，上述各项景区最大承载量概念含义不同，数值各不相同，有些承载量不易测定。不同类型的景区承载量差异较大，意义作用也不尽相同。但最大安全承载量是所有景区都必须坚守的一条红线，一般来说，瞬时（间）承载量、日承载量主要是指安全承载量。

2. 景区承载量的测定公式

《全国旅游景区最大承载量核定导则》中给出了几类景区承载量的测定公式。

（1）瞬时承载量

景区瞬时承载量一般是指瞬时空间承载量，瞬时空间承载量 C_1 由以下公式确定：

$$C_1 = \sum X_i / Y_i$$

式中：

X_i——第 i 景点的有效可游览面积；

Y_i——第 i 景点的旅游者单位游览面积，即基本空间承载标准。

当景区设施承载量是景区承载量瓶颈时，或景区以设施服务为主要功能时，其瞬时承载量取决于瞬时设施承载量，瞬时设施承载量 D_1 由以下公式确定：

$$D_1 = \sum D_j$$

式中：

D_j——第 j 个设施单次运行最大载客量，可以用座位数来衡量。

（2）日承载量

景区日承载量一般是指日空间承载量，日空间承载量 C_2 由以下公式确定：
$$C_2 = \sum X_i / Y_i \times \text{Int}(T/t) = C_1 \times Z$$

式中：

T——景区每天的有效开放时间；

t——每位旅游者在景区的平均游览时间；

Z——整个景区的日平均周转率，即 $\text{Int}(T/t)$ 为 T/t 的整数部分值。

当景区设施承载量是景区承载量瓶颈时，或景区以设施服务为主要功能时，其日承载量取决于日设施承载量，日设施承载量 D_2 由以下公式确定：
$$D_2 = \frac{1}{a} \sum D_j \times M_j$$

式中：

D_j——第 j 个设施单次运行最大载客量；

M_j——第 j 个设施日最大运行次数；

a——根据景区调研和实际运营情况得出的人均使用设施的个数；

通过系数 a 去掉单一旅游者使用多个设施而被重复计算的次数。

当旅游者在景区有效开放时间内相对匀速进出，且旅游者平均游览时间是一个相对稳定的值时，日最大承载量由以下公式确定 C：
$$C = \frac{r}{t} \times (t_2 - t_0) = \frac{r}{t_1 - t_0} \times (t_2 - t_0)$$

式中：

r——景区高峰时刻旅游者人数；

t——每位旅游者在景区的平均游览时间；

t_0——景区开门时刻（即景区开始售票时刻）；

t_1——景区高峰时刻；

t_2——景区停止售票时刻。

3. 景区承载量的测定方法

《全国旅游景区最大承载量核定导则》中规定测定景区承载量应收集整理景区空间承载量、设施承载量、生态承载量、心理承载量、社会承载量等方面的相关资料，包括但不限于：

（1）景区面积；

（2）有效游览面积；

（3）年均客流量；

（4）停车场停车位数；

（5）景区周围缓冲区承载量；

(6) 绿化面积标准；
(7) 噪声管理标准；
(8) 垃圾最大处理量。

应将空间承载指标和设施承载指标代入适合的公式进行测算，确定基本值；再根据生态承载、心理承载、社会承载指标进行校核。

第二节 景区营运管理

从一般意义上讲，营运管理指组织整合资源对服务于顾客需求的系统进行设置、运作和控制的过程。资源通过这个增值过程可以转化为企业的产出，即满足顾客需求的产品或服务。

哈佛商学院的迈克·波特教授于1980年提出了企业价值链模型，将企业的活动分为首要企业活动和支持型企业活动两类，其中首要企业活动是企业直接服务于顾客的企业生产经营活动的主体，而支持型企业活动是服务于首要企业活动的各项辅助性活动，如财务、管理、人事等。一切企业活动的最终目标是创造利润带来价值增值，企业活动的各个方面环节的有效配合能使企业发掘潜力增加企业边际利润，这是企业管理的重要作用之一。我们根据景区（主要是人造景区）的经营特点对该模型进行发展，详见图10-1。

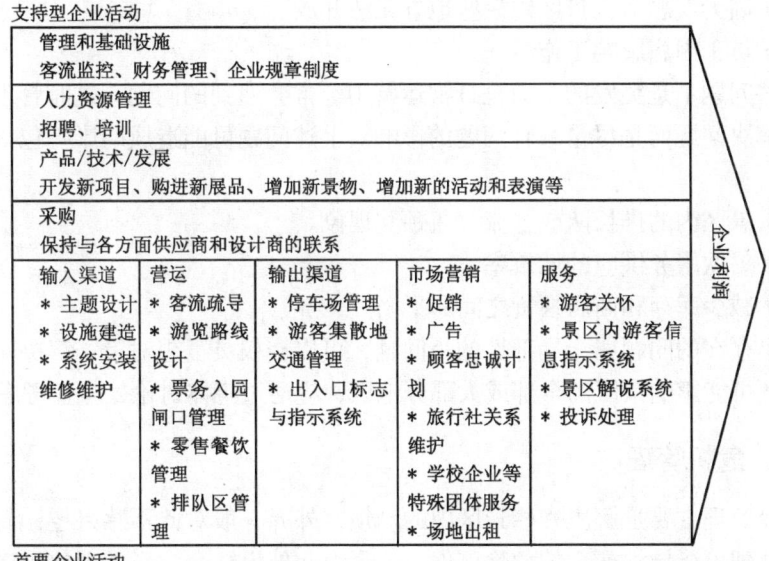

图10-1 根据迈克·波特的企业价值链改编的景区价值链模型

景区的营运管理主要指的是景区企业价值链中的首要活动内容，即景区的日常管理，调动景区的资源，员工、物质和设备为游客提供满意的服务，并取得满意的投资回报率，使景区能保持平稳高效地运行。从某种意义上说，景区的每一个员工都参与营运管理，因为在服务活动中，每一个人都是保证景区运转的一部分。而财务、人事、采购等支持型企业活动也会对景区的营运管理有一定的影响。

景区营运管理包括很多内容和因素，其中包括可控制因素、可影响因素和不可控制因素。可控制因素包括：员工数量、培训与使用；零售餐饮点的数量与质量；存货管理；票务及入口管理等。可影响因素包括：员工的动机与行为；通过调整游览路线、设立更多的收费处和调整餐饮点的布局影响景区的承载力；特许经营者的活动；可避免和不可避免的事故；在任何一个特定时间内景区内游客的数量和类型。不可控制因素包括：员工的偏见；天气；顾客的态度与对景区的期望；顾客的品位与偏见。

一、营运管理中的问题处理

在日常的景区经营管理中，管理者要处理很多不可预见的问题，包括：
（1）游客的汽车在景区停车场内被损坏或被窃。
（2）景区内游乐设施或收银系统出现故障。
（3）小的破坏行为，如打破玻璃、乱写乱画。
（4）因天气恶劣，景区内一些地方无法开放。
（5）员工因病影响工作。

这些问题不是突发的，而是日常运营中经常会遇到的问题，这时管理者要做的不是解决问题而是尽量减轻问题的影响。上述问题可能造成的影响包括以下几方面：
（1）景区内的排长队或客流"瓶颈"现象。
（2）餐饮服务供应的低效率。
（3）减少库存和商店缺货之间的平衡。

如果存在的问题属于局部性的小问题，可以授权员工想对策，解决问题。但如果问题可能影响景区的全部或大部分地区，应通过集体讨论，全盘考虑对策。

二、危机管理

问题处理主要是解决一些景区内的麻烦，外界一般对此不感兴趣，而危机管理则是处理可能导致死亡的危险事件，或会引起外界社会注意的现象。景区内可能发生的危机主要有以下几方面：

（1）火灾。
（2）炸弹爆炸或炸弹诈骗。
（3）严重安全事故，如主题乐园设施故障造成游客伤亡，或动物园中的动物攻击游客事件。
（4）景区餐饮设施发生食物中毒事件。
（5）景区进款车被武装抢劫。

危机一旦发生，景区需要采取两种类型的行动：
（1）解决危机，包括疏散游客或部分停止营业直到危机解除。
（2）接待可能因危机前来景区采访的记者。

处理问题需要找到解决一次性问题的专门方案，而危机管理则要求需要有预先的准备规划。重大危机会彻底打乱景区的正常经营，因此每个员工都必须清楚发生危机后自己应该做什么。也就是说，景区应该有一套在紧急情况下应遵循的标准行动程序，包括事故通报负责人、紧急疏散通道、安全集合地、重要电话号码、常规急救、消防设施的位置和使用、危机情况下每个员工的职责、媒体接待专人、统一对媒体的口径等。这些情况都应印制成册，每个员工人手一册。景区的接待高峰时期由于人多拥挤，发生事故的可能性较高，而且疏散困难，更容易造成恐慌，因此应急措施落实到人并进行经常性的培训和强调是非常必要的。

三、风险管理

风险管理是指注意哪里会出错、出错的频率以及所产生的后果。尼尔森和艾丁顿（Nilson & Edginton）1982年指出，从风险发生的频率和后果来讲，风险主要分为四种。

1. 轻度风险，低危害

这指偶尔发生、后果并不严重的事件。管理者必须容忍这些风险，因为阻止风险的成本大于收益。这类问题非常少见，也不可能预测，因此很难事先做出规划。比如个别人对博物馆举办的某个展览内容感到不满或觉得被冒犯了，显然只为了一小部分人而关闭这个展览就等于剥夺了大多数人的参观乐趣。这种情况下，制止风险就是弊大于利。

2. 中度风险，低危害

这指经常发生但后果并不严重的问题，这时管理者的目的是要控制这些问题。管理者可以写出指南，使员工清楚一旦发生这种情况，应该做些什么。制止问题发生的成本也会大于收益。如景区内一些小的破坏行为，景区应该为员工提供一些准则让员工知道如何处理这样的问题，但制止的成本远高于破坏所造成的损失。

3. **中度风险，高危害**

有些风险从发生频率来讲是中度的，但其后果十分严重。对于这种情况，景区应该采取上保险的措施，一旦发生风险可以挽回损失。例如，一场火灾烧毁了主题乐园的一部分游乐设施，投保可能是解决这种问题的最适宜的方法。

4. **高风险，高危害**

如果不采取防范措施，这类风险会经常发生，并带来严重的后果。管理者的目标是竭力避免问题的发生，当然也要寻找对策，比如上保险等，以防万一。景区中有很多这方面的例子，除非采取行动，否则会随时发生后果严重的重大事故。例如，主题乐园的游乐设施因保修不善而在运行中倒塌，造成多人死伤。这种情况最好的解决方法是预防。

还有一点需要说明，风险主要与两个方面有关，即人（游客与员工）与物（机器设备与房屋建筑）。当然还有一些风险与景区声誉有关。

四、营运管理与竞争

随着景区市场竞争日益激烈，景区管理者在不停地寻找能带来竞争优势的因素。景区的营运管理曾一度被认为是景区的内部事件，与外界无关，但现在越来越多的人将营运管理看作是一种潜在的营销手段。迪士尼长久以来就把景区的管理方式当作"独特卖点"来创造竞争优势。迪士尼景区管理有序、清洁、安全，员工受过良好的训练，友好、热情，这些都是景区成功"出售"给消费者和潜在消费者的感觉。人们对迪士尼运营方式的认同也是他们去迪士尼消费的动机之一。现在越来越多的景区也希望通过营运管理中的一些长项提高景区在游客中的声誉，主要措施包括：

（1）通过宣传景区营运管理中的一些环保措施吸引一些有环境意识的游客；

（2）向公众宣传景区对残疾游客及其他有特殊需要游客的关照提升景区在市场中的品质；

（3）通过加强景区治安的管理突出宣传景区对游客人身和财产安全的关注；

（4）宣传员工的技能、服务质量与奉献精神。

显然，景区能否兑现自己的承诺是至关重要的，否则，游客一旦发现景区的实际与宣传不符就不会再来景区，而且会把这种坏印象告诉亲朋好友，这样竞争优势反而成了竞争劣势。

当然，营运管理会受到不同方面因素的限制，包括：

（1）营运经理的能力、经验和态度；

（2）景区组织的传统与文化；

（3）员工的资源、能力与态度，景区组织结构给予员工主动解决营运问题的自由度；
（4）解决营运问题能否得到财务支持；
（5）相关法律法规的制约；
（6）社会对景区营运系统的认可度。

五、质量管理

质量一词无论在制造业还是在服务业，无论在国有企业还是在民营企业，是自20世纪90年代以来企业新的"口头禅"。市场营销理论专家们认为，被认同的提供高质量产品是企业未来成功的根基。但是在旅游业这种服务行业中，质量问题的研究还处于初级阶段，还存在着很多混乱含糊的概念。

国际标准化组织（ISO）把质量定义为：能够满足阐明的或隐含的需求的产品或服务的特性和特点的总和。根据这个定义，我们可以理解质量为"符合顾客需要的目标"。通常与质量联系在一起的是可信度问题，即使一种产品在功能上符合其目标，但在运作中存在问题也不能算是高质量产品。

有一种错误的观点认为高质量的产品就等于高档次、高价位、小批量、独家生产的产品。这种观点是不实际的，质量仅仅指向所选定的市场以合适的价格提供适当档次的产品，这里质量的概念不是绝对的，是与顾客所愿意支付的价格相关的。

质量概念最早源于制造业，主要是那些与工程建筑有关的行业，质量意味着减少生产过程中的浪费与最终产品中的次品。近年来，这个最初的概念已经发生了变化，质量不再仅指结果，而是指产生结果的整个过程，这种变化导致了研究重点越来越转向质量管理系统。

在过去几年中，人们越来越认识到，质量管理不仅是诸如生产管理、营运管理等管理功能的一部分，也不仅限于几个专门负责质量管理的员工的责任，根据日本的管理理念，质量意识必须渗透整个企业文化，质量管理是所有员工的职责。

目前，许多公司开始将质量作为营销战略的关键部分，力图通过树立高质量企业形象在市场中获得竞争优势。随着服务业的兴起，近几十年质量与员工的关系变得越来越重要。在服务业中，生产过程生产的不是有形产品，而是无形的服务，提供服务的员工的态度和能力成为关键。

质量管理在发展过程中相继出现了结构上由简到繁、范围上由窄到宽的四种主要管理方式：质量控制、质量保证、全面质量控制与全面质量管理。

质量控制：对产品与服务质量监控，找出并解决质量问题。其重点是解决问题，具体工作主要由工厂的质量控制检查员执行。找出并解决质量问题的责任不属于制造产品或提供服务的员工,而在于质量控制检查员。如果采用这种方式控制质量,景区需要设立专门的质量监督员,其职责是监控产品与服务的质量,并找出解决方法。目前绝大多数景区实际工作中没有这个职位,很多景区中这个职能是由负责营运的经理或值班经理兼任。小型景区的所有者或经理自己承担质量控制的任务。

质量保证:与质量控制不同的是,质量保证的重点在于防止问题的发生,责任落在了生产员工身上,要求他们生产时不要出问题,而不是等待检查员指出已发生的问题。这种方法比出现问题后再解决的方法的优势是代价低。景区要做到这一点比较困难,因为景区临时工多,他们大多没有受过良好的培训,而且也缺乏企业的归属感和敬业精神,因此景区经理们需要设计良好的人力资源管理系统,来鼓励所有的员工按质量保证的原则进行操作。

全面质量控制:这种方式与前两种相比,从更大的范围控制生产和提供服务的过程,关注所有可能影响最终产品的因素,而不是仅仅注意生产的最后结果。对于景区来说这也是一个艰巨的任务,因为景区的商务环境复杂多变,同时需要考虑的因素也是多种多样的,从员工培训、顾客的期望、供应商到销售中介。

全面质量管理:全面质量管理通常被称作 TQM 系统,其目的是持续不断地提高产品或服务的质量,在完成企业目标的同时满足顾客的需要。全面质量管理涉及整个企业所有的部分、企业的所有活动以及各级员工,是目前最流行的质量管理系统。但这一系统在理论上容易接受,实施起来却比较困难。TQM 的实施基础是景区质量意识必须深入人心,质量保证必须是每一个员工的责任。想要实行 TQM,景区必须首先具备一些不容易实现的前提条件,包括如下几点:

(1)能够确定自己的目标,制定自己的动作标准。这对于许多国有景区来说很困难,因为他们的目标和动作标准是由国家制定的,对于大公司所属的景区来说也是如此,因为他们的目标与运作标准是由母公司制定的。

(2)说服每一个员工重视质量问题,即使他们有些人工资很低、工作时间较长、缺乏晋升机会、事业无成。

(3)能够制订长期规划,有望质量将得到提高;有权控制自己的资源,以达到质量目标。对许多国有景区来说,这两点很难做到,一方面是由于多变的商务环境,另一方面是由于他们不能控制自己的资源。

无论采取什么样的方式,实行起来都需要程序、手册等"硬"件与员工和经理的态度等"软"件的结合。

六、我国景区质量等级的评定

2004 年 10 月 28 日由国家旅游局提出,国家质量监督检验检疫总局发布的

《旅游景区质量等级的划分与评定（修订）》（GB/T 17775—2003），对中华人民共和国境内，正式开业接待旅游者一年以上的旅游景区，包括风景区、文博院馆、度假区、自然保护区、森林公园、主题乐园、游乐园、动物园、植物园、美术馆等进行质量等级评定。

根据 GB/T 17775—2003 标准，旅游区质量等级可划分为五个等级，5A、4A、3A、2A、1A 级旅游景区，质量等级的确定依据"服务质量与环境质量评价体系""景观质量评价体系"以及"游客意见评价体系"。

"服务质量与环境质量评价体系"包括旅游交通、游览、旅游安全、卫生、通信、旅游购物、综合管理、旅游资源与环境保护等八个评价项目。"景观质量评价体系"包括资源要素价值与景观市场价值两大评价项目。"游客意见评价体系"是旅游景区质量等级评定的重要参考依据，包括总体印象、可进入性、游路设置、旅游安排、观景设施、路标指示、景物介绍牌、宣传资料、讲解服务、安全保障、环境卫生、旅游厕所、邮电服务、购物、餐饮、旅游秩序、景物保护等评价项目。

本章小结

> 游客管理和营运管理是实践性和针对性都很强的管理内容，本章介绍了一些基本概念和相关的理论，并结合了个别国内外的景区案例予以简单说明。希望学生能在弄懂基本理论的基础上，结合自己将来的工作实际，探索出更多更好的管理经验。

思考与练习

1. 景区可以用哪些方法拉近员工与游客的距离？
2. 景区主要有哪些解说系统？
3. 景区配备解说系统有何利弊？
4. 景区营运管理都包括哪些内容？
5. 景区处理危机应采取哪些行动？
6. 风险分为哪几类？请各举一个实例说明。
7. 营运管理如何能提高景区企业的竞争力。
8. 什么是质量管理？质量管理有哪几种方式？
9. 景区企业实行全面质量管理的前提是什么？
10. 我国景区质量等级分几个等级？主要评价依据有哪些？

第十一章 人力资源管理和财务管理

本章导读

人力资源管理和财务管理是所有企业管理的重要而共同的内容。但在旅游景区类企业中人力资源管理有着特殊的重要作用,因为员工的工作表现直接影响游客旅游消费的质量,员工也是游客体验的源泉,尤其在人造景区中其作用更为明显。这也就是为什么迪士尼要求他的员工在景区工作中扮演演员的角色,一个能给游客带来欢乐的演员。景区的财务管理与一般的生产性企业大同小异,主要是拓展收入来源和控制成本,但景区企业的财务管理中具体的工作内容和重点与生产性企业不尽相同,企业财务管理中对预算和现金流量的管理具有重要意义,尤其是对中小型景区企业。

第一节 人力资源管理

在景区管理中,人力资源管理是非常重要的一个方面,原因有二:其一,在服务行业中,员工的态度和能力对于向顾客提供服务的方式有着极其重要的影响,从而也会直接影响顾客游玩的乐趣和他们对景区的看法;其二,对大多数景区来说,劳动力成本可能是所有收入预算中最大的一个单项支出项目。

人力资源管理包括对企业所需人员的招聘、组织、培训、激励和奖励,其目的是通过员工的服务使景区能满足顾客的需要。近年来,特别是随着服务业的发展,员工成为产品的一个重要组成部分,人力资源管理也成为管理理论中的一个热点领域。在这个过程中,人力资源管理丢弃了自己的旧名——人事管理。过去,人事管理的涉及面很窄,仅包括一些事务性的工作,如刊登招聘广告、组织面试，向经理提供人事工作的技术性咨询以及解雇员工。相对而言，人力资源管理的涉及面要广得多。应以积极发展的态度，用整体战略的眼光对整个组织的人力资源进行管理。但是必须指出的是，虽然人力资源管理的概念已被管理人员广泛接受，但在实际中的应用仍很有限。

从以下三个方面可以看出人力资源管理是高于人事管理的：

（1）正如企业必须寻求财力和物力资源的最优化配置，企业也必须最有效地使用人力资源；

（2）只有帮助员工从广义的个人角度进行自我发展的企业才能激励员工更努力地工作，使企业创造出更好的业绩；

（3）人力资源是一项管理工作，而不是行政工作。

此外，人力资源管理与营销、运营、财务管理等景区企业的其他方面的管理是互为依靠、密不可分的。人力资源管理是广义企业战略发展中的一个组成部分，特别是近年来企业管理界的热门话题，如企业文化、质量管理和危机管理等都体现出人力资源管理的核心作用，其中企业文化是由企业员工的态度、理念和价值观组成，景区企业质量主要由员工的服务组成，而危机应变管理也主要体现在员工的应变行为上。

一、景区人力资源管理的问题

景区行业作为旅游服务行业中的一个核心组成部门，其人力资源管理是各项管理中的最重要的环节之一，因为员工的服务本身就是产品的一个重要构成，但长期以来，各国景区企业在人力资源管理方面一直做得欠佳，这与景区企业人力资源管理难以解决的一些长期存在的问题有关。

（1）员工流动率高。这是旅游服务行业中普遍存在的问题，而景区行业尤甚。这可能与相对较低的工资、较长的工作时间和单调的工作性质有关。

（2）需求的季节性意味着大多数工作是临时性的。临时工因缺乏归属感而缺少对工作的奉献精神，也很少会有培训机会。

（3）工作的社会地位低，很难吸引或留住优秀的员工。

（4）大多数景区的职业结构不合理，缺乏"事业进步的阶梯"，这在中小型景区尤为明显，由于缺乏发展的机遇，员工的聪明才智得不到充分发挥，会挫伤他们的工作积极主动性。

（5）工作要求苛刻，压力大。员工需要经常与顾客接触，在任何时候都要保持乐观友善的态度，还要处理敏感的游客投诉问题，反复不断、日复一日地接触各类游客，处理这些问题还要保持积极的心态，能在这种压力环境中工作的员工是很难得的。

（6）缺乏人力资源管理方面的专门知识。很多景区不设专职的人力资源经理，员工管理很不正规，缺乏专业的管理和培训。

（7）景点员工工作的资格和培训没有统一的标准和要求。缺乏相关的资格证书考核和教育培训计划，这给员工招聘和培训管理带来了一定的难度。

以上问题主要存在于企业化管理的私人投资的景区中，而国有景点往往存在其他一些问题，如：

（1）低流失率、低效率和僵化的工作惯例；

（2）固定工资制，工资不与表现和业绩挂钩；

（3）招聘和奖惩制度刻板、标准化，往往不是根据景区实际情况制定的。

二、人力资源战略管理

人力资源战略是体现整个企业管理风格的、长期性的人力资源规划管理。其中包括企业构架结构和组织规模的重要决策。一般小型景区通常没有正式的部门分支结构，多数员工需要同时负责几项工作，而大企业中员工分工一般非常明确，每个员工都专司其职。分工明确虽然能提高工作效率和专业化程度，但对企业管理层的要求较高，而且可能造成管理层脱离景区工作实际的后果。这一点与近年来企业组织结构的变化有很大关联。景区企业处于不稳定的商业环境中，组织结构首先要灵活，以便迅速适应多变的环境。如果企业中管理层次过多会造成管理信息传递过程中的低效率和失误，因此很多企业致力于减少管理中间层。企业结构扁平化是现代企业中的一种普遍趋势，扁平化结构更有利于企业灵活地应对市场形式的变化，提高企业效率，减少行政命令上行下达过程中疏漏的可能性。在信息化管理的帮助下，企业管理流程再造成为大部分企业提高管理效率，压缩管理成本和提高企业整体竞争力的一个主要方法，而这一点在景区企业中做得非常有限。

人力资源规划是人力资源战略中的另一个重要部分，这种规划主要是为了优化企业的人力资源，其中包括以下几点：

（1）对现有员工的优缺点进行分析；

（2）预测未来员工的需求量、类型和招聘时机；

（3）企业人力资源的储备；

（4）培训和为员工创造发展机会；

（5）骨干员工的发展路径拓展。

人力资源规划能有效地降低景区企业的人员流失率，可惜的是大部分景区企业对此非常不重视。

三、人力资源管理过程

人力资源管理工作内容非常烦琐复杂,图 11-1 说明了整个人力资源管理中的各个环节。

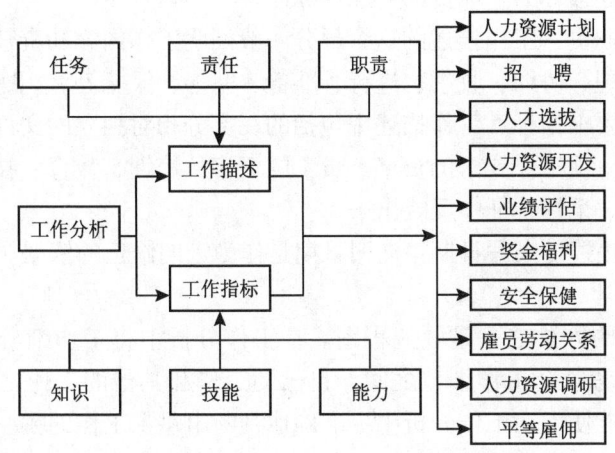

图 11-1 人力资源管理工作流程

1. 工作分析和工作描述

工作分析和工作描述是其他具体的人力资源管理流程的基础。工作分析要回答以下几个问题:

(1)每项工作的内容是什么?

(2)需要多少项工作?

(3)工作之间是怎样协调的(会不会出现两个人做同样工作的现象)?

(4)每项工作需要员工具备什么素质?

(5)每项工作的员工需要什么样的培训?

(6)你怎么知道员工是称职的?如何考评他们的业绩/表现?

(7)每项工作应支付多少报酬?

工作分析是人力资源管理流程中的第一个重要环节,也是其他工作程序的基础,指通过对工作现状的分析了解工作内容的实质,并根据分析结果写出工作描述,并列出工作人选的标准。虽然工作分析在整个人力资源工作中意义重大,但很多企业并不重视这项工作,甚至根本不做这项工作。

工作描述是对某一具体工作的职责、责任、工作条件及工作内容所进行的归纳。工作描述一般包括五个基本要素:工作标志信息、工作概述、工作职责、工作要求指标及工作描述的书写日期（作为定期修正的依据）。

（1）工作标志信息：这类信息包括工作称谓、工作单位、直属主管名称、工资等级、上次工作描述编写或修改时间等。

（2）工作概述：对工作的整体陈述，着重于工作的一般职能和责任，在很多工作描述中概述被称为"职责的一般性陈述"。

（3）工作职责：工作描述的这个部分一般列明工作内容和责任，说明工作要做什么（如管理、协助、收集、进行、准备、完善、保持等），做到什么程度。

（4）工作要求指标：工作描述中包括的一部分相对独立的文件，工作要求指标要写明从事一项工作要求的资格。员工的资格从培训、教育、技能、经验，以及智力、体力、个性特征中反映出来。

（5）工作描述的书写日期：注明日期是作为定期修正的依据。

2. 工作设计

工作设计的方法之一是画流程图。在工作分析中将工作细分后，管理人员要鼓励员工思考每个工作细节之间、自己的工作和其他的工作之间是怎样联系的。流程图也能使人在工作分析中更准确地判断出每个工作的哪一个部分可以有变化。

工作设计侧重于工作方式。工作设计一般运用四种方法：工作简化、工作扩大化、工作轮换、工作丰富。

工作简化包括把工作细分成最小构成部分，然后评价每一部分是怎样完成的，这种方法有时也被称为"时间动作分析法"。

工作扩大化是扩大工作的界定，把各种任务加到一起，一般是把要求相同技能的任务合并起来，这种方法有时也被称为"横向工作扩张"。工作扩大化可以激励员工把新增的任务当成职业晋升的前兆。当然有些员工不愿意做更多的事，特别是多做不会伴随收入的增加时，也有人认为工作扩大只是又多干了一份无聊的事而不是只做一件而已。

工作轮换一般用于减少员工长期重复一种工作的枯燥感。这种制度要求雇员在几个不同工种之间交叉培训。

工作丰富也被称为"纵向工作扩张"，即给员工增加的工作职责与现在的工作不完全一样。

另一种很常用的工作设计是建立团队，其核心是把员工看成一个工作团体中的一部分而不是单独的个体，工作要求指标和奖励措施以工作团体为对象。例如，总部设在加州的 HMS 公司就有一套在巧克力制作过程中建立团队的经验。这个方法最初是为美国烹调中心设计的，"巧克力盒挑战赛"是一种食品招待式团队活动，其形式模仿了人们熟悉的团体蹦极和对老板打染色弹的活动。建立团队的活动能使员工更好地合作并互相帮助。但缺点是这种活动开始前一般都要有相关内容的培训，另外这也可能引起团队之间的非生产性竞争。

3. 员工配备准则

员工配备准则主要用于帮助管理层计划和控制保证工作运行所需要的工时数和员工人数，同时也便于经理人员掌握员工的生产率和业绩。很多经理还用这个方法估算人工开支和预算，只要把所需工时数乘以工时工资即可。这种方法对提高利润非常有帮助，因为利润本身就取决于经理如何控制人工成本之类的可变支出。

要了解如何运用员工配备准则，必须先搞清以下几个关键词义：

（1）生产率：指一个员工在指定时间内的工作产出。

（2）生产率标准：指什么样的产量是可以接受的。

（3）业绩标准：评价工作质量的标准。

（4）劳动预测：用于估计指定时间内的劳动量的任何方法。

景区企业的员工配备决策的关键是游客量和销售量的预测，并根据预测确定未来一段时间内的劳动量和劳动力成本。预测时往年的历史经验数据是重要的参考依据。季节性是景区企业员工配备时要重视的一个问题，很多景区在淡季（如冬季）的员工配备人数一般是旺季的一半，而旺季到来之前，景区要根据对旺季销售量的预测增加旺季雇员，这些员工多半是临时工。

4. 招聘

企业在招聘之前必须了解人力资源市场的需求和供给情况。供给指能够提供给受雇企业的潜在雇员数量，景区经理可以从两个主要渠道了解现有劳动力供给情况：劳动力的内部供给和外部供给。内部供给指从企业现有员工中选拔人才。外部供给是受企业无法左右的因素影响的，包括人口结构变化趋势、市场上竞争者的增加、政府政策等。企业虽然不能左右这些因素，但可以预测这些因素会对企业有什么样的影响。

需求是指企业不同性质的工作需要的员工数量。劳动力需求指在某个特定的劳动力市场中的人力资源需要。一般来讲，明确的劳动力需求是销售预测的结果。

供需既受企业内部因素影响也受外部因素影响，其中影响招聘的外部因素有以下几点：

（1）劳动力储备情况；

（2）市场上双职工家庭的数量；

（3）女性和少数民族在劳动力市场上的影响；

（4）潜在劳动力市场的工作技能水平；

（5）适龄劳动力人数。

在雇佣行动中要考虑的内部因素有以下几点：

（1）企业的营业额；

（2）企业的工作界定（根据工作分析和工作描述）；

（3）招聘资源；

（4）面试技巧；

（5）新入职员工熟悉环境和其他培训活动；

（6）企业内部交流。

补充和招募适合的员工对于景区企业非常重要，能让景区在竞争中占据领先的位置。例如，里兹-卡尔顿（Ritz-Carlton）公司开发出一个四项计划，用于提高顾客满意度，这个四项计划对员工招聘、挑选和稳定也很有帮助。

（1）用合适的人。

（2）供新员工熟悉计划。

（3）传授必要技术。

（4）培养适当的行为。

普华永道咨询公司的一项研究显示，能在公司成长期迅速补充员工的企业都是重视招聘、员工职业生涯发展、文化氛围和交流的企业。研究还注意到，上述几方面对员工流动性强、稳定员工费用高的企业也很重要。研究提出，人力资源战略管理中的重要内容有：领导技巧、氛围、价值观、回报、认同感、形象、交流和员工参与程度。

通过图11-2，我们可以看出招聘工作在贴出招聘广告以前就开始了，招聘前期准备包括了一系列相互关联的步骤。

管理人员可以根据人员需求情况选择进行内部补充还是外部招聘，两者各有利弊。内部招聘多用于初级或中级管理人员的选拔，其好处有以下几点：

（1）改变晋升员工的精神面貌。

（2）改变为自己找发展机会的员工的态度。

（3）由于管理人员对应聘者非常熟悉更有助于他们选择合适的人选。

（4）一个人的提升有助于较下层职位一系列人的提升，可以形成企业的内部职业阶梯。

（5）比外部招聘省钱。

（6）降低培训费用，因为高层员工的培训比低层员工培训要复杂。

内部补充本身也有弊端，如：

（1）"近亲"提拔，一段时期以后企业内部就难以有新思想了。

（2）会造成有的员工踩着别人往上爬的风气。

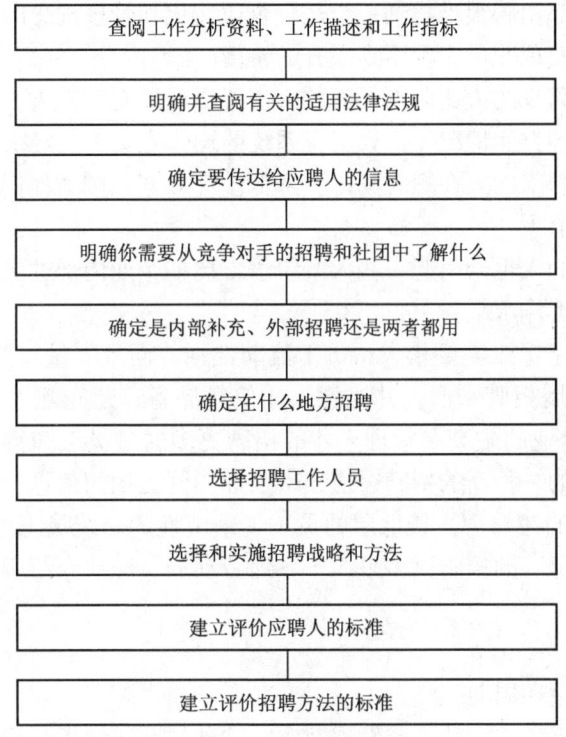

图 11-2 招聘前期准备过程

（3）会滋生裙带关系，经理或主管的朋友或亲戚得到了提拔。

（4）如果一部门内的空缺由其他部门的人填补，会造成部门之间的矛盾。

景区的初级员工一般多通过外部招聘进行，尽管比内部招聘要费钱，但外部招聘还是有很多明显的优势，主要有以下几点：

（1）为企业带来"新鲜血液"和新思想。

（2）通过和从直接或间接的竞争企业来的员工的交谈可以给招聘工作人员一个了解外部世界的机会。

（3）重新审视自己所处企业的机会，这有时会增加现任员工对企业的自豪感。

（4）有时可以省去培训开支。

（5）少了很多内部补充可能会引起的内部纠纷。

（6）是企业的一种广告形式，报纸广告、招贴画、路牌标板、招聘会演说等都能提醒公众注意企业及企业的产品服务。

和内部补充一样，外部招聘也有一些弊端需要注意：

（1）通过外部招聘很难找到一个适合企业文化和管理理念的人。

（2）可能会使现职员工看不到提升的希望。

（3）外部招聘来的人比内部补充的人需要更长的时间熟悉工作，因为内部的人对整个企业的各方面情况（比如工资系统的运作之类）已经很熟悉。

（4）外部招聘来的人在短时间内会降低生产效率，因为他们不可能像内部补充的人那么快地上手。

（5）用外来的人也会引起一些人事纷争，比如企业内部的员工自认为完全可以达到外来者的工作水平。

景区企业由于员工需要量大，员工流动性强，而且大量需要季节性临时工，因此必须不断拓展招聘来源，并注意人才信息储备，建立起人力资源信息系统（HRIS）。景区企业的中高级管理人才的招聘更多通过员工和猎头推荐。网络招聘是近年来出现的一种新的招聘渠道，事实证明网上招聘信息的发布的确能吸引一些中高级人才的注意力。较低层的员工、季节性的一线员工（如保安、保洁、收款员、检票员等）的招聘更多来源于各地劳动局、职业介绍所、职业技术学校和各类招聘会。

5. 培训

培训是一个循环周期。

第一阶段始于需求评估，或发现问题，这种问题通常指期望结果与实际行为之间存在差距。景区企业中，这种差距可能有很多形式，如客人投诉服务、景区的清洁程度、购票等候时间过长等都是这种差距的反映。但不会有客人告诉我们问题出在哪里。大部分培训不是由于客人的抱怨而是根据经理或雇员的判断进行的。

第二个阶段是明确培训目标。在这个阶段，经理要确立培训的目标，不同的情况下会有不同的目标，有的是为了改进服务，有的是为了提高劳动效率压缩成本。

第三个阶段是培训标准，指经理用于衡量培训有效性的标准。这些标准实际上就是考察参加培训的人培训是否合格的标准，一般达到标准就可以算培训通过了。

第四个阶段选择受训人。受训人可以是新员工、潜在员工或现在的员工，不论哪一种情况，经理都必须认真挑选参加培训的人。

第五个阶段是预测雇员，了解其知识、技能或能力的基础是否适于培训。这种测试的结果可以作为对培训计划的有效性进行评价的依据。

第六个阶段是选择合适的培训方法和技巧。选择的根据是培训的目标、标准和员工现在的水平。

第七个阶段是实施培训。这个阶段的关键是依事先的计划行事，经理一定要按照周期所有的步骤完成后才能实施培训。

最后一个阶段是培训评估。这是很多前面几步都做得很好的企业很容易忽视的一步，不能有效地对培训是否达到了预期目标进行评估。

企业的培训一般分为新员工入职培训和常规的员工在职培训，其中前者主要是让员工了解企业、企业的规章制度和企业文化，更快地融入企业人际氛围中。由于景区企业的经营季节性较强，每次旺季之前都增加大批新员工，经过短期培训就投入到实际工作中去，因此景区企业的入职培训是非常重要的，而且要求较高，要能让新员工很快熟悉环境并能胜任应聘的工作。

常规的员工在职培训更主要的是为了提高员工的服务水平和工作技能水平，为员工架设事业阶梯。景区企业所共同面临的一个问题是员工流动率高、稳定性差，虽然工资低、工作季节性强是一些客观原因，但工作缺乏事业发展阶梯也是一个重要的原因。景区企业中大部分员工为一线服务人员，管理职位非常有限，只有少数的管理人员，大部分一线员工可能长年从事同样的工作，难免会产生厌倦心理，而有效的培训能为员工树立新目标，激励员工迎接新挑战。根据培训的结果为员工设立技术能力等级制，并与报酬挂钩，形成一个晋升阶梯。经常性的员工在职培训也是打造学习型企业的重要手段。

第二节　财务管理

在绝大多数景区中，财务管理都是企业战略的核心。财务管理就是保证企业有足够的资金，维持景区的日常运营，并确保资金的合理使用，使企业达到自己的财务目标。财务管理是一个含义宽泛的词，包括了与总的财务资源管理有关的许多功能。这些功能包括财务计划、财务控制、管理会议、成本会议和财务报告。

财务计划决定将如何利用景区的财务资源。

财务控制保证景区财务资源的有效利用，防止浪费。财务控制还涉及财务安全问题，确保财务账目正确，杜绝盗窃现象。财务控制的操作程序严密，有一系列的系统和程序。

管理会议是提供成本、营业额、资金流动等数据的管理信息系统，是企业决策的基础。

成本会计，顾名思义是指景点固定成本和可变成本结构的分析，涉及成本在各个成本中心间的合理分配。

财务报告是景区将一年的财务情况向利益相关者（董事会、投资人或监事会）汇报的正式程序。私营景区的财务报告通常的形式是年度报告加账目明细。财务报告的两个主要部分是：资产负债表，会计年度结束时，以资产和负债形式概括景区的财务状况；资金损益表，概括会计年度景区的收入与支出。

国有景区和私营景区有不同的财务目标。私营景区追求利润、收入最大化，尽量降低成本，最大程度利用景区资源以实现财务指标；而国有景区的财务目标包括保持资金流畅，价格要以社会的可接受性为准（低于市场可接受价格），通过有效运营降低成本，保证资金运转不超出政府预算范围。

一、财务预算

无论景区有什么样的财务目标，预算都是财务管理中的重要构成，预算期一般以财务年度为准。预算的主要功能包括：

（1）预算指导日常财务管理；

（2）预算是企业经营评价的基础；

（3）景区可以用预算影响银行和拨款机构等。

预算有两种类型：资本预算和收入预算。资本预算用于大件设备的购买或大项目的实施，也就是说用来进行一次性支付，如添置新的游客设施、景区维修维护等。资本预算是长期的，可以长达10年，而收入预算的期限一般为一个财务年度。收入预算涉及一年内的支出和收入，包括景区的经营成本和营业性收入，也包括景区年底利润和盈亏状况。收入预算的项目见表11-1。

表11-1 收入支出预算列项表

收入	支出
门票、景区内游乐设施收入、食品饮料销售、纪念品和其他商品销售、出租场地、导游、特殊活动、房屋租金、特许经营权和租地经营权、拨款、赞助、设施使用费（如电视摄像）、咨询服务（如管理咨询）、专业知识提供服务	工资、经营成本（如保险额等）、培训、差旅补助、招聘、商品进货、设备、服装与工作服、擦玻璃、洗衣服等服务、运输、市场营销、维修、汽油、照明、供热、清洁、供水、行政管理、电话与邮资、租金、营业执照、偿还债务与贷款、税款、保险、折旧

为了提高决策的质量，目前经理们的通常做法是监控景区各部分的财务状况，而不是整个景区的财务状况。否则，一个经营不善的部分可能被整个景区良好的财务状况所掩盖。目前许多景区采取的方法是划分利润中心和成本中心。每一个中心都受到个别监控。利润中心是景区收入来源的主要部分，包括门票、餐饮零售和场地出租。成本中心则是景区成本支出的主要地方。

给景区的核算单位分派收入利润指标的工作相对较容易，但将整个景区的总成本分摊给每一个核算单位则是一件极其困难的事情。以一个景区商店为例，有些成本容易分清，如进货、工资等。但是，一些总的间接费用如管理费、偿还贷款费用等就不容易分摊给商店这样的核算单位了。对于这种情况，有3种不大成熟的方法可以用来决定商店应该承担的比例：

（1）依据商店员工或商店面积在景区总数中的比例。例如，如果商店雇用了景区员工总人数的1/4，那么它就应该承担1/4的总间接费用。

（2）依据商店收入在景区总收入中的比例。

（3）根据商店接待人数的数量在景区总接待人数中的比例。当然，如果商店仅接待了游客总数的1/10，或者商店也向不参观景区的人开放，那么分配成本的比例应该有所不同。

由于固定成本和可变成本的存在，使分派成本的工作进一步复杂化。固定成本，如保险金，是指那些数额不因游客的数量而变化的成本。还有一些成本是半固定的，如照明费用。而可变成本则随着游客数量的多少而变化，例如，零售店和饮食店购买纪念品和食品的成本。固定成本相对容易预测和分摊，但可变成本则困难些，因为可变成本易受突然变化的影响。

如果利润中心和成本中心是同一个的话，情况比较简单，因为管理者可以把它看作是一个小景点来监控。

我们一直在集中讨论年度预算问题。但景区所处的市场是高度季节性的，因此以周或月为单位的现金管理就变得非常重要，这样才能保证景区随时有足够的现金支付成本。因此，景区预算还应该包括一份现金流量表，以周或月为单位来说明现金何时流入，花费何时支出，通过这张表企业可以了解何时现金充裕，何时现金不足，这样企业就可根据情况决定何时购买产品或服务。

预算制定过程包括几个步骤：

（1）评估现有预算方案，因为大多数预算是在旧预算的基础上加以改动的，而且当年的预算是以前一年的预算为蓝本的。

（2）根据以往的经验和未来规划需要，在部门内和部门间讨论对预算可能要做的修改。

（3）依据目前的主要限制，如投资者要求的投资回报率、政府投入额发生变化等的影响，复核预算案。

（4）批准预算。

（5）通过预算控制实施预算。

（6）监测预算执行情况，确认变化因素，采取补救措施，或修改预算。

制定和实施景区预算是一项比较艰巨的工作，因为：

（1）制定预算时的通常做法是依据过去的经验和先例，但这种做法在变化剧烈的景区业中不是十分有用，因为在这个行业中，未来很少是过去的重复。

（2）在一个不稳定的市场中，很难预测未来，比如制定预算必须依靠的门票收入额度就很难预测。因此需要有应急计划，来帮助预算处理预测与实际之间的差异。

（3）影响预算的许多因素不是景区所能控制的，如某项立法可能大幅度增加景区的税收或减小市场，而一个主要设备突然出现故障，会一下子大量增加维修费用。

解决这些问题的最理想办法就是零预算，每年都被视为新的开端，尽管在实际工作中企业有些限制是每年不变的，如固定成本、偿还债务等。

二、景区收入来源

景区可以通过很多方法增加收入，下面介绍几种景区主要的收入渠道。

（一）吸引更多的游客

促销活动和特殊的主题庆典活动是在短期内吸引游客、提高游客回头率的主要方法。促销最主要也最有效的方式就是价格促销，主要的价格促销方法有：淡季降低票价、向低收入者如学生/离退休人员让利、低价位的团体票、打折促销（买一送一、家庭票等）、门票增值（含免费停车、增加门票包含项目、赠送饮料等）。显然只有在需求有弹性时，这些价格促销方法才会奏效，所幸的是对景区的需求大都是有弹性的。

关于价格，景区需要做出的一个关键决策是采用一票通制还是门票不含园内设施收费的价格制度。目前人们对这两种收费方法有不同的看法，大部分游客对后一种做法不满意，但没有事实证明这种做法会导致游客做出不再来景区的决定。

另外需要说明的一点是，价格促销通常不会增加总游客数量，而是在淡季时刺激需求，或鼓励某一个细分市场，如家庭市场。景区愿意吸引这部分市场是因为他们在景区内有"二次消费"的倾向。

（二）增加游客在景区内的消费

大多数景区的门票收入仅占总收入的一小部分。更多的收入来自景区内为游客提供的其他消费机会。

1. 纪念品零售

假如商店能提供顾客想要的东西，商店就可以成为增加游客消费的一个主要方面。一般来说，带有景区主题的商品比较受欢迎，如博物馆展品的复制品、画廊绘画作品的印刷品等。商店也可以出售一些游客通常想买的商品，如特色食品、工艺品或礼品文具等。商店中的商品应该适合来自不同细分市场的游客的品位和购买力,从购买贵重物品的海外旅游者到想用点零钱买支铅笔作纪念的小孩。景区商店如果想达到收入最大化,成功的关键是要保证存货周转得快而不是让货物在架上积满灰尘,或挑选利润高的商品。

2. 餐饮

餐饮的经营状况与游客在景区逗留的时间和一天中游客最多的时间密切相关。景区内的主要餐饮供应点有咖啡冷饮店和餐厅,可以供游客坐下来边休息边用餐,这种店铺的经营目标应该是向顾客提供高质量、利润大的食品与饮料,但要注意不能定价过高,否则游客会自备食物。食品亭和流动食品售货车也是景区内常见的餐饮供应点,可以满足游客边走边吃的习惯。

3. 导游服务

尽管导游需要人手多、成本高,但仍不失为一种潜在的收入渠道。许多景区都采用两种人力成本较低的方法替代导游员:一是游览指南,游客可以按指南自己游览;二是录音导游,游客用立体声耳机听录制好的导游词,但是语音导游的管理与控制是很费时间的。

4. 场地出租

吸引企业用户付费租用景区独特的环境已经越来越成为一种重要的景区创收渠道。具体做法有多种形式:

(1)出租房屋与场地举办研讨会、会议和展览。

(2)为企业举办招待活动,如会议晚宴、晚间招待酒会等。

(3)利用独特的景区环境展示新产品,拍摄具有视觉冲击力的特殊背景广告片。

(4)为影视作品拍摄提供外景地。

这些企业用户一般付费较高,而且有助于景区充分利用淡季或不开放时间(如晚上)获取额外的收入。

(三)其他创收渠道

景区为了增加收入还可以从很多其他方面寻求收入。

(1)房屋租金:出租景区场地内的商店或柜台,收取一定数额的租金。

(2)特许经营权:游乐场的游乐设施和景区内餐饮店通常以这种方式经营。租地营业的租金数额不固定,根据销售情况提成抽头,因此景区必须从租赁方得到准确的账目,以保证收到应收的租金。景区还必须对特许经营者和租地营业者严加控制,保证他们的质量与景区的产品相一致。

(3)咨询服务:景区可能会向其他景区提供咨询服务,或者说是管理输出。深圳"华侨城"景区就曾做过这方面的尝试,如深圳"世界之窗"为苏州乐园的员工进行培训并收取一定的费用,"锦绣中华"向广东省内景区"三水荷花世界"

输出管理。

（4）赞助：景区可以利用自己的人流密集和游客集中的优势吸引一些商家出资出物赞助一些活动，商家可以借此推出新产品，提高自己在游客市场群体中的知名度。

（四）最大限制地利用人力、场地和财务资源

景区的固定成本很高，无论每天的游客数量是 10 人还是 1000 人，景区需要支付的成本都差不多。因此，景区必须尽最大可能利用各种资源，特别是员工和场地。

对于很多景区来说，最大的问题是在游客很少的淡季，员工和场地都得不到充分的利用。因此管理者面临的最大挑战是如何在淡季吸引更多游客。达到这一目标的普遍做法是举办特殊活动来吸引那些本不会来景区的游客。

很多景区的开发和经营成本昂贵，但每天能接待游客的时间只有白天的八九个小时，其他时间基本是闲置，为此晚间的活动和晚间出租场地是非常重要的。

设法充分利用景区的人力和场地不仅能优化景区资源的利用、大幅度相对减少固定成本，而且这种活动还可以丰富员工的工作，提高他们工作的成就感和满意度，从而侧面刺激他们的工作积极性。

成功的景区一般拥有合理的市场组合，不过分地依赖某一部分市场，这可以提高企业的市场抗风险能力。企业一方面必须在旺季将重点放在最有利可图的市场上，如企业接待、家庭游客；另一方面要在淡季尽量吸引不那么赚钱的游客，如学校团体和老人团，这需要复杂的营销技巧和精明的价格政策。

三、成本控制

成本的控制与削减是景区利润最大化的一个关键部分，但这是一个比创收更复杂困难的问题。

（一）人员成本

从用人的角度讲，成本控制与削减包括两个方面，即提高劳动生产率和尽可能减少员工人数。提高生产率可以通过员工"能力多元化"来实现，即培训员工胜任多种工作而不仅仅是一种。这样他们就可以被派往景区内其他岗位代替休假的员工，或者从景区内比较清闲的岗位调到较忙的区域。另外一种做法是，可以培训员工担当一个区域内的所有工作，包括维修。比如，负责在入口处收票的员工，也接受在商店或咖啡厅服务的培训，而另一些员工可以学习掌握一些日常的维修工作，这样就满足了景区雇用专业维修工人的需要。提高生产率的关键在于保持员工忙碌的状态，即使在游客不多的时候也如此。

降低劳动力成本有若干种方法：

（1）雇用较少的员工。

（2）雇用临时工，不用正式工，这样淡季时可以让他们休息，或者大幅度减少他们的工作时间。

（3）减少培训支出。

（4）降低员工工资。

（5）将某些工作承包出去，这样景区只在需要时支付这项工作的开支，而不用雇用专人。

上述方法的执行可能会带来一定的副作用，可能会降低员工的士气，甚至导致服务质量的下降和更高的员工流动率，因此实施时要谨慎权衡利弊。

（二）采购

景区应该采取措施控制和减少零售店和餐饮店进货的成本：

（1）大批量购进周转快的商品以得到最好的购入价。

（2）定期审查供应商，通过他们之间的竞争来保证得到最好的价格。

（3）只要可能，景区应该以"代销"形式进货。这样，即使商品卖得不好，景区除了退回货物的费用和隐性存货成本外，没有其他费用损失。

（4）采用"即需即送（JIT）"送货机制，节省景区的仓储费用。

（5）尽量推迟交款日期，在保障景区在供应商中的信誉的同时能有助于现金流动。

（6）通过安全措施尽量减少丢失。

（7）通过明智的选购、良好的储存和每天适量的新鲜食品减少食品浪费。

其他日常费用中可控制和节省的方面还有：

（1）降低电话费、邮资等通信费用，采取积极的措施监控员工的使用情况，并让员工知道对他们的监控。

（2）削减水、电、煤气等的使用费用，教育员工建立节约能源的意识。

（3）引入保护能源措施，调整景区的总能源成本，如研究能源重复利用的可能，通过加强建筑物的隔热功能降低能源消耗。

（4）出售无用资产，减轻景区负担。

（5）如果租用比一次性购买便宜的话，尽量租用设备。

（6）争取各种形式的赞助。

（7）在不损害员工和顾客安全的情况下，推迟计划的常规维修和装修。

（8）重新安排偿还贷款的时间表。

（9）在淡季缩短开放时间或减少景区内开放的项目。

在成本控制方面，景区管理者需要注意以下四点：

第一，削减成本可能会影响景区提供服务的质量，进而导致将来游客数量下降，因为第一次游览不满意的游客可能不会再来了。如减少收费处的员工可能会使游客排长队等候，推迟景区某部分的重新装修可能会使景区显得破败、缺乏有效的管理。

第二，大多数景区的固定成本相对较高，大大限制了削减成本的范围。无论景区一天的游客是20人还是2000人，员工都要照常上班，游乐设施要照常运转，景区需要准备食品和服务。进一步说，由于景区游客很少提前预订，由于游览会受到许多不可控制因素的影响，如天气，景区不可能准确预测实际的需求，这使得资源计划十分困难。

第三，景区的许多成本不是景点经营者所能控制的，例如：

（1）税赋。

（2）雇用劳动力的间接成本，如保险。

（3）卫生安全和食品安全等法规要求交纳的费用。

（4）影响贷款偿还的利率。

（5）折旧，这对于必须跟上潮流的企业来说是一项很大的成本。景区内的一些设施，在运行状况良好的情况下就必须更换，因为对游客已经没有吸引力了。

第四，削减成本费用必须有成本效益，如果派人整日监控电话使用情况，而只节省很少的费用（不及增加一个人的工资），那么这样做就是愚蠢的。同样，如果严格控制员工的行动，降低了他们主动采取行动为景区增加收入或降低成本的积极性，那么这种做法就没有意义了。

因此大幅度减少成本往往是困难和危险的，因此管理者在处理这个问题时应采取务实的态度，同时应把利润最大化的重点放在增加收入上而不是控制成本上。

本章小结

人力资源管理和财务管理属于企业价值链中的支持型企业行为，即为企业的一线部门提供服务的行政管理部门。企业的管理效率和管理水平较集中地反映在这两方面的管理上，是企业挖掘自身潜力，向管理要效益的重点方向。

思考与练习

1. 人力资源管理与人事管理有什么区别？
2. 根据你的经验和对本章的理解，简述人力资源管理对于旅游景区管理的重要性。

3. 景区企业人力资源管理一般会遇到哪些问题？

4. 景区企业人力资源管理包括哪些主要内容和环节？

5. 景区企业主要收入来源有哪些？

6. 景区企业主要成本支出有哪些？

7. 景区企业应如何控制成本和预算？

8. 考察和了解本地一家旅游景区企业，试为该企业的增收或节支提几项建议。

第十二章 我国旅游景区发展的现状与趋势

本章导读

自1978年实行改革开放政策以来，特别是在21世纪初不到10年的时期内，我国旅游景区得到了迅猛的发展，呈现出强劲的发展后劲。本章简要地阐述了我国旅游景区的发展现状与存在的问题，并展望了我国旅游景区的发展趋势。

第一节 我国旅游景区发展现状

我国是世界上旅游资源最丰富的国家之一。从自然旅游资源看，国土面积辽阔，资源种类齐全，气候条件多样，地貌成因复杂，生态类型多样，景观形态丰富，在世界上是独一无二的；我国又是四大文明古国中唯一文脉未曾中断，文化薪火相传至今的东方大国。拥有5000年以上的灿烂文明，物质文化遗存和非物质文化遗产数量之巨也是举世无双的。这些都构成了我国旅游景区向世界一流目标发展的物质基础，为建设我国旅游强国奠定了较为坚实的基础。

一、旅游景区基本情况与问题

据原国家旅游局的统计，2016年全国约有各类旅游景区2万多家，通过对1871家景区（包括A级和非A级景区）的抽样调查推算，全国景区营业收入约为712.47亿元，同比增长了18.24%；利润69.53亿元，同比增长了89.35%。2016年全国旅游景区利润率达9.76%，是近五年来最高的。但从区域分布来看，东部地区并无明显优势，且历年增长不稳定，波动起伏较大（表12-1）。

第十二章 | 我国旅游景区发展的现状与趋势

表12-1　2007-2016年全国各省区旅游景区利润率情况

单位：%

省市	2007	2008	2009	2011	2012	2013	2014	2015	2016
合计	8.70	11.30	11.74	9.23	8.50	7.08	6.28	6.09	9.76
北京	-4.03	-5.98	2.77	-6.41	-4.23	-9.03	1.22	-3.21	7.54
天津	3.69	-6.52	-12.29	1.99	4.89	7.17	6.80	-20.75	-25.15
河北	6.57	9.99	10.52	6.75	-23.73	-17.18	-48.36	-38.24	5.95
山西	2.07	-0.94	0.65	-23.74	-40.43	-14.61	-32.80	-45.99	-13.67
内蒙古	16.06	24.83	5.57	-0.63	8.20	-5.07	-10.22	-6.15	-30.35
辽宁	10.43	17.46	5.20	20.00	5.07	3.42	-12.30	-0.46	32.85
吉林	9.90	20.68	19.15	-6.76	-16.04	-1.03	0.37	-17.83	3.41
黑龙江	4.52	36.26	18.47	4.85	6.38	-13.59	-8.79	-30.39	4.74
上海	16.35	11.57	49.98	7.26	14.34	16.46	10.81	11.79	24.79
江苏	4.70	6.44	6.58	-9.39	-13.78	-10.68	1.13	-15.25	4.88
浙江	8.01	16.06	20.02	17.52	14.99	10.94	2.71	9.20	-0.99
安徽	1.19	-257.14	0.00	16.87	9.70	3.86	11.62	7.04	-9.96
福建	-1.38	17.02	15.56	31.03	6.95	7.41	12.65	-3.94	5.42
江西	21.04	6.16	3.79	33.99	15.60	4.33	4.64	3.86	6.17
山东	14.41	9.97	0.00	10.71	12.22	9.17	0.77	17.58	14.25
河南	12.43	15.93	10.63	7.66	9.78	13.52	7.75	12.52	8.18
湖北	10.32	14.12	36.24	9.63	13.91	10.15	11.33	4.92	13.05
湖南	10.10	4.94	18.78	13.73	14.87	10.28	15.39	16.31	29.83
广东	15.08	16.42	12.60	14.43	16.90	22.19	15.14	18.28	9.96
广西	14.56	10.73	13.02	11.17	13.93	-5.69	2.40	11.75	9.47
海南	18.90	36.13	36.48	22.09	30.43	27.11	30.97	27.57	34.95
重庆	2.44	3.52	6.14	-4.43	2.29	3.84	-2.75	-10.69	-1.45
四川	6.90	7.65	3.46	12.80	-0.63	3.87	10.36	10.26	8.35
贵州	3.20	9.68	13.69	9.06	-4.29	-3.58	4.23	4.96	-22.25
云南	3.13	10.85	1.46	15.67	18.28	13.19	10.92	5.93	-3.25
西藏	4.78	42.30	18.57	—	—	—	—	—	—
陕西	14.99	—	1.83	-31.96	15.05	7.54	8.76	12.82	-3.27
甘肃	132.43	-0.94	-0.12	8.45	3.42	7.83	1.22	16.17	27.85
青海	12.02	30.73	14.68	-82.25	-85.16	-18.70	-73.40	-69.62	-31.33
宁夏	14.84	20.79	18.56	21.93	26.09	23.90	20.02	16.24	11.61
新疆	12.99	11.63	18.49	19.64	6.18	9.36	-5.28	5.38	7.19

注：2011年《中国旅游统计年鉴（副本）》中，未对旅游景区进行统计，故缺2010年的统计数字。

资料来源：历年《中国旅游统计年鉴（副本）》，原国家旅游局。

二、旅游景区基本情况与问题

2017年共有A级景区10806家，其中5A景区250家，3A景区数量最多，达4815家，占到A级景区总数的44.56%。景区的等级与平均接待人数呈明显的正相关关系，尤其是5A景区超过了其他A级景区之和（表12-2）。

表12-2 2017年全国A级旅游景区数量和接待人数统计

单位：家，%，万人

景区等级	景区数量	增长率	接待人数	平均接待量
5A景区	250	10.13	94 900	385.79
4A景区	3272	7.84	261 900	86.70
3A景区	4815	17.10	140 100	34.37
2A景区	2358	0.51	42 000	20.76
1A景区	111	5.71	600	7.91
总计	10 806	10.00	539 500	49.93

资料来源：据文化和旅游部资源开发司，《2017年中国旅游景区发展报告》整理而成，下同。

自2011年起，原国家旅游局规划财务司开始每年度发布《中国旅游景区发展报告》，并建立了A级景区数据库，2017年由文化和旅游部资源开发司继续发布，入库的景区数量已增加到了9450家，占A级景区总量的87.5%，数据库景区信息较一般的抽样统计和问卷调查更具有代表性和真实性，表12-3至表12-8的统计数据都是来自基于景区数据库而发布的《2017年中国旅游景区发展报告》，由此可了解全国旅游景区的年度发展概貌。

2017年全国A级旅游景区中休闲娱乐类数量最多，亚类中也是以度假休闲数量占首位，其次是乡村旅游（表12-3），这也从一个侧面看出目前我国旅游景区业正处于结构转型阶段。但休闲娱乐类和亚类中的度假休闲和乡村旅游的旅游总接待量和平均每个景区的接待量都较低（表12-4），没有形成规模效应。从总体上看，仍处于发展的初级阶段。

表12-3 2017年全国A级旅游景区类型统计

景区大类	数量（家）	比例（%）	景区亚类	数量（家）	比例（%）
自然景观类	2503	26.48	森林景观	1097	11.61
			河湖景观	675	7.14
			地质遗迹	731	7.73

续表

景区大类	数量（家）	比例（%）	景区亚类	数量（家）	比例（%）
历史文化类	2914	30.84	古村古镇	356	3.77
			文化遗迹	942	9.97
			文博院馆	698	7.39
			红色旅游	471	4.98
			宗教文化	447	4.73
休闲娱乐类	3480	36.83	主题游乐	439	4.65
			度假休闲	1616	17.10
			乡村旅游	1122	11.87
			城市公园	186	1.97
			商贸旅游	117	1.24
其他类	553	5.85	其他	553	5.85
总计	9450	100.0	合计	9450	100.0

表12-4　2017年全国A级旅游景区游客接待量统计

景区大类	接待量（亿人次）	比例（%）	平均接待量（万人次）	景区亚类	接待量（亿人次）	比例（%）	平均接待量（万人次）
自然景观类	15.96	29.58	63.76	森林景观	6.42	11.90	58.52
				河湖景观	5.18	9.60	76.74
				地质遗迹	4.36	8.08	59.64
历史文化类	17.90	33.19	61.43	古村古镇	3.17	5.88	89.04
				文化遗迹	7.12	13.20	75.58
				文博院馆	2.48	4.60	35.53
				红色旅游	2.62	4.86	55.63
				宗教文化	2.51	4.65	56.15
休闲娱乐类	18.07	33.49	51.93	主题游乐	3.73	6.91	84.97
				度假休闲	7.70	14.27	47.65
				乡村旅游	4.17	7.73	37.17
				城市公园	1.62	3.00	87.10
				商贸旅游	0.85	1.58	72.65
其他类	2.02	3.749	36.53	其他	2.02	3.74	36.53
总计	53.95	100.00	57.09	合计	53.95	100.00	57.09

从旅游景区的收入看，景区等级与收入也呈明显的正相关关系，尤其是5A景区，平均收入是4A景区的10倍以上（表12-5）。这说明5A景区作为最高等级的旅游景区具有很强的竞争优势，也说明了5A景区的品牌效应、市场影响力和品牌含金量，以及各地都非常重视创建5A景区的原因。

表12-5　2017年全国A级旅游景区收入统计

景区等级	景区总收入（亿元）	比例（%）	增长率（%）	平均收入（万元）	增长率（%）
5A景区	1692.90	39.01	11.60	68817.07	2.98
4A景区	1911.36	44.04	13.15	6326.91	5.62
3A景区	568.92	13.11	15.41	1395.44	−1.12
2A景区	162.93	3.75	5.12	804.59	5.32
1A景区	3.72	0.09	−6.53	459.26	3.85
总计	4339.83	100.00	12.48	4592.41	3.07

此外，从景区投资上也可以看出，资本的投入与景区等级也呈明显的正相关关系，5A景区平均投资额是4A景区的1倍多，是3A景区的7倍多（表12-6）。这一方面由于5A景区的硬件设施需要较大的投入，另一方面也说明资本市场非常看好5A景区。

表12-6　2017年全国A级旅游景区建设投资统计

景区等级	投资总额（亿元）	增加额（亿元）	增长率（%）	比例（%）	平均投资额（万元）
5A景区	384.72	57.32	17.51	11.76	15639.02
4A景区	1841.49	235.22	14.64	56.29	6095.63
3A景区	894.58	121.94	15.78	27.34	2194.21
2A景区	149.32	−7.62	−4.86	4.56	737.38
1A景区	1.49	0.10	7.19	0.05	183.95
总计	3271.60	406.96	14.21	100.00	3462.01

从A级旅游景区的收入结构看，门票收入只占总收入的22.80%（表12-7），并呈逐年下降趋势，餐饮收入的比例已超过门票收入，商品收入和住宿收入比例紧随其后。从总体上看，A级旅游景区已经摆脱了门票经济，景区业态也日趋多样。

表 12-7　2017 年全国 A 级旅游景区收入构成

收入类别	景区收入（万元）	比例（%）	收入增长率（%）
门票收入	989.60	22.80	9.20
商品收入	890.04	20.51	14.38
餐饮收入	1111.63	25.61	12.09
交通收入	348.74	8.04	6.82
住宿收入	811.60	18.70	12.68
演艺收入	88.96	2.05	17.78
其他收入	99.26	2.29	65.79
合计	4339.83	100.00	12.48

旅游景区运营主体成分较复杂，有些是行政单位，或者是地方政府的派出机构，如景区管委会等，这类景区往往是自然资源类的，如国家森林公园或地质公园，或世界遗产、国家级文物保护单位等；还有些是事业单位，甚至是非营利性的，需财政补贴，这类景区具有公益性特点，多数免收门票，如红色旅游纪念地、博物馆等。运营主体的多元化与景区等级也称呈明显的正相关关系，5A 景区的行政单位和事业单位的占比最高（表 12-8），受资源禀赋的影响，有些景区产品具有一定的天然垄断性，不能成为一个完全充分竞争的市场。

表 12-8　2017 年全国 A 级旅游景区运营主体统计

景区等级	行政单位		事业单位		企业		部队		总计	
	数量	比例	数量	比例	数量	比例	数量	比例	数量	比例
5A 景区	25	10.16	82	33.33	139	56.51	0	0.00	246	100.00
4A 景区	67	2.22	880	29.13	2073	68.62	1	0.03	3021	100.00
3A 景区	132	3.24	991	24.31	2952	72.40	2	0.05	4077	100.00
2A 景区	62	3.06	547	27.01	1416	69.93	0	0.00	2025	100.00
1A 景区	2	2.47	15	18.52	64	79.01			81	100.00
总计	288	3.05	2515	26.61	6644	70.31	3	0.03	9450	100.00

第二节　景区的经营开发模式

据彭德成（2003）研究，我国旅游景区的经营模式可依托以下四个方面的因素来考虑：一是旅游景区经营主体的市场化程度；二是旅游景区经营主体的所有制性质；三是旅游景区及其经营主体的行政隶属关系；四是旅游景区的所有权、经营权、资源保护权和开发权之间的权属关系。根据这四个方面，我国旅游景区主要可以分为以下六种经营模式：

（一）旅游景区复合经营模式

旅游景区复合经营模式实施的是非企业经营模式，经营主体是景区管理机构。该复合经营模式又分为兼具旅游行政管理的网络复合经营模式和兼具资源行政管理的复合经营模式，两者的不同之处在于前者是景区管理机构与当地旅游局合并，而后者则是景区管理机构与当地某一资源主管部门合并。在该模式中，景区管理机构对外兼具所有权、经营权、开发权和保护权，"四权"统一，而内部却在管理职能、经营职能、开发职能和保护职能上由不同的部门或机构承担，该模式是我国早期的景区经营管理模式，它将在旅游景区的市场化进程中逐渐被淘汰。

（二）旅游景区自主开发模式

旅游景区的自主开发模式也是由景区管理机构作为其经营主体的一种非企业经营模式。在该模式中，景区的经营权、管理权、开发权和保护权互不分离，景区管理机构既是景区所有权的代表，又负责景区的经营、开发和环境保护。根据景区管理机构隶属的不同部门，该经营模式可分为隶属旅游主管部门的自主开发模式和隶属资源主管部门的自主开发模式，前者景区主管部门隶属于当地旅游局，而后者则隶属于当地建设、园林、文物等旅游资源管理部门。在这一模式中，旅游景区的经营主体总体上以市场为导向，以谋求旅游景区的发展为自己的主要目标。

（三）旅游景区国有企业经营模式

旅游景区国有企业经营模式又可分为隶属于国有旅游企业集团的旅游整合开发经营模式、隶属于地方政府的国有企业经营模式和隶属于政府部门的国有企业经营模式。三种经营模式的共同特点是旅游景区的经营主体均是国有全资企业，而不同之处则是所有权分别隶属于相应的国有企业集团、当地政府和政府的有关部门，国有企业经营模式的最大特点是旅游景区的所有权和经营权是分离的，而资源开发权与保护权则是统一的，景区经营企业既负责景区资源的开发，又负责景区资源的保护。

（四）旅游景区整体租赁经营模式

旅游景区整体租赁经营模式是将旅游景区的所有权和经营权分开，由政府统一规划，授权一家企业较长时间（不超过50年）对旅游景区实施控制和管理，该企业可以组织一方和多方主体对景区进行投资，成片租赁开发，垄断性建设、经营和管理，并按约定比例由景区所有者、出资者和经营者共同分享经营收益。

旅游景区整体租赁经营模式是一种市场化经营公共资源的模式，该经营模式的主要特征是景区所有权和经营权有效分离，且由政府统一规划，对企业进行经营监督，而企业则长期进行垄断性经营，负责景区的开发与保护，并向景区管理委员会上缴景区租赁费，政府和企业各司其职，相互制约。该模式是20世纪90年代末期在中西部旅游资源充足而经济发展水平落后的地方率先产生并发展起来的，已得到了不断地完善。

（五）旅游景区股份制企业经营模式

旅游景区股份制企业经营模式是在旅游景区开发建设和经营管理资金不足情况下产生的，旅游景区为了筹集景区的开发建设资金，对景区进行股份制改造，由整体租赁经营发展而来的经营模式，即政府委托股份制企业独家经营旅游景区，或在景区经营企业的基础上新组建一家股份制公司，所有权归景区管理机构所有，但景区管理机构只行使景区经营与资源保护的监督管理权，或授权股份制企业较长时间地独家经营该旅游景区，而股份制公司则负责景区旅游资源的开发使用和经营管理，承担景区的开发、经营和保护职能，并向景区管理机构上缴租赁经营费。该经营模式的主要特征是所有权和经营权完全分离，开发与保护部分分离，从社会筹集大量资金进行景区的开发，对景区实行垄断的股份制经营和管理。

（六）旅游景区上市公司的经营模式

旅游景区上市公司经营模式是在股份制企业经营模式的基础上发展起来的，旅游景区经过股份制改造上市后，受景区管理机构的委托，代理景区内的一切经营业务，对旅游景区实施垄断性经营。与股份制企业经营模式相比，上市公司经营模式是典型的所有权、经营权、管理权和保护权"四权"分离，各尽其职的模式，它能够在较短的时间内募集大量社会资金为旅游景区经营管理所用，同时进行垄断经营，各职能部门相互监督，有效治理旅游景区，使旅游景区的经营管理更为规范化、企业化和市场化。

第三节　行业管理的制度创新

随着我国社会经济的转型，市场制度的逐渐建立健全，政府对于旅游行业的管理也由过去命令式的主导向指导性的引导和伙伴般的服务转变。

1995年，经国家标准化管理委员会批复，原国家旅游局成立旅游标准化专业机构——全国旅游标准化技术委员会（SAC/TC 210），主要负责旅游领域的国家标准编制和修订工作，对口国际标准化组织旅游及相关服务技术委员会（ISO/TC 228，简称"旅标委"）。旅标委由国家标准化管理委员会委托原国家旅游局负责领导和管理，委员由旅游行政管理人员、旅游专家及旅游企业的专业人员组成。

1998年，国务院在"三定"（定职能配置、定内设机构、定人员编制）中赋予原国家旅游局"拟定各类旅游景区景点、度假区及旅游住宿、旅行社、旅游车船和特种旅游项目的设施标准和服务标准并组织实施""制定旅游从业人员的职业资格标准和等级标准并指导实施"的职能。原国家旅游局设置质量标准处，专职负责全国旅游标准化的具体工作，同时承担全国旅游标准标委会秘书处的工作。

由于旅游业向更泛化的国民休闲业发展，2009年11月，经国家标准化管理委员会批复，成立了全国休闲标准化技术委员会（SAC/TC 498，简称"休标委"），主要负责传统特色休闲方式开发与保护、现代休闲创意与服务、主题休闲俱乐部服务、休闲节庆活动、休闲咨询服务等领域国家标准的制修订工作。

截至2017年底，原国家旅游局、旅标委和休标委主持或参与制定的旅游景区相关国家标准和行业标准共有42部，其中22部国家标准，20部行业标准（表12-9）。

表12-9　旅游景区相关国家标准和行业标准

标准编号	标准名称	备注
GB 26529—2011	宗教活动场所和旅游场所燃香安全规范	强制性标准
GB/T 26353—2010	旅游娱乐场所基础设施管理与服务规范	
GB/T 26354—2010	旅游信息咨询中心设置与服务规范	
GB/T 26355—2010	旅游景区服务质量指南	
GB/T 26361—2010	旅游餐馆设施与服务等级划分	
GB/T 26362—2010	国家生态旅游示范区建设与运营规范	
GB/T 26363—2010	民族民俗文化旅游区认定	
GB/T 26992—2011	主题公园服务规范	
GB/T 26356—2010	旅游购物场所服务质量要求	
GB/T 31383—2015	旅游景区游客中心设置与服务规范	
GB/T 31384—2015	旅游景区公共信息导向系统设置规范	
GB/T 30225—2013	旅游景区数字化应用规范	
GB/T 18973—2016	旅游厕所质量等级的划分与评定	
GB/T 17775—2003	旅游景区质量等级划分与评定	
GB/T 32339—2015	创意农业通用要求	
GB/T 32450—2015	特色农业 多功能开发与建设指南	
GB/T 26354—2010	海洋体验潜水服务规范	

续表

标准编号	标准名称	备注
GB/T 26358—2010	旅游度假区等级划分	
GB/T 31706—2015	山岳型旅游景区清洁服务规范	
GB/T 32941.1—2016	实景演出服务规范 第1部分：导则	休标委归口
GB/T 32941.2—2016	实景演出服务规范 第2部分：演出管理	休标委归口
GB/T 32941.3—2016	实景演出服务规范 第3部分：服务质量	休标委归口
LB/T 016—2011	温泉企业服务质量等级划分与评定	
LB/T 024—2013	旅游特色街区服务质量要求	
LB/T 025—2013	风景旅游道路及其游憩服务设施要求	
LB/T 034—2014	景区最大承载量核定导则	
LB/T 035—2014	绿道旅游设施与服务规范	
LB/T 037—2015	旅游滑雪场质量等级划分	
LB/T 042—2015	国家温泉旅游名镇	
LB/T 043—2015	高尔夫管理服务规范	
LB/T 045—2015	旅游演艺服务与管理规范	
LB/T 055—2016	红色旅游经典景区服务规范	
LB/T 046—2015	温泉旅游服务质量规范	
LB/T 048—2016	国家绿色旅游示范基地	
LB/T 049—2016	国家蓝色旅游示范基地	
LB/T 050—2016	国家人文旅游示范基地	
LB/T 051—2016	国家康养旅游示范基地	
LB/T 055—2016	红色旅游经典景区服务规范	
LB/T 063—2017	旅游经营者处理投诉规范	
LB/T 067—2017	国家工业旅游示范基地规范与评价	
LB/T 068—2017	景区游客高峰时段应对规范	
LB/T 070—2017	温泉旅游泉质等级划分	

在这42部与旅游景区相关的标准中，《旅游景区质量等级划分与评定》（GB/T 17775—2003）最受景区行业和社会各界的关注。早在1996年原国家旅游局从1996年开始着手编制管理旅游景区的标准，1999年6月14日由国家质量技术监督局颁布了《旅游区（点）质量等级的划分与评定》（国家标准GB/T 17775—1999），在此后几年的评定工作中，旅游景区评定工作积累了大量的经验。为进一步促进我国旅游景区的发展，总结评定工作的经验，原国家旅游局按

照景区发展的实际情况,对该标准进行了修改。2003年5月1日,国家质量监督检验检疫总局(原国家质量技术监督局)颁布了经修订后的《旅游景区质量等级的划分与评定》(GB/T 17775—2003),新标准在划分等级上和各级划分条件上都做了一定的修订。2005年7月6日,原国家旅游局又下发了新的《旅游景区质量等级评定管理办法》,并于2005年8月5日起施行。

(一) 制定标准的目的

制定标准的主要目的是为了加强我国旅游景区的经营管理,改善旅游景区的服务质量,提高我国旅游景区的企业竞争力,维护旅游景区和旅游者的合法权益,促进我国旅游资源的合理开发、利用和环境保护。

(二) 实行标准的作用

该标准的出台无论是对旅游景区,还是对广大的旅游消费者以及对旅游环境的保护和维护旅游业的可持续发展,都有着重要作用。其一,对旅游景区来说,质量标准加强了景区的品牌和质量保证,对旅游景区的开发利用以及经营管理活动实施了有效的监督和指导,增强了中国旅游景区的吸引力和国际品牌形象;其二,对旅游者来说,它有效地保护了旅游消费者的合法权益,旅游景区的质量标准是从旅游消费者的角度出发,对景区的环境、质量秩序和安全等方面制定相应的标准和规范,维护了消费者的利益,因此有着极大的向心力和权威性;其三,它能促进旅游环境的保护,该标准将对我国旅游景区开发建设中存在的景区环境破坏问题实施有效的监督和管制,力图杜绝破坏性开发、破坏性建设、污水排放和垃圾泛滥等现象,有效地促进旅游景区的健康发展;其四,该标准对促进我国旅游业的可持续发展也起到很好的作用,它顺应市场经济发展的要求,增强了我国旅游业的国际竞争力,是市场经济发展内在规律的要求,对我国旅游业实现2020年建设成"世界旅游强国"的目标起到了重要作用。

(三) 标准的主要内容

《旅游景区质量等级的划分与评定》标准适用于接待海内外旅游者的我国各种类型的旅游景区。凡在中华人民共和国境内,正式开业从事旅游经营业务一年以上的旅游景区都可申请参加质量等级评定。旅游景区质量等级共分为五级,从高到低依次为5A、4A、3A、2A、1A级旅游景区。景区评定标准主要涵盖如下一些基本方面:

(1)旅游交通、旅游景区游览以及旅游服务提供;

(2)旅游景区安全、景区旅游环境;

(3)旅游景区经营管理;

(4)旅游景区资源质量。

为了加强旅游景区质量等级评定工作的组织与管理,根据《旅游景区质量等级评定办法》，原国家旅游局成立了全国旅游景区质量等级评定委员会，负责全国旅游景区质量等级评定组织指导工作，并具体负责评定全国 5A 级和 4A 级旅游景区。各省、自治区、直辖市旅游局相应设立了地方旅游景区质量等级评定机构，负责本地区旅游景区质量等级评定工作，具体负责本地区 3A 级、2A 级和 1A 级旅游景区的评定，并向全国旅游景区质量等级评定委员会推荐本地符合条件的 5A 级和 4A 级旅游景区。旅游景区质量等级的标志、标牌、证书由国家旅游行政主管部门统一规定，全国旅游景区质量等级评定委员会负责颁发。

此外，与此类似的还有工农业旅游示范点、生态旅游示范区、旅游休闲度假示范区、优秀旅游城市、最佳旅游城市、旅游百强县等都是旅游主管部门在对旅游景区或旅游目的地履行行业管理职责工作中所做的有益的探索。

第四节 《旅游景区服务质量指南》解读

国家标准《旅游景区服务指南 GB/T 26355—2010》于 2011 年 1 月 14 日发布，并已于 2011 年 6 月 1 日开始实施，这是继《旅游景区质量等级的划分与评定 GB/T 17775—2003》后，发布实施的第二个旅游景区类标准，《旅游景区质量等级的划分与评定》虽然也涉及了服务质量要求，但考虑到等级评定的可量化和可操作性，主要侧重对旅游资源和旅游设施进行标准化和等级划分，《旅游景区服务指南》更多的是从服务质量和服务规范角度提出要求和建议。

一、标准制定的背景和意义

（一）标准制定的背景

我国旅游景区建设经过 30 多年的发展，已经开始走向成熟，特别是国家标准《旅游景区质量等级的划分与评定》的发布实施，有力地促进了旅游景区的资源开发和基础设施建设。但旅游景区的类型多样、成分复杂，主管部门又大多是各级各类行政管理部门，一些景区仍是事业单位，企业化和市场化程度较低，服务意识不强，旅游景区的服务质量一直为游客所诟病，特别是旅游高峰时期，为获取更多经济效益而片面追求接待规模，忽视服务质量的问题屡见不鲜，如何提高景区服务质量，一直是困扰旅游管理部门的难题。在这种背景下，国家旅游局提出通过制定《旅游景区服务指南》国家标准，来提升服务意识，规范服务流程，达到提升服务质量的目的。

（二）标准制定的意义

所谓标准，是"为了在一定的范围内获得最佳秩序，经协商一致制定并由公认机构批准,共同使用和重复使用的一种规范性文件",服务标准则是"规定服务应满足的要求以确保其适用性的标准"。制定服务标准的主要目的和意义在于通过规定标准化的服务流程,提高服务质量和服务效率。《旅游景区服务指南》主要从旅游者的角度,针对旅游者在景区游览过程中经常遇见的服务质量问题,规范了景区服务人员的仪表、服务态度、服务时效和服务流程,引导其提供更优质的服务,从而提高服务质量,维护旅游景区和旅游者的合法权益,全面提升旅游景区的服务水平,引导旅游景区服务业的健康发展。

二、《旅游景区服务指南》的要点

(一) 总体要求

《旅游景区服务指南》规定了旅游景区服务的基本内容、构成要素和质量要求。它是对所有运营和提供服务的景区提出的最基本的要求和建议。通过制定服务质量标准,完成对旅游者的服务质量承诺,提升服务品质,完善服务体系,在服务标准化的基础上,加强激励机制和监督机制的建设,通过组织有效的服务质量激励和培训来提升服务人员的服务质量意识,为可持续、游客满意的服务提供保证。

(二) 标准化对象

《旅游景区服务指南》以旅游者的景区游览流程为顺序,针对旅游者游览过程中经常遇到的问题,主要从四个方面进行标准化。

(1) 从进入景区开始到游览结束所需要的人员服务,包括停车场服务、售检票服务、入口服务、景区工作人员服务、导游讲解服务、交通服务、餐饮服务、购物服务、卫生保洁服务、咨询服务,等等。

(2) 对提供服务的设施的基本要求和管理要求:包括停车场设施和管理、售检票设施和管理、入口区设施和管理、游步道设施、交通通信设施、标识指引、游览和活动项目设施设备、餐饮设施和管理、购物服务设施、卫生设施如厕所和垃圾箱的设置,等等。

(3) 旅游者在游览过程中的安全管理:包括安全管理体系要求、特种设备安全、旅游景区治安、医疗救援等。

(4) 游客投诉处理和管理:包括投诉制度的建立、人员的配备、投诉的处理,等等。

三、标准化核心:服务质量的精细化

现代化的服务是在提供标准化服务的基础上体现标准核心的个性化服务和精细化服务。例如,麦当劳制定了一系列的服务标准,包括:食品质量控制、服务规范、形象识别、日常运营、人力资源管理、特许经营输出、突发事件的处理等,其核心标准就是QSCV（优质、服务、洁净、价值），正是这一系列标准的有效实施保证了麦当劳高效优质的服务。所以，旅游景区要提升软实力，就要在服务态度、服务仪表、服务时效、服务技巧、服务规范流程等方面进行标准化建设，形成标准化的服务体系，全面提升服务质量。《旅游景区服务指南》是精细化服务标准的一个开端，它首先在景区服务内部标准的细化与规范方面进行了尝试：

（1）在提出全体员工的总体质量管理和基本服务要求的基础上，细化了一线服务人员的服务职责、程序和规范。以停车场服务为例，第一条强调了职责：负责车辆的疏导、检查和看管，指挥车辆合理停放，保证场内道路畅通；第二条强调基本要求：明示收费标准，并提供相应的服务和管理；余下的是工作程序和规范：提醒司机关好车辆门窗，勿将贵重物品留在车内。若发现车身有损伤痕迹，应及时向司机说明和确认，并做好登记工作；做好巡视检查工作，提高防火防盗意识，确保场内车辆和公共设施的安全；发生车辆碰撞、刮蹭、损坏和丢失等情况，应立即报告有关部门，按相关程序处理。

（2）细分了不同岗位的服务人员的具体服务要求，如导游讲解员与景区其他工作人员的服务区分。作为最低标准，给出了景区各个岗位服务工作人员所需要达到的最低要求。

（3）细分了一线服务质量要求与设施服务管理要求。一线服务人员需要借助一定的设施才能提供服务，但设施设备的管理职责并不必然和一线服务质量要求联系，细分一线服务质量要求和设施服务质量管理要求，能够明确地区分各自的服务职责范围，能有效地促进服务质量的改进。

四、与《旅游景区质量等级的划分与评定》的对比分析

《旅游景区质量等级的划分与评定》主要从景区资源和设施的质量来进行旅游景区质量和等级的划分，《旅游景区服务指南》考虑到各个景区拥有资源和硬件设施的差别，淡化了对景区硬件设施的要求（表12-10），强调了在旅游服务质量和游客管理等方面的提升，引导旅游景区在服务质量上多下功夫，增强旅游景区竞争的软实力。

表12-10 《旅游景区服务指南》与《旅游景区质量等级的划分与评定》具体标准条款对比

	旅游景区服务指南（GB/T 26355）	旅游景区质量等级的划分与评定（GB/T 17775）
交通	停车场和交通服务的提供及其设施布局和管理的合理性、标识指引	可进入性、道路、停车场、交通工具等硬件设施的质量和合理性布局
游览	售检票服务、入口服务、景区工作人员服务、导游讲解服务，以及游览设施的设置和管理	游客中心、引导标识、公共信息资料和图形符号、导游持证上岗

续表

	旅游景区服务指南（GB/T 26355）	旅游景区质量等级的划分与评定（GB/T 17775）
餐饮	餐饮服务、设施和管理	—
购物	购物服务和服务设施	购物场所
卫生	卫生保洁服务、卫生设施（厕所、垃圾箱的）布局和管理	环境整洁、厕所和垃圾箱的布局，餐饮消毒设施
安全	安全管理、特种设备安全、旅游景区治安、医疗救援	安全法规和制度的建立、设备齐全、救援机制
通信	通信设施和服务	邮政服务和电话亭设置
其他	投诉处理和管理	经营管理、资源和环境的保护、旅游资源吸引力、市场吸引力

五、标准的实施与服务质量的提升

标准的实施和旅游景区服务质量提升需要包括景区全体员工、游客、外部组织在内的多方积极参与。

1. 游客参与

游客是旅游景区的直接服务对象，其对服务质量的切身感受对景区质量的评判与改进最有说服力。景区应通过问卷调查、游客意见箱、各种投诉等获取景区现有服务存在的问题，使游客真正参与到景区服务质量管理过程中。

2. 全体员工参与

员工是景区服务质量改进的参与者与具体实施者，他们是景区服务管理活动的主要力量。建立激励机制，让员工发现服务质量差距，自觉提升服务质量。

3. 外部组织如第三方机构旅游协会的参与监督

旅游协会作为同行业人员组成的群体，他们的专业性意见有助于服务质量的改进和提升。

景区服务标准的发展趋势是由粗放式、不规范管理，走向更细化的标准化管理，如面向前台的服务规范标准、服务设施标准，为服务提供后台支持的经营管理标准等。《旅游景区服务指南》的发布和实施只是促进服务质量提升的开始，促进景区服务质量管理体系的构建乃至各景区内部服务质量标准的建设，在此基础上，再由标准化向个性化、差异化服务提升，最终达到旅游者对于服务高满意度的目标。

第五节　我国旅游景区的发展趋势与前景展望

进入21世纪，随着经济全球化与全球一体化进程的加快，世界上某一地区发生的局部性事件，通过"多米诺骨牌效应"的传递与放大，可以演变为全球性事件。无论是疯牛病（BSE）、口蹄疫（FMD）、非典（SARS）、禽流感（H5N1）和甲型H1N1流感等公共卫生安全危机，还是纽约世贸大厦、伦敦地铁、马德里火车站和巴厘岛等恐怖袭击事件，以及美国次贷危机引起的金融海啸都是从世界的某个局部开始，最后都演变成全球性的大恐慌，这些公共危机对于旅游业的影响是不言而喻的。但更多情形下，当经济社会系统中的某一要素或结构发生细微的变化时，会犹如"蝴蝶效应"那样影响旅游业和景区行业。

在每次公共危机后，旅游景区都成了最先走出低谷，迅速复苏的行业。正如世界旅游组织认为的那样，旅游景区与旅游产业一样，虽不脆弱，但很敏感。

一、全球化视野下的发展背景

（一）宏观经济因素

经济因素是景区商业环境的重要组成部分，因为经济因素直接影响消费者的需求和对新产品开发的投资。这其中包括旅游者购买力水平、汇率和利率的影响，政府财富分配的影响以及全球经济状况的影响。

政府的财富分配政策将对景区市场直接构成影响，根据不同的政府体制，影响将包括：①税收政策；②法定带薪期的长短；③养老和社会保障收益的实际价值的相对提高或减少。不同国家实行不同的假日制度对景区行业带来的经济影响也是不同的。

行业集中化是旅游业和其他部门的共同发展趋势之一，大景区的所有权可能更加集中，越来越多的大景区将集中由几家大公司开发和管理。这种趋势是必要的，因为如前所述，景区开发和维持的成本非常高，只有大公司才有能力支付。目前已经有许多大景区就是大型跨行业公司的子公司，如美国的迪士尼、六旗、环球影城；欧洲的图索德、乐高、皮尔逊等公司。亚洲景区发展由于起步较晚，尚未出现真正的大型景区管理集团公司，但已经出现很多公司联合发展景区、房地产和零售业。

经济的全球化和行业集中化将导致景区所有权的全球化，也就是说，越来越多的景区将由外国公司拥有。全球化可能产生的另一个影响是景区产品的进一步标准化，因为跨国公司试图把自己国家经营成功的景区照搬到其他国家。景区产品的全球化最终会导致"全球景区市场"的出现,如迪士尼在亚洲和欧洲市场的立足。

(二)社会文化因素

社会因素中人口是首要方面,在未来几年里,全球人口将进一步增长,大多数发达国家会相继进入老龄社会,因而在这些社会里如何迎合这种市场变化成为景区必须考虑的问题。而相反的是许多发展中国家的年轻人的数量仍在迅速增加,而且年轻人作为景区,特别是人造景区的主要需求者,这部分人的数量增加客观上要求发展中国家的景区应有自己的发展战略以适应不断扩大的年轻人需求市场,满足他们的要求。

家庭作为社会的基本单位,也是人们出游的主要组合,因此景区经营者应随时注意社会家庭结构发生的变化,如单亲家庭数量的持续增长,年轻人越来越倾向于晚育,无子女职业家庭数量的增加,以及儿童和青少年越来越成为更重要的消费者。

随着社会的多元化和人们宽容度的增加,人们的需求也越来越多元化,对景区的要求也越来越难以满足,因此景区开发商必须审时度势,顺应发展,开发出能吸引不同社会群体的景区产品,而且景区的经营方式要能让不同文化背景的人接受,对于外国投资管理的景区,经营管理的本地化过程是一个尤其重要的问题。

越来越关心环境问题是目前世界各国公众的一个普遍心理特点,人们对环境问题的关注主要集中在污染、噪声、能源保护、动植物的保护等方面。因此景区要在证明其能为本地区带来社会经济效益方面将承受越来越大的压力。事实证明更贴近绿色和环保概念的景区越来越受人欢迎,而马戏、传统动物园等景区的游客数量正在逐渐下降,这体现了人们需求的一种变化。

在过去的几十年间,人们的生活方式发生了很大的变化,人们普遍认为20世纪80年代是崇尚物质的年代,而90年代是一个充满"关爱"的年代,人们更看重企业的社会责任感和道德观念。另外随着人类知识结构的复杂化、需求的多样化,以及机遇和选择机会的增加,人们的生活方式趋于多样化。同时对生活方式的选择也越来越受到传媒和消费品生产者大量营销活动的影响,人们生活在商业社会不断创造出来的消费概念和消费时尚中(如保健族、银发族、丁克族、白领、布波族等),人们的生活追求不断发生变化,景区营销应跟上这种形势。

有调查显示,越来越多的人希望在一日游和度假时有机会学到新的东西,因此单纯被动参观式的景区市场越来越萎缩,而景区中工艺品制作演示活动、体验互动型展览越来越受游客青睐,这也预示着景区的一种未来发展趋势。

(三)微观经济因素

受现代企业管理理论的变化,景区企业的管理也会呈现出几种变化趋势:

(1)更加注重质量,加强全面质量管理;

(2)组织管理结构扁平化,给员工更多的自主权,从而调动员工的积极性,加强员工的责任感;

(3)更加重视员工的聘用,运用评估、员工发展、表现与报酬挂钩的方式确保恰当地激励和奖励员工;

(4)越来越多地使用一体化的计算机管理信息系统,以信息网络化支持管理层的智能决策;

(5)通过培训和正规的教育课程,使景区管理人员更趋于职业化;

(6)更加重视营销,随着市场导向观点被越来越多的企业所接受,营销也日益成为景区经营的重点,营销预算的比例也会提高;

(7)景区越来越希望成为公众眼中有社会责任感、重道德的企业。

以顾客为中心的营销观念的继续发展使景区更重视顾客的感受和体验,主要表现在:

(1)让那些从未到过景区的人了解景区的产品;

(2)给初次来访者留下深刻的印象,使他们成为常客并借他们的口向更多的潜在游客推荐;

(3)在顾客中培养品牌忠诚者会成为景区企业的营销重点;

(4)不断在景区内增加新项目和特色活动,吸引游客重游也将是景区企业未来发展的一条必经之路。

以上几点都需要加大市场调研的力度,而这点在以往景区管理中是最不受重视的,市场的变迁和景区面临的市场和环境压力将迫使他们越来越意识到除了游客的人口特征(年龄、性别)外,景区要更重视游客对景区的意见和态度的定性研究,顾客的想法和需求决定了他们对景区的消费行为。因此,随着景区市场和景区企业的日趋成熟,景区将越来越重视对市场的细分,特别是对顾客生活方式的研究。

景区企业微观环境的另一个重要变化是竞争越来越激烈,因此景区需要投入更多的精力分析其竞争对手,找出取得竞争优势的企业战略。景区的竞争将主要出现在以下几个层面:

(1)同类型相似的景区之间的竞争;

(2)同一地理区域内,针对相同或相似的目标市场的景区;

(3)受景区目标市场欢迎的其他娱乐休闲活动,包括餐饮、家庭娱乐、购物场所等。

景区需要认清自己所面临的竞争类型，选择适当的竞争战略。过去，价格似乎是景区在竞争中取胜的唯一方法，现在越来越多的景区意识到要通过增加景区内的吸引物和景区展示内容的更新或更换增加景区的价值，提高景区的特色，以差异、特色和质量战胜对手，取得竞争优势。

随着人们的兴趣越来越广泛，旅游的一些其他部门已经在其原有功能的基础上增加了越来越多的景区功能。火车、游船等交通工具已经部分地转化成为旅游景区，如游船、蒸汽机车等。很多饭店也超越了单纯住宿的功能，结合了娱乐、表演、主题展览等功能，这点在美国拉斯维加斯的饭店群中表现尤其突出。近年来非常时尚的主题餐厅也体现了餐饮和娱乐功能相结合的方向。因此，景区的吸引物功能已超越了景区业的局限，与旅游的各个部门有了更紧密的结合。

除了上述趋势外，一些综合型、巨型旅游景区与旅游目的地的界限也日渐模糊了，最为典型的就是美国佛罗里达的迪士尼世界。事实上迪士尼乐园在欧洲和亚洲的投资无不是连同饭店住宿和当地交通设施一并开发，提供满足游客所有需求的住宿、服务、娱乐等。一方面，巨型景区被认为是与"绿色旅游"观点背道而驰，另一方面这又被认为是一种发展机遇，旅游者可以尽情享受，不会因游客与目的地居民的接触而与目的地的文化产生摩擦，因此巨型景区式旅游目的地可能会成为可持续旅游业发展的一种有效模式。

许多过去靠成功的景区发展起来的旅游目的地可能会因为核心景区失去魅力而陷入危机，实际上这种情况已经出现。如大众对海水浴、海滩活动或传统的大众化海滨避暑度假区的兴趣已经减弱，如我国的北戴河海滨度假地的退化，而以主题乐园为主发展起来的目的地可能更能迎合消费者品位的变化。如果这种趋势是事实的话，目的地营销机构需要采取有效措施重新推出新的目的地主打景区。

另外，一些景区产品已经老化的目的地可能会更多地利用景区，或者具体地说是节庆活动，对目的地的某个主题进行主打营销，以重新激起人们对目的地的兴趣。

（四）新技术在景区的应用和影响

新技术在景区的应用主要包括以下几个方面：

（1）增加景区吸引力：这主要表现在主题乐园的乘骑中，新的机械、电子和声光电技术不断地被用于游乐乘骑的设计中，一方面丰富了游客的体验，另一方面加大了乘骑的安全系数。此外，新技术也被普遍用于博物馆等景区，改进展品的陈列方式，丰富解说系统，提高此类景区的游客参与程度。

（2）网络化、信息化管理：在景区管理中首先引入网络信息技术的是票务系统，并由票务系统演变成联系整个景区，结合餐饮、零售、票务、财务、人事、游客服务、高层管理等景区各种功能的景区管理系统，这种系统的应用密切了景区各部门的合作，提高了管理效率，加快了对突发事件的反应速度，减少了各种信息在传递过程中的遗漏可能。另据国际娱乐园景区协会（IAAPA）消息，已有不少主题乐园成功地利用新技术基本解决了旺季游客排队时间过长的问题。以迪士尼为例，迪士尼在所辖景区内实行热门乘骑乘坐时间预订的做法，游客在入园时可以预订乘坐某一热点乘骑的时间（通过电脑系统可查询到这个时间该乘骑是否有位），游客只要按预订时间到达这个乘骑入口即可不用排队直接进入，剩下的其他时间游客可以自由安排其他项目的活动。

以上几点说明的是新技术对景区的产品和企业管理方面能起到的积极作用，但集中体现新技术成果的虚拟现实又同时可能对景区业形成威胁，这个威胁主要来自两方面：

（1）如果在街区或家里就能获得虚拟现实的经历，人们为了休闲而外出旅游的愿望就会减少，传统景区的访问量就可能会下降，这也是很多景区把虚拟现实技术融入其景区产品中以应对挑战的原因之一。

（2）虚拟现实技术成本昂贵，只有那些资金雄厚的企业所拥有的大型景区才负担得起，因此那些无力运用虚拟现实技术的景区就面临着把游客拱手让给大型景区的危险。

当然虚拟现实毕竟与真实的休闲社交活动在人际交往的经历上是有差别的，因此现在就认为新技术的发展会对景区业造成威胁还为时过早。但新技术给传统的景区产品和传统的景区企业的经营管理模式带来的冲击是必然的，只有有足够的资金实力和远见的企业，抢先一步搭上现代科技这班快车，尽早实现从产品到企业内部管理电子化的景区才可能在未来的竞争中取胜。

二、我国旅游景区发展趋势

近30年，我国经济社会的现代化转型已取得了举世瞩目的成就，中国已经成为一个在国际政治、经济和贸易中有较大影响力的、负责任的大国。我国旅游业经过了30年的发展，已经由世界旅游大国向旅游强国迈进，旅游景区作为旅游行业的核心，已开始由过去传统单一的接待模式向更加市场化、更加多元化和更加国际化方向转型。具体地说，就是呈现"三化三高"的发展趋势，即一体化、生态化、品牌化和高投入、高科技、高品质。

（一）景区综合化经营趋势

由于我国散客旅游市场的发展，自助游、自驾游、自由行等多元化的出游特征日益突显，旅游景区也随之朝着综合化方向发展。综合化主要体现在以下几个方面：第一，在功能上，多元多样，集观光、度假、休闲、会议、购物、养生、健身、实景演出、第二居所等于一身；第二，在业态上，跨界融合，混业经营，房产和地产业、景区和游乐业、度假区和酒店业、演艺和文化创意产业等形成产业集群；第三，在投资主体上，不再局限于传统的旅游企业。金融、房地产、影视、农业、制造业、高科技等不同类型的企业都因看好旅游市场，纷纷进入旅游景区业（古镇开发、人造景区等），万达、方特、长隆等都是半路出家，凭其雄厚的资本实力，在旅游景区业内迅速崛起；第四，在空间上，全域开发，构建较为完整的产品链和产业链，形成旅游度假全要素的空间集聚，由单一景区向旅游目的地和旅游地域综合体方向发展，已经远远超出传统意义上的景区概念。

（二）景区旅游生态化趋势

旅游景区开发会对其生态环境造成一定影响，如果开发不当的话，则会对景区的生态环境造成重大破坏，特别是对人文类的旅游景区来说，还会对文物等具有科研、考古价值的资源造成破坏。所以，景区旅游生态化发展是一大趋势。生态化旅游实质是旅游的生态化发展，它包括思想观念、旅游产业和旅游产品、旅游地等方面的内容。而旅游景区生态化发展包括景区建设生态化、景区运营生态化。旅游景区开发建设的生态化能在长期内有效保护景区资源，为景区的长远发展奠定基础。现代景区在开发建设全过程中都体现出可持续发展的特点，主要表现为绿色规划、绿色建材以及绿色项目。景区运营生态化是指在景区日常经营管理过程中，大量采用生态环保型的设施和能源，并在游客管理上注重环保教育与宣传。此外，旅游景区还日益注重对旅游者的环保教育。一般认为，生态旅游主要是自然景观，但也有一些人造旅游景区主打生态概念，如华侨城在深圳建造的东部华侨城被国家环境保护部、原国家旅游局授予首个"国家生态旅游示范区"，长隆集团也规划在广州斥资500亿元兴建旅游生态城。由此可见，与文化、游乐一样，生态概念也已成为人造景区的一个主题。

（三）旅游景区品牌化趋势

在竞争激烈的旅游市场中，品牌是景区的核心竞争力，好的品牌是旅游景区最有价值的资产，它可以为景区树立良好的市场形象，推进其市场不断扩张。在景区发展过程中，品牌化趋势是大势所趋。旅游景区品牌构成的关键要素包括有吸引力的旅游资源、有创意的旅游活动项目、标准化服务、人性化关怀和个性化体验。正如迪士尼在其品牌战略中所总结的那样，好的品牌是接近顾客的，能为消费者带来有意义的情感回报，并关注每一个细节。这为我国旅游景区的品牌塑造提供了借鉴经验。品牌化的另一个标志是，近年来，景区企业开始加快品牌扩张和输出，不少大型景区企业在全国布点，搞品牌连锁，如华侨城（欢乐谷）、方特、万达、长隆、海昌等景区企业集团都在全国或区域跑马圈地，开疆拓土，谋篇布局，争夺区域市场。华侨城主要在沿海一线城市和西部中心城市布局；方特着眼于全国二、三线城市；万达的企业版图最大，北到哈尔滨、长白山，南至广州，西达云南西双版纳；长隆在广州和珠海两地分期上马野生动物园、海洋馆、水公园、游乐园等项目；海昌则绕过华南在北方重点城市和中部、西部区域中心城市布局海洋馆（包括极地海洋馆）项目。

（四）旅游景区资金高投入趋势

"十一五"期间，我国旅游景区开启了自20世纪70年代末实行改革开放政策以来的"第三次浪潮"，与前两次景区建设热比，最大的差别就在于资金投入上的大手笔。精品化的旅游景区尤其是主题乐园和主题度假区，在建设上所需资金量较大，资本密集度较高。前两轮建设期中，超过10亿元的项目非常少，而在这轮建设热潮中，超过20亿元的项目不在少数，上海欢乐谷高达40亿元，东部华侨城的投资35亿元，成都欢乐谷和广州长隆水上乐园也都达25亿元，珠海海泉湾22亿元。2014年之前新建的景区投资额都没有超过百亿元的，而随着上海迪士尼开业时间的临近，国内的旅游景区巨头加大了投资力度。2014年开业的珠海横琴长隆海洋王国的投资额高达200亿元，2015年开始启动的珠海横琴长隆海洋王国二期投资预算也达200亿元。而万达集团更是雄心勃勃，从房地产转型到商业、文化产业、旅游酒店和主题乐园等城市综合体，万达在吉林斥资200亿元兴建长白山国际旅游度假区，在青岛建设的万达茂（Mall）电影主题乐园竟达500亿元之巨，规划中的广州万达文化旅游城预算也达500亿元，这些项目的投资额都已经逼近，甚至超过了迪士尼乐园项目。

（五）旅游景区建设高品质趋势

旅游景区投资的"第三次浪潮"所对应推出的是第三代旅游景区产品，北京欢乐谷、广州长隆水上乐园、东部华侨城和珠海海泉湾等各自代表了其同类景区的第三代产品。这些景区的最大特点就是投资额大，注重品质，起点高。承担这些景区的规划设计机构，往往都是国际最顶尖的设计师或事务所，有的曾经担任过迪士尼和环球影城的项目设计。高品质的旅游景区需要有高素质的管理人才和服务人员，对旅游管理人才的要求也愈来愈高。在改革开放的30年中相当长的一段时间内，旅游院校一般将旅游人才分为外语人才和管理人才两类来培养，旅游外语人才主要是指翻译导游，旅游管理人才主要为饭店经理，较少关注对于景区管理人才的培养，旅游景区行业的人才队伍整体素质和学历水平都要低于旅行社业和饭店业，这严重制约了旅游景区的升级换代。对于高素质的综合性经营管理人才的培养成为今后旅游职业教育发展的一个趋势。

（六）旅游景区经营高科技趋势

现代科学技术已经越来越多地被应用到旅游景区的项目设计、规划、管理和营销等各个方面，特别是现代新一代的通信和网络技术的应用，如云计算、物联网、传感器、射频识别、第二代互联网技术（Web2.0）、社交网路服务（SNS）、智能手机第三方应用程序（APP）、位置服务（LBS）、第四、五代移动通信技术（4G、5G）、全球定位系统（GPS）、北斗卫星导航系统（BDS）、虚幻现实（VR）、增强现实（AR）、电子地图、移动导航技术、二维网、无线保真（Wi-Fi）、近场通信技术（NFC）、大数据技术等。这些技术广泛地应用于停车场管理、景区门禁、游客流量动态统计和监测、环境监测、基于游客位置服务和管理、管理信息的传输与共享，以及基于客户端的导航、导览、导游、导购服务，游客基本信息采集（游客行为、游客踪迹、游客评价、游客满意度调查等），游客流量预测和预警等。自2011年起，国家旅游局提出建设智慧旅游的倡议。由此，基于信息技术应用的旅游景区建设都被纳入智慧景区发展范畴，取代了此前曾使用过的数字景区、智能景区，以及景区数字化、景区智能化等相关概念。

本章小结

> 新时期我国旅游景区发展机遇与挑战并存，如何抓住机遇迎接挑战是摆在我国旅游景区经营决策者面前的必答题，要将旅游景区行业的发展愿景变为现实，必须在制度上有所创新，要有品牌意识，要在科技成果转化上多下功夫。

思考与练习

1. 如何评价我国旅游景区行业的发展现状？
2. 我国旅游景区行业管理上有哪些制度创新？
3. 我国旅游景区发展有哪几大趋势？
4. 参观你所在城市中的某个景区，考察一下该景区使用了哪种（或哪几种）高新技术。
5. 试分析2015年迪士尼落户上海后，对于上海及周边旅游景区的影响。

第十三章 智慧景区的发展建设

本章导读

智慧旅游是近几年非常热门的概念,但业界对于智慧旅游的认识不尽相同。本章讨论了智慧旅游的概念内涵和基本特征,以及目前我国智慧景区建设的现状及存在的问题。

第一节 智慧旅游基本概念和意义作用

一、国外智慧旅游概念的缘起

1980年,美国著名未来学家阿尔温·托夫勒(Alvin Toffler)出版了《第三次浪潮》(*The Third Wave*),预言了以信息技术为基础的社会文明来临。托夫勒将农业文明和工业文明分别比作第一次浪潮和第二次浪潮。他在书中的许多预言在今天已经成为现实:非群体化传播工具的出现、人们赖以行动与处世的信息结构改变(信息加速流动引发的)、文化多样性的增加、智能人居环境的出现、生产者与消费者合二为一、工作与休闲的界限模糊化等。1995年美国麻省理工学院教授尼古拉·尼葛洛庞帝(Nicholas Negroponte)发表了《数字化生存》(*Being Digital*)预测了人类数字化生存方式,指出其本质就是将日常生活中所体验的世界数字化。在数字化世界,比特(bit)作为信息的最小单位成为信息的DNA,由此改变我们的生活方式。该书作者描述的穿戴式电脑、智能汽车、智能家用电器、智能人居环境等场景有的已经进入了我们的生活。书中也多次使用了智慧(smart)一词,如基于客户端"智慧"选取《纽约时报》推送的所有比特。1998年11月,时任美国副总统阿尔·戈尔(Al Gore)在加利福尼亚科学中心开幕典礼上发表题为"数字地球：认识21世纪我们所居住的星球"（The Digital Earth：Understanding Our Planet in 21st Century）演讲，首次提出"数字地球"（Digital Earth）一词。2008年11月，美国国际商用机器公司（IBM）总裁兼首席执行官彭明盛（Samuel J. Palmisano）在纽约市外交关系委员会发表了题为"智慧地球：下一个主导议程"（A Smarter Planet：The Next Leadership Agenda）演讲，首次提出了"智慧地球"（Smarter Earth）概念，而后IBM又给出了"智慧城市"的解决方案和商业计划，作为公司未来发展的主要方向之一。

而智慧旅游（Smart tourism），这一名词的起源可以追溯到21世纪初。2000年12月5日，戈登·菲利普斯（S.Gordon Phillips）在加拿大旅游业协会举办的研讨会上做了题为"智慧旅游与加拿大国家公园"的演讲，菲利普斯在演讲中将智慧旅游定义为，简单地采取全面的、长期的、可持续方式来进行规划、开发、营销旅游产品和经营旅游业务，这就要求在旅游所承担的经济、环境、文化、社会等每一个方面进行卓越努力。2009年1月28日，在西班牙马德里举行的联合国世界旅游组织（UNWTO）旅游委员会第一次会议上，助理秘书长杰弗里·李普曼（Geoffrey Lipman）号召会员国和旅游业部门努力实现"智慧旅游"，而他的定义是把智慧旅游体现在旅游服务链各个环节，包括清洁、绿色、道德和质量四个层面。显然，这里所定义的智慧旅游实际上只是可持续旅游的代名词。

2012年，美国圣十字学院助理教授莫尔扎（Molz）在其出版的《旅游链接：旅游、科技在移动世界中的融合》一书中，把智慧旅游定义为使用移动数字链接技术创造更智慧、有意义和可持续的游客与城市之间的关联，她认为智慧旅游代表更广泛的公民深度参与旅游的形式，而不仅是一种消费形式。2013年9月，苏格兰基金委员会（Scottish Funding Council）认为，智慧旅游或数字旅游被认为是技术在旅游部门的使用和应用。主要体现在个性化、灵活需求和绿色旅游、新渠道和新内容。显然，在苏格兰基金委员会的定义中，将智慧旅游与数字旅游视为同一概念。

二、国内智慧旅游概念的起源

智慧旅游这一名词在国内最早出现在各大媒体上是2006年，2002年在英国攻读MBA的中国青年朱兆瑞仅花费3000多美元，历时77天，周游了四大洲28个国家，4年后经媒体报道，朱兆瑞成为普通中国人以最经济的方式周游世界的典型，颠覆了大众对于环球旅行的认知。这种经济旅游的方式在当时也被媒体称作"智慧旅游"。这与今天我们所说的智慧旅游含义迥然有异。与现在理解的智慧旅游意义相近的是2010年江苏镇江提出的建设"智慧旅游"项目，在其旅游局官网上开设了"感知镇江、智慧旅游"新时空的频道。2010年3月十一届全国人大三次会议和全国政协十一届三次会议期间，镇江市领导在京拜会了原国家旅游局领导，提出将镇江加快打造为旅游强市。原国家旅游局领导在听取镇江城市概况和近年来旅游业发展情况后，对镇江的旅游业提出建议，其中提到希望镇江要进一步推进产业转型，包括在建设"智慧旅游"、推进物联网应用上做文章。这也是基于信息技术的"智慧旅游"概念在国内首次得到国家旅游局的认可。2011年1月在全国旅游工作会议上，提出了开展"智慧旅游城市"试点建设。北京、南京、吉林、四川、大连、苏州、黄山、温州、武夷山、镇江等两省八市成为首批试点地区。2011年4月南京启动"智慧旅游"建设仪式，将重点放在为来南京的游客提供更便捷、智能化的旅游体验；为政府管理提供更高效、智能化的信息平台；促进旅游资源活化为旅游产品、放大资源效益这三大核心目标。2011年7月15日，在原全国旅游局长讨论班的主题报告讲话中提出，旅游业要落实国务院关于加快发展旅游业的战略部署，走在我国现代服务业信息化进程的前沿，争取用10年时间，在我国初步实现"智慧旅游"，这是原国家旅游局首次在全国会议上正式提出智慧旅游建设目标。2011年底原国家旅游局在苏州召开了"全国智慧旅游工作座谈会"，北京联合大学、南京邮电大学等专家学者和智慧旅游试点单位在会上就智慧旅游的理论与实践进行了交流。2012年5月原国家旅游局又公布了第二批"智慧旅游城市"试点名单，增加了无锡、常州、扬州、南通、武汉、成都、福州、厦门、烟台、洛阳10个城市。在政府主导下，全国各地智慧旅游目的地和智慧景区建设风起云涌，蔚然成风。2014年，原国家旅游局将年度旅游主题定为："美丽中国：智慧旅游年"。

三、智慧景区的定义和内涵

2015年1月10日，原国家旅游局下发了《关于促进智慧旅游发展的指导意见》一文，文中提出："智慧旅游是运用新一代信息网络技术和装备，充分准确及时感知和使用各类旅游信息，从而实现旅游服务、旅游管理、旅游营销、旅游体验的智能化，促进旅游业态向综合性和融合型转型提升，是游客市场需求与现代信息技术驱动旅游业创新发展的新动力和新趋势，是全面提升旅游业发展水平、促进旅游业转型升级、提高旅游满意度的重要抓手，对于把旅游业建设成为人民群众更加满意的现代化服务业，具有十分重要的意义。"

事实上，智慧旅游就是一场基于新一代信息技术，为满足游客个性化需求，提供高品质、高满意度服务，而实现旅游资源及社会资源的共享与有效利用的系统化、集约化的管理变革。智慧景区则是智慧旅游在旅游景区的具体应用。

智慧景区是基于新一代信息技术，为满足游客个性化需求，提供高品质、高满意度服务，而在旅游景区内对各种资源和信息进行系统化、集约化的管理变革。智慧景区对于旅游资源的可持续利用、旅游产业的转型升级、全面提升旅游景区的发展水平有着重要的意义。

对智慧景区可以从下面几个方面来认识和理解：

（1）智慧景区是智慧旅游在旅游景区的具体应用，智慧景区是智慧旅游的重要组成部分；

（2）智慧景区是基于新一代信息技术的发展应用构建而成，各种信息技术、智能技术、通信技术等的综合应用，实现景区的数字化、智能化和智慧化发展；

（3）智慧景区的主要目标是满足游客个性化需求，提供高品质、高满意服务，为了实现服务游客这一主体目标，必须对旅游景区内的各种资源和信息进行综合性的管理和应用。因而，智慧管理、智慧运营、智慧商务等理应成为服务游客的前提基础和重要内容。

（4）智慧景区的发展建设是系统化、集约化的管理变革，变革的过程随着旅游景区发展需要、社会大众生活方式、信息技术升级换代等演变而不断更新，但总体趋势是逐步提升智慧化服务游客的水平和能力。

四、智慧景区建设的意义和作用

随着中国大众旅游时代的到来，旅游逐渐成为社会大众的日常生活，作为旅游活动的核心场所，旅游景区应当为游客提供高品质、高满意度的服务。长期以来，许多旅游景区按照观光旅游的现成模式，为游客设计景观优美、游程合理的游览路线，游客只需按照预先的设计，走完观光游览路程即可，而景区提供的服务主要是餐饮、住宿、讲解、标识等方面。游客在旅游景区购票之后，只需按照旅游景区的游程安排，观赏完既定的景点即可。此时旅游景区提供的服务是静态的，游客只需被动地接收，即可完成高质量的游览活动。但现代经济社会的发展，使得人们的消费方式和旅游需求发生了较大的变化，旅游景区服务的内容也有了新的发展。例如，在游览前，人们在网上预订门票，在游览中，利用电子导游设备进行自助讲解；在游览后，通过旅游社交网站、微博、微信等新媒体分享旅游心得。现代生活方式、消费方式和旅游方式等的改变，为旅游景区服务游客提出新的要求。智慧景区的发展建设，通过综合运用现代科学技术满足游客需求，能够高效、便捷、智慧地服务游客。

旅游景区的管理主要在资源、信息、人员、产品、安全等方面，在信息技术落后或者发展应用不充分的旅游景区，旅游景区管理主要依靠人力对上述五方面内容进行管理，在信息传递不畅、标准建设不足、管理效率不高的情况下，景区管理通常需要大量的人力、物力和财力，因而景区管理成本较高。同时，不同岗位的工作人员主要通过自己的主观意志提供服务，由于不同工作人员的态度、知识和能力等方面的差异，使得服务的质量、水平和标准难以控制，低水平、低素质的工作人员将会给景区管理和景区形象带来负面影响。此外，在旅游景区游客统计、实时监测等方面，操作起来较为复杂和烦琐，有的工作甚至难以开展，由此使得景区管理存在死角和盲区。智慧景区的发展建设通过数字化、标准化、智能化、实时化、综合化的技术、手段和方式，对旅游景区资源、信息、人员、产品和安全等进行全面高效的管理。

随着中国旅游的快速发展，许多景区面临着资源破坏、客满为患、旅游安全、景区接待超过承载力等问题。这些问题在游客较少的时候可能并不突出，但在游客较多的时候景区在资源保护、游客管理、景区安全等方面的压力增大、任务增多。为了提高管理水平和服务质量，单独依靠人的力量已经难以满足景区发展的现实诉求，因此，许多旅游景区需要通过现代信息技术等实现对景区的全方位管理。例如，通过智能门禁系统，实时统计分析景区游客数量及游客构成，为景区控制游客数量和精准市场营销提供信息资源；通过智能监测系统，实时监测文物景区中的温度、二氧化碳浓度等容易对文物产生不良影响的物质成分，以此控制文物所处的环境，从而起到保护文物的作用。现代信息技术的应用，在景区的标准体系建设、提高管理水平、缩减运营成本、提升服务质量等方面的巨大作用，使得智慧旅游成为旅游景区解决发展面临新问题的迫切选择。

信息技术的发展应用已经渗透到经济社会的各行各业，旅游景区信息技术的应用，可以实现旅游业跨越式发展。信息技术的发展改变了人们的生活方式和消费方式，智能手机、平板电脑等智能终端设备的广泛应用，使得网上预订、在线支付、信息查询等成为人们日常生活的重要内容。为了顺应信息技术广泛应用的社会背景，旅游景区通过智慧景区建设，与游客手中的智能手机、平板电脑等进行无缝对接，同时通过微信、微博、空间等新媒体推送信息，为旅游者进行自助游、网上预订、线上咨询等保驾护航。因此，社会发展的主流趋势、现代企业的技术应用、智能终端的广泛应用，使得智慧景区发展建设成为旅游业发展的必然趋势。

五、智慧景区建设的主要目标

（1）服务游客。旅游景区的发展，归根结底要吸引游客并留下游客，从而带动景区发展，因而，旅游景区的服务水平成为吸引游客的重要筹码。高水平、高质量的服务能够给旅游者留下深刻印象，树立旅游景区的美好形象。在自媒体时代，信息的广泛、便捷、多向传播，既能为旅游景区树立美好的形象，又能将旅游景区的现实问题公之于众。在竞争激烈的市场环境中，旅游景区需要不断提升自身的知名度和美誉度，从而提升自身竞争力，达到吸引游客、留住游客，并促成游客在景区开展消费活动。游客是旅游景区发展兴盛、人气活力、经济收入的直接来源，留住游客，就留住了景区的人气、财气、地气，因而，服务游客成为智慧景区发展建设的首要目标。

（2）助力营销。信息社会里，互联网技术的大力推广，智能手机、平板电脑的广泛应用，使得旅游市场营销有了全新的课题，利用微信、微博、空间、微电影、社交网站等进行营销，既有利于充分展示旅游景区的美好形象，又能够建设与社会大众的良好关系，在旅游景区与社会大众的互动中实现营销。智慧景区的营销有别于一般的市场营销，一方面，通过运用现代信息技术、智能终端和APP等，采用最先进的营销手段和营销方式，向社会大众推介旅游景区；另一方面，基于智慧景区的统计数据、游客分析等信息，有针对性地进行精准营销，从而提升营销的效率和绩效。

（3）便捷支付。人们通过智能手机、平板电脑等进行线上预订，在旅游的途中运用手机即可实现便捷支付，因此，最大限度地方便游客消费，成为智慧景区建设的重要内容。当前，许多旅游景区建设了电子商务网站、旅游APP等，为智慧景区建设提供了良好的范例，但仅仅实现线上预订还不够，智慧景区的建设应当在线上预订、便捷支付、游客咨询、信息分享等方面，为游客提供一系列的便利，将其作为便捷支付的组成部分和配套服务，提升线上预订和便捷支付的路径、方法和满意度，从而一站式解决旅游消费问题。

（4）提升管理。旅游景区的管理涉及景区发展的方方面面。在人员管理方面，包括对游客的管理和景区工作人员的管理：对游客的管理，主要包括游客人数、游客行为、游客安全等方面，通过控制游客人数，将景区接待规模控制在景区的承载力范围内，通过对游客行为的监督管理，起到保护资源、保护游客安全、倡导文明旅游等作用；对景区工作人员的管理，主要包括对员工绩效的评价、员工工作水平的评价，对员工工作实况的监督检查等，通过监督检查和智能设计保障员工的工作内容和服务质量。在信息方面，主要包括景区信息的采集、整理、分析、传播等，景区信息包括游客信息、资源信息、天气状况、安全预警、基础设施等内容，全面、及时、准确的信息能够为景区管理提供现实依据。在资源方面，对景区自然资源、人文资源、游客资源等的统计分析和报告，有利于资源保护、开发和利用，从而保障旅游景区的可持续发展。此外，对旅游景区的道路、标志牌、解说系统等的管理，能够实时掌握景区动态，有利于管理者随时采取措施，实现对景区的科学、有序管理。

中国旅游景区类型众多，不同景区的发展水平、现实状况不尽相同，在智慧景区建设的过程中，建设内容、主要目标、先后顺序可能并不相同，有的旅游景区在建设中侧重管理，有的侧重营销，有的侧重服务。但无论如何，智慧景区建设归根结底均为服务游客，因为只有接待游客，才能聚集地气、吸引人气、收获财气，从而实现旅游景区的发展价值。纵然不同类型的旅游景区在公益性、经济收益等方面的追求不一，但聚集游客，实现景区的社会效益、经济效益和环境效益，理应成为各景区的追求，因而，智慧景区发展建设终极目标即通过服务游客提升旅游景区的综合效益。

第二节 智慧景区建设基础和条件

一、市场条件

据中国互联网络信息中心（CNNIC）第42次发布的《中国互联网络发展状况统计报告》，截至2018年6月30日，我国网民规模达8.02亿，互联网普及率为57.7%。其中手机网民规模达到7.88亿，网民通过手机接入互联网的比例高达98.3%。我国市场上检测到的移动应用程序（APP）在架数量为415万款，这些APP中，超过152万款为游戏类应用，占比达36.6%，生活服务类应用为56.3万款，占13.6%。电子商务类应用为41.6万款，占10%。此外，在社交媒体方面，微信朋友圈、QQ空间的使用率分别为86.9%和64.7%，而微博使用率为40.9%。由此来看，大家在网上社交的时候，还是更喜欢刷朋友圈而不是刷微博。特别是在线旅行预订用户规模达到3.93亿，较2017年末增长1707万人，增长率为4.5%；网上预订机票、酒店、火车票和旅游度假产品的网民比例分别为23.8%、25.7%、40.1%和12.1%。其中，预订旅游度假产品的用户规模增速最快，半年度增长率为9.7%。

二、技术基础

智慧旅游景区对现代信息技术的应用主要包括三个层次（表13-1）：感知层、网络层和应用层。在感知层，传感和测量技术主要包括3S技术、RFID技术、物联网技术，数据挖掘和统计分析技术，通过感知和测量设备，随时随地识别、感知和获取信息，在基础层面实现信息搜集；在网络层，互联网、移动通信和智能控制技术将已经获得的信息转换为数据，运用科学计算模型对数据进行存储、传递和加工，通过互联、互通实现数据集成共享；在应用层，各种应用技术和设备将已经获得的数据通过云计算等平台进行检验，看其是否符合景区发展的规范和标准，进而为景区管理和游客体验提供决策依据，并在客户端实现对数据的应用，其中，二维码、多媒体信息展示、电子导游系统、视频监控系统、虚拟旅游系统、电子商务系统、近场通信等构成了智慧旅游景区的主要应用内容。

表 13-1　智慧旅游景区技术基础

技术层次	主要类型	基本内涵	解决问题
感知层	RS	用传感器/遥感器探测物体，分析物体的性质、特征和状态	获取资源信息，追踪事物变化
	GIS	采集、储存、管理、运算、分析、显示和描述地理分布数据	科学调查、资源管理、旅游规划
	GPS	全球范围内实时定位、导航	景区导航，空间测量
	RFID	无线射频识别	智能门禁、二维码识别等
	物联网	物物进行信息交换与传递	智能识别、定位、跟踪、监控和管理
	数据挖掘和统计分析	基础数据采集和感知	采集信息，智能分析
网络层	互联网	相互沟通、参与的互动平台	互联互通，广域传播
	移动通信	运动中的通信	随时随地便捷联系
	智能控制	自主驱动智能机器实现控制目标	自主监测、自动预警
应用层	云计算	存储、虚拟化、网格、并行、分布式计算	信息和计算共享，海量数据处理
	近场通信技术	短距离（10cm 内）的高频无线通信技术	电子设备之间进行非接触式点对点（P2P）数据传输，交换数据（读卡等）
	蓝牙技术	支持设备短距离通信（一般10m 内）的无线电技术。能在包括移动电话、PDA、无线耳机、笔记本电脑、相关外设等之间进行无线信息交换。	有效地简化移动通信终端设备之间与因特网（Internet）之间的通信，采用分散式网络结构以及快跳频和短包技术，支持点对点及点对多点通信
	红外线通信	利用红外线传输信息的通信方式（1m 之内）	可传输语言、文字、数据、图像等信息
	二维码	平面图形蕴含所有信息数据	网站链接、数据下载、商品交易、电子凭证、车辆导航等
	人工智能	以人类智能相似的方式做出反应的智能机器	语言识别、专家系统
	虚拟现实和增强现实	利用电脑模拟产生三维空间	虚拟旅游，虚拟景区
	电子商务	利用微电脑技术和网络通信技术进行商务活动	网上预订、网上交易

续表

技术层次	主要类型	基本内涵	解决问题
应用层	电子地图	利用计算机技术，以数字方式存储和查阅的地图	便捷查询
	视频巡航	整体分布，视频监控	动态监测，全面预警
	客户端软件（APP）	基于智能操作系统的旅游软件	查询、预订、导航、分享等
	网络论坛	网上交流场所	了解需求，提供服务
	多媒体信息展示	LED显示屏等动态展示信息	信息展示、自助检索
	其他相关设备设施	根据不同需求研发应用的设施设备等	如温度、湿度等监控设备

三、系统集成

智慧旅游景区主要实现三方面功能：游客服务、景区管理和旅游发展。首先，游客是主体，在旅游过程中，通过唾手可得的技术和设备便捷旅游活动，智慧化的游客服务能够迎合旅游者对智慧旅游景区的需求，其为智慧旅游景区建设的出发点和落脚点；其次，景区是依托，用信息技术助力旅游景区管理，实现景区的规范化、标准化和科学化运营，是旅游景区健康发展的迫切需要；最后，发展是目的，其与社会进步相关联，发展是全面的，能够促进经济、社会、文化、生态等全面可持续发展。智慧旅游景区功能的实现是相互协同促进的，便捷的游客服务，先进的景区管理本身就是旅游发展的重要前提。

四、内容架构

根据智慧旅游景区将要实现的功能，对其内容体系进行构建，提供现实可行的操作方法，有利于智慧旅游景区建设的稳步发展。在游客服务方面，通过先进的设施设备，提升游客体验，如智能导游体系提供导航、导游、导览和导购等服务，虚拟旅游体系则360度展示景区的美好形象，动漫互动体系则满足游客知识、交互、娱乐和信息等需求。在景区管理方面，可视化的监测节点，互联化的网络布局，智能化的决策体系，将人与物、空间与时间紧密相连，通过构建人员管理、资源保护、环境监测、安全管理等系统，实现景区的正常运营。在旅游发展方面，构造业务管理、营销推广、统计分析和网络交互等系统，提高经营效率，改善产品形象，优化品牌效应，实现景区健康可持续发展（图13-1）。

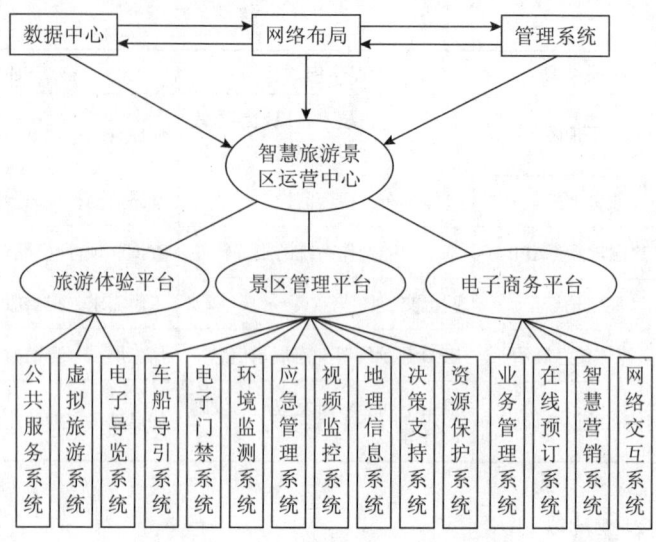

图 13-1 智慧旅游景区的功能体系

第三节 智慧景区发展建设规划

智慧旅游规划工作实际可以分为两类：一类是基于长期发展，从整体层面进行顶层设计，分期有序推进智慧旅游项目建设，这类规划以省、直辖市等较大行政单位为主；另一类是基于短期应用，从主体需求层面制订行动方案，分步使力推进智慧旅游项目落实，这类规划以城市、企业、景区等应用主体为多。

一、国家层面——试点建设

2012年11月，原国家旅游局在四川省都江堰市召开全国智慧旅游景区建设现场会暨旅游景区质量等级评定国家级检查员培训班，旨在提升智慧旅游景区建设水平，交流智慧旅游景区建设经验，鼓励和引导景区为游客提供更便捷、智能的旅游体验服务。会议公布了北京颐和园等22家景区为"全国智慧旅游景区试点单位"（表13-2）。

表13-2 全国智慧旅游景区试点单位概况

编号	景区名称	区域	等级	主要景观类型
1	黄山	安徽	5A	自然景观
2	颐和园	北京	5A	人文景观

续表

编号	景区名称	区域	等级	主要景观类型
3	华侨城	广东	5A	人造景区
4	白云山	广东	5A	自然景观
5	承德避暑山庄	河北	5A	人文景观
6	云台山	河南	5A	自然景观
7	殷墟	河南	5A	人文景观
8	镜泊湖	黑龙江	5A	自然景观
9	清江画廊	湖北	5A	自然景观
10	张家界	湖南	5A	自然景观
11	中华恐龙园	江苏	5A	人造景区
12	中山陵	江苏	5A	人文景观
13	老虎滩海洋公园	辽宁	5A	人造景区
14	响沙湾	内蒙古	5A	自然景观
15	泰山	山东	5A	自然景观
16	华山	陕西	5A	自然景观
17	青城山	四川	5A	自然景观
18	峨眉山	四川	5A	自然景观
19	石林	云南	5A	自然景观
20	西溪湿地	浙江	5A	自然景观
21	溪口风景区	浙江	5A	自然景观
22	武隆喀斯特旅游区	重庆	5A	自然景观

原国家旅游局确定智慧旅游景区试点单位为22家，其全部为国家5A级旅游景区，截至2013年3月，国内共有153家5A级旅游景区，试点单位则占到14.4%。在区域分布上，22家试点单位分布在全国17个省（市），华东地区最多，共有6家；华西和华中次之，均为4家；华北地区位居第三，为3家；东北和华南均为2家，西北最少，仅有1家；智慧旅游景区试点单位分布整体上与区域旅游经济发展水平相适应。就单体省份而言，江苏、浙江、广东、四川、河南分别有2家试点单位，其他有试点单位的省份均为1家，符合旅游资源分布的特点。在景观类别上，有15家试点单位主要为自然景观，占到总数的68.2%，4家为人文景观，3家为人造景区。在自然景观区域进行智慧旅游建设，一方面有利于加强景区管理，另一方面则便捷游客服务。智慧旅游景区试点单位能够在区域内形

成良好的示范作用，优化景区形象，促进景区管理，提升游客体验，引领智慧旅游景区建设的潮流。

二、地方层面——规划先行

国内各区域智慧旅游发展进度不一，先行进行智慧旅游建设的区域主要集中在华东和京津冀地区，西部的四川在政策层面比较领先。政府引导智慧旅游建设主要是通过制订行动计划和规范标准等实现（表13-3），四川省测绘地理信息局与旅游局签订战略合作协议，双方从两个方面推进四川"智慧旅游"建设，一是基于"天地图·四川"的旅游政务管理平台、旅游公众服务平台和旅游商务管理平台的开发，二是基于我国"北斗"系统的导航与旅游位置服务，为旅游应急抢险救援、景区流量控制、游客安全监控、游客自助旅游、旅游线路定制等提供导航与位置服务。原福建省旅游局开展智慧旅游总规编制调研工作，为编制《福建省智慧旅游总体规划》和《智慧旅游大平台建设总体方案》做准备。原辽宁省旅游局采用"大连模式"，启动"全省统一规划、统一架构、统一平台"智慧旅游省建设工程，形成全省各城市协同合作，资源共享的低成本、高效率的智慧旅游建设局面。浙江省规划通过3~5年努力形成投资、建设、运营、管理、服务模式创新的体制机制，形成一批技术、业务与监管流程融合的国家标准、行业标准和地方标准，形成一批创新能力突出、集聚发展的智慧产业基地。原安徽省旅游局组织编制《安徽省旅游信息化建设三年行动计划》（2013—2015年），以期实现旅游业管理信息化、旅游企业经营与服务信息化、旅游产品宣传营销信息化，提高旅游业科技含量。

根据政策范围和精细程度可以分为三类：一是信息化中的智慧旅游，如北京市信息化建设中明确提出"数字北京"向"智慧北京"跃升，其中涉及智慧旅游的建设；二是智慧旅游全面规划，如《北京智慧旅游行动计划纲要（2012—2015年）》和《江苏省"十二五"智慧旅游发展规划》，其主要从宏观层面明确主体要素和建设项目，对具体建设内容则无详细说明；三是智慧旅游中的核心要素，如《北京智慧景区建设规范（试行）》和《河北省旅游"智慧景区"试点建设规范》，其对具体的建设内容和实施办法有明确的标准和规定，能够对建设进程实时监测。此外，还有其他相关标准促进智慧旅游建设，如《天津旅游信息数据采集规范与标准》，重在解决智慧旅游建设中的信息采集与信息孤岛问题，政府与网络运营公司签订合作协议，共同构建智慧旅游体系。由此可见，国内智慧旅游发展水平参差不齐，各地发展智慧旅游的动机和目标也各不相同，但总体而言，智慧旅游发展处于起步阶段，政府在智慧旅游建设中起着主导作用。

表 13-3　国内部分省市智慧旅游行动方案

省（市）	政策、标准、规划	主要内容框架
安徽	关于推进"智慧黄山"精品旅游信息化工作的实施意见	以游客为中心，实现数字化精品旅游体验，构建全过程管理服务平台；"一个目标、两个平台、四个系统"
北京	北京市"十二五"时期城市信息化及重大信息基础设施建设规划	打造全球资源配置的信息枢纽、国家创新驱动的网络引擎、城市运行顺畅的智能典范、文化传承永续的智慧摇篮，实现"数字北京"向"智慧北京"的全面跃升
	北京智慧旅游行动计划纲要（2012—2015年）	宽带泛在的基础设施，智能融合的信息技术应用，创新持续的便利旅游服务；"三大体系、九个系统、六十个项目"
	北京智慧景区建设规范（试行）	从通信网络、景区综合管理等八个方面进行指导和规范，实现游客做主
	北京智慧旅游乡村建设规范（试行）	从民俗旅游村网站、民俗旅游接待户建设等五个方面进行指导与规范，提升乡村旅游体验
福建	武夷山市创建全国旅游标准化城市和智慧城市行动方案	创建全国旅游标准化城市和智慧旅游城市
河北	河北省旅游"智慧景区"试点建设规范	景区展示虚拟化，景区运营、管理、应急处理智慧化；提升景区信息化建设水平和综合管理服务能力，为游客提供"快捷、多元、环保、高效"的旅游服务
河南	洛阳市智慧旅游城市建设方案	从智慧景区、智慧酒店等五个方面，实现旅游信息智能感知，便捷游客服务
江苏	江苏省"十二五"智慧旅游发展规划	以游客为本，提供高效旅游信息化服务；实现智慧旅游管理、旅游服务和旅游营销；"一一二五七"工程
山东	关于加强市县目的地数字旅游服务系统建设的通知	863旅游信息化项目；服务体系、标准体系和管理体系建设
四川	四川省"十二五"旅游信息化发展纲要	建设"135"工程，提升政府管理、企业营销和服务游客的能力
天津	天津旅游信息数据采集规范与标准	解决信息采集更新和信息孤岛难题；提供全方位的资讯保障，确保游客获取到真实、准确的信息

资料来源：全国各省级旅游行政单位门户网站。

一些旅游城市也纷纷着手建设智慧旅游项目：

（1）云南丽江的"云游四海"智慧旅游项目，具体分为"智慧旅游查询平台""壹旅图探索系列——邂逅丽江""壹旅游随身导微信平台""壹旅游随身导景区专属APP"四个部分。

（2）淮安市围绕满足公共服务、促进旅游营销、便捷行业管理等目标，启动编制智慧旅游三年行动计划。

（3）十堰市构建智慧旅游项目框架，包括一个旅游云计算数据中心、两个网站（十堰旅游政务网和十堰旅游电子商务网）、三个体系（智慧旅游管理体系、智慧旅游服务体系、智慧旅游营销体系）、四个载体（十堰智慧旅游手机客户端、12301旅游服务热线、"一云多屏"查询平台、智慧旅游监测分析平台），计划用三年时间将十堰建成全国智慧旅游示范城市。

（4）湖南凤凰智慧旅游系统签约建设，内容包括电子商务系统、行程单管理系统、游迹追踪系统、景点密集度监测预测系统、旅游车辆调度系统、虚拟展示系统、自导览系统、一卡通系统、自助服务系统、佣金管理系统、统计分析和环境监管等。

（5）苏州市稳步推进城市旅游融合发展示范区智慧旅游建设，以Wi-Fi全覆盖先行，以微信公众平台系统重点开发，实现优惠信息汇总、旅游线路规划、景区全景手绘地图三大功能。

（6）长春市国家智慧旅游试点城市建设启动，以期全面提升旅游信息化水平。

三、景区层面——项目实施

基于各旅游景区的性质特征和利益诉求，其智慧化建设的出发点和落脚点各不相同，据此可将智慧旅游景区分为三种类型：以中山陵为代表的风景名胜区；以颐和园为代表的文物保护区；以镇江醋文化博物馆为代表的博物馆旅游区。中山陵景区智慧旅游建设具备综合性，围绕"智慧服务、智慧管理、智慧营销"三大内容，构建1个指挥中心、1个数据中心、6个管理平台和10个业务子系统，形成一个数据共享、网络覆盖、管理与服务融合的智能化管理体系；颐和园景区智慧旅游建设具备倾向性，主要建设古建保护与修缮管理信息系统、公园绿化网格管理信息系统、文物管理展示信息系统，通过电子测绘、三维扫描等技术将园内古建、文物以数据形式保存，将客流、天气、噪声等予以记录，实现自动监测与报警，从而侧重古建和文物保护；镇江醋文化博物馆则具备单一性，从提升游客体验的单一角度出发，完善网站功能，通过分众传媒展示，二维码导览牌和动漫互动游戏，提升游客体验。此三者，中山陵智慧化最为复杂，综合性强，实现功能多；颐和园强调景区性质，对信息技术的应用较为专业；博物馆最为简单，功能结构单一，但能满足其发展需求。同时，其他旅游景区在智慧化建设的过程中，有重点、分步骤地强调了资源保护、导游服务、经营管理、应急处理等功能

（表13-4），随着智慧旅游景区建设的全面展开，其将逐步健全和完善智慧旅游景区功能。

表13-4 国内智慧旅游景区建设典型案例

景区名称	目标内容	发展实践
泰山	泛在感知、互联互通、智能处理	一个平台、两个中心、多个应用系统；创新智慧景区建设模式，为游客提供更便捷、智能的旅游体验服务
黄山	资源保护、旅游服务、经营管理、安全防范、持续发展	一个中心、三大平台、五大系统、七项保障
九寨沟	资源保护数字化、运营管理智能化、旅游服务信息化、产业整合网络化	景区信息透彻感知，景区成员全面互联，景区管理深入智能化
中山陵	智慧服务、智慧管理、智慧营销	1个指挥中心、1个数据中心、6个管理平台、10个业务子系统
奉化大佛	导游、导航、导购、导览	手机导游、视频导游、网上虚拟旅游；通过二维码手绘地图整合传统地图和旅游基础数据，与手机视频导游无缝对接
颐和园	古建保护与修缮管理信息系统、公园绿化网格管理信息系统、文物管理展示信息系统	通过电子测绘、三维扫描等技术将园内古建、文物以数据形式保存，客流、天气、噪声等也会得以记录，实现自动监测和报警
镇江醋文化博物馆	提升游客体验	完善网站功能，分众传媒展示，二维码导览牌，动漫互动游戏

第四节 智慧景区发展建设现状

原国家旅游局领导在2013年全国旅游工作会议上，强调"要继续深化智慧旅游试点城市工作，形成国家智慧旅游建设与运营规范，研究推进国家层面智慧旅游公共服务平台建设，加强各级旅游部门信息化建设，继续推进智慧旅游景区、智慧旅游企业建设"，对中国智慧旅游发展提出更高要求。国家政策支持、地方政府配合、主体应用积极，使得智慧旅游发展建设迅速推进并逐步提升。中国智慧旅游发展形势良好，各地从不同层面、不同视角、不同应用有条不紊地推进智慧旅游和智慧景区发展建设。

一、开发建设公共服务平台

（1）常州市智慧旅游公共服务平台一期项目上线运行，其中包括一期产业数据库、常州旅游网和安卓、苹果系统的智能手机客户端。

（2）昆明旅游信息公共服务中心依托昆明"数字旅游"管理平台，以人工、多媒体及网络咨询等形式向市民及国内外游客提供旅游企业及从业人员资质查询、旅游资源和旅游产品信息查询、消费维权指导等全方位旅游咨询服务。

（3）河南省启动省级旅游基础信息采集工作，采集范围和对象包括宗教场所、营运性质的旅游车船公司及车船出租公司、中华老字号餐饮企业、文艺演出（文化娱乐）、民俗文化节庆、博物院（馆）文物保护单位等。同时，开发启动了河南旅游同业信息服务平台，为景区、酒店、车队、旅行社和旅游管理机构提供服务，通过B2B2C的形式为平台用户提供信息发布及产品交易服务。

（4）"丽江古城遗产监测预警体系"完成数据采集工作，为实现数据标准加工、数据存储管理、数据共享服务、数据科学分析、预警和应急联动处置提供可靠支持，为遗产保护从传统方法走向现代科技打下基础。

（5）朔州旅游电子地理信息服务平台初步建成，该平台向普通公众用户提供地图浏览、景区搜索、信息查询等服务。

此外，旅游云平台项目建成运行，也为信息采集、信息发布、信息查询和信息利用等提供数据和平台支持。哈尔滨启动"旅游云"项目，拟建设一个核心（智慧旅游综合数据中心）和四大辅助系统（公众旅游信息咨询系统、行业管理系统、电子商务系统和智慧景区系统）；成都智慧旅游数据中心上线运行，通过该中心应用平台可以为游客提供"一站式"旅游信息资源搜索服务，为旅游行政主管部门、旅游企业提供信息发布的渠道和标准规范的数据交换接口，为有关单位提供信息资源共享载体。

二、智能终端满足游客需求

（1）北京市旅游发展委员会推出"i游北京"手机应用软件，为旅游者提供导游、导览、导购和导航等服务，该手机APP的服务器端集成近60万条数据，涵盖全市672家景区数据、40家景区监控数据、畅游商城3000条数据、22家重点景区的导游导览数据、1445家旅行社数据、6379个导游数据和21 438条旅行社团体数据。

（2）"智游河南"手机客户端开发上线，具备信息发布、景区推荐、线路介绍等功能，并预设旅游城市客户端独立运行模块。

（3）莆田市建立旅游资源手机上网工程，利用手机GPS导航功能，在电子地图上呈现各种旅游服务节点，搭建公共服务平台。

（4）截至2013年9月，全国首款城市旅游手机游戏"玩转南京"下载量突破60万，该款手机游戏不仅是一本非常实用的南京旅游手册，更是一款集游戏娱乐、景区介绍、酒店查询等多功能于一身的智能软件。

（5）福州发行了《福州二维码旅游地图》，游客通过手机扫描二维码，即可关注福州旅游官方微博，方便快捷地获取福州市3A以上景区、市区内重点景区、观光巴士线路沿途景点的音频解说、文字图片及地理信息等服务。

（6）甘肃陇南市首次应用二维码技术开展旅游营销，成为陇南市发展"智慧旅游"的前奏和试点。

（7）四川智慧旅游系统G5国道示范项目上线，游客只需打开一张可折叠的"壹旅图"，通过扫描上面的二维码下载相关软件，就能轻松享受到便捷的旅游信息服务，同时，只要在微信中关注"四川旅游"，就可以享受到更完美的资讯服务，"四川旅游"里设有"随身导""画说四川""旅游资讯"三大功能模块。

此外，"无锡智慧旅游"APP、"i Travels 嘉兴"智能手机应用软件、厦门"智慧旅游"城市建设手机客户端、景德镇市"瓷都智慧旅游"手机APP项目等均已上线运行。

三、多功能旅游卡

与传统意义上功能单一、区划受限的公交卡、社保卡等不同，智慧旅游背景下的旅游卡片创新发展，功能逐渐增加、支付愈加便捷、使用更加广泛，由此助推智慧旅游发展建设。

（1）黄山旅游发展股份有限公司与海航易生控股有限公司联合推出的"易生旅游黄山卡"，集门票、住宿、餐饮、交通、娱乐、购物等多种要素于一身，为旅游者提供丰富的产品选择，在整合各种资源的同时，与商户建立诚信联盟，使旅游消费透明化、规范化和诚信化，促成游线对接、客流互送、利益共享等联盟机制的形成；湖南省推出"锦绣潇湘旅游卡"，该卡为非接触式智能芯片卡，与新型的"闪付"银行卡、移动NFC手机SIM卡采用同样技术，为各行各业与旅游合作"一卡通"打好基础，同时建设先进的运行管理系统，通过3G物联网技术将全省合作景区与系统联网，在旅游卡的绑定及验证过程中，使用"NFC手机支付技术""自动提取身份证照片技术""多介质验证技术"等先进技术，使得不同的消费群体可以分别采用旅游卡、身份证、银行卡、手机等验卡方式，该卡在全国旅游信息化应用中尚属首创。

（2）"泰州通"全国互通卡发行，持有该卡的市民可实现在全国35个公交互联互通城市刷卡乘坐公交车。住房和城乡建设部于2008年启动"全国城市一卡通互联互通"工程，使所在城市的IC卡能够实现在异地城市刷卡消费，当前，共有上海、无锡等35座城市接入该工程。

此外，广西推出智慧旅游积分充值卡，为游客出行提供行程规划和景区门票预订等公共服务；"灵秀湖北旅游卡"实现无障碍旅游，"中国旅游卡·安徽"继续扩容,更多的酒店、旅行社和旅游景区进入该卡业务范围。

四、新型智慧产品不断涌现

(1) 2013年4月,"多彩贵州旅游馆"在淘宝上线,馆内设立景区门票、酒店、线路和旅游商品四大类商品,截至12月中旬,累计交易额超过3500万元。

(2) "天猫海南旅游官方旗舰店"为海南旅游互联网营销搭建平台。

(3) 灵秀湖北旅游形象体验店在台北亮相,该店综合运用3D旅游地图、宽屏触摸屏、互动艺术表演等高科技手段,模拟出立体灵秀湖北的山水人文画卷,使人仿佛身临其境。

(4) 2013年中国国内旅游交易会贵州旅游馆智慧旅游体验区通过文字、灯箱、弧形主屏幕、二维码、IPAD通信终端等新技术,展现贵州旅游品牌形象。

(5) 上海市旅游局与中国电信上海分公司签订《"十二五"期间智慧旅游建设战略合作协议》,双方就深化手机导游iTravels酒店版应用、推出IPTV旅游频道、建设面向旅游市场的企业认证平台B2B、开发银联卡支付服务平台B2C、完善旅游公共场所无线覆盖、共享旅游公共场所视频监控信息等具体项目提出实施设想和建议。为了丰富智慧社区的信息服务内容,拓宽市民和游客旅游公共信息的获取渠道,上海市旅游局和电信上海分公司共同打造IPTV"上海智慧旅游社区"频道。

五、智慧旅游景区建设成果

(一) 智能终端提升景区服务

(1) 安徽移动黄山分公司打造"智慧黄山·无线城市"平台,其主要应用就是利用手机轻松获取信息,该平台建立景区"二维码"导览系统摸索和方案整合,将黄山的风景古迹和花草树木等元素编入档案信息,游客通过一部手机扫描二维码即可随时随地获取景点介绍和信息查询等服务;福建省闽江源生态旅游区推出二维码景区导览图,只要用智能手机扫描"二维码",即可下载景区图片、进行语音导览、实现移动"导游"。

(2) 广东省许多景区启用智慧旅游系统。通过在线预订和电子门票,实现景区数字化、智能化电子门禁管理,景区管理者通过网络实时掌握景区所有入口人数动态;通过手机支付或网银在线支付,购买门票成功后,手机将收到一个短信验证码,即电子门票,游客凭借手机上的电子门票,可以快捷进入景区。如在广州的百万葵园、岭南印象园等景区,游客直接上网登录订票或者手机扫描二维码预订门票即可享受购票优惠,购票成功后,游客凭短信或二维码到景区验证即可取票入园。

（二）微信账号助力景区营销

随着微博和微信的广泛使用，全国微媒体用户已超过8亿，微媒体成为景区营销和服务大众的重要工具。

（1）"安徽天柱山"是安徽首家利用微信为游客服务的景区，景区工作专员实时在线与网友互动交流，解决网友关心的旅游问题。

（2）"马鞍山智慧旅游"微信公众号用生动的文字和精美的图片展示马鞍山旅游资讯、美景、美食、旅游攻略和旅游线路，助力旅游营销。

（3）通过"海陵智慧旅游岛"官方微信，可以快速查询当地各类旅游信息。

（4）绍兴市旅游集团对"绍兴古城"官方微信升级定制，开发导航导览、语音讲解、景区介绍、旅游攻略、互动游戏、电子商务等功能，为游客提供"吃、住、行、游、购、娱"一揽子服务。微信账号在服务游客的同时，聚集人气，宣传旅游景区产品、文化、资源等内容，通过与游客互动强化景区营销。

（三）景区智慧展示

智慧景区在发展建设过程中，产生新的旅游形式，带给旅游者超乎寻常的个性化体验，这种形式主要有虚拟旅游产品、景区数字展馆和移动数字展馆等。

（1）北京市旅游委试行推出30家热点景区虚拟旅游产品，游客可在北京旅游网上360度游览这30家景区景点，在观赏的同时还可以自主选择景点、设计游览线路、了解景区文化。

（2）青海省原子城红色旅游景区数字展馆作为全国第一个红色旅游数字展馆上线CNTV，数字展馆将原子城景区的"原子城纪念馆""纪念园"和"地下指挥中心"等景点的建筑、文献资料、藏品文物等真实清晰地展现在网友面前，使人足不出户，即可在原子城景区游览。

（3）秦始皇帝陵博物院打造的数字展览平台APP上线，该终端是一款用于智能手机的移动数字展览平台，手机用户可通过搜索"秦始皇帝陵博物院"或在展览现场扫描二维码下载展览信息。

（4）陕西数字博物馆是全国首座以省文物数据库为依托的数字博物馆，该馆依托先进的网络科技手段，通过全面整合全省文物信息资源，采用动态模拟、三维演示等先进文物数字化展示手段，将全省实体博物馆和丰富的馆藏文物呈现在观众面前。2013年，陕西数字博物馆又推出陕西数字博物馆手机版，通过手机随时随地可以方便、快捷地浏览陕西数字博物馆，让更多的人通过手机了解陕西历史、文物。

（四）智慧景区初步成果

目前，智慧景区发展建设主要围绕智慧服务、智慧管理和智慧运营等目标展开，以视频监控系统、指挥调度系统、安全预警系统、信息发布系统、智能门禁系统、电子导览系统等内容为重点，推进智慧景区发展建设。2013年，中国智慧景区发展建设循序推进并取得丰硕成果（表13-5）。

表13-5　2013年中国智慧景区建设部分成果展示

行政区划	旅游景区	主要成果
安徽省	九华山风景名胜区	实施视频监控、指挥调度、信息发布三大工程，将信息采集整理、研究决策和对外发布实现程序化推进和流水化作业
福建省	鼓浪屿风景名胜区	主要景区、景点"二维码自助导游系统"的试点布置工作完成，推出"智游鼓浪屿"旅游导览APP，着力打造全国领先的智慧旅游景区
广东省	东部华侨城	官方微信成功上线，是国内首家微信3D园景导航，可以快速获取景点、演出、酒店、餐饮、休闲等信息
广东省	海陵岛	建成"旅游市场管理系统三大平台"（电子点菜平台、信息公开平台、政府监管平台）和"五个统一"（统一使用合格电子秤、统一悬挂投诉电话牌匾、统一悬挂诚信承诺牌匾、统一商品标识牌、统一菜单确认）的新型旅游市场服务管理模式，并建成国内第一个"智慧旅游"的海岛旅游区
广东省	鸦片战争博物馆	启用"微信语音导览"服务，将微信运用在博物馆的展示和服务中，游客只需打开手机微信功能，关注"鸦片战争博物馆"，即可自助收听讲解
贵州省	黄果树风景名胜区	启用黄果树智慧旅游平台，搭建电子门票门禁系统、免费Wi-Fi全景区覆盖，景区内设立200个实时救助、监控、呼叫点
河北省	乐岛景区	开创二维码和二代身份证双向智能验证系统，建设网络销售平台（河北省研发智慧景区电子导览系统，在全省13家试点景区完成推行应用）
湖北省	神农架林区	神农架数字景区由视频监控、电子商务、呼叫中心、手机导游导览APP、GIS应用平台、森林防火和应急指挥系统组成，对景区实时监控、倡导文明旅游等具有重要作用
江苏省	环球动漫嬉戏谷	"掌上嬉戏"上线运营，为手机或移动终端提供全方位智能导航、导览、导购、交友、休闲游戏等综合服务
江西省	龙虎山风景旅游区	推出景区形象彩色微信二维码，利用新媒体及信息技术开展景区微营销
宁夏回族自治区	沙坡头景区	智能APP客户端上线，为宁夏旅游行业内首个应用于旅游景区服务的APP程序，可查询景区动态、精品线路、美食主场、景区交通、地图导航、节庆活动、旅游购物、旅游攻略、留言反馈、活动专区等服务信息
山东省	洎淀湖风景区	智慧旅游应用工程竣工，其中监控、安检、广播、电子门票智能管理系统已投入使用，运营良好

续表

行政区划	旅游景区	主要成果
四川省	乐山大佛景区	"智慧景区"建成启用,在四川省5A级景区中,乐山大佛"智慧景区"是首家全面系统投入实施,其功能主要包括景区免费Wi-Fi开放、二维码电子自助导游和景区平安海事管理
云南省	泸沽湖景区	门票结算系统转向网络数字化

注:本表将海陵岛作为旅游景区展示其建设成果。

(五)智慧景区发展建设存在的主要问题

(1)发展思路不清,缺少整体规划。提升游客体验是景区智慧化建设的推动力量,也是智慧旅游景区建设的重点。国内多数景区主要由政府主导进行智慧化建设,由于景区经营权和所有权的剥离,政府进行智慧旅游景区建设的初衷主要是实现景区现代化管理,这就很容易导致对游客体验的忽视,更有甚者,部分景区进行智慧化建设空有口号却无实际进展,俨然成了忽悠政府和市场的幌子,由于缺乏明确的发展思路和顶层设计,智慧旅游景区建设效果不佳。同时,各地虽然提出智慧旅游建设的目标,但却缺乏整体规划,由此造成智慧旅游景区建设一哄而上,缺乏重点,没有明确目的,导致资源和资金的浪费。

(2)专注控制方法,忽视影响分析。当前,智慧旅游景区建设主要集中于以下内容:数字视频监控、电子门禁系统、景区门户网站、电子商务平台、智能导览系统、交通指挥系统、安全预警平台、办公自动化系统等内容,由此可见,景区进行智慧化建设主要专注于对现实可见的游客、车辆、交易等的控制,这种控制是浅层次的、表面性的智慧化,对旅游影响的研究分析则明显不足。景区在旅游发展的过程中,资源的损耗、环境的改变、文化的衍化、社区的发展始终存在,智慧旅游景区应当对资源、环境、人员等隐性的、潜在的问题进行监测和分析,为管理者决策提供现实可行的参考依据。智慧旅游景区不仅要满足当下的管理,更要实现对未来发展的预测,从而促进景区采取预防措施,保障旅游景区的健康可持续发展。

(3)注重平台建设,但应用水平不高。智慧旅游服务平台,尤其是智慧景区门户网站,虽然多数涵盖食、住、行、游、购、娱等综合性要素信息,能够便捷游客查询,但单纯地信息堆积,并不能充分实现智慧化。一方面,个性化定制服务不到位,现有门户平台基本上难以根据旅游者需求特征,提供个性化旅游线路等建议;另一方面,旅游要素信息内容不全面,平台内现有数据资料基本上是与景区具有合作关系的单位的信息,许多非合作方的信息数据并未收录到平台之中,由此导致信息不全面,平台数据信息的全面性、时效性受到质疑。

（4）建设层次较低，创新能力匮乏。智慧旅游景区建设尚无相应的规范和标准，各景区在智慧化建设的过程中，建设层次较低，如多数景区构建了智能导览系统、虚拟旅游显示屏、二维码应用体系抑或旅游专网 Wi-Fi 覆盖，由此便对外宣称构建智慧旅游景区，这种建设的层次较低，功能较为单一，内容不够完善，只能满足游客体验或景区管理的基本需要。景区对虚拟技术、二维码等技术的应用较为普及，对物联网、云计算、移动通信技术等应用的创新能力不足，由此使得景区智慧化遭遇瓶颈。将已有的新技术应用到智慧景区建设或是根据智慧旅游景区建设的需要，有针对性地开发新技术，从而促进智慧旅游景区建设的优化升级。

（5）资金来源短缺，发展后劲不足。资金短缺是当前旅游景区智慧化建设的最大困难，在经济欠发达的区域尤为明显，部分省市甚至没有发展智慧旅游的意识，一些省市虽然提出了智慧旅游建设的目标，但只是低层次的投入，满足基本的游客体验和景区管理需要。从长远来看，资金短缺造成了智慧旅游景区发展后劲不足。究其原因在于，政府对旅游景区的投入有限，并且主要限于满足其管理需要，同时，景区智慧化不能在短期内带来收益，使得景区智慧化建设的积极性不高。解决资金问题，才能从整体上促进智慧旅游景区建设的快速进行。

（6）建设各自为政，发展有失均衡。智慧旅游以应用为导向，旅游景区只有产生相关需要，才会寻求智慧旅游解决方案，各景区可以根据自身发展需要，选择智慧景区建设项目，因此，智慧景区发展建设水平表现出较大差异性。实际上，中国景区人满为患、资源破坏、文明旅游等现状堪忧，发展智慧旅游可以减轻和弱化这些负面影响，智慧旅游成为各景区的共同需求。如今，智慧景区发展有失均衡主要表现在：①区域不均衡，东南沿海经济发达区域智慧景区发展水平相对较高，西部地区除四川智慧景区建设水平较高外，陕西、甘肃、青海、西藏等地智慧景区发展水平较低；②景区不均衡，现已开展智慧旅游建设的景区多数是高等级旅游景区，低等级旅游景区开展智慧旅游建设的较少；③功能不均衡，当前智慧景区发展建设主要满足信息查询、智能导航、电子讲解、视频监控等功能，智慧化水平有待提高。

（7）重复建设严重，造成资源浪费。智慧景区的发展建设，通常是景区自身行为，因此，景区在构建智慧旅游体系时，往往忽视与其他景区的联动与对接，重复建设在所难免。例如，为了提供丰富的旅游信息，景区将目的地区域范围内的食、住、行、游、购、娱等要素置入旅游信息数据库，其他景区在进行智慧化建设时又进行类似工作，造成重复建设。又如，旅游目的地基于区域发展视角，打造公共服务平台，景区基于自身发展，打造包含区域旅游信息的景区公共服务平台，重复建设因此出现。智慧景区项目内容重复建设将导致人力、物力、财力的巨大浪费,应当加以避免。

(8)相互分割限制,难以互联互通。区域限制、景区分割通常导致景区互联互通难以实现,智慧景区的"智慧"也就大打折扣。以旅游目的地和旅游景区为例,智慧景区建设主要存在两个问题:一是横向难以互联,单个旅游景区的网络层、数据库、客户端等集合成为统一整体,不同景区形成不同的统一整体,而各自为政的出现将给旅游者带来不便;二是纵向难以互通,旅游目的地建立公共服务平台,将旅游景区相关信息纳入平台数据库,从而便于游客查询,但对于旅游景区客户端,旅游者只有进入景区后才能下载安装,旅游者就无法在进入景区前获得相应服务,有的智慧景区没有做到 Wi-Fi 覆盖,不便于下载 APP 和移动上网。

(9)区域差异显著,应用范围狭窄。由于智慧旅游景区建设需要较大的资金、技术和人才投入,多数省市在智慧旅游景区建设时首先对当地品牌优、形象佳、知名度高的景区进行建设,对于小型的、知名度低的景区则较少涉及,致使智慧旅游景区建设的范围相对狭窄,缺乏完整的规模体系。随着经济、社会、技术的发展,智慧旅游景区应当逐步实现四个转变:由政府主导型向市场驱动型转变,由经济发达区域向欠发达区域转变,由景区向旅游目的地全域转变。

第五节 大数据在智慧景区的应用

一、大数据的概念

2013 年英国学者维克多·迈尔-舍恩伯格(Viktor Mayer-Schönberger)和肯尼思·库克耶(Kenneth Cukier)在《大数据时代:生活、工作与思维的大变革》(*Big Data: A Revolution That Will Transform How We Live, Work, and Think*)中指出:"大数据是人们在大规模数据的基础上可以做到的事情,而这些事情在小规模数据的基础上是无法完成的;大数据是人们获得新的认知、创造新的价值的源泉;大数据还是改变市场、组织机构,以及政府与公民关系的方法。其指出大数据与小数据的区别,明确大数据的功能和价值。"迈尔-舍恩伯格等预言了大数据时代的来临,大数据被认为是继石油之后的又一个战略性的产业资源。

舍恩伯格等提出了大数据的三大法则:①不是随机样本,而是全体数据。样本=总体;②不是精确性,而是混杂性。大数据的简单算法比小数据的复杂算法更有效;③不是因果关系,而是相关关系。预测的关键是"是什么",不是"为什么"。

专业研究机构高德纳咨询公司（Gartner）认为，大数据是需要新处理模式才能具有更强的决策力、洞察发现力和流程优化能力的海量、高增长率和多样化的信息资产。强调数据是需要全新处理模式的信息资产，通过数据处理，才能具有更强的决策力和洞察力。

专业研究机构麦肯锡在其文献报告中指出，大数据是指其大小超出了典型数据库软件的采集、储存、管理和分析等能力的数据集合。说明了大数据的体量特征。

奥莱利媒体公司（O'Reilly Media）对大数据做如下界定：数据的数量和性能大到足够能成为实施数据管理及分析系统的设计和决定因素，该定义指出了数据管理的必要性。

尽管专家学者和研究机构对大数据的概念没有统一的界定，但是，在对大数据的阐述上，主要围绕以下方面展开：

（1）明确大数据的体量特征，将大数据与小数据区别开来；

（2）对大数据的处理和应用需要新方法、新思维，传统的对小数据的处理方法难以满足海量的大数据处理和应用的现实；

（3）强调大数据的功能和价值，通过大数据，可以获得新的认知、新的价值，对大数据的应用能够改变市场、组织机构，助力企业、组织和社会发展；

（4）大数据不仅指海量的数据集，而且指海量数据的采集、存储、传输、运用等系统的方法和实践。

二、大数据的特征

（1）体量巨大。互联网的发展、移动互联网的广泛应用、社交网络的兴起、自媒体的产生，使得人们能够通过电脑、手机、微博、微信、空间等各种平台、渠道、终端实现信息的获取和传播，在此过程中，将产生中大量的数据。对于个人而言，其数据可能涉及生活、消费、工作等各个方面；对于企业而言，其数据可能涉及业务、经营、人员、财务等各个方面，对于行业，则可能涉及行业内部的各个要素。同样，政府、组织、行业、城市中存在着大量的数据，这些数据通常能够到达 TB、PB、EB、ZB、YB、BB、NB、DB 甚至更大的级别（1TB 约等于 1000GB，1PB 约等于 1000TB，以此类推）。一般认为，PB 级以上的数据处理量级才达到大数据的规模。

（2）类型众多。按照编排方式的不同，可以将数据分为结构化数据、半结构化数据和非结构化数据。结构化数据是指通过一定的组织安排、程序设计和规定算法收集到的数据，这类数据具有明确的层次结构和逻辑关系，能够与其他数据直接进行交换、计算，并且这类数据具有一定的操作规范，数据的收集、处理和应用较为简单。半结构化数据具有一定的结构性，但没有严格的模型、程式和关系，其数据结构变化很大，不能通过简单的模型对数据进行直接应用。非结构化数据是与结构化数据相对而言的，这类数据突破关系数据库中数据结构和限制因素，在处理连续数据方面有着结构化数据无可比拟的优势。大数据主要面向半结构化数据和非结构化数据。按照数据载体的不同，可以分为图片、文字、数字、声音、视频、符号等；按照产生对象的不同，可以分为个人、企业、组织、政府等；按照产生场所的不同，可以分为生活数据、消费数据、工作数据等。

（3）承载价值。各种不同类型的数据都有特定的来源，例如，人们网上消费中对商品信息的浏览，人们运用手机查看新闻时所处的时间段，这些看似单体分散的数据，实际是对人们生活、消费、工作等的真实描述，而行为、信息、数据的产生自然有其内在联系，也就因此内含了其中的逻辑。谷歌预测冬季流感的传播中，人们在网上对流感的搜索记录看上去并无价值，但当大量的搜索记录数据汇集在一起，并通过挖掘应用，便实现了搜索记录的价值。数据是行为的表现，当这些数据集中起来，并通过特定的方法进行组织、推理、测算，便可发现其中的规律，对这些规律进行充分的开发和应用，即可实现数据的价值。

（4）可被挖掘。随着物联网技术、计算机技术、云计算技术等的发展，对数据价值的挖掘成为可能，大数据本身蕴含的巨大价值，是可被挖掘和利用的。谷歌成功预测冬季流感的传播，即是对网民搜索记录价值的充分挖掘。同样，网络、手机等产生的巨量数据，其价值也能够被挖掘，并且，随着科学技术的进步，工具智能的升级，人们认知水平的提高，数据的价值就更易被挖掘和应用。

简而言之，大数据的特征就是大量（Volume）、多样（Variety）、快速（Velocity）和价值（Value）。实际上，大数据中的应用技术主要集中于数据的感知、采集、存储、传递、分析、处理等方面，当前，云计算技术、分布式处理技术等已经能够为大数据的发展应用提供一定的技术支撑，但随着大数据的普及应用，其在巨量存储、准确分析、高效处理等方面，仍然需要技术更新和创新应用。

三、旅游业中大数据的类型

海量旅游数据每时每刻都在产生。旅游消费者网上使用的浏览器有意或者无意地记载着个人信息数据；智能手机、平板电脑、智能手表等设备在运用中产生数据；旅游企业里的路由器、空调、饮水机也在产生大量数据；旅游中的商户Wi-Fi、银行ATM同样产生数据；旅游者的微博、微信、空间等数据众多。所有的这些数据体量巨大，类型繁多。为了有针对性地对数据进行筛选、搜集和应用，数据分类成为现实必要。

按照数据产生的主体不同，旅游业大数据可以分为个人数据、企业数据和公共数据。个人数据是消费者和旅游者在旅游消费和旅游活动中产生的各类数据，如消费者网上浏览旅游产品信息的记录、旅游者在旅游活动中对产品的评价等；企业数据是旅游企业在运营发展中产生的各类数据，如企业的能耗情况、员工行为、产品特征、财务信息等；公共数据是旅游业发展中产生的应当向社会大众公开的各类数据，如旅游人次、旅游经济收入等。

按照数据应用的目标不同，可以对数据进行具体细分，如提高组织运作效率、助力旅游市场营销、优化企业发展环境等，基于不同的需要，采集与之相关的数据。基于数据应用的目标开展数据采集，既能避免海量数据的干扰，又能为数据采集缩减成本，还能实现数据的专项应用。

一般来说，旅游的大数据来源于移动通信运营商（管道）、旅游经营商（渠道）、网站（入口或电子商务）、客户端（手机APP、二维码）、景区门禁等（景区采集点）、数据交换中心（监控平台）、银行或交易方（支付平台）等。

此外，也可按照数据的格式、载体、产生空间等进行分类，但归根结底，都是为数据应用而服务。因此，我们认为，按照数据应用的目标不同，分门别类有针对性地进行数据采集、数据分析和数据挖掘，进而实现数据价值，是大数据时代实现数据采集和数据应用的理性选择。当然，对于有条件、有能力的主体而言，进行大样本、大容量的数据采集，进而实现数据存储、按需筛选和实时应用，也是较为可行的。

随着大数据的进一步发展，获得数据的方式将主要有两种：一是用户自主采集，二是实现数据购买。对于用户自主采集而言，需要全面的数据来提高分析和预测的准确度，因而，数据采集需要更多便捷、廉价、自动的数据生产和数据采集工具。

四、大数据在旅游业中的价值

（1）助力旅游市场营销。旅游企业和旅游目的地等对消费者和旅游者大数据进行分析，能够探索和发现旅游消费和旅游活动规律，把握旅游消费者的心理和行为特征，进而提供有针对性的产品和服务，满足旅游者个性化需求。例如，根据消费者在网上浏览的旅游信息的特征，如旅游产品的价格、类型、所在区域等，分析旅游者的消费水平、旅游类型、意向旅游目的地，进而推送产品和服务信息，实现精准营销。

（2）推动旅游创新创业。旅游业中的大数据主要来源于网站访客行为记录、移动设备应用记录、物联网终端感知系统、人工采集数据信息、旅游消费者主动反馈等方面，对这些数据进行分析，找寻旅游消费者的诉求和兴趣点，并通过商业创新满足旅游者诉求。对旅游业中大数据的分析和挖掘越透彻，就越能找寻更多的商业机会。旅游创新创业公司的大量出现，将推动旅游服务和旅游体验的变革升级。

（3）加快旅游企业变革。信息社会的高速发展，对组织和企业的变革能力提出要求，为了适应迅速变化的社会环境、消费方式和大众生活，旅游企业也应当不断发展变革，对大数据的应用，则能帮助旅游企业找寻变革发展的方向。旅游企业中的大数据涵盖员工行为、资源消费、顾客关系等各个方面，所有的这些数据的变化，即是对员工、消费者、产品、服务、效率的反映，通过对运作效率、员工忠诚度、顾客满意度、产品受欢迎度等进行实时监测，为旅游企业的变革方向和目标选择提供科学依据。

（4）强化旅游行业管理。长期以来，客满为患、交通拥堵、资源破坏等问题困扰旅游业发展，也影响了旅游体验和旅游舒适度。旅游企业和旅游目的地既希望获得经济效益，又不愿因为保障服务质量和体验水平而将旅游者拒之门外，更多情况下，即使服务质量和旅游体验降低，旅游企业和旅游目的地也要接待大量旅游者，但也由此对旅游企业和旅游目的地产生不良影响。然而，大数据的应用，既能保障游客数量，又能提升体验环境。通过客流调节、交通疏导、生态监测、视频监控等，实现旅游企业和旅游目的地的可视化、智能化、便捷化管理，因而，无论是对公共服务，还是旅游企业，大数据的应用将强化旅游管理。

（5）提升旅游服务质量。旅游者是旅游业的核心，没有旅游者也就无所谓旅游业。无论是旅游企业的市场营销和组织变革，还是旅游目的地的行业管理和公共服务，最终都是通过提升服务质量，实现旅游者满意，进而获得经济效益。因此，大数据在旅游业的发展应用，尽管表现为旅游企业和公共服务两个主体，但直接受惠者即是旅游者，提升旅游服务质量是大数据在旅游业发展应用的必然选择。

（6）促进智慧旅游发展。智慧旅游的发展建设，包括两个层面的含义：一是智慧工具的综合应用，二是通过智慧工具产生"智慧"。大数据则不仅是智慧的工具，而且是智慧的来源。智慧旅游的发展建设中，APP、Wi-Fi网络、物联网终端、智能门禁、智慧客房、旅游门户网站等分布大量的数据端口，并对旅游消费和旅游活动等数据予以记录和存储，通过大数据，可对这些巨量的非结构化、半结构化和结构化数据进行分析和挖掘，获得有价值的信息，从而为智慧服务、智慧管理、智慧商务、智慧营销等提供科学依据。因此，大数据是智慧旅游的重要部分，大数据的应用将促进智慧旅游发展，并真正实现旅游业的"智慧"。

五、大数据在旅游业的应用前景

目前，旅游电子商务发展风生水起，各种旅游创业公司不断涌现，在线旅游服务商呈现出产品精细化、服务专业化、竞争白热化的特征，这既为传统旅游企业带来压力，又为新兴旅游企业创造机遇。为了在激烈的市场竞争中，夺得一席之地，并强化业务领域，大数据的应用成为可靠路径和现实选择。基于大数据，旅游企业能够对企业发展、行业趋势、市场变化、消费者特征等进行分析和预测，从而为企业发展战略、旅游市场营销、未来市场选择等提供科学依据，进而提供商业机会，缩减运营成本，创造经济价值。

随着大众旅游的发展，客满为患、交通拥堵、资源破坏、不文明旅游等问题不仅为旅游业发展带来负面效应，同时也影响大众旅游消费体验。然而，大数据为解决上述问题提供应对之策。以敦煌莫高窟的文物保护为例，室内环境可能对壁画产生影响，通过大数据的应用，对室内客流量、温度、湿度、照明、氧气浓度、二氧化碳浓度、壁画质态等进行实时监测，探寻其中的内在联系，从而为文物保护提供依据。同样，大数据在安全预警、交通疏导、环境监测、资源保护、公共服务等方面有着广泛的应用前景。大数据在旅游业的广泛应用，将真正助力提高旅游管理水平。

大数据是提升旅游消费体验的技术支撑，这主要体现在两个方面。一是旅游企业通过应用大数据，为旅游消费者提供个性化服务。以制定出游决策为例，为了开展一次旅游活动，人们可能提前一个月，甚至半年制定攻略、计划、预订等，这常常费时又费力，但是，大数据的应用将能根据大量旅游者的消费数据，对旅游消费者进行精准营销和信息推送，从而免去消费者制定旅游决策时的劳苦伤神，在酒店、景区、餐饮等消费中，旅游企业也能基于大数据改善消费环境。二是旅游行政管理部门运用大数据，在交通疏导、客流控制、安全预警等方面提供公共服务，为旅游者提供安全、舒适、便捷、智能的消费体验。政府和企业的共同发力，将提升旅游消费体验的整体水平。

2015年，原国家旅游局在《关于促进智慧旅游发展的指导意见》中强调旅游大数据的功能作用，明确要求推进数据开放共享：加快改变旅游信息数据逐级上报的传统模式，推动旅游部门和企业间的数据实时共享；各级旅游部门要开放有关旅游行业发展数据，建立开放平台，定期发布相关数据，并接受游客、企业和有关方面对于旅游服务质量的信息反馈；鼓励互联网企业、OTA企业与政府部门之间采取数据互换的方式进行数据共享；鼓励旅游企业、航空公司、相关企业的数据实现实时共享，鼓励景区将视频监控数据与国家智慧旅游公共服务平台实现共享。大数据在旅游业的发展应用已然来临。

六、大数据在旅游业中的实践和应用

尽管大数据的发展和应用才刚刚开始，但旅游业对大数据的探索和实践已经逐步展开，并且初具发展雏形，这里对旅游业中大数据的探索和实践予以简单地介绍。

原山东省旅游局注重数据采集和数据应用。通过开展旅行社团队跟踪监测、景区人数监测，并与公安部门合作获取住宿联网数据，与百度合作获取网民搜索数据，进而实现数据应用。例如，通过百度数据反映山东旅游的客源市场、产品关注度，进而实现精准营销和产品开发；通过景区人数监测，为客流引导提供决策依据，进而提升旅游体验。

马蜂窝运用大数据的经典案例。马蜂窝覆盖全球 200 多个国家和地区，内含 50 000 000 位旅行者，600 000 家国际酒店，16 000 000 条真实点评，267 000 000 次攻略下载。巨量数据为大数据应用提供基础，其运用过程如下：马蜂窝的用户在旅游之后，将心得、体会、见闻发布到马蜂窝网上；马蜂窝的旅游攻略引擎会根据预先设置好的程序和规则进行自动化地语义分析和数据抓取，提取酒店、餐厅、购物等旅游关键数据，并进行分类存储；工作人员对已经自动提取归类的数据进行分析、编辑和加工，生成旅游攻略和调查报告；旅游攻略和调查报告既能为其他用户进行旅游决策提供参考，又能为旅游服务商进行市场营销和产品研发提供依据，由此实现大数据的功能价值。

大数据在旅游业中的功能和应用，已然引起产业界、学术界和政府部门的重视。

2012 年 9 月，首都旅游产业运行监测调度中心建成启用，该中心以监测全市旅游资源、产业运行状态和应急指挥为目标，集数据整合、产业监测、视频监控、应急调度、视频会议等多项功能为一体。

2014 年 9 月，《百度旅游大数据白皮书》发布，基于流量数据对城市旅游搜索、景区旅游搜索等进行分析。

2014 年 12 月，由原国家旅游局信息中心组织开发的全国旅游基础数据库建设项目通过初步验收，该项目是面向旅游行业的大数据应用基础平台，平台建成运营后将由原国家旅游局信息中心和各地方旅游局共建、共营、共享、共管，成为旅游行业大数据应用的支撑。

实际上，对当前大数据在旅游业的发展应用进行总结发现，其呈现出以下特点：

（1）就数据数量而言，主要是对少量数据的应用，如网民的景区搜索记录、旅游产品浏览记录等，大量的精细的数据并没有得到应用，甚至没有予以收集。

（2）就数据类型而言，主要是对结构化和半结构化数据的应用，对非结构化数据的采集和应用仍然处于起步阶段。大数据的重要特征即是对非结构化数据的采集、分析、挖掘和应用，因此，在结构化数据足够丰富全面的情况下，旅游业更应当挖掘非结构化数据的价值。

（3）就数据应用方式而言，主要有两个，一是对旅游者消费行为和旅游活动等基本数据进行分析，助力旅游市场营销，二是基于用户生成内容，实现旅游社区网站的发展运营。

（4）就数据分析、挖掘和应用水平而言，仍然处于较低水平，在系统自动化、模型严谨性、分析准确性等方面，有较大的提升空间。例如，基于少量数据，经过粗略评估，生成用户画像，其可能本身在数据和模型等方面就存在诸多问题。

大数据在旅游业的发展应用已然启动，随着大数据技术的发展成熟，其在旅游业中的功能和价值也必将得到充分地实现。

七、大数据时代智慧旅游创新发展之道

（一）未来旅游世界形态

世界是"屏"的。现今世界，各式各样的电子显示屏已经悄然走进普通大众生活，电子显示屏随处可见。在家里，人们用到电视屏幕、电脑屏幕、手机屏幕等；在企业，工作中用到电脑屏幕，企业自身设立顾客欢迎屏、形象展示屏、信息咨询屏等；在城市，各种公共阅读屏、信息公示屏、智能播放屏、交通查询屏、银行ATM显示屏、广告屏等遍布大街小巷；此外，在公交站、地铁、学校、银行等，各种电子显示屏已经无处不在，这显然是一个"屏"的世界。各种电子显示屏由不同的主体设立和提供，以其特定的方式，传递信息和服务，便捷现代生活。旅游业也同样存在各种"屏"。在景区，游客触摸屏、LED信息发布屏、虚拟旅游显示屏、智能监控显示屏等为旅游者服务；在酒店，自助入住系统、客房多媒体系统等遍布着"屏"的应用；在旅游目的地，智能触摸屏、信息公示屏、广告营销屏等便捷旅游活动，同时旅游者还可以使用自带的智能手机（屏）、平板电脑（屏）等。电子显示屏已经成为旅游活动和旅游服务中的重要载体和渠道，并且，随着旅游业的深入发展，电子显示屏的功能和应用将得到进一步拓展和深化。

数据端口无处不在。这主要表现在两个方面：一是以工具设备为端口，如身份证、银联卡、电脑、手机、触摸屏等，其在应用过程中将会自动生成大量数据；二是以数据用户为端口，如旅游电子商务平台的店铺。以消费者在网上浏览旅游信息为例，从打开电脑开始，消费者使用电脑的时间、时长被电脑系统记录，在连接网络的过程中，数据被路由器记录，进入浏览页面，数据被浏览器记录，通过搜索引擎查找旅游信息，数据被搜索引擎记录，进入（去哪儿网）旅游电子商务平台，数据被（去哪儿网）记录，查看旅游产品，数据被店家记录，进

行网上支付，数据被支付平台记录。这一看似简单的过程，实则有7个甚至更多的用户进行数据记录，可见数据端口之密集。此外，旅游业发展中物联网的各种感知终端也将进行大量的数据记录。当前，数据采集应用较广的端口、工具或形式主要有三个，即电脑、手机和视频监控。随着大数据的普及应用，数据端口将会遍布旅游业，数据采集的能力也会得到强化。

在"小数据"时代，由于技术水平的限制，旅游中的许多数据流失，由此出现数据断点等现象，根据已有数据，难以对旅游过程进行描述。然而，在大数据时代，数据记录是巨量的、客观的、连续的，通过各种设备、端口和技术，旅游消费和旅游活动能够实现"可视化"。自消费者在网上查询旅游信息，进行网上预订和支付，再到景区开展旅游活动，最后通过社交媒体等分享旅游体验，这一整个过程都将在分散的不同的平台、渠道、设备上留下记录，对这些记录进行数据整合与用户画像，即可清楚完整地描述旅游过程。也许有人会认为，只要不运用手机、电脑等网络设备，旅游者信息就不会被记录，殊不知，在旅游者乘车、购票、刷卡、刷身份证、进入旅游景区等过程中，无数的信息载体、视频终端、监控体系、物联网感知系统等将在无形中记录旅游者信息，由此使得旅游者"无处躲避"，因此，旅游消费和旅游活动将被无可避免地"可视化"。

穿戴式智能设备广泛应用。当前，智能手机和平板电脑已经得到广泛应用，但这还不够，"穿戴式智能设备"是智能手机和平板电脑的延续和升级。穿戴式智能设备是对日常穿戴品进行智能化设计，开发出可穿戴的智能设备，如智能眼镜、智能手环、智能首饰等。谷歌、苹果、微软、索尼、奥林巴斯、摩托罗拉等科技公司已经在穿戴式智能设备领域展开探索和研发，并且取得了一定的成果，例如，可利用语音指令集拍摄照片、摄制视频、网上互动等于一体的"Project Glass"，支持通话、语音回短信、连接汽车、地图导航、播放音乐、测量心跳、计步等数十种功能的"Apple Watch"，这些设备在通信、娱乐、健康、学习等方面有着重要的功能和价值。旅游消费和旅游活动中对游程的记录、对健康的追求、对愉悦的分享和对时尚的体验，使得旅游业为穿戴式智能设备提供天然的使用空间。穿戴式智能设备的应用，将极大地提升旅游体验。与此同时，穿戴式智能设备通过与网络链接，助力生成大数据，又能促进旅游业发展。

（二）智慧旅游创新发展之道

1. 构建智慧体系，注重端口建设

就内涵而言，智慧旅游包括两层含义：一是设施设备的智能化和便捷性，能够高效地提供服务，二是设施设备的运营使用能够产生智慧。前者说明智慧旅游的使用特性，后者强调智慧旅游的功能价值。当前，智慧旅游的发展建设。主要围绕设施设备的智能化展开，如智能门禁、智能监控、客房智能系统等，通过便捷操作凸显智慧，但是，基于智慧旅游系统生成"智慧"并没有得到有效体现，这主要受制于数据、技术等的局限。为了充分发掘智慧旅游之"智慧"，各旅游企业和旅游组织需要获得旅游消费、旅游活动、旅游商务等各方面的数据。因此，智慧旅游的发展建设应当构建全面的智慧体系，在旅游活动场所、旅游消费平台、旅游社交渠道等方面，强化端口建设，采集巨量数据，运用大数据技术，为智慧旅游发展建设提供"智慧"支撑。

2. 串接终端设备，实现数据通联

智慧旅游的发展建设已经投入使用较多的设备设施，如 LED 显示屏、公共信息查询终端、虚拟旅游设施、酒店自助入住系统、客房多媒体系统、智能点菜终端等，但是，这些终端设备在数据采集、数据共享、功能集成、设备通联等方面并未实现充分智能。在企业或组织内部，数据未能充分共享共用，在企业、组织与旅游者之间，各自的终端设备未能串接联通，这不仅降低了智慧化水平，而且不利于数据的采集。以景区虚拟旅游系统为例，通常情况下，旅游者只能在特定的景点，运用虚拟旅游设备获得相关信息，但实际上，贯穿旅游活动的始终，旅游者都可能基于该系统搜索文化、消费等信息，在此过程中即产生大量浏览、查询、评价等数据，但在虚拟旅游系统未与旅游者智能手机、平板电脑链接的情况下，这些数据自然就流失了，更无从应用。只有对旅游者、旅游企业和公共服务中的终端设备进行有效串接，并实现数据通联，才能最大限度地便捷数据采集，实现数据应用。

3. 基于数据应用，获得充分智慧

长期以来，旅游业发展对大数据视而不见、采而不用、联而不通，由此使得数据的功能价值未能得到充分发挥。然而，智慧旅游的发展建设、数据端口的广泛分布、终端设备的便捷联通，将为智慧旅游体系提供巨量数据，旅游企业和旅游组织基于自身发展需要，可选择相应的已采集到的数据，通过导入逻辑、建立模型、规定算法，对巨量数据进行分析和挖掘，从而获得有价值的信息。由于大数据是全体数据，不是随机样本，是混杂数据，不是单一数据，因而，旅游者、旅游企业和旅游组织的行为轨迹完全蕴含于巨量数据之中，旅游企业和旅游组织只要对数据进行充分挖掘，就能找寻其中规律，满足目标需要，为实现智慧服务、智慧管理、智慧运营、智慧商务、智慧营销等提供支撑。值得注意的是，大数据得到的结论通常是相关关系，不是因果关系，即解决了是什么而不是为什么的问题，这就使得大数据在智慧旅游的发展应用中，必须与人的智力劳动联立，从而获得充分智慧。

4. 立足现有数据，挖掘潜在价值

旅游业是一个注重体验、分享和终端应用的行业，为大数据的生成和采集提供天然沃土，尽管旅游业中大数据的采集、存储和挖掘仍需深入发展，但现有部分数据已经具备大数据雏形，可以用大数据方法对这些数据进行挖掘和应用。当前可用的旅游业大数据主要集中于以下场所和平台：一是谷歌、百度等搜索引擎，掌握巨量旅游搜索信息；二是携程旅行网、艺龙旅行网、去哪儿网等旅游电子商务网站，掌握大量旅游者、旅游信息浏览、旅游产品购买、旅游消费行为、支付方式等方面的数据；三是马蜂窝、面包旅行等旅游社区网站和平台，集聚大量的用户，产生巨量的旅游点评、旅游分享等数据；四是旅游目的地、旅游景区等对自媒体应用产生的数据，如旅游景区微博中粉丝、博文、评论等大量数据。上述数据已经涵盖了非常丰富的产品、服务、消费、体验等数据，对这些数据进行充分的整合、分析和挖掘，即能获得有价值的信息，如用户体验、感受和评价等，因而可以开展有现场感的场景营销和利基（niche）市场营销。因此，智慧旅游体系在采集大数据的过程中，更应当立足现有数据，挖掘数据的潜在价值。

5. 面向旅游行业，服务社会发展

旅游活动的较强流动性，使得智慧旅游的发展建设不仅要满足于旅游企业，更要集中于旅游目的地。旅游目的地在安全、交通、信息、导航、网络等方面提供的公共服务，通常具有普适性，即社会大众能够普遍享受。因此，旅游目的地范围内无处不在的数据端口、智能设备、视频监控等，在采集旅游数据的同时，也能获得其他方面数据。基于大数据技术，对旅游目的地范围内的巨量数据进行采集、分析和挖掘，获得旅游发展和经济社会的有用信息，智慧旅游体系通过对这些信息进行充分应用，又能更好地服务旅游业和社会发展。大数据时代，智慧旅游目的地服务社会主要有两种方式：一是基于智慧旅游数据端口，为社会发展提供海量数据；二是基于智慧旅游设施设备，为社会大众提供公共服务。实际上，智慧旅游目的地的发展建设，既能服务社会大众，又能优化旅游形象。因此，大数据在旅游业的发展应用，应当在面向旅游行业的基础上，服务经济社会发展。

本章小结

> 智慧旅游是利用新一代信息通信技术，如云计算、物联网、移动互联网和人工智能对于旅游景区服务的提升和管理的改革。智慧景区建设应根据实际需要，以游客为本，以提高游客的满意度为宗旨，提供个性化、差异化的服务，最大限度地整合资源，实现集约化生产，达到服务精心、营销精准、管理精细。

思考与练习

1. 什么是智慧旅游和智慧景区?
2. 智慧景区依托的主要技术有哪些?
3. 如何理解智慧景区建设是管理改革?
4. 智慧景区建设应该注意哪些问题?
5. 大数据对于景区经营管理有何帮助?

参考文献

[1] 崔凤军.中国传统旅游目的地创新与发展.北京:中国旅游出版社,2002.
[2] 崔凤军.风景旅游区的保护与管理.北京:中国旅游出版社,2001.
[3] 岳怀仁.风景旅游区经营与管理.昆明:云南大学出版社,1998.
[4] 李天元.旅游学概论(修订版).天津:南开大学出版社,2000.
[5] 王德刚.现代旅游区开发与经营管理.青岛:青岛出版社,2000.
[6] 赵黎明,黄安民,张立明.旅游景区管理学.天津:南开大学出版社,2002.
[7] 国家旅游局规划发展与财务司.中国旅游景区发展报告(2005年).北京:中国旅游出版社,2005.
[8] 马勇,李玺.旅游景区管理.北京:中国旅游出版社,2006.
[9] 邹统钎.中国旅游景区管理模式研究.天津:南开大学出版社,2006.
[10] 邹统钎.旅游度假区发展规划.北京:旅游教育出版社,1996.
[11] 邹统钎.旅游景区开发与管理.北京:清华大学出版社,2004.
[12] 王衍用,宋子千.旅游景区项目策划,北京:中国旅游出版社,2007.
[13] 姜若愚.旅游景区服务与管理.大连:东北财经大学出版社,2003.
[14] 冯淑华.景区运营管理.广州:华南理工大学出版社,2004.
[15] 禹贡,胡丽芳.旅游景区营销.北京:旅游教育出版社,2005.
[16] 王绍喜.旅游景区服务与管理.北京:高等教育出版社,2005.
[17] 吴忠军.旅游景区规划与开发.北京:高等教育出版社,2003.
[18] 钟永德.旅游景区管理.长沙:湖南大学出版社,2005.
[19] 李洪波.旅游景区管理.北京:机械工业出版社,2004.
[20] 王莹.旅游区服务质量管理.北京:中国旅游出版社,2003.
[21] 彭绍坚.旅游区项目策划与管理实务.深圳:海天出版社,2001.
[22] 唐洪广,孙逸民.中国旅游景区精品建设探索与实践.北京:商务印书馆,2002.
[23] 刘锋,董四化.旅游景区营销.北京:中国旅游出版社,2006.
[24] 张立明,胡道华.旅游景区解说系统规划与设计.北京:中国旅游出版社,2006.
[25] 华侨城集团公司.21世纪中国主题公园发展论坛.北京:中国旅游出版社,2003.
[26] 冯锦凯,石瑾.中外游乐业.北京:中国旅游出版社,2003.

[27] 冯锦凯. 解读中国游乐业. 北京：旅游教育出版社，2005.

[28] 张晓，郑玉歆. 中国自然文化遗产资源管理. 北京：社会科学文献出版社，2001.

[29] 王维正. 国家公园. 北京：中国林业出版社，2000.

[30] 李如生. 美国国家公园管理体制. 北京：中国建筑出版社，2005.

[31] 许学工，Paul F. J. Eagles，张茵. 加拿大的自然保护区管理. 北京：北京大学出版社，2000.

[32] 约翰·缪尔. 我们的国家公园. 郭名倞，译. 长春：吉林人民出版社，1999.

[33] 兰思仁. 国家森林公园理论与实践. 北京：中国林业出版社，2004.

[34] 杨世瑜，吴志亮. 旅游地质学. 天津：南开大学出版社，2006.

[35] 王兴斌. 旅游产业规划指南. 北京：中国旅游出版社，2000.

[36] [美] 爱德华·因斯克普. 旅游规划——一种综合性的可持续的开发方法. 张凌云，译. 北京：旅游教育出版社，2004.

[37] [美] 克莱尔·A. 冈恩，[土] 特格特·瓦尔. 旅游规划：理论与案例（第4版）. 吴必虎，吴冬青，译. 大连：东北财经大学出版社，2005.

[38] 魏小安. 旅游目的地发展实证研究. 北京：中国旅游出版社，2002.

[39] 张广瑞，魏小安，刘德谦. 2001—2003年中国旅游发展：分析与预测（旅游绿皮书）. 北京：社会科学文献出版社，2003.

[40] 张广瑞，魏小安，刘德谦. 2003—2005年中国旅游发展：分析与预测（旅游绿皮书）. 北京：社会科学文献出版社，2005.

[41] 彭德成. 中国旅游景区治理模式研究. 北京：中国旅游出版社，2003.

[42] 保继刚. 大型主题公园布局初步研究. 地理研究，1994（3）.

[43] 张凌云. 我国旅游景区（点）面临的竞争压力分析及经营对策. 中国旅游报，2003-01-08.

[44] 张凌云. 从主题公园到主题城市. 开放导报，2000（2）.

[45] 董观志. 旅游主题公园管理与实务. 广州：广东旅游出版社，2000.

[46] 郑维，董观志. 主题公园营销模式与技术. 北京：中国旅游出版社，2004.

[47] 董观志，苏影. 主题公园营运力管理. 北京：中国旅游出版社，2005.

[48] 黄翔. 旅游区管理. 武汉：武汉大学出版社，2004.

[49] 马永立，谈俊忠. 风景名胜区管理学. 北京：中国旅游出版社，2003.

[50] 杨桂华. 生态旅游景区开发. 北京：科学出版社，2004.

[51] 杨富裕，陈佐忠，张蕴薇. 草原旅游理论与管理实务. 北京：中国旅游出版社，2007.

[52] 吴楚材，吴章文. 森林环境资源与森林旅游产品开发——理论与实践. 北京：中国旅游出版社，2007.

[53] 夏林根. 乡村旅游概论. 北京：东方出版中心，2007.

[54] Geoge McIntyre, Arlene Hetherington, Edward Inskeep. 旅游业可持续发展——地方旅游规划指南. 世界旅游组织, 1993.

[55] 杨达源, 刘庆友, 舒肖明, 等. 乡村旅游开发理论与实践. 南京: 江苏科学技术出版社, 2005.

[56] 王继庆. 中国乡村旅游可持续发展问题研究. 哈尔滨: 黑龙江人民出版社, 2008.

[57] 全国红色旅游工作协调小组办公室. 中国红色旅游发展报告（2005）. 北京: 中国旅游出版社, 2005.

[58] 李隆华, 俞树彪. 海洋旅游学导论. 杭州: 浙江大学出版社, 2005.

[59] 池雄标. 滨海旅游理论与实践. 广州: 中山大学出版社, 2004.

[60] 张凌云, 杨晶晶. 滑雪旅游开发与经营. 天津: 南开大学出版社, 2007.

[61] 黎先耀, 张秋英. 世界博物馆大观. 北京: 旅游教育出版社, 1991.

[62] 桂雅文. 爱上博物馆. 桂林: 广西师范大学出版社, 2003.

[63] 关昕. 数字博物馆与公众教育. 博物馆研究, 2006（1）.

[64] 黄嘉琳. 清蔚园网际虚拟博物馆. 科学月刊, 1998（343）.

[65] 张妮佳. VRML 技术在数字博物馆中的应用. 现代图书情报技术, 2007（1）: 90-92.

[66] 王顺玲, 萨殊利. VRML 技术在铁路数字博物馆中的应用. 吉林化工学院学报, 2006（3）: 50-52.

[67] 张小朋. 博物馆信息化建设的初步探讨. 智能建筑与城市信息, 2004（9）: 24-28.

[68] 顾恒. 浅谈数字博物馆. 沧桑, 2006（5）: 104-105.

[69] 王裕昌. 数字博物馆工程刍议. 甘肃科技, 2006（5）: 213-216, 198.

[70] 张妮佳, 张剑平. 走进数字博物馆. 中小学信息技术教育, 2007（1）: 62.

[71] 陈刚, 祝孔强. 数字博物馆及其相关问题分析. Intelligent Building & City Information, 2004（9）: 29-33.

[72] 杨向明. 数字博物馆及其相关问题. 中原文物, 2006（1）: 93-96.

[73] 王佳璐. 中国虚拟博物馆功能开发现状与问题研究. 北京第二外国语学院旅游管理专业硕士学位论文, 2007.

[74] 平佳健, 邬蔓菁. 更好地实现博物馆网站的信息交流功能——对博物馆网站内容构建的一点看法. 南方文物. 2005（4）: 123-125.

[75] 张凌云, 程璐. 北京旅游业在建设世界城市中的优势与不足——北京与巴黎等世界四大城市旅游发展差异比较. 北京社会科学. 2010（5）: 41-50.

[76] 张凌云. 关于旅游景区公司上市争论的几个问题. 旅游学刊, 2000（3）.

[77] 魏小安, 张凌云. 共同的声音: 世界旅游宣言. 北京: 旅游教育出版社, 2003.

[78] 中国科学技术协会学术部. 遗产保护与社会发展. 北京: 中国科学技术出版社, 2007.

[79] 张凌云. 2003 年全球主题乐园和游乐园经营态势分析. 中国旅游目的地发展研究报告

（2004）.北京：旅游教育出版社，2005.

[80] 陈果.中国主题公园走向何方——浅谈中国主题公园发展.http://www.2020china.com/mag/nvision06/2006-11/30/20061130187.html.

[81] 罗哲文.文物古迹保护与旅游事业的发展.中国旅游报，2002-05-17.

[82] 叶荫聪，施鹏翔.迪士尼不是乐园.香港进一步多媒体公司，1999.

[83] 蒋继春.迪士尼帝国——全球娱乐业之王的经营策略与成功秘诀.北京：中国戏剧出版社，2001.

[84] [美]托马斯·康奈兰.迪士尼乐园制造欢乐的七大秘诀.黄碧惠，译.北京：法律出版社，1999.

[85] 彭程，武齐.华特营销：销售欢乐的成功法则.北京：中国经济出版社，2003.

[86] [日]芳中晃.迪士尼乐园的成功奥秘.张鸥，王晓萃，吕文辉，译.北京：电子工业出版社，2005.

[87] [美]詹姆斯·B.斯图尔特.迪斯尼战争.赵恒，译.北京：中信出版社，2006.

[88] [美]比尔·卡波达戈利，林恩·杰克逊.米奇的魔杖——迪斯尼的经营之道.关海歌，路小林，译.北京：中国三峡出版社，2003.

[89] [美]朗·格罗弗.迪斯尼兴衰秘录.董广才，译.沈阳：辽宁教育出版社，1998.

[90] [美]艾伦·布里曼.迪斯尼风暴.乔江涛，译.北京：中信出版社，2006.

[91] [美]迈克尔·艾斯纳，托尼·施瓦茨.高感性事业.刘俊英，等，译.北京：中信出版社，2004.

[92] [英]戴伦·J.蒂莫西，斯蒂芬·W.博伊德.遗产旅游.程尽能，译.北京：旅游教育出版社，2007.

[93] [美]玛丽·赫尔佐克.拉斯韦加斯.陆巍，译.沈阳：辽宁教育出版社，2002.

[94] [美]罗伯特·克里斯蒂·米尔.度假村管理与运营.李正喜，译.大连：大连理工大学出版社，2002.

[95] [美]爱德华·因斯克普，马克·科伦伯格.旅游度假区的综合开发模式——世界六个旅游度假区开发实例研究.国家旅游局人教司，译.北京：中国旅游出版社，1993.

[96] [英]约翰·斯沃布鲁克.旅游景区开发与管理.龙江智，李森，译.北京：旅游教育出版社，2006.

[97] [英]曼纽尔·鲍德-博拉，弗雷德·劳森.旅游与游憩规划设计手册.唐子颖，吴必虎，等，译.北京：中国建筑工业出版社，2004.

[98] [英]戴伦·J.蒂莫西，斯蒂芬·W.博伊德.遗产旅游.程尽能，译.北京：旅游教育出版社，2007.

[99] [英]艾伦·法伊奥，布赖恩·加罗德，安娜·利斯克.旅游吸引物管理：新的方向.郭英之，译.大连：东北财经大学出版社，2005.

［100］［美］朱卓仁.休闲地的开发及其管理.南开大学旅游外语教研室,译.北京:旅游教育出版社,1992.

［101］［美］派崔克·菲利普.游憩设施开发指南(游艇港·网球场).刘丽卿,译.台湾:台湾创兴出版社,1995.

［102］［美］派崔克·菲利普.游憩设施开发指南(高尔夫球场·滑雪场).刘丽卿,译.台湾:台湾创兴出版社,1995.

［103］美国都市与土地协会.游憩区开发——度假休闲社区.刘丽卿,译.台湾:台湾创兴出版社,1995.

［104］美国都市与土地研究室.游憩区开发——主题园·游乐园.刘丽卿,译.台湾:台湾创兴出版社,1995.

［105］［日］国土交通省.观光白书(平成20年版).株式会社,2008.

［106］［美］罗伯特·穆尔·格雷夫斯,杰弗里·S.科尼什.高尔夫球场设计.杜鹏飞,等,译.北京:中国建筑工业出版社,2006.

［107］［法］费朗索瓦丝·德·博纳维尔.原始声色:沐浴的历史.郭昌京,译.天津:百花文艺出版社,2003.

［108］王艳平.中国温泉旅游——来自地理学的发现及人文主义的挑战.大连:大连出版社,2004.

［109］王艳平.温泉旅游研究导论.北京:中国旅游出版社,2007.

［110］黄向,徐文雄.我国温泉开发模式的过去、现在与未来.规划师,2005(4).

［111］田玉堂,张大为,冯武杰.温泉饭店文化与管理实务.北京:中国旅游出版社,2007.

［112］国家旅游局规划发展与财务司.中国旅游景区发展报告(2005).北京:中国旅游出版社,2005.

［113］张凌云,朱莉蓉.旅游景区服务指南解读.大众标准化,2011(4).

［114］［美］克里斯·安德森.长尾理论.乔江涛,译.北京:中信出版社,2006.

［115］宁志中.旅游景区门票研究.北京:中国城市出版社,2014.

［116］李鹏,董青.水利旅游概论.北京:高等教育出版社,2014.

［117］张凌云,朱莉蓉.红色旅游概论.北京:旅游教育出版社,2014.

［118］张凌云,朱莉蓉.旅游标准化导论.北京:旅游教育出版社,2014.

［119］张凌云,黎巎,刘敏.智慧旅游的基本概念与理论体系.旅游学刊,2012,27(5):66-72.

［120］涂子沛.大数据.桂林:广西师范大学出版社,2012.

［121］维克多·迈尔-舍恩伯格,肯尼思·库可耶.大数据时代:生活、工作与思维的大变革.盛杨燕,周涛,译.杭州:浙江人民出版社,2013.

［122］李云鹏,等.智慧旅游规划与行业实践,北京:旅游教育出版社,2014.

［123］刁志波.旅游产业信息化理论研究与实践创新.北京：旅游教育出版社，2012.

［124］乔玮.手机旅游信息服务初探.旅游科学，2006，20（3）：67-71.

［125］丁风芹.我国智慧旅游及其发展对策研究.城市经济，2012（1）：32-34.

［126］迟紫镜.抓住机遇推动智慧旅游进入新时代.中国旅游报，2011-09-30.

［127］叶铁伟.智慧旅游：旅游业的第二次革命（上）.中国旅游报，2011-05-25.

［128］叶铁伟.智慧旅游：旅游业的第二次革命（下）.中国旅游报，2011-06-01.

［129］黄羊山."智慧旅游"的作用与前景（上）.中国旅游报，2011-02-16.

［130］黄羊山."智慧旅游"的作用与前景（下）.中国旅游报，2011-02-18.

［131］李云鹏.基于旅游信息服务视角的智慧旅游.中国旅游报，2013-01-09.

［132］颜敏.智慧旅游及其发展——以江苏省南京市为例.中国经贸导刊，2012（7）：75-77.

［133］王咏红."智慧旅游"的核心是游客为本.中国旅游报，2011-09-09.

［134］朱珠，张欣.浅谈智慧旅游感知体系和管理平台的构建.江苏大学学报（社会科学版），2011，13（6）：97-100.

［135］盛海斌.旅游智业时代的智慧旅游发展内涵.中国旅游报，2012-03-28.

［136］张凌云，黎巎，刘敏.理论与实践：智慧旅游建设的十个问题.中国旅游报，2012-03-30.

［137］唐洪广.智慧旅游与信息化.中国旅游报，2012-04-20.

［138］刘鹏.云计算.北京：电子工业出版社，2010.

［139］马勇，刘军林.智慧旅游应用前景巨大.中国旅游报，2011-08-24.

［140］秦良娟.旅游云时代的旅游公共信息服务.旅游学刊，2012，27（2）：9-11.

［141］吴学安."智慧旅游"让旅游进入"触摸时代".人民日报·海外版，2011-06-09.

［142］杨德政.打造智慧景区构建"以人为本"管理体系.中国旅游报，2012-12-10.

［143］李焕焕."智慧景区"建设模式初探.中国旅游报，2011-05-23.

［144］章小平，邓贵平."智慧景区"建设浅探.中国旅游报，2010-01-18.

［145］邓贵平，邵振峰.基于视频巡航的九寨沟智慧景区管理与服务.计算机工程与设计，2011（11）：3920-3924.

［146］任瀚.智慧旅游定位论析.生态经济，2013（4）：142-145.

［147］廖维俊.基于物联网架构下的"智慧旅游"探究.生态经济，2013（7）：98-101，104.

［148］姚志国，鹿晓龙.智慧旅游——旅游信息化大趋势.北京：旅游教育出版社，2013.

［149］刘发军，赵明丽.智慧旅游标准体系建设研究.信息技术与标准化，2013（8）：49-52.

［150］葛成唯.基于智慧旅游的目的地旅游管理体系研究.中国西部科技，2013（1）：

73-74.

[151] 黄羊山,刘文娜,李修福.智慧旅游——面向游客的应用.南京:东南大学出版社,2013.

[152] 陈兴,史先琳.基于LBS的旅游位置服务思考.技术与市场,2013(4):214-215,219.

[153] 赵凤霞.基于数据挖掘的旅游智能推荐系统的研究和设计.科技创新与应用,2013(32):55-56.

[154] 乔玮.手机旅游信息服务初探.旅游科学,2006,20(3):67-71.

[155] 陈刚,童隆俊,等.智慧旅游南京之探索.南京:南京师范大学出版社,2012:97-103.

[156] 党安荣,张丹明,陈杨.智慧景区的内涵与总体框架研究.中国园林,2011(9):15-21.

[157] J.Christopher Holloway. *The Business of Tourism*. 6th ed. Longman, 2002.

[158] John Swarbrooke. *The Development and Management of Visitor Attractions*. 2nd ed. Butterworth-Heinemann, 2002.

[159] John Walsh-Heron, Terry Stevens. *The Management of Visitor Attractions and Events*. Prentice Hall, 1990.

[160] Glenn Bowdin etc. *Events Management*. Butterworth-Heinemann, 2001.

[161] Pat Yale. *From Tourist Attractions to Heritage Tourism*, 2nd ed. ELM, 1998.

[162] Ceballos-Lascurain. H.*The Future of Ecotourism*. Mexico Journal January, 1987:13-14.

[163] Simon Hudson. *Snow Business*. Cassell, 2000.

[164] Mark Orams. *Marine Tourism*. Routledge, 2001.

[165] Richard W. Butler, Stephen W. Boyd. *Tourism and National Parks*. Wiley, 2002.

[166] Chuck Y. Gee. *Resort Development and Management*. 2nd ed.. AH & LA Educational Institute, 1988.

[167] Myra Shackley. *Managing Sacred Sites*. Continuum, 2001.

[168] Myra Shackley. *Visitor Management*. Butterworth-Heinemann, 2000.

[169] Wendy Robson. *Strategic Management & Information Systems*. 2nd ed. Prentice Hall, 1997.

[170] Siobhan Drummond, Ian Yeoman. *Quality Issues in Heritage Visitor Attractions*. Butterworth-Heinemann, 2001.

[171] Charles R. Goeldner, J.R.Brent Ritchie. *Tourism:Principles,Practices,PHilosophies*. 11th edt. Wiley, 2009.

[172] Chris Cooper etc.. *Tourism:Principles and Practice*. 2nd ed. Longman, 2000.

[173] Stephen Willims. *Tourism Geography*. Routledge, 1998.

[174] Clare A. Gunn. *Tourism Planning*. 4th ed. Routledge, 2002.

[175] Edward Inskeep. *Tourism Planning*. Wiley, 1991.

[176] Chuck Y. Gee. *International Tourism: A Global Perspective*. 2nd ed. WTO, 1999.

[177] Butler, R. *Alternative Tourism: Pious Hope or Trojan horse*? World Leisure and Recreation, 1989, 31(4): 9–17.

[178] Fennell, D., P.F.J. Eagles. *Ecotourism in Costa Rica: A Conceptual Framework*. Journal of Parks and Recreation Administration, 1989, 8(1): 23–34.

[179] Kutay, K. *Ecotourism and Adventure Travel. In Tourism and Ecology: The Impact of Travel on a Fragile Earth*. North American Coordinating Center for Responsible Travel, Dexer OR: Consultation V, 1989: 3–7.

[180] Ziffer, K. *Ecotourism: The Uneasy Alliance*. in Conservational International. Washington, D.C.: Ernst & Young. Working Papers on Ecotourism, 1989: 1–36.

[181] Ziolkowski. H. *Ecotourism: Loving Nature on Its Own Terms*. Calypso Log, 1990, 17(3): 16–19.

[182] Boo. E. *Planning for Ecotourism*. Parks, 1991, 2(3): 4–8.

[183] Brandon K. Environment Department (ENV). *Ecotourism and Conservation: A Review of Key Issues*. Environment Department Papers, Biodiversity Series, No. 033, Washington, D.C.: World Bank, April 1996.

[184] Place, S. *Nature Tourism and Rural Development in Tortugero*. Annals of Tourism Research, 1991, 18(2): 186–201.

[185] R.K.Blamey. *Principles of Ecotourism*. in Encyclopedia of Ecotourism: 6.

[186] Hunt, J.D. *Rural Tourism: New Focus on a Traditional Industry*. Western Wildlands, 1992, 18(3): 2–3.

[187] Brause, D. *The Challenge of Ecotourism: Balancing Resources*. Indigenous People, and Tourists. Transitions Abroad, 1992, November–December: 29–31.

[188] Rymer, T.M. *Growth of U.S. Ecotourism and Its Future in the 1990s*. FIU Hospitality Review, 1992, 10(1): 1–10.

[189] Western, D. *Defining Ecotourism, in Ecotourism: A Guide for Planners and Managers*. edited by K.Lingderg and D.E. Hawkins. North Bennington. VT: The Ecotourism Society, 1993: 7–11.

[190] Miller, M. *The Rise of Costal and Marine Tourism*. Ocean & Coastal Management, 1993, 20(3): 181–99.

[191] Scaee, R.G., E. Grifone, R.Usher. *Ecotourism in Canada*. Hull: Canadian Environmental Advisory Council. Singdiga, 1993.

[192] Valentine. P.S. *Ecotourism and Nature Conversation: A Definition with Some Recent Development in Micronesia.* Tourism Management, 1993, 14(2): 107-15.

[193] Wallace, G.N. *Wildlands and Ecotourism in Latin American.* Journal of Forestry, 1993, 91(February): 37-40.

[194] Wight, P. *Ecotourism: Ethics or Eco-Sell.* Journal of Travel Research, 1993, 31(3): 3-9.

[195] Andersen, D.L: *Developing Ecotourism Destinations: Conversation from the Beginning.* Trends, 1994, 31(2): 23-27.

[196] Buckley, R. *A Framework of Ecotourism*, Annals of Tourism Research. 1994, 21(3): 661-69.

[197] Lindberg, K., R.L.Johnson. *Estimating Demand for Ecotourism in Developing Nations.* Trends, 1994, 31(2): 10-15.

[198] Wall, G.. *Ecotourism: Old Wine in New Bottles?* Trends, 1994, 31(2): 4-9.

[199] Tickell, C. *Foreword. In: Cater, E. And Lowman, G. (eds) Ecotourism: a Sustainable Option.* John Wiley & Sons, Brisbane, 1994: ix-x.

[200] Allcock, A., Jones, B., Lane, S., Grant, J. *Australia's national ecotourism strategy. Australia.* Commonwealth Department of Tourism, 1994.

[201] Kinnaird, M.F., T.G.O' Broem. *Ecotourism in Tangkoko Duasudara Nature Reserve: Opening Pandora's Box.* Oryx, 1996, 30(1): 65-73.

[202] Martha Honey. *Ecotourism and Sustainable Development: Who Owns Paradise.* Washington, D.C.: Island Press.

[203] Kreg Linberg, Brian Furze, Marilyn Staff & Rosemary Black. *Ecotourism in the Asia-Pacific Region. Issues and Outlook*, 1998: 3.

[204] Matha Honey. *Ecotourism and Sustainable Development: Who Owns Paradise.* Washington. D.C.: Island Press.

[205] David A. Fennell. *Ecotourism: an Introduction.* London: Routlege Press, 1999: 43.

[206] S.Medlik. *Dictionary of Travel, Tourism & Hospitality*, (2nd edn). Butterworth Heinemann, 1996.

[207] Mintel. *Spa Tourism in Central and Eastern Europe.* Travel & Tourism Analyst, 2002, (6).

[208] Cohen, M., Bodeker, G.. *Understanding the global Spa industry.* Amsterdam: Buttterworth-Heinemann 2008.

[209] Victor T.C.Middleton. *Marketing in Travel and Tourism.* 3rd ed. Butterworth-Heinemann, 2001.

[210] A.J. Burkart, S.Medlik. *Tourism: Past, Present and Future.* Heinemann, 1981.

[211] Robert H.Woods. *Managing Hospitality Human Resources*, 3rd ed. AH & LA Educational Institute, 2002.

[212] Dimitrios Buhalis. *eTourism*：*Information technology for strategic tourism management*. Prentice Hall，2003.

[213] Alan Bryman. Disney and his Worlds. Routledge，1995.

[214] Richard Butler，C. Michael Hall，John Jenkins，eds. *Tourism and Recreation in Rural Areas*，Wiley，England.1998.

[215] E. Wanda George，Heather Mair，Donald G. Reid. *Rural Tourism Development*：*Localism and Cultural Change*，Channel View Publications，UK，2009.

[216] Martin Oppermann. Rural Tourism in Southern Germany，*Annals of Tourism Research* 1996，23（1），86-102.

[217] Donald G. Reid，Heather Mair，Wanda George. Community Tourism Planning：A Self-Assessment Instrument，*Annals of Tourism Research* 2004，31（3），623-639.

[218] 杨达源，刘庆友，舒肖明，等.乡村旅游开发理论与实践.江苏科学技术出版社，2005.

[219] 王继庆.中国乡村旅游可持续发展问题研究.黑龙江人民出版社，2008.

[220] 王云才.国际乡村旅游发展的政策经验与借鉴.旅游学刊，2002，17（4）.

[221] 张凌云.冲突与妥协：古村落旅游相关利益方博弈的经济分析——兼论云南元阳梯田旅游的发展困境//魏小安，屠福其."六古"旅游同里汇论文集，中国经济出版社，2014.

[222] 费孝通.乡土中国，北京大学出版社，2012.

[223] 杨卫武，徐薛艳，刘嫄.旅游演艺的理论与实践.中国旅游出版社，2013.

[224] 王诺.邮轮经济.化学工业出版社，2008.

[225] 龙京红，邮轮运营与管理，中国旅游出版社，2014.

后 记

本教材自 2003 年 9 月出版以来，经多次加印和五次修订，从章节到内容编排已经基本定型。但距上一版本（第 5 版）已经有三年之久了。这次修订除了对相关的资料数据做了较为全面的更新和补充。为了满足文旅融合的新需求，新增了"节事旅游和旅游演艺概述"一章。在海洋度假一章中增加了邮轮的内容。为了配合 2022 年北京冬奥会，重新编写了滑雪度假区，充实了相关内容。此外，因版面容量有限，删除了部分案例。有需要的读者可以参阅本教材的第 5 版，以及下列参考书目：

1. 张凌云等．世界著名旅游目的地开发与管理，旅游教育出版社，2015.
2. 邹统钎．旅游景区开发与经营经典案例，旅游教育出版社，2003.
3. 邹统钎．创意旅游经典案例，南开大学出版社，2011.
4. 邹统钎．健康养生旅游经典案例，旅游教育出版社，2018.

对于长期以来一直采用本书作为旅游景区管理课程教材的师生们深表谢忱，正是由于你们的支持，才使得本教材能够连续出版第六版，也非常希望同行和业内专业人士能对本教材存在的不足之处提出宝贵的批评意见和建议，使其日臻完善。

张凌云
2019 年 3 月